全国汉传佛教院校教材

六祖坛经教程

法缘　编著

社会科学文献出版社
SOCIAL SCIENCES ACADEMIC PRESS (CHINA)

全国汉传佛教院校教材系列
编委会名单

全国汉传佛教院校教材编写推进工作领导小组

《六祖坛经教程》编写工作协调委员会

总　序

佛教诸要务，教育为第一。古德云："佛法二宝，并假僧弘。"续佛慧命、住持正法，服务社会、利益众生，都要靠优秀的佛教人才来践行和落实。因此，办好佛教教育事业、培养合格佛教人才，是事关佛教健康传承的千秋大计，是推进新时代佛教中国化的重要支撑。中国佛教协会自成立以来，特别是改革开放以来，始终把人才建设作为佛教自身建设的关键环节，将发展教育作为佛教工作的头等大事，团结引领全国佛教界齐心协力育人才，扭转了改革开放初期佛教人才青黄不接的困难局面，初步培养了一支爱国爱教的佛教人才队伍，为佛教健康传承和推进佛教中国化不断注入生机活力。

佛教教育事业是一项艰巨复杂的系统工程，包含佛教院校建设、师资队伍建设、课程体系建设、教材体系建设、后勤保障建设等诸多方面。其中，教材建设是发展佛教教育事业的一项基础性工作。佛教院校专业课教材，是教师教学的基本依据，是学生学习的重要蓝本。编写一套高质量的佛教院校专业课教材，是中国佛教协会加强人才培养的一项重要任务，更是全国佛教界几代人的夙愿。改革开放以来，本会积极组织和推动佛教院校专业课教材编写工作，进行了持续探索，付出了不懈努力，取得了一批阶段性成果，积累了宝贵经验，为新时代继续系统推进佛教院校专业课教材建设奠定了坚实基础。

中共十八大以来，中国特色社会主义进入新时代。在2016

年全国宗教工作会议上，习近平总书记指出，积极引导宗教与社会主义社会相适应，一个重要的任务就是支持我国宗教坚持中国化方向。习近平总书记强调，要坚持政治上靠得住、宗教上有造诣、品德上能服众、关键时起作用的标准，支持宗教界搞好人才队伍建设。为深入贯彻落实习近平总书记关于宗教工作的重要论述和全国宗教工作会议精神，顺应新时代推进佛教中国化对人才培养提出的新任务新要求，本会于2018年6月启动了新时代全国佛教院校专业课教材编写工作。本会理事会和领导班子对教材编写高度重视，成立全国佛教院校教材编写领导小组，负责统筹协调、检查督促教材编写各项工作；召开以佛教院校教材编写为主题的全国佛教院校联席会，举办教材编写研讨班，研究制定《全国佛教院校教材编写工作方案》，明确教材编写总体思路、主要原则、基本要求、编写范围、工作计划等，整合全国佛教院校资源，扎实有序推动教材编写。这套全国汉传佛教院校教材，正是此次教材编写工作结出的硕果。

坚持正确导向是教材编写的根本原则，质量是教材的生命，实用是体现教材价值的落脚点。为编写一套坚持佛教中国化方向、符合宗教人才培养“四项标准”、发扬中国佛教优良传统、适应当代中国发展进步要求、具有新时代中国佛教鲜明特色的高质量佛教院校专业课教材，本会为教材编写确立了以下指导思想：以习近平新时代中国特色社会主义思想和习近平总书记关于宗教工作的重要论述为指导，以社会主义核心价值观为引领，坚持佛教中国化方向，发挥本会理事会佛教教育委员会专业优势和全国佛教院校人才培养主渠道作用，调动和整合教师与编辑、教学与出版等多方面资源，凝聚全国佛教界力量共同担当佛教院校教材建设重任，确定佛教院校专业课课程体系建设和教学大纲，制订教材编写规划，努力打造一套具有时代性、基础性、科学性、发展性、权威性的佛教院校教材。

为落实上述指导思想，教材编写遵循以下基本原则：1. 精品原则。坚持质量为本，锚定精品定位，致力于编写、出版高质量、高水平、专业化、体系化的系列教材，避免低水平重复。2. 创新原则。坚持守正创新，发扬中国佛教优良传统，传承契合佛陀本怀、久经历史考验、获得广泛共识的中国佛教传统教理思想，积极推动教材编写的理念创新、方法创新、内容创新，将教材建设与佛学研究前沿紧密结合，凸显教材的时代性。3. 适用原则。坚持面向一线，将理论性与实践性有机融合，在框架结构、知识体系、表达方式等方面力求符合教材的一般要求，努力满足教师讲授和学生学习的实际需要，力争能被全国更多的佛教院校所采用。

本套教材的编写凝聚了全国佛教院校和佛教教育工作者的集体智慧。在本会统一组织下，各佛教院校根据自身资源优势和学科特长，自主选取承担相应的教材编写工作，各尽所能、优势互补，共同建设佛教院校专业课教材体系的庄严殿堂。教材编写全过程坚持高标准、严要求，初稿完成后，由相关专家进行专业评审，根据评审意见修改完善，再提交教材编写领导小组审核，审核通过后，交付出版。从执笔编写、评审修改到审核把关、出版发行，力求各环节精益求精，努力将高质量的教材建设目标和要求落到实处。

本套教材包括基础教材和原典教材两大部分，每一部分根据具体学科和内容分为不同模块。基础教材主要指佛教通史、概论、宗派史等类课程的教材。原典教材主要指佛教经典讲解、阐释类教材。基础教材重在构建和传授关于佛教教理思想、历史源流、教规制度、文化艺术等方面的基础知识体系。原典教材重在引导学生细读经典，学习经典解读方法，培养经典阐释能力。两部分教材各有侧重、相得益彰，既传承了两千多年来中国佛教的智慧结晶，也吸收了当代佛学研究和佛教院校学科建设的崭新成果，共同构成了比较系统完整的新时代佛教院校专业课教材体系。

本套教材是推进新时代佛教中国化在佛教教育领域的重要体现与成果，在当代中国佛教教育发展史上具有里程碑意义。其出版和应用将进一步夯实佛教院校学科体系建设和佛教人才培养工作的基础，进一步强化佛教健康传承和佛教中国化的人才支撑。该套教材也可为希望了解佛教知识的社会人士提供有益参考。限于水平，教材中难免错误与疏漏。恳请全国佛教院校师生和关心佛教事业的社会各界人士斧正，惠赐宝贵意见。守正创新永无止境。本会也将在人才培养实践中适时对教材进行修订完善，推动佛教院校教材建设与时俱进，为全面建设社会主义现代化国家、实现中华民族伟大复兴的中国梦做出佛教界应有的贡献。

中国佛教协会会长　演觉

二〇二一年十月

目录
ONTENTS

前　言

太虚大师曾说“中国佛教的特质在禅”，禅宗在中国佛教史上占有极其重要的地位，对中国文化的影响也非常深刻。禅宗改变了佛教传统的修行方式，也改变了趋向开悟方法的一般见地，可以说禅宗是中国佛教的精髓与灵魂。中国禅宗从被奉为初祖的菩提达摩（？~528）到二祖惠可（487~593，也称“慧可”）、三祖僧璨（510~606），可谓禅宗的酝酿期。达摩来中土，在北方弘传时，尚无固定的修行场所。二祖及其以后的楞伽师均以游化为务，他们都无固定栖泊处。三祖在南方弘法，几乎是隐埋踪迹以行教，除了知道他付法四祖道信（580~651）以外，其他的事迹则几乎不被世人所知。这三位祖师由于当时特殊的社会历史环境等原因，没能建立道场弘扬禅法，多是采取游化的手段维系着禅宗的命脉。直至四祖道信和五祖弘忍（601~674）时，他们分别在黄梅的西山和东山建四祖寺和五祖寺，在理论上创立“东山法门”，且在生活上农禅并重，自给自足，大弘禅法，完成了中国禅宗的初创期，使得中国禅宗得以正式确立。之后，六祖惠能（638~713，也称“慧能”）使中国禅宗更加成熟和兴盛，惠能南宗禅逐渐发展成为中国禅宗的正统地位，正所谓“凡言禅，皆本曹溪”①，以至宋以后所说的禅宗就是指惠能南宗。

而记载六祖惠能说法和生平事迹的集录——《六祖坛经》（以下简称《坛经》）则可说是禅宗的“宗经”。它是禅宗的基本理论阵地，特别是它奠定了南宗禅的主要理论基础；离开了《坛经》就无从研究惠能的思想，也难以研究惠能南宗的形成、发展与演变；《坛经》是中国僧人汗牛充栋的佛教著述中唯一一部被奉为“经”的经典性著作。这些都说明了《坛经》的特殊地位。

惠能圆寂后，其弟子分散到各地传播南宗禅法。由于不同的社会生活环境与文化背景等原因，惠能门下很快就形成了神会系、南岳系和青原系等不同的禅系。晚唐至五代，惠能南宗经南岳系和青原系更进一步递嬗演变分化出五家七宗，即南岳系分化出沩仰、临济二宗；青原系分化出曹洞、云门和法眼三宗，是为五家。至宋

---

① （唐）柳宗元：《赐谥大鉴禅师碑》，载（元）宗宝编《六祖大师法宝坛经·附录》，《大正藏》第48册，第363页中。

代时，临济宗中又分出黄龙、杨岐二派。由此，五家七宗遍布大江南北，在全国形成巨大规模。

虽然各禅系在各自的发展过程中，逐渐形成了自己独特的禅风和传法谱系，但他们以《坛经》为传法的主要依据则是基本一致的。正如元代僧人德异（1231～1300）所说："一门深入，五派同源，历遍炉锤，规模广大，原其五家纲要，尽出《坛经》。"① 正因为都以《坛经》为基本的指导思想，南宗禅各派皆奉惠能为六祖，积极地将惠能直了心性、顿悟成佛的禅学理论与禅行之原则贯彻到实际的宗教生活中，使惠能南宗禅法在禅行实践中进一步得到了发扬光大。最后，惠能南宗终于湮没了弘忍门下包括北宗神秀在内的其他各禅系而成为禅门的唯一正宗，并几乎成为中国佛教的代名词，在中国佛教史和思想文化史上占据了极为重要的地位。惠能所创的南宗得到很大的发展，其原因当然是多方面的，但与《坛经》所产生的影响和所发生的凝聚力是分不开的。因此，言简意赅地表达了惠能思想和禅法特色的《坛经》，不但是研究惠能思想的主要依据，也是了解整个南宗发展不可或缺的重要资料。

《坛经》记载惠能一生得法传法的事迹及教导弟子的言教，内容丰富，文字通俗。全经内容大致由三部分组成：一是记载惠能的生平及求道、得法、开坛说法等过程；二是记载惠能在韶州大梵寺开坛说般若法及授无相戒；三是记载惠能与其弟子对话、对弟子的教导及临涅槃时的付嘱。

惠能入灭后，由于惠能弟子众多，在大梵寺听惠能说法者也不少，平时能得到惠能开示的更不在少数。因此，《坛经》形成后，众多的弟子对其各有修订；加上不同的弟子对于《坛经》里面一些思想内容的理解不同；而古时的印刷业不发达，经书的流传往往靠心记手抄，这就难免出现笔误。因此，《坛经》在成书后的1300多年里，在长期的流传过程中由于不断传抄、修订和补充，便逐渐出现了许多不同的版本。目前传世的《坛经》有几十种不同版本，但绝大部分都不过是一些不同版本或校改的传抄本，内容上并无太大的差异。日本学者田中良绍曾认为："目前《坛经》的版本系统，依驹泽大学禅宗史研究会所刊行之《慧能研究》，约可分为五种：一敦煌本、二惠昕本、三契嵩本、四承继敦煌本系古本与契嵩本而再编的德异本、五主要承接契嵩本而再编的宗宝本。"杜继文等则说："现已发现的《坛经》分属唐、宋、元三个朝代编订，可以四种类型为代表：一为法海集本（即敦煌本和敦博本），二惠昕述本（简称'惠昕本'），三契嵩改编本（已佚失，或即'德异本'），四宗宝校编本（简称'宗宝本'）。这四种版本，总体思想倾向是一致的。"郭朋先生也曾指出："真正独立的《坛经》本子，仍不外乎敦煌本（法海本）、惠昕

① （元）德异：《六祖大师法宝坛经·序》，《大正藏》第48册，第345页下。

本、契嵩本和宗宝本这四种本子，其余的都不过是这四种本子中的一些不同的翻刻本或传抄本而已。”因此，各种版本的《坛经》基本上代表和反映了惠能南宗的思想，这正如杨曾文教授所说：“《坛经》在历史上不是一成不变的，它有一个形成演变的过程，是禅宗历史发展的反映。研究禅宗思想和历史演变，各本《坛经》是重要资料。”①

《坛经》作为惠能南宗禅的理论旗帜，也是其南宗禅的标志性典籍，《坛经》的产生，成为禅宗史上最重大的大事，乃至成为中国佛教史上的大事。它以最简明的文字，涌现出了禅宗庞大的思想体系。20世纪初以来，根据各种《坛经》版本，人们对惠能及其禅思想进行了很多研究。如《坛经》的作者究竟是谁？《坛经》与惠能思想的关系如何？《坛经》是如何形成并流传的？在《坛经》的流传过程中，其版本有哪些变化？这些变化说明了什么？现存不同版本的《坛经》之间相互关系又怎样？《坛经》的历史地位如何？《坛经》惠能的思想对现实人生有什么启示？围绕着这些问题，学者们作了许多研究，取得丰硕的成果。

在《慧能研究》中所列五个系统的《坛经》本子中，敦煌本《坛经》是目前现存最早的本子，而宗宝本因“得《坛经》之大全”②，集诸本之大成，所以自元明以来成为最为流通的本子。本教程以《大正藏》中收录的宗宝本《坛经》为主，参考了《径山藏》（嘉兴藏）、其他系列宗宝本《坛经》及敦煌本《坛经》，以及有关《坛经》的注疏；除此之外还有各类佛教史、禅宗史、灯录、语录和有关惠能碑文、传记、学术界研究论文等资料，利用了许多学术界较前沿和权威的观点与研究成果，对《坛经》的相关问题以及基本架构、禅法思想、历史地位与影响等作了一个系统的梳理、解析。

一般佛学院是在本科二年级开设《坛经》课程，教学的目的在于：1. 让学生了解何谓禅、禅宗与惠能南宗；2. 了解有关《坛经》的形成、版本、作者以及其历史地位与价值影响等问题；3. 了解惠能大师传奇性的一生；4. 通过对《坛经》的学习，要求学生对经中所提出的佛性、般若思想，以及识心见性、顿悟、不二思想，乃至《坛经》中独特的坐禅思想，无相、无住、无念等重要思想理论、概念等都能熟练地掌握；5. 通过对本经的学习，引导学生对禅宗的兴趣，并将所学的禅宗理论运用到现实生活中，在现实生活中去体悟禅的自在与洒脱，乃至也能复本心源，明心见性，做一个真正的觉者，并以自己的慈悲与智慧去自利、利他。概而言之是让学生在学习知识的同时，还要学以致用运用到实践中，以《坛经》中的智慧启发自己觉悟人生，奉献人生。

---

① 杨曾文校写《敦煌新本：六祖坛经》，宗教文化出版社，2011，第206页。

② （元）宗宝：《六祖大师法宝坛经・跋》，《大正藏》第48册，第364页下。

《坛经》教程的课时为一学年（两个学期）。一学期约有 20 周，除去期中考试及期末复习与期末考试的 3 周，授课时间事实上为 17 周，每周 4 节课，一学期共计 68 节课，一节课 1 小时，一年即为 136 个课时左右。

本教材采用先概说再细分后归纳的教学方法，即先概略梳理中国禅宗发展简史，再总的梳理相关《坛经》的一些问题，诸如《坛经》的作者、版本、历史地位等，然后回归到本教材所依据的宗宝本《坛经》。对于宗宝本《坛经》，本教材也是先总述其编撰的作者、版本的形成及流通弘传情况，历史地位与影响，包括对其经题的解析与全经结构和特点等都作了总的梳理与论述。

通过概说对本经有一个全面的认识，然后再细分。在细分时按照章节，对于本经正文部分会列定提纲，并以现代标点方式对正文进行句读分段，再进行基本释义，并对其中重点专业名相或句子进行注释。在每章节前指出重点、难点、建议课时，章节后对本章节所解析的内容予以提炼归纳小结及布置练习思考题与相关内容的参考和拓展阅读书目，以使学生对所学过的内容有深刻和系统的认识和掌握。

总之，通过这样的教学方法及教学过程，希望借此既有广度又有深度地对《坛经》进行系统、深入的发掘、剖析，进而归纳概括总结，使学生能系统、全面地了解与掌握《坛经》相关的知识，并深入了解中国禅宗与惠能南宗的思想内涵，并且产生兴趣，学以致用。

第一章　围绕《坛经》的相关问题

本章将简单地梳理有关中国禅宗的发展史及当前学术界对《坛经》相关问题的研究，如《坛经》的形成及作者、《坛经》的版本、《坛经》与惠能南宗的关系、《坛经》历史地位与价值影响等。本章建议12个课时。

本章教学目的：扩展学生的知识面以帮助他们了解《坛经》。

本章教学重点：《坛经》的作者、《坛经》版本、《坛经》与惠能南宗的关系、《坛经》历史地位与价值影响等相关知识。

本章教学难点：《坛经》的版本问题。因为《坛经》在历史发展过程中被不断修改补充，形成各种不尽相同的本子，各种版本之形成情况相当复杂，不易厘清与理解。

第一节　禅、禅宗、惠能南宗

“禅”“禅宗”“惠能南宗”这三者是相互关联而又各不相同的一系列概念。

一　何谓“禅”

（一）“禅”的含义

关于“禅”的含义其内容丰富而又复杂。禅，梵语“dhyana”，鸠摩罗什大师（344～413）译为“思维修”，即一心思维所对之境而研习之，由此乃得定心，故名之；玄奘大师（602～664）译为“静虑”，即止息一切妄想，将心静止于一处，而静心思虑，故名之；还有的将之译为“弃恶”“功德丛林”等。

从鸠摩罗什和玄奘大师对禅的解释来看，所谓禅都包含了“定慧”之义在其中。如玄奘大师解释的“静虑”，止息一切妄想，将心静止于一处，就是“定”；而静心思虑，这个就是“慧”。《俱舍论》卷四中解释“定”为“心一境性”，即心专注一境而不散乱名为定；何名为“慧”呢？谓“于法能有拣择”①，即于一切法能思维推度、审虑，故名为慧。“定”又可名为“止”，“慧”又可名为“观”，也即是常说的“定慧不二”，“止观双运”，这就是禅的意思。所以，禅可以说是“定慧”的通称，涵括了“定慧”或者“止观”两方面的内容。正因为如此，唐代华严五祖宗密大师（780～841），也是惠能大师弟子神会（684～758）的高足，既通华严又通禅宗，在其《禅源诸诠集都序》中明确地将禅解释为“定慧”：“禅是天竺之语，具云禅那，中华翻为思维修，也名静虑，皆定慧之通称。”②

正因为禅具有“定慧”或“止观”之义，所以中国人习惯将禅称为“禅定”；也有人称“禅”是音译，“定”为意译，由此梵汉并称为“禅定”。

（二）“禅”的源头

“禅”这个词最早源自印度教的经典之一《奥义书》，为印度教之术语，为“六支瑜伽”的第二支、“八支瑜伽”的第七支，是修习瑜伽（意为“一致”、“结合”或“和谐”，通过静坐或调息等方式达到身体、心灵与精神和谐统一）的高级阶段。六或八支瑜伽就是印度瑜伽学派所主张的六或八种的修行阶段，后为佛教所吸收，为“戒定慧三无漏学”及“六度”中之一即“禅定波罗蜜”。“禅”或者“禅定”

---

①　参见《佛光大辞典》第1册，台湾佛光山出版社，1989。

②　（唐）宗密：《禅源诸诠集都序》卷上之一，《大正藏》第48册，第399页上。

不仅为佛教大小乘所共修，也为凡夫外道所共修。凡夫外道所修如四禅八定，我们称之为凡夫禅或世间禅，佛教大小乘所修则称为出世间禅。

由上可知，所谓“禅定”是释迦牟尼佛在创教的过程中吸收了婆罗门教瑜伽修持方法，并加以改造和发展而成为佛教的重要修习内容。

（三）“禅定”在佛法修学中的重要性

禅定既然为佛教的重要修习内容，因此在“戒定慧三无漏学”及“六度”中无不以禅定作为重要修持方法，并且禅定几乎成为佛教各宗各派共同奉行的修行方式，如道安大师所说：“匪禅无以统乎无方而不留，匪定无以周乎万形而不碍，禅定不愆，于神变乎何有也?”[①] 这就是说禅定几乎可以囊括佛教的一切方面，佛教将禅定作为证得智慧实现解脱的根本方式，在佛教中被强调成为求圣道的重要法门之一。宗密也曾指出禅定乃是佛教徒必须修的法门，并说：“三乘学人，欲求圣道，必须修禅，离此无门，离此无路。”[②]

正因为禅定在佛教修持中的重要性，所以佛陀讲了很多有关“禅定”修持的经论，如《安般守意经》《修行道地经》《坐禅三昧经》等。

（四）“禅”的种类

禅在佛教中概括起来可分为“小乘禅”和“大乘禅”两类。所谓“小乘禅”即小乘佛教的禅，宗密解释说“悟我空偏真之理而修者，是小乘禅”[③]。小乘禅可以说是以解脱业报轮回、成就阿罗汉果为目的而修的禅。一般都有比较固定的内容和行法，如要求端身正坐、调身调息等。我们熟悉的小乘禅如九次第定（次第无间所修之九种定：色界之四禅、无色界之四处及灭受想定等九种禅定），还有不净观、慈悲观、界分别观、因缘观、数息观之五门禅等。

所谓“大乘禅”，即大乘佛教的禅法。大乘禅是在小乘禅的基础上发展起来的，小乘禅的许多内容和方法都为大乘禅所继承和发挥，是在小乘禅的基础上加上观想大乘的义理等内容，或是对禅定作出新的解释，也不要求固守原来小乘禅法入定的做法和程序。因此与小乘禅法相比，大乘禅的范围更加扩大，内容愈加丰富，形式更加多样。宗密在《禅源诸诠集都序》中说：“悟我法二空所显真理而修者，是大乘禅。”[④] 色法与心法、外境与内心、能观与所观融为一体，使禅法进入了一个新的

---

① （唐）道安：《出三藏记集》卷第六，《大正藏》第55册，第46页中。
② （唐）宗密：《禅源诸诠集都序》卷上之一，《大正藏》第48册，第399页上。
③ （唐）宗密：《禅源诸诠集都序》卷上之一，《大正藏》第48册，第399页上。
④ （唐）宗密：《禅源诸诠集都序》卷上之一，《大正藏》第48册，第399页上。

时期，即大乘禅时期。大乘禅法的形成与发展与大乘佛教理论的产生与成熟密不可分，如般若系经典的产生即有般若三昧的大乘禅。后汉支娄迦谶译出《般若道行品经》等佛经，又译出《般舟三昧经》一卷。《般舟三昧经》就是一部大乘禅观著作。净土系经典产生即有十六观等的产生。南朝刘宋畺良耶舍（383～442）译《观无量寿经》一卷，此经教人日想、水想、地想、树想等十六观，皆属于大乘禅的观法。

而所谓“禅宗”就属于大乘禅，并且称为大乘禅中的“最上乘禅”。

二　禅宗

（一）禅宗——大乘禅中的最上乘禅

所谓“禅宗”，以“禅”命宗，故名“禅宗”，也就是说它虽也注重定慧之义，但却是在“禅”或“禅定”意义的基础上作出了新的解释。因为它更强调人人皆有佛性，皆可以成佛，主张直显心性，直探心源，顿悟成佛，这种禅也就是大乘禅中的“最上乘禅”，又名“如来禅”或称“如来清净禅”。正如宗密所言“顿悟自性本来清净，原无烦恼，无漏智性，本自具足，此心即佛，毕竟无异，依此而修者，称为最上乘禅”①。由此可见，这种“最上乘禅”就是直显心性，倡导一切众生皆可以成佛之禅法，此种禅也就是菩提达摩来中土传授的禅法。这种禅法虽然也非常注重禅修实践，但不拘泥于任何固定的形式，运水搬柴，行住坐卧皆是禅、皆是道，注重悟，顿悟，直指人心，顿悟成佛。这种禅法从菩提达摩开始传播到隋唐时形成独具特色的一个宗派，这就是禅宗。禅宗因以彻见心性的本源为主旨，也即所谓明心见性，故又称“佛心宗”。

总之，所谓“禅宗”虽以“禅”命宗，但却对“禅”作出了新的解释，并且在隋唐时形成了一个宗派，故将之称为禅宗。

（二）禅宗的发展演变

1. 从印度到中国——灵山微笑、西天二十八祖

禅宗可以说是最具中国佛教文化特色的一个宗派，在中国佛教史上极占篇幅，对中国佛教影响非常深刻。禅宗形成于中国的隋唐时期。隋唐是中国佛教发展的鼎盛时期，佛教其他宗派诸如天台、华严等都是在这一时期形成的。禅宗虽然是在中国形成，但从北魏时期西域三藏吉迦夜与昙曜共译《付法藏因缘传》传入中国以来，认为它依然导源于印度。最早即是所熟知的“灵山微笑”，佛将“不立文字，教外别传”的“正法眼藏”传给大迦叶尊者，因此大迦叶尊者即为印度禅宗的初

① （唐）宗密:《禅源诸诠集都序》卷上之一，《大正藏》第48册，第399页上。

祖。此后，历代祖师以心传心，次第传授，传至第二十八代为菩提达摩，菩提达摩即为西天第二十八代祖师，而为中土禅宗之初祖。

2. 禅宗在中国的发展演变——东土五祖时期

菩提达摩在南朝刘宋（420～479）年间从印度来华传授禅法。关于菩提达摩来华的时间，有的史书记载是在梁武帝普通年间（520～526），但后来随着敦煌禅宗文献的面世，经过学者们的研究，学术界大多数人认为是在南朝刘宋年间来华。达摩来中土传禅，又依次传二祖惠可、三祖僧璨、四祖道信、五祖弘忍，此即所谓“东土五祖”。四祖道信处于中国隋末，五祖弘忍处于唐初时期。四祖道信和五祖弘忍分别在黄梅的西山和东山建四祖寺和五祖寺，在理论上创立“东山法门”，并且聚徒大弘禅法，农禅并重，自给自足，完成了中国禅宗的初创期，使得中国禅宗得以正式确立。为什么说在四祖和五祖的时候中国禅宗才得以正式确立？一般认为中国禅宗从被奉为初祖的菩提达摩到二祖惠可、三祖僧璨，只是禅宗的酝酿期。这是因为达摩来中土，在北方弘传时，尚无固定的禅林；二祖及其以后的楞伽师均以游化为务，也无固定栖泊之处；三祖在南方弘法，几乎是隐埋踪迹以行教，除了知道他付法四祖道信以外，其余的事迹所知甚少。这三位祖师由于当时特殊的社会历史背景等原因没能建立道场，弘扬禅法，多是采取游化的手段维系着禅宗的命脉。直至四祖道信和五祖弘忍，他们既建立了固定的寺院传授禅法，在经济上自给自足，在理论上也完善创立了“东山法门”，所以说使得中国禅宗得以正式创立。由此，也可以说中国禅宗真正形成创立于隋唐时代。而从菩提达摩至三祖僧璨则被称为初传酝酿期，到六祖惠能时中国禅宗更加成熟和兴盛，所以将惠能及惠能后的禅宗称为成熟兴盛期。

以上是中国学术界诸如杨曾文、魏道儒等大多数学者对中国禅宗发展的分判。但对于中国禅宗的正式创立，也有的学者认为到惠能时才是中国禅宗的创立时期。甚至日本学者柳田圣山、入矢义高、石井修道等认为到马祖道一（709～788）时才是中国禅宗的正式创立。无论学术界怎么说，但能肯定的是：可将惠能及惠能以后的禅宗称为惠能南宗，或称南宗禅。

三 惠能南宗

（一）“南能北秀”的出现——“南宗”“北宗”之得名

惠能及惠能以后的禅宗称为“惠能南宗”，或称“南宗禅”，这和惠能有关系。五祖弘忍的门下虽然有十大杰出的弟子如惠安（582～709）、智诜（609～702）、法如（638～689）等，但又以神秀和惠能为上首。神秀（606～706）主要在长安、洛阳两京为中心的广大北方地区弘扬禅法，时称为“北宗”。而惠能则主要在南方以岭南为主地方弘法，时称“南宗”，故有“南能北秀”之称。

事实上在中国初期禅宗史上所谓“南宗”，有广狭之分。狭义的南宗，是指惠能开创的顿悟法门及其法系，这在 20 世纪敦煌禅籍《注般若波罗蜜多心经》李知非《序》发现以前是学术界普遍认同的观点。而广义的南宗，则是指整个禅宗，即菩提达摩来华所传禅法。

现存净觉（683～?）敦煌本《注般若波罗蜜多心经》李知非云："古禅训曰：'宋太祖时，求那跋陀罗三藏禅师以《楞伽》传灯起自南天竺国，名曰南宗。'"① 此已说得明白，凡由南天竺国传来中国的禅学在后来所形成的宗派统称为南宗。在道宣《续高僧传·法冲传》中就将达摩一系禅法称为"南天竺一乘宗"。神会在《菩提达摩南宗定是非论》中也说"又见会和上在师子座上说：'菩提达摩南宗一门，天下更无人解。若有解者，我终不说。今日说者，为天下学道者辩其是非，为天下学道者定其宗旨。'"② 神会也承认"菩提达摩南宗一门"。净觉《楞伽师资记》从求那跋陀罗至神秀等所列"楞伽宗"的传承谱系也是南宗。③ 至少普寂（651～739）是自称为南宗的，这仍然来自神会的《菩提达摩南宗定是非论》："远法师问：'何故不许普寂禅师称为南宗?'和上答：'为秀和上在日，天下学道者号此二大师为南能北秀，天下知闻。因此，号遂有南北两宗。'"④

由以上可见，当时天下禅林对五祖弘忍以前的传法世系是共同承认的都来自菩提达摩所传，因此普寂及其北方禅众并不认为他们与南宗有何不同。因此，广义的南宗就是指达摩一系的禅学宗派，其原名应为"南天竺一乘宗"或"楞伽宗"。但由于神会在滑台（今河南滑县）大云寺定南宗是非宗旨，为维护惠能一派为禅门正统的需要，则从地理上加以区分："普寂禅师实是玉泉学徒，实不到韶州，今日妄称南宗，所以不许。"⑤ 在神会看来，神秀及弟子普寂一系一直在以长安、洛阳两京为中心的广大北方地区弘扬禅法，从未到过南方韶州地区，以是"妄称南宗"。而唯有在以南方地区即岭南一带弘法的惠能南宗才是"南天竺一乘宗"，也即真正意义上的"南宗"。因此有神会与北宗争禅门正统，所以才有狭义的南宗的成立，亦因此而有以神秀一系为主的狭义的"北宗"。广义的"北宗"指除了惠能及法持等牛头宗以外，弘忍门下众多弟子的禅系也通称为"北宗"。

北宗神秀一系经其弟子普寂、义福（658～736）等传至四五世即告断绝、衰亡。而惠能南宗的势力则不断扩大，最终湮没了弘忍门下包括神秀一系北宗在内的其他各支，而成了中国禅宗的唯一正宗，并且几乎成为中国佛教的代名词。以至很

---

① 赵益：《敦煌卷子中三种禅宗文献考辨》，南京大学古典文献研究所《古典文献研究》（1989～1990），南京大学出版社，1992，第 489 页。

② 杨曾文编校《神会和尚禅话录》，中华书局，1996，第 19 页。

③ 参见（唐）净觉《楞伽师资记》，《大正藏》第 85 册，第 1283 页下至第 1290 页上。

④ 杨曾文编校《神会和尚禅话录》，第 31 页。

⑤ 杨曾文编校《神会和尚禅话录》，第 31 页。

长时期以来，所说的禅宗即是指惠能的南宗。惠能之南宗禅在中国佛教史和思想文化史上占据了极为重要的地位。

（二）惠能南宗禅的发展演变

1. 惠能门下弟子的分途弘化及其地位的确立

惠能之后，其南宗禅又得到了极大的发展。惠能之嗣法弟子有40余人，以南岳怀让（677～744）、青原行思（671～740）、南阳慧忠（675～775）、永嘉玄觉（665～713）、荷泽神会最为著名。荷泽神会对于六祖惠能地位的确立可以说是起到了至关重要的作用。唐玄宗开元二十年（732），神会在河南滑台大云寺举行无遮大会，目的就是与北宗神秀门人辩论，而确立六祖惠能为禅门正宗。神会的法系后来被称为荷泽宗。

神会的弟子，各书记载多寡有异，据日本宇井伯寿、镰田茂雄的统计，在宗密《中华传心地禅门师资承袭图》中载有19人，在其《圆觉经略疏钞》卷四谓有22人，在宋赞宁《宋高僧传》中载有约14人（与有关碑文合计有16人），在道原《景德传灯录》当中载有18人。可以举出名字的有净住晋平（699～799）、荆州慧觉（708～799）、洛阳无明（722～793）、磁州智如（723～831）等。

总的来说在中国禅宗史上，神会的弟子大多不是很有名，荷泽宗缺少一位旗帜性人物领军，故声势日渐式微，逐渐衰落。

2. 五家七宗的产生及发展演变

神会虽然对惠能南宗取得了正统的地位功不可没，但使惠能南宗禅迅速发展兴盛的则是惠能的另外两名高足——青原行思和南岳怀让，因为由他们两位的门下又逐渐演化出禅门的五家七宗：南岳下数传形成沩仰、临济两宗；青原下数传形成曹洞、云门、法眼三宗，世称“五家”。五家禅形成于唐末五代，五家中的临济宗在宋代又开出黄龙、杨岐两派，合称“五家七宗”。

禅宗五家七宗都以惠能的思想为根源，分途弘化，盛行于当世。然而五家七宗到后来特别是南宋时期，事实上只有临济、曹洞两宗流传时间最长。其他三宗几经传承之后相继走向衰微（沩仰宗其法脉延续大约150年，从唐代下半叶至北宋初年，之后逐渐式微；云门宗在五代、北宋十分兴盛，至南宋衰微；法眼宗在禅宗五家中创立最晚，衰落也较早，宋代中叶，法脉断绝，立宗共100年左右）。这里说禅宗走向衰微，并不是禅宗本身衰微，就像佛法不可能有末法，末的是人的根性，是众生的根性越来越差，越来越钝而导致衰落。所以，可以说衰落的是人，而不是禅宗或者说是佛法本身。禅宗所倡导的直指人心，见性成佛的干净利落、直截了当，乃至于行住坐卧中任性自然的洒脱自在，是永远能启发人们，给予众生生机和智慧的。所以，衰落的是人，不是禅，正所谓“人能弘道，非道弘人”。

临济宗的黄龙派在两宋之际走向衰落，进入南宋不久便法系断绝，杨岐派逐渐取代黄龙派而成为临济正宗。

自宋之后，元明乃至清乾隆之世其间450年为禅宗之衰颓期。具体来说，南宋至元代，虽有破庵祖先、无准师范（1179～1249）、海云印简（1202～1257）、万松行秀（1166～1246）等一代宗师相继崛起，然终究无法力挽狂澜，毕竟此时的中国佛教已呈儒释调合、教禅一致之定局。至明末虽有憨山德清（1546～1623）、紫柏真可（1543～1603）、莲池袾宏（1535～1615）、蕅益智旭（1599～1655）之明代四大高僧力弘禅法，但他们也皆以倡导三教合一、禅净双修为主流，禅宗逐渐失去创新的生命力，所以逐渐走向衰落。

清末民初之际，有鉴于禅宗的衰微，虚云老和尚（1840～1959）起而中兴禅宗，被称为近代禅宗中兴之祖。虚云老和尚在近代传承临济，兼弘曹洞，又遥承了早已断流的法眼、沩仰、云门三宗。以一身兼嗣五宗法脉，承前启后，融会了五宗禅修法门，为禅宗的复兴打下了坚实的基础。

现当代的禅宗虽然无法再次达到隋唐五代乃至北宋时的兴盛，不过禅宗在中国佛教各宗派中是流传时间最长，至今仍延绵不绝，也为大多数人所喜欢的宗派。禅宗对中国的哲学、文学、书法、绘画、建筑等各个方面也都有着深远的影响。而且，中国的禅宗还远播到了韩国、日本、越南等国家，在那些国家生根发芽。现在，禅宗也是西方欧美等国家很受欢迎的佛教宗派。

第二节　《坛经》的形成及作者

《坛经》曾在中日学术界引起了一阵激烈的争论和热情的研究热潮。学术界所关注的问题是:《坛经》是怎样形成的、《坛经》的作者究竟是谁、《坛经》在流传的过程中其版本变化如何、《坛经》与惠能思想的关系如何等问题，这些都是学术界争论和研究的焦点所在。以下，将对这些问题进行阐述。

一　《坛经》的形成

惠能是南宗禅的真正创始人，而他所创的南宗禅又是代表着中国禅宗的正统，所以惠能可以说是中国禅宗发展史上一个划时代的人物。他在中国思想文化史上也是极有影响的重要人物，正如钱穆所说：“唐代之有禅宗，从上是佛学之革新，向后则成为宋代理学之开先，而惠能则为此一大转捩中之关键人物。”① 由此可见，惠能在中国佛教乃至思想文化史上的重要地位。

① 钱穆:《六祖坛经大义》,《中国学术思想史论丛》(四)，生活·读书·新知三联书店，2009，第157页。

惠能圆寂后，其一生说法的言论被其门人记录下来，汇集整理而编成《坛经》一书。由于惠能的弟子视惠能如佛，惠能的法语，犹如佛语，惠能在法坛上说的法，因而被称为《六祖坛经》，简称《坛经》。因此可以说，《坛经》是由惠能口述，由他的弟子法海等记录整理而成。要研究惠能的禅法思想，了解南宗禅，《坛经》是必不可少的典籍依据和必须研究的课题。

二　《坛经》的作者

然而关于《坛经》的作者，在历史上其作者为六祖惠能，这一向不是一个问题。但敦煌本《坛经》等禅宗史料被发现后，胡适对此提出了质疑，从而引发了争论，并出现了很多不同的观点。

1978 年出版的日本驹泽大学禅宗史研究会编的《慧能研究》一书中关于敦煌本《坛经》的作者问题就介绍了五种不同的看法：

（1）胡适、久野芳隆认为：《坛经》的主要部分是神会所作；

（2）矢吹庆辉、关口真大认为：《坛经》是神会或神会一派所作；

（3）铃木大拙认为：《坛经》原是惠能的说法集，后人又附加了部分内容，宇井伯寿认为是神会一派作了这种附加；

（4）柳田圣山认为：《坛经》古本原是牛头禅系的法海所编，后人又有修改；

（5）中川孝认为：敦煌本《坛经》是神会在法海所抄录的基础上又增加了新的内容而编成的，后来曹溪山的南宗弟子又对此作了些改动。①

以上诸多观点中，以胡适为主所认为《坛经》是由神会或神会一系的著作之观点，立刻掀起将近三四十年来的激烈辩论，论战还从中国大陆漫延到台湾，甚至到日本。1926 年、1927 年胡适分别从伦敦、巴黎和日本得到一批有关禅宗的史料。1930 年后，胡适曾在一年中连续发表了两篇论文：一是《荷泽大师神会传》；另一篇是《坛经考之一——跋曹溪大师别传》。这两篇论文都有一个共同的结论：《坛经》的作者不是六祖惠能，而是他的弟子神会禅师！②

胡适的主要论据是：其一，卒于唐太和二年（828）的韦处厚在为马祖道一的弟子大义禅师所作的《兴福寺内道场供奉大德大义禅师碑铭》中曾述及当时禅宗的四派，在提到神会系时说："洛者曰会，得总持之印，独眼莹珠，习徒迷真，橘积变体，竟成《坛经》传宗，优劣详矣。"胡适曾据此提出过《坛经》是神会所作或至少其中的重要部分是神会所作的观点。

---

① 以上参考杨曾文校写《敦煌新本：六祖坛经》，第 200～222 页。

② 胡适《〈坛经〉考之一——跋〈曹溪大师别传〉》《荷泽大师神会传》，载张曼涛主编《现代佛教学术丛刊》（1），《禅学专集之一》，大乘文化出版社，1976，第 1～11；29～74 页。

其二，《大正藏》第 48 册所载敦煌本《六祖坛经》第 49 节中有云：“惠能言‘吾灭后二十余年，邪法辽（撩）乱，惑我宗旨，有人出来，不惜身命，弟（定）佛教是非，竖立宗旨’”的记载，胡适认为这暗示了“神会在滑台大云寺及洛阳荷泽寺定南宗宗旨的事”是《坛经》“是神会或神会一派所作的铁证”。

其三，“《坛经》古本中无有怀让、行思事而单独提出神会得道，余者不得，这也是很明显的证据”。

其四，胡适认为：“《坛经》中有许多部分和新发现的《神会语录》完全相同，这是最重要的证据。”①

当然，胡适认为《坛经》是由惠能的弟子神会或神会一系的人所作的结论违背了传统的说法——《坛经》是惠能所说，由他的弟子法海等记录整理而成。因此，胡适这一观点引起了中外学术界的大论战。很多学者都纷纷批判胡适这一大胆的观点，如钱穆、杨鸿飞、印顺法师等。有关批判胡适这一观点的文章有一部分收集在张曼涛主编的《现代佛教学术丛刊》之《六祖坛经研究论集》和《中国佛教文史论集》二书中。日本也有一些学者如宇井伯寿、铃木大拙、入矢义高、关口真大、柳田圣山等，对胡适这一观点也发表了自己的看法。

总的来说，或许神会或神会门下曾对《坛经》作出过改动，然而绝大多数学者仍然肯定或部分地肯定《坛经》是由惠能口述，由他的弟子法海等记录整理而成。这样的观点应该是比较客观和正确的。

第三节　有关《坛经》的版本

惠能入灭后，由于惠能弟子众多，在大梵寺听惠能说法者也不少，平时能得到惠能开示的更不在少数，因此《坛经》形成后，众多的弟子对其各有修订；加上不同的弟子对于《坛经》里面一些思想内容的理解不同；而古时的印刷业不发达，经书的流传往往靠心记手抄，这就难免出现笔误。因此，《坛经》在成书后的 1300 多年长期的流传过程中被不断传抄、修订和补充，便逐渐出现了许多不同的版本。综观现今存世的《坛经》本子，真可谓五花八门，令人眼花缭乱。日本学者柳田圣山主编的《六祖坛经诸本集成》一书，收集了流传于中日两国的 11 个不同的《坛经》本子。② 石井修道的“六祖坛经异本系统图”列出了《坛经》的 14 种不同的版本。③ 中国学者杨曾

① 以上参见胡适《〈坛经〉考之一——跋〈曹溪大师别传〉》、《荷泽大师神会传》，载张曼涛主编《现代佛教学术丛刊》(1)，《禅学专集之一》，第 1 ~ 11；29 ~ 74 页。

② 〔日〕柳田圣山：《六祖坛经诸本集成 · 目录》，京都：中文出版社，1976。

③ 〔日〕石井修道：《伊藤隆寿氏发现之真福寺文库所藏之〈六祖坛经〉之介绍》，载《驹泽大学佛教学部论集》，1970，第 80 页。

文教授在《坛经敦博本的学术价值探讨》一文中表列的《坛经》本子更是多达近30种。[①] 不过，虽然现存《坛经》本子很多，但绝大部分都不过是一些不同版本或校改的传抄本，内容上并无太大的差异。日本学者田中良昭曾认为："目前《坛经》的版本系统，依驹泽大学禅宗史研究会所刊行之《慧能研究》约可分为五种：（一）敦煌本；（二）惠昕本；（三）契嵩本；（四）承继敦煌本系古本与契嵩本而再编的德异本；（五）主要承接契嵩本而再编的宗宝本。"[②] 下面主要依据田中良昭所说的五大系统版本的《坛经》，一一加以简单的介绍。

一　敦煌本

（一）了解敦煌禅籍

1900年6月22日，中国甘肃敦煌莫高窟藏经洞被发现，敦煌莫高窟下寺道士王圆箓（1849～1931）在清理积沙时，无意中发现了藏经洞，并挖出了公元4世纪至11世纪的佛教经卷、社会文书、刺绣、绢画、法器等文物5万余件。这一发现为研究中国及中亚古代历史、地理、宗教、经济、政治、民族、语言、文学、艺术、科技提供了数量极其巨大、内容极为丰富的珍贵资料。后经英、法、日、美、俄等国探险家的盗窃掠夺，藏经洞绝大部分文物不幸流散到世界各地，仅剩下少部分留存于国内，造成中国文化史上的空前浩劫。敦煌藏经洞的发现给世人带来了极大的震撼。现散藏于世界各地的敦煌写本总数计五六万件，而佛教文书就占了文献总数的90%以上，包括一批早期的禅宗著作也被保存了下来。多年以来，经过各国学者们的整理与校勘，这些尘封了近千年的敦煌写本的真实面貌终于陆续得以为世人所见。如此庞大的文献宝库不但为学术研究提供了极为珍贵的历史材料，更开拓了前所未有的崭新视野。尤其是其中禅宗及其相关文献的新发现，以至有必要重新认识中国早期禅宗史。

也正因为这些敦煌禅籍的发现，知道有敦煌本《坛经》的存在，自20世纪初期以来，先后发现的多个敦煌《坛经》写本，使学教两界对于早期《坛经》的形成与发展的认识由此不断加深。

（二）敦煌系《坛经》写本

目前有题为"法海集记"的5种汉文敦煌写本《坛经》见诸于世，除了此5种敦煌写本之外，同属敦煌系还有西夏文《坛经》写本。

1. 英博本（斯坦因本）

现存最早的《坛经》本子即是20世纪初发现的敦煌本，全一卷，不分品目。

---

① 杨曾文校写《敦煌新本：六祖坛经》，第314页。

② 〔日〕田中良昭：《坛经典籍研究概史》，载驹泽大学禅宗史研究会编著《慧能研究》，东京：大修馆书店，1978，第250页。

被认为大致抄写于唐至五代之间。其全称为“南宗顿教最上大乘摩诃般若波罗蜜经六祖惠能大师于韶州大梵寺施法坛经”，后面注明是由“兼受无相戒弘法弟子法海集记”，因而也被称为“法海集本”。一般认为它是“今日能够见到的最早写本，但不一定是最早的流行本”①。而现今已发现的这个本子最早是由英国人斯坦因从敦煌遗书中发现并带到英国。目前收藏在英国国家图书馆，编号为 S5475（原编号为斯 337），故称之为“敦煌本”或“斯坦因本”“英博本”。

1913 年日本学者矢吹庆辉在伦敦大英博物馆藏敦煌文献中发现了英博本《坛经》，并拍摄成照片后带回日本。之后，影印公布，并经过校订而收入了《大正藏》第 48 册。1930 年又把照片收入《鸣沙余韵》发表。英博本《坛经》的发表，立即引起日本学术界对《坛经》重新研究的兴趣。1933 年铃木大拙和公田连太郎又参照日本兴盛寺所发现的惠昕本《坛经》对英博本作了校订，并将其分为 57 节，此校订本后被收入了《普慧大藏经》。胡适在 1927 年得到矢吹庆辉寄赠的影印本，这被认为是最早辗转回国的敦煌本《坛经》，胡适也对此版本的《坛经》作了研究。

英博本《坛经》也是最早引起中外学者长期重视并展开研究的文本。后来很长一段时期，学术界对敦煌写本《坛经》研究主要依据的就是这个版本。

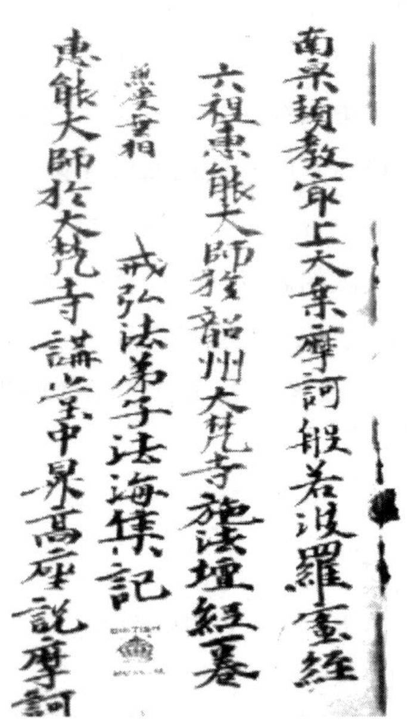
南宗頓教最上大乘摩訶般若波羅蜜經
六祖惠能大師於韶州大梵寺施法壇經一卷
兼受無相戒弘法弟子法海集記
惠能大師於大梵寺講堂中昇高座說摩訶

图 1　英博本

（图片来源：国际敦煌项目网站 http://idp. bl. uk）

① 杜继文、魏道儒：《中国禅宗通史》，江苏古籍出版社，1995，第 179 页。

2. 敦博本

在同属敦煌《坛经》写本当中，其中最值得一提的是和英博本同一底本的异抄本——敦煌博物馆藏077号写本，简称“敦博本”的《坛经》本子。这个版本的《坛经》只是当时抄写者所抄写的五种禅宗文献之一（五种抄写文献为《菩提达摩南宗定是非论》《南阳和上顿教解脱禅门直了性坛语》《南宗定邪五更转》《南宗顿教最上大乘坛经》《注般若波罗密多心经》）。

敦博本是1935年4月8日，任子宜先生在敦煌莫高窟上寺（千佛山之寺）中发现的，直到20世纪40年代，向达先生随中央研究院西北史地考察团到敦煌考察，并在任子宜先生家中发现，又在敦煌考察对该版本文献进行两次校对，在自己所编撰的《西征小记》之中进行了简要的考证与描述。随后，这个写本《坛经》原件便下落不明。自此，学术界对于这个版本只知道其存在，却不知道这个版本所藏之处。1951年根据魏锦萍的《任子宜与敦煌文物》所记载的信息，在敦煌县城东街小学院内寻找到，后收藏在敦煌县（今敦煌市）文化馆。

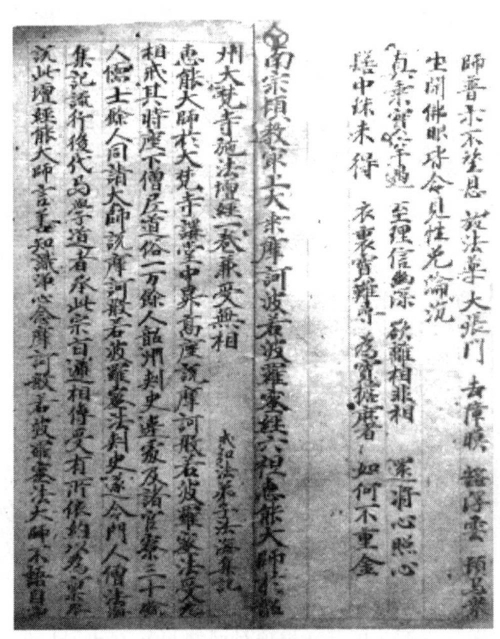

南宗頓教最上大乘摩訶般若波羅蜜經六祖惠能大師於韶
州大梵寺施法壇經一卷兼受無相戒
弘法弟子法海集記
惠能大師於大梵寺講堂中昇高座說摩訶般若波羅蜜法受無
相戒其時座下僧尼道俗一萬餘人韶州刺史遠處及諸官寮三十餘
人儒士餘人同請大師說摩訶般若波羅蜜法刺史遂令門人僧法海
集記流行後代與學道者承此宗旨遞相傳受有所依約以為稟承
說此壇經能大師言善知識淨心念摩訶般若波羅蜜法大師不語自

图2　敦博本

（图片来源：国际敦煌项目网站 http://idp. bl. uk）

敦博本虽与英博本为同一个底本的异抄本，同属于敦煌系的写本，但此版本字迹娟秀，是抄写极为工整、错讹较少的写本，且全本内容完整，更具研究价值。1983年，周绍良先生在敦煌县博物馆考察时发现并及时组织拍照做记录。1985年，邓文宽与杨术森先生对该版本进行摄影记载。1986年，荣恩奇先生在其所整理的《敦煌县博物馆藏敦煌遗书目录》中详细著录了敦博本《坛经》。1993年，任继愈先生根据周绍良先生提供的信息将其录入在任继愈主编的《中国佛教丛书·禅宗编》中。与此同时，对敦博本的研究最有名的当推杨曾文教授整理编成的《敦煌新本：六祖坛经》一书。此书的问世，受到学术界广泛的注意，被认为“其意义重大”，因为它“推翻了原有的敦煌本《坛经》是天下孤本的结论”。[①] 敦博本《坛经》的整理出版，为研究《坛经》提供了完整、全新的资料。

3. 旅博本

藏于旅顺博物馆的抄本（称为旅博本）。此本1914年左右由日本大谷探险队在敦煌发现带回日本，后来曾组织拍照，之后又辗转回到了中国旅顺博物馆。在1951年收藏分类的时候被划归为书画类，因而被搁置忽略，直到2009年整理时被发现。全本共计约11686字，日本龙谷大学图书馆藏有该本三张照片。旅博本2010年收录在《国家珍贵古籍名录》中，名录编号为06947。在此本封面上的题记抄写者模模糊糊的登记为“僧志光”，抄写年款为“显德五年（958）己未岁三月十五日”，由此可以得出该版本抄写大致是在后周时期。在1994年，潘重规先生首次在他的著作《敦煌坛经新书》中利用该版本在日本时所摄图片的经文进行录校。2011年，由郭富纯、王振芬校勘，上海古籍出版社出版了《旅顺博物馆藏敦煌本六祖坛经》。

图3 旅博本

（图片来源：国际敦煌项目网站 http://idp.bl.uk）

4. 北图本

这个写本的敦煌本《坛经》目前藏于北京中国国家图书馆（编号BD.04548号/千字文岗48号，胶卷编号为“北8042”），这个版本发现之前，正面抄录的是《无量寿宗要经》，背面抄录的是废弃稿中连接起来的《坛经》残本，尾题为：“南宗顿

① 谢重光：《20世纪国内对隋唐五代佛教宗派及其思想学说研究之回顾》，《汕头大学学报》（人文科学版）1999年第4期，第62页。

教最上大乘坛经一卷”。北图本首残，但后部分经文却完整且有尾题，约存完整本子的三分之一。发现者是陈垣先生，并在 1930 年《敦煌劫余录》中利用附注的形式做了著录，但陈垣先生的发现没有引起当时学术界的重视。1986 年黄永武先生在编撰的《敦煌遗书最新目录》中提到了北图本并且抄录了这个版本背面的尾题“南宗顿教最上大乘坛经一卷”。直到 1991 年日本学者田中良昭发表此本相关的录校研究才引起学术界的重视，这也是学者对该写本的首次录校和研究。北图本是以卷轴装收存，全本正文字数一共约有 13983 字。在 20 世纪 50 年代和 80 年代，北京图书馆曾两次公开该写本收藏的照片。

图 4　北图本

（图片来源：中国国家图书馆官方网站 http://www.nlc.gov.vn）

5. 国图北残本

到目前为止，此写本乃是发现最晚的敦煌《坛经》写本，也为中国国家图书馆所藏，编号“有子 79 号”（新编号为“北敦 8958 号”）。该写本首尾均断，只有仅存的残片一页共 10 行，有乌丝栏，仅有 5 行抄写经文，后面 5 行均留有空白。在 1997 年方广锠教授发现它之前被视为兑废稿。目前这个写本登记在 1997 年 12 月周绍良编撰的《敦煌写本坛经原本》中。由于是残本，所以该写本字数有限，全本经文仅仅 77 个字。期待这个写本的面世也将会成为学术界研究的又一大课题。

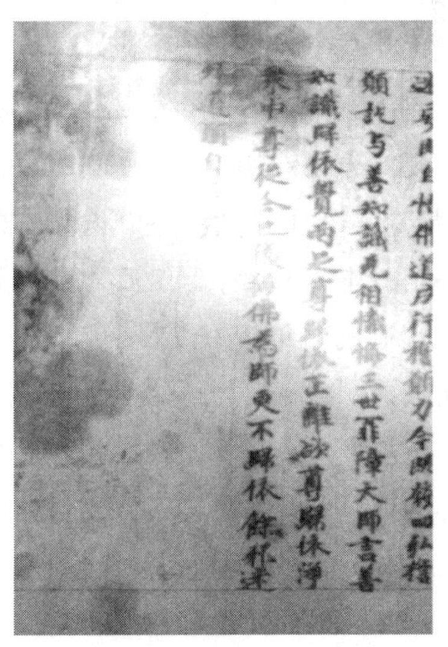

图 5　国图北残本

（图片来源：中国国家图书馆官方网站 http://www.nlc.gov.vn）

以上这 5 个敦煌《坛经》写本，它们的抄写年代大致都是在唐至五代之间。而且只有英博本、敦博本、旅博本 3 个版本《坛经》是完整的写本，而北京图书馆所藏北图本“冈字48号”与国图北残本“有子79号”这两个写本皆不全。在完整的3个写本中英博本公布最早，影响最大；敦博本字迹最为清晰，内容完整；继敦博本后，旅博本内容也较为完整，错字、漏字也很少，是研究《坛经》价值很大的一个写本。

6. 西夏残卷

另外，同属于敦煌系写本的《坛经》还有一个“西夏文残卷”，发现于20世纪20年代，此写本陆续被发现，共12个残页。

二 《坛经》祖本

学术界一般认为以上5个汉文敦煌写本并不是最早《坛经》本子，在他们之前就有《坛经》流传于世，将之称为“《坛经》祖本”。根据是《景德传灯录》卷二十八所载《南阳慧忠国师语》中的一段话：

> 吾此游方，多见此色，近尤盛矣。聚却三五百众，目视云汉，云是南方宗旨。把他《坛经》改换，添糅鄙谭，削除圣意，惑乱后徒，岂成言教？苦哉！吾宗丧矣！①

根据这段话，印顺法师作了精辟的说明，他说：“以现存《坛经》本来说，敦煌本最古。但敦煌本已不是《坛经》原型，而有过补充、修改，这是古人所曾经明白说到的。”② 并指出《坛经》成书后至少经历过两次修改。日本学者伊吹敦在1995年发表的长篇论文《敦煌本坛经的形成》中通过对各种资料的比较研究，提出了所谓的“原《坛经》及其在流传过程中经历了四次增广”③ 的观点，引起了新的争论。柳田圣山在1967年出版的《初期禅宗史书的研究》中对敦煌本《坛经》作了详细考察，认为它的形成经过了一个相当长的过程，在此前当存在一个古本《坛经》，然后才发展到敦煌本《坛经》。④ 这个古本《坛经》学者们考证大概成书年代在713～722年之间，⑤ 或可称之为“法海原本”，由法海集记而成。

不过这个“《坛经》祖本”或有的称为“《坛经》原本”“法海原本”，现已不存于世，无从查考，人们只是知道在历史上曾经有过这样的一个本子。

---

① （宋）道原：《景德传灯录》卷二十八，《大正藏》第51册，第438页上。

② 印顺：《中国禅宗史》，上海书店，1992，第247页。

③ 〔日〕伊吹敦：《论丛：亚洲文化与思想》第4号，《亚洲文化与思想研讨会论文集》，1995年12月。

④ 杨曾文校写《敦煌新本：六祖坛经》，第208页。

⑤ 杨曾文校写《敦煌新本：六祖坛经》，第293页。

三　惠昕本

惠昕本，指具有“二卷十一门”这样结构或具有“依真小师邕州罗秀山惠进禅院沙门惠昕述”这样署名的《坛经》。现今发现日本境内留存有5种惠昕系统的本子，分别为北宋政和六年（1116）重刻本之天宁寺本和大乘寺本、周希古大中祥符五年（1012）重刻之真福寺本、晁子健绍兴二十三年（1153）重刻之兴圣寺本和宽永本。根据其中序文来看，这类《坛经》当是惠昕于宋乾德五年（967）所制，所以一般均将之称为“惠昕本”。[①] 胡适称其为“是人间第二最古的《坛经》”[②]。以下按发现和发布的次序对此5本略作介绍。

兴圣寺本，是1931年日种让山在日本京都崛川兴圣寺所发现的，故将之称为“兴圣寺本”。兴圣寺本题名为“《六祖坛经》”，前并有“依真小师邕州罗秀山惠进禅院沙门惠昕述”署名之《序》，云：“故我六祖大师广收学徒，直说见性法门，总令自悟成佛，目曰《坛经》，流传后学。古本文繁，披览之徒，初忻后厌。余以太岁丁卯，月在蕤宾，二十三日辛亥，于思迎塔院，分为两卷，凡十一门，贵接后来，同见佛性者。”《序》后又有“绍兴二十三年（1153）六月二十日，右奉议郎权通判蕲州军州事晁子健谨记”的《再刊记》。胡适在考证后认为，“可断定惠昕改定二卷十一门是乾德丁卯的事”[③]。从《再刊记》中可知，晁子健1153年的蕲州刻本所依据的写本为北宋天圣九年（1031）晁迥题字的本子。所以，兴圣寺本不过是宋代流行的二卷十一门的惠昕本翻刻本。

铃木大拙在1933年首先将兴圣寺本《坛经》影印出版，并赠送给胡适一本。1934年又与公田连太郎共同校订兴圣寺本，并由东京森江书店出版。1976年，兴圣寺本影印本被收入柳田圣山主编的《六祖坛经诸本集成》中。兴圣寺本《坛经》距敦煌本《坛经》的形成时间较近，从内容上看是明显地继承了敦煌本的内容。此刻本的发现，为校订和研究敦煌本《坛经》提供了方便。

1935年铃木大拙与久保道舟又在石川县大乘寺发现另一种《坛经》写本，称之为“大乘寺本”。大乘寺本的原本当是道元（1200～1253）的弟子义介（1219～1309）于中国宋朝时抄写回来的。大乘寺本也属惠昕本系统，分上下二卷由十一门组成，但标题中无“门”字，前面无惠昕的序，有政和六年（1116）福唐将军山隆

---

① 2018年4月19日《南宁晚报》上一名为吴孝斌的人发表了一篇《惠昕本六祖坛经略考》，认为惠昕本是唐本，成书于唐德宗李适贞元三年（即公元787年），可以参考。

② 胡适：《〈坛经〉考之二——记北宋本的〈六祖坛经〉》，载张曼涛主编《现代佛教学术丛刊》（1），《禅学专集之一》，第27页。

③ 胡适：《〈坛经〉考之二——记北宋本的〈六祖坛经〉》，载张曼涛主编《现代佛教学术丛刊》（1），《禅学专集之一》，第13页。

庆庵比丘存中为再刊而写的序。据此，大乘寺本的原本要比兴圣寺的原本（1153 年本）早 37 年，距惠昕改定《坛经》时间（967 年）也近。大乘寺本的发现又为《坛经》研究增添了新资料。1942 年铃木大拙出版了由他校订的大乘寺本，题名“《韶州曹溪山六祖坛经》”。大乘寺本的影印本于 1976 年也收入在柳田圣山主编的《六祖坛经诸本集成》中。1980～1981 年，石井修道有对此本录文。1993 年，杨曾文教授也有对此本录文。

此后，1975 年椎名宏雄在金山天宁寺又发现同样有比丘存中序的《坛径》写本，称之为“天宁寺本”。此写本经文与大乘寺本极其相似。经后附录有清乾隆十二年（1747）《捐资刻记》与《重修记》。1976 年，其影印本也收入在柳田圣山主编的《六祖坛经诸本集成》中。1980～1981 年，石井修道对之录文发表。

1980 年伊藤隆寿在名古屋市的真福寺内发现了一部抄写于公元 14 世纪的《坛经》写本，称为“真福寺本”。真福寺本虽与大乘寺本一样，也为二卷，由十一门组成，但时间更早。真福寺本前也有惠昕的序，后面有北宋大中祥符五年（1012）周希古写的后叙。真福寺本的原本，比晁子健所据以刻印的写本（天圣九年，公元 1031）还早，上距惠昕 967 年改定《坛经》才 45 年，也比较接近惠昕原本。真福寺本原由伊藤隆寿发现，后石井修道对此本作了详细研究，并在相关研究文章后面发表了他关于此本的校订本。此本录文见于石井修道著《惠昕本六祖坛经的研究》，《驹泽大学佛教学部论集》第 11 期与第 12 期。

1980 年石井修道发现了被称为宽永本的《坛经》刻本，此刻本无序文。经文与兴圣寺本极其相似。经后附录有明代崇祯四年（1631）的《重刻记》。其录文见于石井修道著《惠昕本六祖坛经的研究》。

以上日本兴圣寺本、大乘寺本、天宁寺本、真福寺本、宽永本都是惠昕系统的异抄本，而且这几个本子都在日本流行。

宋代晁公武撰《郡斋读书志》中说惠昕本为三卷十六门，在日本兴圣寺发现的晁子健 1153 年的在蕲州刻本及大乘寺本、天宁寺本、真福寺本、宽永本皆为二卷十一门。结合兴圣寺本惠昕的《序》也自称是二卷十一门，那么三卷十六门本该如何解释呢？据胡适的推论：在蕲州刻的惠昕二卷十一门本之前，可能早有一部三卷十六门的惠昕本在社会上流通了。当然，胡适的这个推论还有待于史料的进一步验证。

惠昕本主体部分的结构与敦煌本基本相同，内容有增加，语句有相当部分被修改了，全书分为上下两卷十一门。关于敦煌本与惠昕本，从其异同来看，或是源于同一个祖本。铃木大拙所校刊的敦煌本《坛经》第 55 节中记载了《坛经》初期的传授次第：“此《坛经》，法海上座集。上座无常，付同学道漈。道漈无常，付门人悟真。悟真在岭南曹溪山法兴寺，见今传授此法。”而惠昕本《坛经》所记则与此有异：“洎乎法海上座无常，以此《坛经》付嘱志道，志道付彼岸，彼岸付悟真，

悟真付圆会。”其中所言志道也是法海的同学。这两处的记载敦煌本与惠昕本虽然有所不同，但从法海传至悟真，则是共同的，这就表明，惠昕本与敦煌本这两种本子有可能是从同一个底本发展而来，之后又形成了不同的系统；同时，惠昕本在改编过程中，当也参考过敦煌本，从而形成了一种复杂的交叉关系。[1]

四　契嵩本

现存的第三个《坛经》本子就是契嵩（1007～1072）改编的本子，从此本前宋吏部侍郎朗简为之所作的《序》中可以推知，此本大约成书于宋仁宗至和三年（1056）。但《序》中称契嵩得“曹溪古本，校之，勒成三卷”。契嵩勒成三卷本之《坛经》已经不存，而现存的契嵩本只有一卷十品，全称为“《六祖大师法宝坛经曹溪原本》”，且是明代的本子。学者们认为，此现存一卷十品的契嵩本可能已经不是契嵩改编本的原貌了，但可能是契嵩系统的《坛经》抄本。

现存契嵩本为明宪宗成化七年（1471）由“廷臣赵玉芝重加编录，锓梓以传”的刻本，并在万历元年（1573）、万历四十四年（1616）及清顺治九年（1652）皆有几次重刻。且在顺治九年重刻的本子的跋文中明此本刻于曹溪，故又称为“曹溪原本”。因此，中外学者也有不称其为契嵩本，而称其为“明藏本”或“曹溪原本”。

憨山德清（1546～1623）于明万历三十四年（1606）刊行的《坛经》本子，又在万历四十八年（1620）有重刊，称为德清本，大部分学者认为此本与“曹溪原本”同属于契嵩本的再刊本。此外，明永历六年（1652）王起隆刻本、永历三十年（1676）真朴重刻本、1929年金陵刻经处本等皆为契嵩系统的《坛经》本子。

宋代郎简所作契嵩本《坛经·序》在提到此本形成的机缘时曾说：“然六祖之说，余素敬之，患其为俗所增损，而文字鄙俚繁杂，殆不可考。会沙门契嵩作《坛经·赞》，因谓嵩师曰：‘若能正之，吾为出财模印，以广其传。’更二载，嵩果得曹溪古本校之，勒成三卷，璨然皆六祖之言，不复谬妄，乃命工镂板，以集其胜事。”据此，有一些学者如胡适、楼宇烈等认为契嵩本是惠昕本（或敦煌本）与《曹溪大师传》的合编本。[2] 不过，从现存的契嵩本来看，契嵩改编《坛经》时，在参考《曹溪大师别传》的同时，很可能还参考了《历代法宝记》《祖堂集》《景德传灯录》等其他一些史料。

---

① 以上惠昕本《坛经》相关介绍参见胡适《〈坛经〉考之二——记北宋本的〈六祖坛经〉》，载张曼涛主编《现代佛教学术丛刊》(1)，《禅学专集之一》，第11～28页；杨曾文校写《敦煌新本：六祖坛经》，第301～307页。

② 参见胡适《〈坛经〉考之二——记北宋本的〈六祖坛经〉》，载张曼涛主编《现代佛教学术丛刊》(1)，《禅学专集之一》，第11～28页；楼宇烈《敦煌本〈坛经〉、〈曹溪大师传〉以及初期禅宗思想（一）》，载《中国佛教学者文集：中国佛教与人文精神》，宗教文化出版社，2003。

五　德异本

现存的《坛经》本子，还有一种被称为“德异本”，此本正文与契嵩本一样也是一卷十品，但附记略有不同，由此德异本被认为是契嵩本之再刊本，属于契嵩本系统。从德异为之所作的序来看，此本刊行于元至元二十七年（1290）。此本后传入高丽，又传到日本，目前日本存有此本刊刻于中国的元延祐三年（1316）刻本，被称为“延祐本”。

德异本于元至元二十七年在吴中休休庵刊行，8 年后，德异将自己所刊本托商人将其送交给高丽僧人万恒（1249～1319），并于大德四年（1300）在高丽刊行。此大德四年本在明嘉靖三十七年（1558）于高丽黄海道遂安土阿达山青奄寺重刊，于清光绪九年（1883）也有再刊。

延祐本也曾于明代在高丽重刊。大德四年本与延祐本几乎相同，都曾在韩国历史上多次重印。在韩国古代流通的《坛经》几乎全是德异本，目前在韩国尚存 8 个完整的德异本《坛经》。

德异在元至元二十七年《六祖大师法宝坛经·序》中说：“惜乎《坛经》为后人节略太多，不见六祖大全之旨。德异幼年，尝见古本。自后遍求三十余载，近得通上人寻到全文，遂刊于吴中休休禅庵。”据此则可知，在元至元年间，社会上流传着一种“为后人节略太多”的《坛经》本子，是否就是惠昕嫌“古本文繁”而作的改编本，不能下断语，但或许也有这种可能。而德异从通上人处得到的早年曾见到过的“古本”，则有可能就是契嵩的改编本。①

六　宗宝本

《坛经》另外的一个本子就是宗宝本，此本被认为主要是承接契嵩本而再编之本。关于宗宝本《坛经》的相关情况将在第二章作说明。

本教程是以宗宝本为主，同时也参考了敦煌本等各种版本的《坛经》。

结　论

从《坛经》各种版本来看，可得出如下结论。

1.《坛经》在流传过程中曾多次被修改补充，形成各种不尽相同的本子，有的佚失，有的被保存下来。虽然现存《坛经》本子很多，但绝大部分都不过是一些不同的版本或校改传抄本，内容上并无太大的差异。

---

① 有关德异本《坛经》相关介绍参见杨曾文校写《敦煌新本：六祖坛经》，第 307～310 页；周春生、韦光燕《休休庵本〈坛经〉版本考》，《世界宗教研究》2004 年第 4 期。

2. 以上各版本的《坛经》，由于时间与空间的复杂性，其各种版本之形成，情况也是复杂的。现存各本《坛经》之间并不一定就是直线性的联系，很可能有交叉或并存的关系，了解这种复杂的关系对于研究惠能及其南宗思想的发展都具有非常重要的意义。

3. 尽管《坛经》具有不同时期的不同版本，它的内容、思想也是大同小异，但基本上代表和反映了惠能南宗的思想。不同时期的《坛经》，有增减的不同，它自然地反映了禅宗思想在不同时期的发展演变情况，对于后来的研究者都有它的历史价值和意义。

4. 各版本《坛经》大致的演变描绘图见图 6。

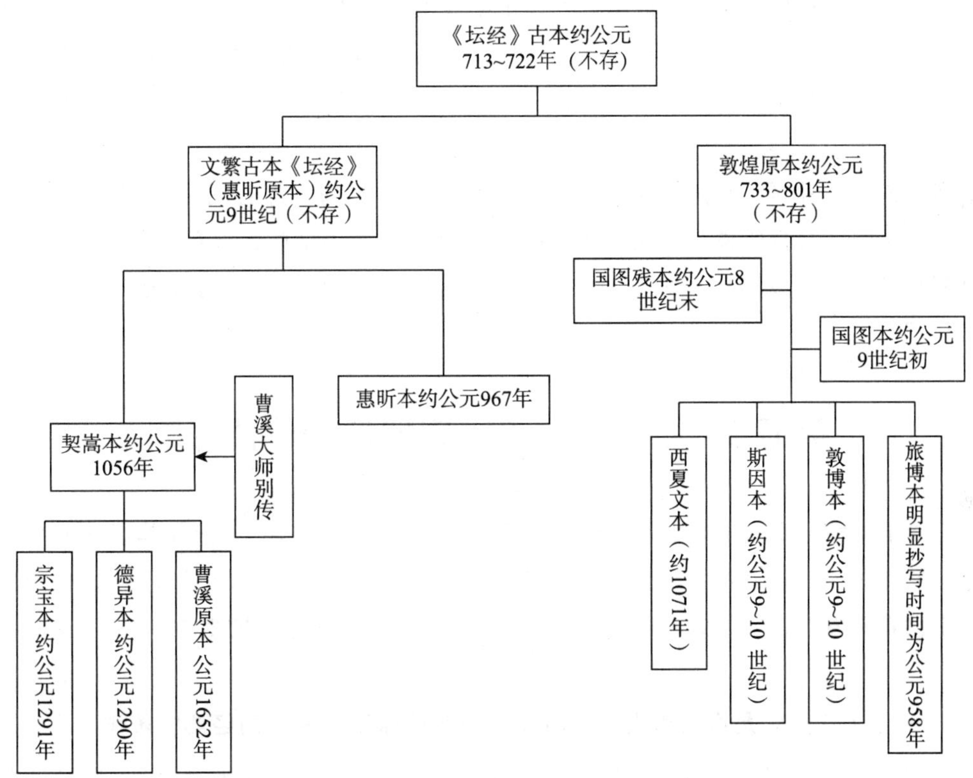

图 6 各版本《坛经》的演变

第四节 《坛经》与惠能南宗

《坛经》在流传的过程中虽经过多次修改补充，但仍基本代表着惠能的思想，这是大家比较共同的看法，即便到目前为止学术界对有关《坛经》的各种观点并不能完全一致。从现存各版本《坛经》的字数来看，存在着时间越后内容越多的情况：敦煌本正文字数约 10000 字，惠昕本约 14000 字，契嵩本大致 19436 字，而宗宝本则有20000字左右，这证明《坛经》在流传的过程中有不断被修订补充的事实。然而我们并不能因为如此而把后来《坛经》增加或补充的东西都视为篡改或者伪造。任继愈先生曾指出："要考虑到，此后的其它版本，成书虽迟，其中包含的思想却可以很早。"① 所以，不能简单地认为晚出来的本子所记载的东西就一定不如先出的本子真实。

事实上从现存各本《坛经》的内容来看，大致都由三部分内容组成：一是惠能自述生平；二是惠能在大梵寺说摩诃般若波罗蜜法，授无相戒；三是惠能平时与弟子之间关于佛法的问答，机缘语录，临入灭付嘱，以及入灭前后的情形。前两个部分的内容，各本《坛经》的出入并不是很大。而第三部分，后出来的《坛经》本子在内容上虽然增加了不少，但考之禅宗史中有关惠能及其弟子的记载，这部分的内容基本上也还是可信的。所以各种不同版本的《坛经》仍基本上代表着惠能的思想，可以从各种不同版本的《坛经》不同的记载中，比较全面地把握惠能的思想，以及惠能思想在南宗发展中的影响，乃至惠能南宗门下的发展和演化。所以对于研究者来说，各种《坛经》的本子都有其不可代替的价值，都有阅读和研究的必要。这正如杨曾文教授所说："《坛经》在历史上不是一成不变的，它有一个形成演变的过程是禅宗历史发展的反映。研究禅宗思想和历史演变，各本《坛经》都是重要资料。"②

第五节 《坛经》的历史地位和价值影响

六祖惠能在中国佛教史上可谓是"前无古人，后无来者"，记载其说法和生平事迹的集录——《六祖坛经》是家喻户晓。《坛经》作为禅宗的"宗经"，在中国乃至世界佛教史、文化史、思想史上都有着重大的意义和特殊的地位。

（一）《坛经》是中国僧人著述中唯一一部被称作"经"的经典性著作

所谓"经"，梵语"修多罗"，意译为"契经"，一般简称为"经"。印顺法师在他的《般若经讲记》中是这样解释"经"的："经，梵语修多罗，译为线，线有贯摄零星散碎的功能。佛弟子将佛所说的法，依文义次第，结集成章成部，如线贯物一样，能历久不失，所以名为修多罗。中文的经字，本也是线，如织布有经线纬线。后人以古代有价值的典籍为经，渐渐附以可依可法的尊贵意思，所以佛典也译

① 任继愈：《敦煌坛经写本跋》，李申合校、方广锠简注《敦煌坛经合校简注》，山西古籍出版社，1999，第98页。

② 杨曾文校写《敦煌新本：六祖坛经》，第206页。

之为经了。”① 一般来说佛法有五种人说：（1）佛自口说；（2）佛弟子说；（3）仙人说；（4）诸天说；（5）化人说。但通常以经是佛说为通说。“经”的地位尊崇，影响深广，是其他任何典籍所无法比拟的，同时也是作为思想的典范之确立与导向之意。那么，在汗牛充栋的禅宗典籍当中，记载惠能生平事迹和语录的《六祖坛经》，就是唯一一部由中国人撰述被奉为“经”的著作，由此可见《坛经》在中国佛教史上特殊的重要地位。

（二）《坛经》奠定了南宗禅的主要理论基础，是惠能南宗的理论旗帜，五家七宗尽出于《坛经》

《坛经》奠定了南宗禅的主要理论基础，离开了《坛经》就无从研究惠能的思想，也难以研究惠能南宗的形成、发展与演变。惠能圆寂后，惠能南宗很快就形成了神会系、青原系、南岳系等不同的禅系。晚唐至五代，惠能南宗经南岳和青原系更进一步发展演化出五家七宗，此五家七宗遍布大江南北，在全国形成巨大规模。虽然各禅系在各自的发展过程中，又都逐渐形成了自己独特的禅风和传法谱系，但他们都以《坛经》作为主要传法的依据则是一致的。正如元代僧人德异所说：“一门深入，五派同源，历遍炉锤，规模广大，原其五家纲要，尽出《坛经》。”②

《坛经》是禅宗各派传教和传授禅法的主要依据，是惠能所创南宗传法的根本经典，是惠能南宗的理论旗帜。禅宗各派都以《坛经》作为指导思想，积极地将惠能直了心性、顿悟成佛的禅学理论与禅行之原则贯彻到实际的宗教生活中，使得惠能南宗禅法在禅行实践中得到了进一步发扬光大，从而“当其他各宗大都凋零枯萎时，禅宗却五宗并起，形成争妍竞秀一时称盛的局面”③。最后，惠能南宗终于湮没了弘忍门下包括北宗在内的其他各支，而成了中国禅宗的唯一正宗，并且几乎成了中国佛教的代名词，在中国佛教史和思想文化史上都占据了极为重要的地位。

（三）《坛经》使中国佛学思想、文化等方面面貌一新，对中国哲学、文学、艺术等各领域也有着深远的影响

第一，《坛经》使中国佛学思想、文化等方面面貌一新。在《坛经》当中，惠能高举顿悟成佛之说，似狂飙横扫，使中国佛学思想面貌一新。在惠能之前，中国佛教界主要因循的是印度佛教所提倡的循序渐进的修行方式，如传统佛教的戒、定、慧三学，主张依戒而定，依定而慧。而惠能提倡定慧不二，即定即慧，甚至主张即

---

① 印顺：《般若经讲记》，台北正闻出版社，2000，第165页。

② （元）德异：《六祖大师法宝坛经·序》，《大正藏》第48册，第345页下。

③ 严北溟：《中国佛教哲学简史》，上海人民出版社，1985，第160页。

心即佛，心佛不二，顿悟成佛。他的顿悟，强调顿悟顿修、不假阶渐、瞬间完成、彻底觉悟。惠能这种别具特色的顿悟论，可谓是“前无古人，后无来者”，在中国佛教史上掀开了崭新的一页。惠能的顿悟论将佛教禅学的中国化推向极致，标志着与印度禅学的根本区别。在修行上，惠能的顿悟论则给人们修行成佛指出了一条简捷成佛的道路，大大缩短了佛与众生、世间与出世间、在家与出家之间的距离，以便于向社会各阶层传法，扩大了南宗禅的传播范围，而且影响所及使整个文化领域无不因其熔铸而生机蓬勃。所以，《坛经》在中国思想史和文化史上都具有重大的意义，这正如张曼涛在《六祖坛经研究论集·本集编辑旨意》中所说：“《坛经》不仅关系到中国思想史上一个转换期的重要关键，同时也是佛教对现代思想界一个最具影响力的活水源头。它代表了中国佛教一种特殊本质的所在，也表现了中国文化，或者说中国民族性中的一分奇特的生命智慧。”① 这充满赞誉的话语，从一个侧面说明了《坛经》所包蕴的思想文化“含金量”。

第二，《坛经》对中国哲学的深远影响。在《坛经》中，惠能最具代表性的禅法理论就是“心性论”。惠能非常关注本体之心，认为此心本来清净，本来具足一切万法：“一切万法，尽在自身中，何不从自心顿现真如本性。”② 众生应从此心上去求得解脱，“识自本心，见自本性”③。正是惠能这种心性论构成了中国哲学发展史上一个极重要的中介环节，承上启下，上承佛教中国化的传统，下开宋明理学的先河。在惠能之前，儒家思维的着眼点主要不是主体自身，对主体之“心”，没有认真地进行多少探讨，而是关注主体以外的社会客体，或一味治经解经、修辞修文，或偏究宇宙本体，他们对主体自身的心性问题没有给予足够的重视。然而到了宋明时期，儒家的致思方向却发生了重大的变化，即由客体逐渐转向了主体的心性、性命等。

导致儒家致思方向与理论旨趣发生改变的原因虽然有很多，但最根本的就是受到《坛经》中惠能心性论的影响，这其中最典型的代表当推宋明心学的集大成者王阳明（1478～1528）。据王阳明的朋友与学生黄绾（1477～1551）记载，王阳明经常让其弟子读《坛经》，领会其中的思想：“又今看六祖《坛经》，会其‘本来无一物’，‘不思善，不思恶’，见‘本来面目’，为直超上乘，以为合于良知之至极。”④ 把惠能《坛经》的思想当成“合于良知之至极”，可见王阳明受《坛经》影响有多深。

王阳明不仅吸取了惠能《坛经》的心性说的基本思想，而且他更高度突出了心

---

① 张曼涛主编《现代佛教学术丛刊》（1），《六祖坛经研究论集·本集编辑旨意》，第1页。

② 杨曾文校写《敦煌新本：六祖坛经》，第35页。

③ （元）宗宝：《六祖法宝坛经·般若品第二》，《大正藏》第48册，第351页上。

④ （明）黄绾：《明道编》，中华书局，1959，第11页。

的主体地位，把“心”升华为“良知”，建立了以“良知”为核心的主体哲学。在王阳明哲学整个理论结构上，他的“致良知”学说完全是以惠能《坛经》的理论结构为模型，这表现在：惠能认为佛性人人皆有；王阳明也主张“良知人人皆有”。惠能认为众生一念悟即是佛，一念迷即是凡夫；王阳明也主张彻悟良知即成圣，自昧良知即是凡夫。惠能认为佛性虽然众生人人本具，但能一念彻悟的人乃是上根利智者，而大多数人需寻求善知识示导见性；王阳明也认为只有上根之人才能“直从本源上悟入”良知本体，而下根之人则必须“在意念上落实为善去恶功夫，熟后渣滓去得尽时”，才能明尽本体。[①] 因此可以说王阳明是用《坛经》惠能的理论框架构筑起他的“致良知”学说的。正因为如此，王阳明的心学在当时被人们称为“禅”，“阳明于禅学卷舒运用熟矣，朱子谓陆子静欲成一部禅，愚谓阳明也一部禅矣”[②]。刘宗周说：“古之为儒者孔孟而已矣，一变而为五宗禅，再变而为阳明禅。”[③] 王阳明吸收惠能《坛经》的心性论所构建的良知理论，标志着中国哲学上主体意识的真正觉醒和主体地位的最终确立。他的心学使中国哲学走向丰富、深刻和圆熟，而《坛经》中惠能的心性论却是一个不可或缺的重要环节。由此可见，惠能《坛经》对中国哲学的深刻影响，乃至《坛经》在中国哲学上的重要地位。

第三，《坛经》对中国文学的影响。《坛经》中所体现出惠能禅那种只可意会，不可言传，以心传心，强调内心自证自悟的方式；以及随缘任运，无净无求，宁静淡泊，自然洒脱，自由无碍的空灵解脱之禅境，可以说是许多文学艺术家进行文学艺术创作或艺术评价的内在尺度，于是文学艺术等作品就成了表现这种禅悟、禅境的形式。由此，《坛经》对中国文学、艺术、书法、绘画等也产生着持久的影响力。

最突出的表现就是对诗歌的影响。在唐代的文学当中，有一个引人注目的现象就是“禅诗”的盛行。所谓禅诗，主要是指表达禅宗理趣、意境或所谓禅悟的诗歌作品。无论是禅门的禅师还是文人士大夫，他们以禅入诗，或以诗入禅，为璀璨的唐诗注入了新的意蕴。如《永嘉证道歌》中玄觉（665～713）诗云：“江月照，松风吹，永夜清宵何所为？佛性戒朱心地印，雾露云霞体上衣。”[④] 王维（701～761，一说699～761）《别终南山》：“中岁颇好道，晚家南山陲。兴来每独往，胜事空自知。行到水穷处，坐看云起时。偶然值林叟，谈笑无还期。”刘长卿（709～789）《寻南溪常道士》：“一路经行处，莓苔见屐痕。白云依静渚，芳草闭闲门。过雨看空色，随山到水源。溪花与禅意，相对也忘言。”这些诗篇，皆以寥寥数语，给人

① （明）王守仁撰《王文成公全书》卷三，景印文渊阁四库全书第1265册，台北：台湾商务印书馆，1983～1986年版，第38～39页。

② （明）陈建：《学部通辨》，见吴长庚主编《朱陆学术考辨五种》，江西高校出版社，2000。

③ （明）刘宗周撰《刘子全书及遗编》卷十九，京都：中文出版社，1981。

④ （唐）玄觉撰《永嘉证道歌》一卷，《大正藏》第48册，第396页上。

留下了山水自然之景，幽深玄寂之境，并表达了一种色空双离，人我两忘和无执无着，任运自在的洒脱禅意，其空灵、超脱、恬淡的意蕴令人玩味不尽。

在《坛经》思想的影响下，在中国文学上还出现了“以禅喻诗”“以禅论诗”的一类把参禅与作诗相比拟，以禅理来说明诗歌的创作、欣赏和评论的现象，如韩驹（1080～1135）就提出学诗浑似参禅的观点，他说：“学诗当初如参禅，未悟且遍参诸方。一朝悟罢正法眼，信手拈出皆成章。”[①] 王瞻民也说：“学诗真是学参禅。”[②] 宋代诗论家严羽（约1192～1243），更明确地指出“大抵禅道唯在妙悟，诗道也在妙悟”[③]。到了清代的王渔洋（1634～1711）又进一步发展了严羽的“妙悟说”而提出“神韵说”，认为“舍筏登岸，禅家以为悟境，诗家以为化境，诗禅一致，等无差别”[④]。由此把以禅喻诗、诗禅一致论推向了极致。

第四，《坛经》对中国绘画艺术的影响。《坛经》中惠能南宗的禅趣风格和超然的意境，对中国传统的绘画艺术也产生了深刻的影响，促进了笔简形具、气韵为主的山水画派的兴起。如诗画家王维，他的破墨山水画的画法和画风就是深受惠能南宗禅的影响而开创的。由此，他被称为山水画的“南宗”之祖。到了宋代，画家们为了追求惠能南宗禅的空灵之境，在画画时其手法就是用虚而不用实，在绘画中更注重布白的运用，而不强调背景的渲染，由此使得画面显得空灵洁净，从而营造出超然于象外的艺术效果。这种以禅趣入画，把画意与禅结合起来，重传神，重妙悟，重心物合一之境界的禅意画至宋蔚为大宗，成为中国古代画苑中的一朵奇葩。而这种绘画形式实际上就是受到了惠能南宗禅的深刻影响。

从方法论的角度来看《坛经》思想对中国绘画也有着深远的影响。宗宝本《坛经·定慧第四》中说：“真如自性起念，六根虽有见闻觉知，不染万境，而真性常自在。故经云：‘能善分别诸法相，于第一义而不动。’”[⑤] 这里的“第一义”者，即无上甚深之妙理。甚深之理不可说，第一义谛是离语言文字相的。冯友兰先生曾经用中国的绘画来说明禅宗对佛教中的“第一义 ”是如何阐释的：“中国画画月亮有两种方法，一种是在白纸上画一个圆圈；一种是在白纸上涂些颜色作云彩，在云彩中露出一个白圆块，这就是月亮。这种方法叫‘烘云托月’。它不直接画月亮，只画云彩，用云彩把月亮托出来，这可以说是不画之画。用佛教的话来说前者是

---

① 韩驹诗见《陵阳集》，载景印文渊阁四库全书第1133册，台湾商务印书馆1983～1986年版，第768页。

② （南宋）王庭圭：《泸溪集》卷六《赠曦上人》，见景印文渊阁四库全书第1489册，台湾商务印书馆1983～1986年版。

③ （南宋）严羽：《沧浪诗话·诗辨》，见景印文渊阁四库全书第1480册，台湾商务印书馆1983～1986年版，第810页。

④ 郭绍虞主编《中国古典文学理论批评专著选辑》所载清王士祯撰《带经堂诗话》卷三《香祖笔记》，人民出版社，1963，第131页。

⑤ （元）宗宝：《六祖大师法宝坛经·定慧第四》，《大正藏》第48册，第353页上。

‘表诠’，后者是‘遮诠’。”冯友兰进一步阐述了所谓“遮诠 ”的概念：“其实说第一义不可说，就是用遮诠说第一义。”[①] 这样的禅宗哲学思想和思维方式对中国绘画的创作和审美长久以来都起到深刻的影响。中国古代的画家们在绘画创作中，在审美品评中常常运用到这样禅意的思维方式，如为突出“藏古寺”之“藏”而画一小沙弥担水入深山，此烘云托月之法远胜于大量画有寺庙一角或寺塔塔尖藏于崇山峻岭之中的作品。

《坛经》中的思想对中国绘画也产生了巨大的影响。宗宝本《坛经·般若第二》中惠能自述：“于五祖弘忍和尚处，一闻言下便悟，顿见真如本性。”[②]“若起真正般若观照，一刹那间，妄念俱灭。若识自性，一悟即至佛地。”[③] 明代董其昌（1555～1636）用来描述他绘画上追求的最高境界——“一超直入如来地 ”，正是采用了《坛经》的“一悟即入佛地 ”的思想来实现他绘画理论上的新突破。[④]

由此可见，《坛经》禅趣意境、思想及思维方式对中国绘画艺术无论是在形式上或在方法论上都有深远影响。中国的绘画无不具禅的精神，画与禅相生相合。

第五，《坛经》对中国书法艺术的影响。《坛经》思想同中国书法艺术的发展与创新、书法风格的形成与流变都有着密切的关系。佛法虽广，其要者无出于戒、定、慧三学。其中，尤以禅定之功与书法之道关系最为密切。汉蔡邕（133～192）《笔论》云：“夫书，先默坐静思，随意所适，言不出口，气不盈息，沉密神彩，如对至尊，则无不善矣。”书圣王羲之（303～361，一说321～379）也说：“夫欲书者，先凝神静思，预想字形，令意在笔前，然后作字。”[⑤] 这些议论，都深契佛教禅定之旨。可见，禅定与书道原本就有内在相同的本质。《坛经 》对禅定的思想内容曾有明确的总结并赋予新的内涵。宗宝本《坛经·坐禅第五》中明确解释：“何名坐禅？此法门中，无障无碍，外于一切善恶境界，心念不起，名为坐；内见自性不动，名为禅。善知识！何名禅定？外离相为禅，内不乱为定。外若著相，内心即乱；外若离相，心即不乱。本性自净自定，只为见境，思境即乱。若见诸境心不乱者，是真定也。善知识！外离相即禅，内不乱即定。外禅内定，是为禅定。”[⑥] 惠能所谓坐禅是“本性自净自定”“心念不起”“自性不动”“外离相”“内不乱”等，这些都成

---

① 冯友兰：《禅宗的“不道之道”与“无修之修”》，吴平编《名家说禅》，上海社会科学院出版社，2003，第14页。

② （元）宗宝：《六祖大师法宝坛经·定慧第四》，《大正藏》第48册，第351页上。

③ （元）宗宝：《六祖大师法宝坛经·定慧第四》，《大正藏》第48册，第351页上。

④ 无住：《禅宗对我国绘画之影响》，载张曼涛主编《现代佛教学术丛刊》（18），《佛教与中国文化》，第226页。

⑤ 以上参见尚荣《〈坛经〉思想与中国艺术的关系》，《宁夏社会科学》2008年第1期（总第146期），第133页。

⑥ （元）宗宝：《六祖大师法宝坛经·坐禅第五》，《大正藏》第48册，第353页中。

为后来书家创作时所追求的理想境界，为他们提供了方法论上的指导，对中国后来的书法创作产生了巨大的影响。

禅和书法在审美境界上非常相近，禅所要达到的淡泊、孤绝、空灵、含蓄的理想境界也正是书法所始终追求的最高审美情趣。①《坛经》中惠能主张识心见性；提倡无念、无住、无相三无禅法；认为“禅性无住，离住禅寂；禅性无生，离生禅想。心如虚空，亦无虚空之量”② 等理趣对中国书法艺术的理论和实践也产生了巨大的影响。在《坛经》惠能重体悟心证思想的影响下，许多书法家以禅入书，把书法看作是禅的表现形式之一，并形成了独特的以禅入书、以禅喻书的书法理论。宋代朱长文（1039～1098）在《继书断》中曾说：“书之至者，妙与参道，技艺云乎哉！”③ 这就把书法之道与参悟联系了起来。宋代著名的书法家黄庭坚（1045～1105）也认为书法之道在于体现心灵的超然物外和自然放逸，不应为外物所拘。由此许多书法家都十分强调在写字时达到忘我的境界，心地清净，无欲无求，以佛教禅宗的理趣来要求书法创作，并寓禅理于书法之中。宋代著名的书法四大家苏轼（1037～1101）、黄庭坚、米芾（1051～1107）、蔡襄（1012～1067），他们的书法作品无不充满了禅的底蕴，表达着心灵的感悟，这些都是《坛经》禅法思想影响中国书法艺术的典型例证。

总的来说，《坛经》犹如中国传统文化中一朵绚丽的奇葩，以它浓郁的芬芳熏习着中国的传统文化，对中国的哲学、文学、艺术、绘画、书法等都产生着持久的影响，《坛经》在中国传统文化中占有着重要的地位。

（四）《坛经》在宗教史、哲学史、文化史、思想史上也都具有深远的影响

《坛经》不仅对中国的佛教思想、哲学、文学、艺术等各个领域有着深远的影响，而且，其影响还远及海外，对世界文化、思想等也作出了一定的贡献。在当今世界，无论是越南、泰国、韩国、日本等东方国家，还是美国、英国等西方国家，惠能的《坛经》仍然深受当地宗教、哲学、思想家的青睐，是仅次于《心经》而被翻译成外语次数较多的经典。目前《坛经》的英译本有 12 种近 20 本。除此之外，还将《坛经》翻译成日、韩、法、西班牙文乃至德文等。蓝卡斯特教授在他的《英译六祖坛经版本的历史研究》一文中说：“《坛经》是西方世界最熟知的佛教经典之一。”④ 由此可见，《坛经》在世界的地位和影响之大。现在，无论是在东方国家，

① 何劲松：《禅与书法艺术》，《世界宗教研究》，1990 年第 1 期，第 105 页。

② （元）宗宝：《六祖大师法宝坛经·机缘第七》，《大正藏》第 48 册，第 357 页下。

③ （北宋）朱长文：《续书断》载四库艺术丛书，上海古籍出版社，1991。

④ 蓝卡斯特：《英译六祖坛经版本的历史研究》，载学术研究杂志社编《六祖慧能思想研究——慧能与岭南文化国际学术研讨会论文集》，1997 年第 3 期，第 314 页。

还是西方国家，《坛经》仍然是学者、专家们研究的热门话题，他们纷纷围绕《坛经》展开了细致深入的研究，并取得了丰硕的成果。这些中外学者的研究成果事实上也都说明了《坛经》在世界上的地位和深远影响。

总之，《坛经》不仅在中国佛教史、思想史、文化史上留下了灿烂的一页，成为中华传统文化的一份宝贵财富，而且还在20世纪给西方文化以极大的影响，人们纷纷围绕《坛经》作种种深入、细致的研究，从《坛经》中挖掘养料，来滋润自己本国的宗教、文化、思想。《坛经》在世界宗教史、哲学思想史、文化史上也占有重要的地位和具有深远的影响。

第六节　本章小结

本章梳理了禅宗从印度到中国的发展简史，目的是让学生从历史发展角度对中国禅宗及惠能南宗先有一个大概的了解。然后梳理与归纳了当前学术界对《坛经》所关注的相关问题，目的是扩宽学生的知识面，以帮助他们学习了解《坛经》。

当前学术界激烈讨论的问题有：

其一，《坛经》的形成及作者。惠能圆寂后，其一生说法的言论，被其门人记录下来，汇集整理而编成《坛经》一书。由于惠能的弟子视惠能如佛，惠能的法语，犹如佛语，惠能在法坛上说的法，因而被称为《六祖坛经》，简称《坛经》。由此可知，《坛经》是由惠能口述，由他的弟子法海等记录整理而成。然而关于《坛经》的作者，在历史上其作者为六祖惠能，这一向不是一个问题。但敦煌本《坛经》等禅宗史料被发现后，一些中日学者提出《坛经》是神会或神会一派所作、是牛头禅系的法海所编等诸观点。其中以胡适为主认为《坛经》是由神会或神会一系所作之观点，立刻掀起将近三四十年来的激烈辩论，论战还从大陆漫延到中国台湾和日本。但总的来说，或许神会或神会门下曾对《坛经》作出过改动，然而绝大多数学者仍然肯定或部分地肯定《坛经》是由惠能口述，由他的弟子法海等记录整理而成。这种观点应该是比较客观和正确的。

其二，有关《坛经》版本的问题。《坛经》在1300多年的传播过程中，经不断传抄、修订和补充，便逐渐出现了许多不同的版本。综观现今存世的《坛经》本子多达30种，但都不过是一些不同的版本或校改的传抄本，内容上并无太大的差异。大致可以归纳为敦煌本、惠昕本、契嵩本、德异本、宗宝本的五个系统。在这五个系统的《坛经》版本中，敦煌系的英博本《坛经》是现存时间最早的《坛经》，但不一定是最古，因为在它之前就有大概形成于713～722年的《坛经》本子，但此本已经不存于世，人们称其为“坛经祖本”。而最为流传的是宗宝本《坛经》，自明以来都是最流行的本子。五大系统的《坛经》本子，由于时间与空间的复杂性，其各种版本之形成，情况也是复杂的。现存各本《坛经》之间并不一定就是直线性的联系，很可能有交叉或并存的关系，了解这种复杂的关系对于研究惠能及其南宗思想的发展都具有非常重要的意义。

其三，《坛经》与惠能南宗的关系问题。虽然到目前为止有关《坛经》的各种观点学术界并不能完全一致，《坛经》在流传的过程中虽经过多次修改补充，但仍基本代表着惠能的思想，这是大家比较共同的看法。从现存各版本《坛经》的字数来看，存在着时间越后内容越多的情况，这证明《坛经》在流传的过程中有不断被修订补充的事实。然而并不能因为如此而把后来《坛经》增加或补充的东西都视为篡改或者伪造。

而且，从现存各本《坛经》的内容来看，各版本《坛经》在第一部分惠能生平及第二部分在大梵寺说般若法授无相戒的两个主体部分出入并不是很大。对于第三部分惠能平时与弟子之间关于佛法的问答，机缘语录，临入灭付嘱，以及圆寂后的情形，后出来的《坛经》本子在内容上虽然增加了不少，但考之禅宗史中有关惠能及其弟子的记载，这部分的内容基本上也还是可信的。所以各种不同版本的《坛经》仍基本上代表着惠能的思想，从各种不同版本的《坛经》不同的记载中，可以比较全面地把握惠能的思想，以及惠能思想在南宗发展中的影响，乃至惠能南宗门下的发展和演化。所以对于研究者来说，各种《坛经》的本子都有其不可代替的价值，都有阅读和研究的必要。这正如杨曾文教授所说："《坛经》在历史上不是一成不变的，它有一个形成演变的过程，是禅宗历史发展的反映。研究禅宗思想和历史演变，各本《坛经》是重要资料。"

其四，《坛经》作为禅宗的"宗经"，在中国乃至世界佛教史、文化史、思想史上都有着重大的意义和特殊的地位。《坛经》是中国僧人著述中唯一一部被称作"经"的经典性著作；奠定了南宗禅的主要理论基础，是惠能南宗的理论旗帜，五家七宗尽出于《坛经》；《坛经》不仅使中国佛学思想、文学、艺术等各方面面貌一新，对中国哲学、文学、艺术等各领域也都有着深远的影响，而且其影响还远及海外，在世界宗教史、哲学史、文化史、思想史上也都具有深远的影响。

本章拓展阅读文献

1. 白光：《〈坛经〉版本谱系及其思想流变研究》，《觉群佛学博士文库》，宗教文化出版社，2013。

2. 李富华：《惠能与〈坛经〉》，珠海出版社，1999。

3. 洪修平：《关于〈坛经〉的若干问题研究》，《世界宗教研究》1999年第2期。

4. 潘永辉:《论〈坛经〉禅学的美学涵蕴与美学特质》,《求索》2007 年第 10 期。

5. 尚荣:《坛经思想与中国艺术的关系》,《宁夏社会科学》2008 年第 1 期(总第 146 期)。

6. 谢永鑫:《试论惠能心性论对二程的影响》,《河南科技大学学报》(社会科学版)2010 年第 4 期。

7. 李明山:《〈六祖坛经〉版本考述》,《韶关学院学报》2011 年第 7 期。

本章思考与练习题

1. 何谓禅、禅宗、惠能南宗?
2. 《坛经》是怎样形成的?
3. 《坛经》的作者究竟是谁?
4. 《坛经》在流传的过程中其版本变化如何?
5. 《坛经》与惠能思想的关系如何?
6. 《坛经》在中国佛教史、思想史、文化史上有什么地位与影响?
7. 《坛经》在世界宗教史、哲学史、文化史、思想史上有什么地位与影响?

第二章　宗宝本《坛经》

本章有四大内容共分四节，第一节介绍宗宝本《坛经》校编者宗宝其人的生平事迹及其校编的宗宝本《坛经》版本的刊刻及流传情况；第二节宗宝本《坛经》的价值与影响；第三节宗宝本《坛经》的题释；第四节宗宝本《坛经》的架构及其特点。本章建议 8 个课时。

本章教学目的：从以上四节的四方面了解宗宝本《坛经》相关的文本、内容及其地位与影响，以此扩展学生的知识面，对宗宝本《坛经》能有个系统的认识了解。

本章教学重点：宗宝本《坛经》的刊刻与流传、价值与影响、架构及特点是本章的重点。

本章教学难点：宗宝本《坛经》的价值与影响是教学难点，因为人们容易受近代学术界“凡古必真”观念的影响，认为敦煌本《坛经》为“最古、最接近原本的本子”，所以对于宗宝本《坛经》或难以有正确客观的态度与认知。

第一节　宗宝及其宗宝本《坛经》的刊刻与流传

一　宗宝生平事略

在诸多的《坛经》本子中，最为流行的是经元代僧人宗宝校编的《坛经》本子，它几乎成为明代以后唯一的而且流传最广的本子。而其他本子的《坛经》皆已从社会上湮灭不闻。但校编这个《坛经》本子的僧人宗宝生平不详，史料记载不多。宗宝本《坛经》全称是"《六祖大师法宝坛经》"，署名"风幡报恩光孝禅寺住持嗣祖比丘宗宝编"。[①] 据此，宗宝在校编《六祖坛经》时应是光孝寺的住持。在严大参《重订曹溪法宝坛经原本跋》中称其"宗宝不过主持光孝，非关得法禅和，何得妄称嗣祖？"[②] 可见，宗宝确实担任过光孝寺住持。杨曾文教授《关于元代宗宝是光孝寺住持的考察》一文"据几则碑刻资料，考证了宗宝的光孝寺住持身份"，并明确指出"宗宝是在元世祖朝光孝寺最后一位住持"。1985 年台北丹青图书公司影印、杜洁祥主编的《中国佛寺志》第三辑收载了清乾隆三十四年（1769），广州知府顾光与何厚宣在明崇祯十三年（1640）年刊刻的《光孝寺志》的基础上重修刊印的《光孝寺志》。据重版的《光孝寺志》卷六记载，光孝寺历代住持有 42 人。其中元代住持有 5 人，即元成宗朝（1295～1307）有山翁、无禅、慈信；元顺宗（当为元顺帝，即元惠宗，1333～1368）朝有继隆、志立。在元代的住持中并没有宗宝的名字。但通过《光孝寺志》卷六之三"历代碑记、塔铭"中载有二则署名"至元甲午住山法孙比丘宗宝"的《达摩像赞碑》与《六祖像赞碑》，因此考证宗宝实为元世祖至元（1264～1294）期间最后一位住持。而且如果宗宝在编校《坛经》时是至元辛卯即至元二十八年（1291）时任光孝寺住持，他至少从元世祖至元二十八年到至元三十一年（1294）期间都在任内。[③]

严大参在《重订曹溪法宝坛经原本跋》中肯定宗宝住持过光孝寺，但不承认其为六祖后裔"法孙"，这是没道理的。要知道惠能南宗从唐末五代后几乎湮没了弘忍门下包括北宗神秀在内的其他各禅系而成为禅门的唯一正宗，正所谓"凡言禅，皆本曹溪"，所以从这个意义上讲宗宝自称为六祖后裔法孙是不为过的。

---

① （元）宗宝：《六祖大师法宝坛经》，《大正藏》第 48 册，第 347 页下。

② 〔日〕柳田圣山：《六祖坛经诸本集成》，第 312 页。

③ 以上参见杨曾文《关于元代宗宝是光孝寺住持的考察》，《韶关学院学报（社会科学）》2013 年第 34 卷第 1 期，第 5～8 页。

二 宗宝本《坛经》的刊刻

宗宝本，因是自明朝以来流传最广的版本，又称流布本。因是由元代光孝寺住持僧人宗宝校编而成的版本，故名宗宝本。题名《六祖大师法宝坛经》，全一卷，共有20000多字，是现存《坛经》字数最多的版本。

据宗宝的跋文，此本刊行于至元辛卯年（1291），是取当时流行的三种不同的本子校雠而成的。《跋》中说，因见《坛经》“三本不同，互有得失”，遂“取其本校雠，讹者正之，略者详之，复增入弟子请益机缘，庶几学者得尽曹溪之旨”。①

宗宝本据以校编的三个版本，是哪三种版本，跋文中虽没有说明，但学者们考证大概是惠昕本、契嵩本与德异本。② 所以，宗宝本与德异本内容基本相同，通行的宗宝本前又都有德异的《序》，因而印顺法师曾认为，宗宝本主要是依据了德异本，其刊行的实际时间只比德异本晚一年。③ 而有的学者又认为德异本有可能是契嵩本的再刊本，因而宗宝本所用的底本也有可能是契嵩本。所以宗宝本与德异本实际上都属于契嵩本系统。正因为此，各藏经收载的宗宝本《坛经》前皆有契嵩的《六祖大师法宝坛经赞》。宗宝本如果属于契嵩本系统，而关于契嵩本，有一些学者如胡适、楼宇烈等认为契嵩本是惠昕本（或敦煌本）与《曹溪大师传》的合编本。④ 日本学者松本文三郎指出宗宝本“可以说是以兴圣寺本为基础的，其篇章也前后倒置，杂糅《曹溪别传》和《景德传灯录》，或许也杂糅了契嵩的三卷本等，更加以增补而成”⑤。所以，宗宝据以校编的三个版本被认为大概是惠昕本、契嵩本与德异本。也有的学者认为或许是惠昕本、契嵩本与《坛经》古本（不存）。⑥

宗宝本与现存的契嵩本和德异本一样，也是一卷十品，虽然品目不完全一样，如第一品宗宝本称为“行由第一”，而契嵩本称为“悟法传衣第一”，但内容大致相同，只是在内容的编排上略有改动。王起隆曾对宗宝本大加攻击，认为它是“窜易颠倒，增减删改，大背谬于原本”⑦。但在诸本《坛经》中，宗宝本《坛经》仍然是最为流行的本子，自明代以来，几乎成为唯一的流通本。明永乐南藏、北藏、径山藏、房山石经（万历四十八年刻石）等都有收载，广为流通的单行本多属于此本。

---

① （元）宗宝：《六祖大师法宝坛经·跋》，《大正藏》第48册，第364页下。

② 杨曾文校写《敦煌新本：六祖坛经》，第313页。

③ 印顺：《中国禅宗史》，第276页。

④ 参见胡适《〈坛经〉考之二——记北宋本的〈六祖坛经〉》，载张曼涛主编《现代佛教学术丛刊》（1），《禅学专集之一》，第11~28页；楼宇烈《敦煌本〈坛经〉、〈曹溪大师传〉以及初期禅宗思想（一）》，载《中国佛教学者文集：中国佛教与人文精神》。

⑤ 〔日〕松本文三郎：《佛教史杂考》之《六祖坛经的研究》，蓝吉富编《新编世界佛学名著异丛》第41册，中国书店出版社，2010，第176页。

⑥ 李富华：《〈坛经〉的书名、版本与内容》，《中国禅学》第1卷，中华书局，2002，第95页。

⑦ （明）王起隆：《重锓曹溪原本法宝坛经缘起》。〔日〕柳田圣山：《六祖坛经诸本集成》，第307页。

宗宝在跋文中还提到由他校编的《坛经》，受到了广东行省按察使云从龙（广东省文昌县人）的欣赏，“按察使云公从龙，深造此道。一日，过山房睹余所编，谓得《坛经》之大全”，为“使曹溪一派不至断绝”，[①] 命刻工刊刻流通。云从龙曾于至元二十七至三十一年（1290～1294）期间参与征讨安南等南方地区少数民族的战事，后因抚绥有功而官至行省参政。有可能的情况是，云从龙在任职广东行省按察使时与宗宝有所接触，得以看到宗宝校编的《坛经》文本。阅读之后，认为宗宝校编的《坛经》契合六祖的禅法思想，于是决定刊刻出版。云从龙与宗宝的密切关系，使得宗宝本《坛经》自始便获得来自官方的认可与支持，官员的护持对宗宝本的流通产生了积极作用。

三　宗宝本《坛经》的流通

宗宝本在云从龙命刻工刊刻流通后，除了明永乐南藏、北藏之官藏所收录的本子外，在民间又有屡次刊印，据所知有如下几种翻刻的版本：

1. 明嘉靖年间（1522～1566）有五台山房的刊本，每半页9行，行18字。

2. 恒照本，据此本后所附《六祖坛经·记》言“为重法而印施”，此记写于明万历甲申即万历十二年（1584），可以说此本即刊印于此年。署名“恒照斋书”，称为“恒照本”。[②]

3. 万历己酉即万历三十七年（1609）径山寂照庵的刊行本，为《径山藏》（嘉兴藏）所收录。据说此为楞严经坊所刻的方册《坛经》，因此这也许是由寂照庵的楞严经坊刊印的。另外有说此本为径山化城所刻楞严经坊所印行的方册本。明紫柏真可曾在五台山刻方册藏经，其雕板存在径山，也有可能此本即是用其中雕板所印本或者是在印刷时另刊印的宗宝本。

4. 万历三十六年（1608）钟延英刻本、崇祯六年（1633）建阳书林朱美初刻本也皆是民间刊刻的宗宝本《坛经》。

又在丁福保著的《六祖坛经笺注》之卷首的《笺经杂记》中除提到嘉靖年间五台山房刻本外，尚提到嘉靖小字刻本、闵刻朱墨本、福建鼓山刻本、长沙刻本、如皋刻本等多为宗宝本当时普通的单行本。

宗宝本在日本也很流行。日本的宗宝本有宽永十一年（1634）中野氏的刊行本；庆安二年（1649）的新刊本。日本的注释书大抵皆依据宗宝本，其中元禄二年（1689）所刻的《法宝坛经肯颖考证骈拇》在卷末有忍黄斋的考据，据此曾以李氏的金华原本、林氏本、杨氏本、水月斋本、清康熙刊本对校新旧各本的同异订正文

① （元）宗宝：《六祖大师法宝坛经·跋》，《大正藏》第48册，第364页下。

② 〔日〕柳田圣山：《六祖坛经诸本集成》，第363页。

字的差误，可见当时还有种种宗宝本的刊本。

总之，宗宝本自明以来一直是比较流行的版本，不仅流行于中国，而且在日本也很盛行。宗宝本在流通的过程中又不断被翻刻或校编，形成多种翻刻或改编本。①

第二节　宗宝本《坛经》的价值与影响

宗宝《坛经》自刊刻以来，在明代虽受到王起隆的批评，但并不减其风采，从明代以来几乎成为唯一的流通本。但自近代以来随着敦煌本《坛经》的问世及相关研究成果的出现，有些人似乎开始对这一直流行的宗宝本《坛经》产生质疑。拾文在《〈敦煌写本坛经〉是“最初”的〈坛经〉吗?》一文中说：“自从本世纪初发现了敦煌写本《坛经》，因其内容与现行几种版本的《坛经》有不少出入，于是在中外学者间出现了肯定敦煌本《坛经》而否定其他版本《坛经》的倾向。”“有的说：‘在《坛经》各本当中的敦煌本为最古，它是后来各本《坛经》的基础。’有的说：‘敦煌写本《坛经》是《坛经》最古之本。’”② 受这些观点的影响，所以有的学者对宗宝本《坛经》的价值也予以否认，如日本学者松本文三郎指出宗宝本“和《坛经》的原形愈不合，愈失去六祖的真面目，乃至难以辨认”③。大陆有的学者也说“愈是晚出的《坛经》，就篡改愈多，就愈多私货”④。这些针对宗宝本《坛经》的批评有些偏颇，不仅造成了学者们对近世以来流传最为广泛的宗宝本《坛经》的忽视，也使得很少有学者从宗宝本自明代以来的传播所产生的广泛影响力加以叙述。实际上，到明代以后，宗宝本被认为是最得六祖惠能的宗旨而流行于世，而宋以前的种种古本则逐渐湮灭不闻。并且，宗宝本《坛经》在明代最终得以收入大藏经这一事实，更足以说明宗宝本的经典地位与价值。

一　从版本源头上看宗宝本《坛经》的价值

现存敦煌各个版本《坛经》大概皆为唐至五代的抄写本，而且从经文编排上来看没有分卷没有章节，正文字数皆在10000字左右。具体而言：英博本正文字数约是11547字，敦博本约为11608字，旅博本约为11665字，中国国家图书馆藏敦煌写本《坛经》即冈字48号写本约为13983字。除了敦煌本系《坛经》之外，惠昕

① 参见杨曾文选译、宇井伯寿《坛经考》，《世界宗教资料》1980年第4期。

② 参见拾文《〈敦煌写本坛经〉是“最初”的〈坛经〉吗?》，《法音》1982年第2期，第43页。“拾文”为净慧法师的化名。

③ 〔日〕松本文三郎：《佛教史杂考》之《六祖坛经的研究》，第176页。

④ 郭朋：《隋唐佛教》，齐鲁书社，1980，第534页。

本系列本子正文字数接近 14000 字，契嵩本各版字数 19436 字左右。德异本元至元二十七年（1290）刊印，各本子正文字数大致为 19768 字。而宗宝本元至元二十八年（1291）刊印，字数在 20000 字左右，[①] 是迄今现存各《坛经》本子字数最多，成书也最晚的一个本子。

事实上当前学术界已达成共识的观点认为现存敦煌本《坛经》是“今日能够见到的最早写本，但不一定是最早的流行本”[②]。但能肯定的是从惠昕本、契嵩本、德异本的序来看有一个文繁古本《坛经》曾经流行过。如惠昕本《坛经·序》中言：“故我六祖大师广收学徒，直说见性法门，总令自悟成佛，目曰《坛经》，流传后学。古本文繁，披览之徒，初欣后厌。余以太岁丁卯，月在蕤宾二十三日辛亥，于思迎塔院，分为两卷，凡十一门，贵接后来，同见佛性者。”[③] 宋郎简契嵩本《六祖坛经·序》说：“六祖之说，余素敬之。患其为俗所增损，而文字鄙俚繁杂，殆不可考。”[④] 德异在《六祖大师法宝坛经·序》中说：“惜乎《坛经》为后人节略太多，不见六祖大全之旨。德异幼年，尝见古本。自后遍求三十余载，近得通上人寻到全文，遂刊于吴中休休禅庵。”[⑤] 宗宝在《跋》中也云：“余初入道，有感于斯，续见三本不同，互有得失，其板亦已漫灭。因取其本校雠，讹者正之，略者详之，复增入弟子请益机缘。庶几学者得尽曹溪之旨。”[⑥]

从以上四则序来看，由此可以推断出三个事实：

1. 因不同版本的序都提及有一个古本，因此可以相信确实存在一个文繁的古本《坛经》。

2. 从内容上看，惠昕、契嵩、德异、宗宝四种版本或属于同一传承，宗宝本“序文”中所谓“三本”学者们有的认为指的是惠昕、契嵩、德异三个本子。也有的学者认为是惠昕本、契嵩本与法海一系所传的古本（或为“《坛经》祖本”，或为接近《坛经》原本的较原始抄本），如说：“三种版本中肯定有契嵩本，从经文编排的章节看，可能还有惠昕本。另外一本如果从地域说，因为宗宝本校编于广州‘风幡报恩光孝寺’，即法性寺，也可能是‘南方宗旨本’，即法海一派所传的古本。”[⑦] 更何况有的学者还认为，惠昕本与敦煌本，从其异同来看，或是源于同一个祖本；

---

① 白光：《〈坛经〉版本谱系及其思想流变研究》，《觉群佛学博士文库》，宗教文化出版社，2013，第 2～3页。

② 印顺：《中国禅宗史》，第 247 页。

③ （宋）惠昕：《坛经·序》，载普慧大藏经编委会编《普慧大藏经》，中国书店出版社，1944 年，第 1 页。

④ （宋）郎简：《六祖坛经·序》，载普慧大藏经编委会编《普慧大藏经》，第 3 页。

⑤ （元）宗宝：《六祖大师法宝坛经·德异序》，《大正藏》第 48 册，第 345 页下。

⑥ （元）宗宝：《六祖大师法宝坛经·跋》，《大正藏》第 48 册，第 364 页下。

⑦ 李富华：《〈坛经〉的书名、版本与内容》，《中国禅学》第 1 卷，中华书局，2002，第 95 页。另外，李富华在《惠能与〈坛经〉》一书中还说：“不论是敦煌本，还是惠昕本，他们所据以整理的‘南方宗旨本’是一种文字比较多的接近《坛经》原本的较原始抄本。”珠海出版社，1999，第 83～84 页。

至少惠昕本在改编过程中，当也参考过敦煌本。①

3.《坛经》在惠能入灭后500多年内经历了由繁到简，再由简到繁的过程，而最后的繁本宗宝本即便可能不是文繁古本《坛经》的原貌，但如果惠昕、契嵩、德异所言都看到古本的记载属实，则从惠昕、契嵩、德异、宗宝四本相互关系考校来看，宗宝本与德异本内容基本相同，德异本又是承袭契嵩本系统，而契嵩本所据又是惠昕本，故而可以认为宗宝本很好传承了文繁的古本。如果这个推断正确，惠昕又是晚唐宋初人，那么承袭惠昕本而改编的宗宝本《坛经》的内容至少在唐末五代已广泛流行，而明代以后则逐渐成为流行的版本，在上千年的漫长时期里，曾为僧尼道俗广泛信奉，影响着中国人的思想，并流布日本、朝鲜等国。所以，有的学者认为："在这种情况下就不应拿偏处一域，又长期湮没无闻的敦煌本来取代宗宝本的地位。"②

拾文在《〈敦煌写本坛经〉是"最初"的〈坛经〉吗?》一文中还较客观地说道："资料证明，就在敦煌简本传抄的同时，惠昕已经发现了文繁的古本《坛经》。我不知道有关学者凭什么理由只肯定距惠能逝世一千二百五十多年后发现的敦煌写本《坛经》才是《坛经》的'最古'、'最初'的本子，而否定那些在惠能逝世后二百年到五百年间几次发现的《坛经》古本都是'自欺欺人'的'私货'？在地处曹溪万里之遥，时距惠能千载之后，犹能在鸣沙石室发现一本残缺不全、错字连篇的写本《坛经》，试问：在六祖禅宗风行之地，惠能真身衣钵所在之乡，惠昕、契嵩等人在六祖逝世后二三百年中，就几次发现过内容翔实的'古本《坛经》'，这又有什么值得怀疑的呢？凭什么还厚诬惠昕以下各本'画蛇添足'、'贩运私货'呢！"③

作者的批评和质问确有道理，上述观点也常为学界所关注，是颇有影响的一家之言。尽管如杨曾文教授指出拾文在文章中"很明显是把敦煌写本的抄写时间（唐末宋初）说成了是成书时间"，"又把发现的时间当成了抄写时间"，但他所提出以下观点还是值得我们反思与借鉴的："敦煌本《坛经》，并非《坛经》'最古''最初'的原本"；"还有一种'曹溪古本'《坛经》存在过"。④

拾文还说："然而使人迷惑不解的是，国内外研究《坛经》的学者一方面用惠昕以下各本来改正敦煌本的错字漏句——这无疑是正确的；可是另一方面，当惠昕以下各本与敦煌本在内容上有出入时，就认为只有敦煌本才是正确的，其他各本的内容只要是敦煌本所没有的，就都是'恣意篡改'，'贩运私货'！这种态度就有

① 参见胡适《〈坛经〉考之二——记北宋本的〈六祖坛经〉》，载张曼涛主编《现代佛教学术丛刊》(1)，《禅学专集之一》，第11～28页；杨曾文校写《敦煌新本：六祖坛经》，第301～307页。

② 李申：《坛经版本刍议》，李申合校、方广锠简注《敦煌坛经合校简注》，第25页。

③ 拾文：《〈敦煌写本坛经〉是"最初"的〈坛经〉吗?》，第44页。

④ 杨曾文校写《敦煌新本：六祖坛经》，第218页。

欠公正了。如果没有惠昕以下各种版本的《坛经》流传于世，我们今天要想补正敦煌写本《坛经》的漏句错字，要想如实地了解惠能的生平和思想，那是不可想象的。”①

所以，从《坛经》版本历史源流上说，在不否认敦煌本《坛经》是现存最早本子之余，也肯定其较质朴的风格，但不能因为有比敦煌本之外其他晚出的《坛经》本子，特别是宗宝本《坛经》最晚出，而且字数又最多而否认其价值。正如，任继愈先生曾指出：“要考虑到，此后的其它版本，成书虽迟，其中包含的思想却可以很早。”② 更何况从宗宝本《坛经》的版本考察来看，即便可能不是文繁古本《坛经》的原貌，但或许很好传承了文繁古本《坛经》，所以对其价值应予以客观态度。

二　从宗宝本《坛经》内容上论其价值与影响

《坛经》在长期的流传过程中有经不断传抄、修订和补充，便逐渐出现了许多不同的版本。虽然《坛经》有不同版本，但它们的价值都是不可否定的，不同的《坛经》版本反映了禅宗思想在不同时代的发展状况。以宗宝本《坛经》来说，对比敦煌本《坛经》而言加入了一些内容，主要有两个内容：

1. 惠能与其弟子的问答对话。这部分内容各种版本的《坛经》都有，只是详略多寡不同而已。如敦煌本中就只有惠能与志诚、法达、智常、神会的问答，而宗宝本除上述内容外又增补了无尽藏、法海、智通、志道、行思、怀让、玄觉、智隍、方辩、2 位无名僧、志彻的 12 位弟子与惠能的问答。这些内容，并不是宗宝虚构的，而是散见于禅宗史料各人的传记中，就史实而言是可靠的。

2. 临入灭付嘱部分。宗宝本在此部分虽在敦煌本的基础上也有所增加，但增加的内容大体与契嵩本、德异本相差不大。

如果将宗宝本与惠昕本、契嵩本、德异本进行比较，可以看出宗宝本与此三本除了篇目名称与章节编次的差异外，其他也无太大变化。如将品目由四字改为两字，宗宝本将惠昕与德异本“教授坐禅”改为“坐禅”等；割裂和合品文，如宗宝本将惠昕与德异本“悟传法衣”分为“行由”“般若”二品，把德异本“法门对示”、“付嘱流通”二品并为“付嘱”一品；在某些段落有增删字句，如宗宝本在《行由第一》中将契嵩本《悟法传衣第一》中“总净心念摩诃般若波罗蜜”句删了。同样宗宝本在《行由第一》中增加了契嵩本所没有的“谓惠能曰：‘不识本心，学法无益；若识自本心，见自本性’”这句；也有把正文改为小注的情况，如宗宝本《行由第一》中将契嵩本《悟法传衣第一》中“我亦要诵此，结来生缘”之正文改作细

---

① 拾文：《〈敦煌写本坛经〉是“最初”的〈坛经〉吗?》，第 45 页。

② 任继愈：《敦煌坛经写本跋》，李申合校、方广锠简注《敦煌坛经合校简注》，第 98 页。

注。将“五祖归，数日不上堂至众乃知焉”43字正文，亦改作细注。[①] 除此之外，宗宝本大致内容与惠昕、契嵩、德异三本没有太大差异。所以，有的学者认为：“宗宝本在流行过程中也有一些小的变动，但差异不大。”[②]

所以，对比其他各版本《坛经》，宗宝本虽然有增删改动，并不能否定其代表惠能的禅法思想这一事实。正如印顺法师说，“《坛经》现存各本的内容，含有其它部分，而不限于大梵寺说法的。然《坛经》的主体部分，即《坛经》之所以被称为《坛经》的，正是大梵寺说法部分”，“等到惠能入灭，于是惠能平日接引弟子的机缘、临终前后的情形，有弟子集录出来，附编于被称为《坛经》的大梵寺说法部分之后，也就泛称为《坛经》”。[③] 洪修平更总结性地说道：“现存各本《坛经》大致都由三个方面的内容组成，一是惠能自述生平，二是惠能开法授戒说般若禅，三是惠能与弟子的问答等。前两个部分的内容大体上是惠能在大梵寺开法的实录，各本《坛经》的出入并不是很大。第三部分，即惠能平时与弟子的问答及临终付嘱等，后出的本子在内容上增加了不少，但考之于禅宗史传中有关惠能弟子的记载，这部分内容基本上也是可信的。”[④]

所以，宗宝本《坛经》所增加的这些内容，并不是宗宝虚构的，而是散见于禅史籍中所载惠能门下弟子本人的传记中，就史实而言是可靠的。宗宝本《坛经》增入部分内容，更可以集中反映惠能的禅宗思想。增入部分也是惠能生平行履的一部分，这对全面认识和理解惠能及其南宗禅发展演变是有益的。

三　从中国传统学术史来看宗宝本《坛经》的价值与影响

对于宗宝本《坛经》增加的部分，从中国传统学术史来看一点也不奇怪，中国的典籍本来就如此。清代学者严可均《铁桥漫稿》卷五《鬻子序》谓“古书不必手著”，又卷八《书〈管子〉后》论及先秦诸子的附益情况，已说得非常清楚：“先秦诸子，皆门弟子或宾客或子孙撰定，不必手著。”孙诒让《墨子间诂》后附《墨子传略》也说：“《墨子》今书存53篇，盖多门弟子所述，不必其自著也。”《坛经》的情形正与先秦诸子相同，本不足为奇。我们不能因为宗宝本《坛经》有所增加，就认为一切皆伪。正如先秦诸子，除了少数被认为是后人依托之外，凡有附益的诸如《管子》《墨子》《庄子》等，并不当伪书看待，就是这个道理。[⑤]《坛经》成书后在历史的发展过程中被修改或补充，不同时代所增加内容不同，自然地反映

① 参见（明）王起隆《重锓曹溪原本法宝坛经缘起》，柳田圣山：《六祖坛经诸本集成》，第307页。

② 李申：《坛经版本刍议》，李申合校、方广锠简注《敦煌坛经合校简注》，第15页。

③ 印顺：《中国禅宗史》，第243～244页。

④ 洪修平：《坛经若干问题研究》，《世界宗教研究》1999年第2期，第75页。

⑤ 参见蒋宗福《敦煌本〈坛经〉相关问题考辨》，《宗教学研究》2007年第4期，第86页。

了禅宗思想在不同时期的发展演变情况，对于后来的研究者，都有它的历史价值和意义。《坛经》和中国传统文化经典一样，在广袤、绵长的历史时空中，必然会根据时代的发展需要，会有所发展和演变。每个时代的《坛经》自然显示了那个时代禅宗思想发展的面貌，不宜用版权时代的眼光去过分地挑剔古人，轻易地说某一版本的《坛经》是伪书没有价值，这从学术史来看都是有失公允的。任继愈先生的观点值得我们参考，他说："敦煌本《坛经》错别字连篇累牍，说明传抄者的文化水平不高，是个小知识分子，但其中道理却不可低估，见解是深刻的。弟子们记录容有出入，有详略，但各种版本的《坛经》确实是惠能禅宗的言行录，不容置疑。……各种抄本内容有出入，是自然的。如'风幡之辩'不见于敦煌本《坛经》，而见于《历代法宝记》，该书成于大历年间（766～779），略早于敦煌本《坛经》。敦煌本《坛经》足以说明禅宗势力已远及河西走廊，中原地区流行的其它版本和说法还不能由此一个版本就作出判断，认为其版本都是伪造的。……我们今天研究惠能的思想，敦煌本《坛经》给人们提供了较早的一件有价值的资料，但也要考虑到，此后的其它版本，成书迟，其中包含的思想可以很早。此种事例，中外不乏先例。"[①]

所以，从中国传统学术史来看，《坛经》在历史发展中不是一成不变的，从它最初"文繁"的古本，到敦煌本、惠昕本、契嵩本、德异本，有了一定的增删和修改，再到宗宝本集诸本之大成，给后人留下了一部较为完整的禅宗的"宗经"。"如果从永乐年间佛藏刊刻宗宝本《坛经》算起，在此后500年左右的时间里宗宝本《坛经》，几乎就是《坛经》的定本。类似王起隆那样的努力终有人在作，但都无法取代宗宝本的正宗地位"[②]，这就是为何从明代以至于今流传的《坛经》以宗宝本为主，影响也以之为显著的原因。

四　宗宝本《坛经》的入藏体现其价值与影响

无论从禅宗传承体系，或是从地域上来看，光孝寺和韶州曹溪宝林寺（南华寺）都在岭南，在改编时最便于吸收惠能南宗禅流传下来的成果。而且宗宝在编撰这本《坛经》时正值为光孝寺住持，这一特殊的地理位置与身份使得他编撰的这本《坛经》很快就引起官方注意，受到了广东省按察使云从龙的欣赏，以为得诸本"《坛经》之大全"，"慨然命工锓梓，颛为流通"。[③] 自元而明，在明代的明永乐《南藏》（密）、《北藏》（扶）、《径山藏》（扶）、房山石经等都收入了宗宝本《坛经》。如此看来，宗宝本的影响在明初就得到了藏经编校者的肯定。

---

① 任继愈：《敦煌坛经写本跋》，李申合校、方广锠简注《敦煌坛经合校简注》，第97～98页。

② 李申：《坛经版本刍议》，李申合校、方广锠简注《敦煌坛经合校简注》，第15页。

③ （元）宗宝：《六祖大师法宝坛经·跋》，《大正藏》第48册，第364页下。

明初洪武至永乐年间（1368～1424），由官方主持，共刊刻了三部藏经，分别是后世所谓：《初刻南藏》（也称《洪武南藏》）、《永乐南藏》及《永乐北藏》。南藏是指在南京所刻的藏经，北藏则是明成祖迁都北京后所刻藏经。这三部藏经中都收录了标题为“六祖弟子法海”等人辑录的《坛经》。实际上，三部官藏所收“法海本”《坛经》是明初僧录司右阐教兼钟山灵谷寺住持净戒依“旧本誊录，重加校正”后的本子。[①] 净戒所依据的“旧本”是元初编校的宗宝本，落款所谓“门人法海等集”与20世纪初在敦煌发现的“法海集本”根本不是一回事。

据考证，净戒是吴兴人，字定岩，号幻居。洪武初诏住灵谷寺。洪武二十七年（1394），因选僧补官，又诏为左觉义（按：历史官职官名。明清僧录司之官员，分掌天下释教之事）。洪武三十年秋（1397），兼鸡鸣寺住持。明成祖永乐二年（1404），住灵谷寺，升右阐教（按：僧官名。明清置，属僧录司。秩从六品，左右各一人）。永乐十六年（1418）六月入灭。净戒大概是在住锡灵谷寺时负责校写，从永乐十一年（1413）2月至永乐十二年（1414）11月，历时近两年的时间重编宗宝本《坛经》并入南藏。在他所编宗宝本《坛经》入南藏后不久，便被永乐十八年（1420）开版的永乐北藏重校后收入其中，而永乐北藏本后来又经校改被收在乾隆大藏经中。依学者们考证明南藏、北藏、房山石经中所载的宗宝本皆为净戒的重编本，其他的版本如《径山藏》中的宗宝本也是受到净戒重编宗宝本的影响而刊刻的。[②]

收载于《洪武南藏》《永乐南藏》《永乐北藏》之净戒重编《坛经》皆属于宗宝本官刻本，虽堪称经典，但迎请、流通以及经折本的装帧形式，均不称便。相比较而言，僧俗间经常阅读的经书，多数以私刻或是抄本的形式流通。私刻的形式流通于民间的宗宝本《坛经》，更有机会出现在僧俗的阅读视野中。明万历十二年（1584）“恒照本”与万历三十七年（1609）径山寂照庵的刊行本皆是民间刊刻的宗宝本《坛经》。此径山寂照庵的刊行本后为民间组织力量刊刻的《径山藏》所收录，由此更有效地促进了宗宝本的流通与传播。宗宝本《坛经》在明代晚期得以入藏，虽然经历了较长的接受期，却也展现了宗宝本《坛经》的传播与民间藏经刊刻存在互动的历史事实。

《径山藏》中所收录宗宝本《坛经》（扶字号，第163函，《六祖大师法宝坛经》一卷，元宗宝编），用以替换《永乐北藏》所收同名法海等集《坛经》，这是一个值得注意的收经现象。《径山藏》宗宝本《坛经》以《永乐北藏》为底本，但以宗宝

① 参见明版南藏本宗宝本《坛经》，见柳田圣山《六祖坛经诸本集成》，第171页。

② 参见白光《〈坛经〉版本谱系及其思想流变研究》，《觉群佛学博士文库》，宗教文化出版社，2013，第149～155页。

本取代“法海本”，表明宗宝本广为流通的历史事实影响到了《径山藏》的编修者的收经意图。也有可能是《径山藏》的编修者注意到了净戒本与宗宝本的承袭关系。

《径山藏》改变了以往经书的装帧模式，以便于携带的方册线装形式装订佛教典籍。装帧形式的革新，创造了佛教典籍传播史上的奇迹，大量民间刊刻的佛典以单行本的形式，充斥于书坊经肆。[①] 而且，《径山藏》刊刻时间长，流通范围广，逐字校勘经文的严谨特征，以及民间私刻私抄的风气，使得宗宝本的传播完胜其他版本的《坛经》，宗宝本逐渐演变成广为人知的《坛经》版本。

宗宝本《坛经》的出现，是元明禅宗典籍传播上的一件大事。作为禅宗根本经典之一的《坛经》，一旦有了可以信赖的文本，对禅宗文化的传播极具推动作用。由于宗宝本的广泛传播与冲击，坊间其他版本的《坛经》也就逐渐湮没不闻了。因此，这 500 多年来席卷天下的宗宝本《坛经》，就被佛教的广大僧俗弟子视为最为完善的《坛经》版本。

第三节　宗宝本《坛经》的题释

《坛经》是中国僧人汗牛充栋的著述中唯一一部被称为“经”的经典性著作，佛教向以佛陀所说言教为“经”，以示对佛言教特别尊重。现六祖所说亦称为“经”，当是出于弟子们对其的推崇。

《坛经》既称为“经”，当按照中国传统解经的惯例，在解经时先要解经题。经题一般由“人”（人名）、“法”（教法）、“喻”（譬如）3 个元素组成。这 3 个元素经过排列组合，共有 7 种命名方式：以人名为佛经名的，如《维摩诘经》；以教法为名的，如《大涅槃经》；以譬喻为名的，如《梵网经》；以人名和教法为名的，如《佛说人王般若经》；以教法和譬喻为名的，如《妙法莲华经》；以人名和譬喻为名的，如《如来师子吼经》；同时用三者命名的，如《大方广佛华严经》。通过经题，我们可以大致了解佛经的内容，这是因为经题是经文的纲领，如果要解说经文，必须先要了解经题的含义。所以解说佛经时，都是先从经题说起，这也是解经的第一步。

宗宝本《坛经》题名“《六祖大师法宝坛经》”，所以按照这个经题的次序，以下将略作解释。

---

① 李小白：《禅宗文献整理与明代禅风之关联——以宗宝本〈坛经〉为个案》，《古籍整理研究学刊》2016 年第 2 期，第 73 页。

一　六祖大师

“六祖”当然就是指惠能，他是中国禅宗第六代祖师，故称“六祖大师”。有关其详细生平等在宗宝本《坛经》正文的“行由第一”中会有详细讲述。

二　法宝

“法宝”，本指佛、法、僧三宝之一，以诸佛所说妙法实可珍贵，好比世上的财宝无比珍贵，故一般将佛所说之法比之称为法宝。在这里既指六祖惠能大师所说之法，如佛之所说法无比珍贵，体现了弟子们对惠能大师的尊敬。弟子们视惠能如佛，惠能的法语，即犹如佛语，故称“法宝”；同时也是指惠能大师所说之法乃是传佛之心印，是至顿至圆的佛法，也无比尊贵，故称“法宝”。

三　坛经

“坛”，在中国古代指土筑的高台，用于祭祀或者重大的典礼。在佛教中，“坛”是指为做法事或者受戒而特别设置的安置佛、菩萨圣像的场所。此场所有的用土垒成，也有用木头构造，如盛行于密教的“曼荼罗”意译“坛”“坛场”“轮圆具足”“聚集”。修持密法的坛场，称“密坛”。在汉传佛教中僧人受具足戒的坛场就称为“戒坛”。说法的时候筑一个高台，说法者坐其上说法，称为“法坛”。《传法宝纪》中说：“自（法）如禅师灭后，学徒不远万里，归我法坛。”[①]《历代法宝记》中也云：“荷泽寺神会和上，每月作坛场，为人说法。”[②] 这是称为法坛。依此类推忏悔的坛场可以称为“忏坛”，如天台宗之“方等三昧行法”就需要设立专门供忏悔的忏坛。总之，凡忏悔、受戒、传授密法，或传禅法都有坛场。

而宗宝本《六祖大师法宝坛经》经题中所讲的“坛”，根据《坛经》中的介绍是惠能从黄梅得法南归之后，众人欲请其在韶州大梵寺说法，于是乃垒土为坛建了一个坛场，惠能便在这个坛场内向广大信众传授禅法，并且在传授禅法的同时又是与忏悔、发愿、归依、受戒等相结合，也就是说惠能在所设立的坛场内将说法、传戒、忏悔、三归依等同时进行，这就是所谓“坛”，或可以称为“法坛”“施法坛”，故名为《坛经》，这可谓是《坛经》得名之由。

宋代契嵩在《传法正宗记》卷六中云：刘宋时有北天竺僧求那跋陀罗（359～429）在法性寺（今光孝寺）建造了一个戒坛，并预言后当有肉身菩萨于此坛受戒。梁武帝（464～549）南朝时的智药三藏在此戒坛旁边种植了一棵菩提树，也曾预

① （唐）杜朏：《传法宝纪》，载杨曾文校写《敦煌新本：六祖坛经》，第 180 页。

② 《历代法宝记》，《大正藏》第 51 册，第 184 页下。

言：170 年后有肉身菩萨于此树下开演上乘佛法，广度无量众生。[①] 果然在 100 多年后，惠能到广州法性寺，在印宗法师等人的主持下，在求那跋陀罗所建戒坛上受戒，并且于此坛的菩提树下首先开法接引学人。由此缘故，弟子们为纪念这一盛事，便把惠能平生说法之语录名之曰"《坛经》"。

契嵩在《夹注辅教编》卷六"坛经赞题注"中又云："始，其众人欲请宗门第六祖大鉴禅师开演东山法门于韶州大梵寺，尊敬大鉴之道，乃封土为坛，以资其说法。其后，弟子集大鉴之说，因而目曰坛经也。"[②]

总的来说，宗宝本《六祖大师法宝坛经》整个经题大致的意思就是：惠能于黄梅得法后回到南方开坛说法，而惠能在说法时又是与忏悔、发愿、归依、受戒等相结合。弟子们将其平生所说之法记录下来，汇集整理而编成《坛经》一书。由于惠能的弟子们视惠能如佛，惠能的法语，即犹如佛语，和佛所说之法没有差别，也如佛所说之法一样受到后人们的尊奉，因此将惠能在法坛上所说之法称为《六祖法宝坛经》，简称为《坛经》。

第四节　宗宝本《坛经》的架构及特点

宗宝本《坛经》在明版大藏经中的《永乐南藏》与《永乐北藏》两者用的是同一个版本，即净戒的重校本，题名为"《六祖大师法宝坛经》"。日本《缩印大藏经》及《卍字藏经》皆用北藏本，贝叶书院发行的单行本也用北藏本。《大正藏》所收的宗宝本《坛经》依据并参考了北藏本，同时也参考了《径山藏》[③]。而《径山藏》所收录宗宝本《坛经》的主要是依据万历三十七年（1609）径山寂照庵的刊行本，同时也参考了北藏本。从内容结构及体例安排上看，《径山藏》与《大正藏》宗宝本《坛经》出入不大。

本教材主要是依据《大正藏》中所收载的宗宝本《坛经》为主，辅助参考《径山藏》本、北藏本及其他版本的《坛经》。

一　宗宝本《坛经》架构

《大正藏》收载的宗宝本《坛经》大体上的结构分为三部分。第一部分《序》和《赞》各一篇，分别是比丘德异撰《六祖大师法宝坛经·序》与宋契嵩撰《六祖大师法宝坛经·赞》；第二部分乃为《坛经》正文，共分 10 品："行由第一""般若

---

① （宋）契嵩：《传法正宗记》卷六，《大正藏》第 51 册，第 747 页上。

② （宋）契嵩：《夹注辅教编》卷六《坛经赞题注》，康熙三十五年（丙子 1696）版。

③ 方广锠：《谈嘉兴藏的历史地位》，《西南民族大学学报》（人文社会科学版）2016 年第 7 期，第 80 页。

第二”“疑问第三”“定慧第四”“坐禅第五”“忏悔第六”“机缘第七”“顿渐第八”“宣诏第九”“付嘱第十”；第三部分“附录”，附录了门人法海等集《六祖大师缘起外纪》、《历朝崇奉事迹》、柳宗元（773～819）撰《赐谥大鉴禅师碑》、刘禹锡（772～842）撰《大鉴禅师碑》并《佛衣铭》、宗宝之《跋》等内容。

本教材是以《大正藏》所收宗宝本《坛经》第二部分的正文为重心。正文部分的10品，主要内容大致可分为惠能生平事迹、在大梵寺说法、弟子请益机缘及临入灭付嘱的3部分，但又可细分为5部分：

第一部分，主要讲述惠能的生平事迹，诸如其身世，以及又是怎样去求道、得法乃至登坛说法的由来。这主要是“行由第一”的内容。

第二部分，是惠能在大梵寺及宝林寺（南华寺）为众人演说禅法，传授无相戒，诸如讲般若法（般若第二）；福德与功德的区别乃至唯心净土（疑问第三）；定慧不二、一行三昧、三无禅法（无住、无相、无念）（定慧第四）；对神秀观心、看净禅法的批评，提出自己寄坐禅与生活中的独特坐禅观（坐禅第五）；为大众受无相戒、传自性五分法身香、无相忏悔、发四弘誓愿、自性三归依，自性一体三身佛等（忏悔第六）。以上从“般若第二”至“忏悔第六”可谓是宗宝本《坛经》的主体部分，从各个方面展现惠能南宗禅的思想与特色。

第三部分，是惠能与弟子们的机缘语录，在“机缘第七”中收录了无尽藏比丘尼、法海、法达、智通、智常、志道、行思、怀让、玄觉、智隍、方辩和两名无名僧共13位机缘语录；在“顿渐第八”中有记载惠能与志诚、志彻、神会三人的机缘语录。

以上“机缘第七”与“顿渐第八”两品中所收载的是宗宝根据相关史料作的编录，并不是虚构的，就史实而言是可靠的。

第四部分，是“宣诏第九”的内容，讲唐王朝即武则天与中宗对惠能礼遇之事，下诏让惠能入宫供养。体现了唐代统治者对佛法的拥护这样的一个政教之关系。同时，也以此显示惠能当时的声望。

第五部分，是“付嘱第十”的内容，是惠能要入灭前对弟子们的付嘱。付嘱弟子们如何说法方不失本门的宗旨；开示弟子们禅宗修行的要点就是识心见性，不可心外求法；告诫弟子们入灭之后如何按照佛教的礼仪安排后事等。

二　宗宝本《坛经》特点

从宗宝本《坛经》正文10品所具5大内容来看，宗宝本在结构上完整且严谨，既讲到惠能生平事迹，又讲到其禅法思想及与弟子们的机缘语录乃至入灭付嘱等。首尾完整，类似一部结构完整的小说，能够全面地了解惠能大师及其禅法思想等各个方面。

正文的10品，内容丰富、生动、精深而质朴，对佛教的中观、天台、唯识、华严、净土都有涉及。这就便于结合各大宗派进行比较和分析，观其异同，可从中看到禅宗在佛教中的地位和所具之特点。

宗宝本《坛经》从文字上来看也很通俗流畅，简明扼要，不像特别是宋以后的禅宗公案晦涩艰深，局外人无从下手。正因为宗宝本《坛经》文字畅美，境界通达，使惠能的禅法显得更简易、更明白、更易于人们的接受，可读性强。

宗宝本《坛经》的特色还在于口语化突出，有些内容有很明显的小说特点。宗宝本《坛经》虽以"经"为名，但是与一般的经书不同，在体裁上比较偏向于语录体白话小说，具有明显的口语化。单从小说这一体裁的特点上来看，宗宝本《坛经》特别是其中"行由第一"在情节内容方面，更加丰富饱满。对人物的塑造，在故事的情节上有了一定的艺术加工，为其中的人物增添了很多"血肉"，使之更加富有传奇色彩。这样的特点也符合当时市民阶层的阅读趣味。更多丰富的情节描写也使《坛经》中的思想以更为通俗的方式得以展现。所以，宗宝本的《坛经》在继承了各本《坛经》主体思想之外还进行了补充和丰富，使之更适合于在民间流传。宗宝本《坛经》的叙事方法随着同时代小说的发展进行了提升，更具有可读性，更符合当时社会的发展趋势，适合在社会上流传推广。

第五节　本章小结

本章利用当前学教两界相关学术研究成果梳理了宗宝本《坛经》相关问题。作为宗宝本《坛经》的编撰者宗宝虽然史料记载甚少，不知其生卒年为何？但能知道的就是他曾为光孝寺住持，并且还写过《达摩碑赞》与《六祖像赞》。他在元至元辛卯（1291），取当时流行的三种不同的本子校雠而成宗宝本《坛经》。他所取的这三种不同本子有的认为是惠昕、契嵩、德异三本，有的认为是惠昕、契嵩、法海一系所传古本《坛经》，说法不一。宗宝本《坛经》自广东按察使云从龙命刻工刊刻流通后，因"得《坛经》之大全"，集诸本之大成，所以自明以来成为最为流通的本子。一时间出现了很多翻刻或重编本。这些本子也有流通到日本。在明代的时候僧人净戒重编的宗宝本还被收入在《洪武南藏》《永乐南藏》《永乐北藏》三种官刻藏经中，在民间刻的《径山藏》也收入了此本。

随着20世纪敦煌本《坛经》的问世及相关研究成果的出现，有些人似乎开始对这一直流行的宗宝本《坛经》产生质疑。宗宝本《坛经》从版本源头上看或许不是"文繁古本"《坛经》的原貌，但很好传承古本《坛经》；从其内容上来看，宗宝本在保持《坛经》主体部分的同时，虽然增加了弟子请益机缘部分，但所增加的这些内容，并不是虚构的，而是散见于禅宗其他史料中，就史实而言是可信的。宗宝本《坛经》增入的内容，更可以集中反映惠能的禅宗思想；从中国学术发展史上来看《坛经》在历史发展中不是一成不变的，而宗宝本却能集诸本《坛经》之大成，给后人留下了一部较为完整的禅宗的“宗经”，这也是为何宗宝本《坛经》流传广、影响大的原因。正因为如此，宗宝本《坛经》在明代入藏就更能体现其价值与影响。

宗宝本《坛经》题名《六祖大师法宝坛经》，从经题告诉我们《坛经》大致的内容就是惠能于黄梅得法后回到南方开坛说法，而惠能在说法时又是与忏悔、发愿、归依、受戒等相结合。弟子们将其平生所说之法记录下来，汇集整理而编成《坛经》一书。由于惠能的弟子们视惠能如佛，惠能的法语，即犹如佛语，和佛所说之法没有差别，也如佛所说之法一样受到后人们的尊奉，因此将惠能在法坛上所说之法称为《六祖法宝坛经》，简称为《坛经》。

本教材主要是依据《大正藏》中所收宗宝本《坛经》为主，辅助参考《径山藏》本，及其他版本的《坛经》。《大正藏》收载的宗宝本《坛经》大体上的结构分为三部分：第一部分《序》与《赞》各一篇；第二部分乃为《坛经》正文，共分 10 品；第三部分附录，附录了门人法海等集《六祖大师缘起外纪》、《历朝崇奉事迹》、柳宗元撰《赐谥大鉴禅师碑》、刘禹锡撰《大鉴禅师碑》并《佛衣铭》、宗宝之《跋》等内容。本教材又是以《大正藏》所收宗宝本《坛经》第二部分的正文为重心。正文部分的 10 品，主要内容大致可分为三部分即大师生平事迹、在大梵寺说法、弟子请益机缘及临入灭付嘱三部分，但也可细分为五部分。

宗宝本《坛经》的特色是，结构完整且严谨；内容丰富、生动、精深而质朴；文字上也很通俗流畅，简明扼要；口语化突出，有很明显的小说特点。因具足这些特点，更具有可读性，更适合在社会上、民间流传推广。为此，宗宝本《坛经》能从明代以来成为最流行的本子，其影响之大不是没有原因的。

本章拓展阅读文献

1. 蒋宗福：《敦煌本坛经相关问题考辨》，《宗教学研究》2007 年第 4 期。

2. 哈磊：《古本坛经存在的文献依据》，《社会科学研究》2011 年 5 月。

3. 李明山：《〈六祖坛经〉版本考述》，《韶关学院学报》2011 年第 7 期。

4. 王震：《敦煌本〈坛经〉为“传宗简本”考》，兰州大学硕士学位论文，2015。

5. 李小白：《禅宗文献整理与明代禅风之关联——以宗宝本坛经为个案》，《古籍整理研究学刊》2016 年第 2 期。

6. 张筱星：《坛经敦煌本与宗宝本版本比较》，《文学教育》2018 年第 23 期。

本章思考与练习题

1. 宗宝《坛经》是在什么时候刊刻的？
2. 宗宝为何要重刊《坛经》？
3. 宗宝在编校《坛经》时参考了哪些资料？
4. 宗宝本《坛经》刊行及流通情况是怎么样的？
5. 宗宝本《坛经》有什么价值与影响？
6. 为何宗宝本《坛经》以《六祖大师法宝坛经》作经题？
7. 宗宝本《坛经》的架构与特点是什么？

第三章　宗宝本《坛经》正文内容析释

第一节　行由第一

“行由第一”是宗宝本《坛经》的第一品，主要是讲述惠能的生平事迹。本品根据正文内容将分判为16点来予以解析，并结合法海等集记的《六祖大师缘记外记》与《曹溪大师别传》及古筠比丘德异撰写的《六祖大师法宝坛经序》等史料补充了相关惠能生平事迹的内容。本品建议16个课时。

本品教学目的：让学生能全面、系统了解惠能传奇的一生，并掌握本品主要思想内容及重要禅法特色。

本品教学重点：掌握有关惠能的身世，以及又是怎样去求道、得法乃至登坛说法的过程及相关禅法思想。

本品教学难点：惠能传奇的一生，因本品有的地方与相关史料记载出入较大，难以厘清。

一　本品题释及主要内容

本品惠能大师自己讲述他的身世，以及又是怎样去求道、得法乃至登坛说法的由来，故以“行由”为品题，“行由”即是由来之意。

本品是惠能自己讲述自己传奇的一生，展现了他高深的智慧，以及得法的艰辛，为法忘躯的伟大，乃至所得之法的高妙。惠昕本此品称为“缘起说法门”、德异和契嵩本称为“悟法传衣第一”。

在本品的末尾惠能指出，他所说的法是五祖弘忍所传的“东山法门”，而“东山法门”所说的又是历代先圣递代相传的“顿教”。此直指人心，顿悟成佛的顿教之法，干脆利落，不落阶渐，发人之未发，言人之未言，实乃无上之妙法。

二 正释经文（分十六）

（一）开缘说法

【原文】

时[1]，大师[2]至宝林[3]，韶州韦刺史[4]与官僚入山，请师出于城中大梵寺[5]讲堂，为众开缘说法。师升座次，刺史官僚三十余人、儒宗学士[6]三十余人、僧尼道俗一千余人，同时作礼，愿闻法要[7]。

【注释】

[1] **时**：同于佛经上所说"一时"，即通常所说的"时成就"。时成就的这个"时"，指说法的时间，但不确指是具体哪一个时间，也可以说是指六祖到宝林寺（今南华寺）应韦刺史之请到大梵寺讲堂升座说法之时。其确定的时间，如果依据《六祖大师缘起外纪》法海所作之序来推定，应为唐高宗仪凤二年（677）之春。

[2] **大师**：在这里指六祖惠能。大师一般指福德智慧俱足，堪作众生模范的人，尊称为"大师"。严格说来，如经所言，唯佛一人堪以称为大师，但后来各宗学者为尊重本宗的宗主，也尊称宗主为大师。

[3] **宝林**："宝林"即宝林寺，即现今的南华寺。位于广东省韶州曲江县南也即现在韶关市南 40 里的南华山下。此寺相传是梁天监元年（502）智药三藏所创建，在唐中宗神龙元年（705）奉敕改名为"中兴寺"，后或名"广果寺"，或名"法泉寺"。到宋太平兴国三年（978）奉敕改名为"南华寺"或名"华果寺"，之后南华寺之名一直沿用至今。

[4] **韶州韦刺史**：刺史，即主管当地行政的官员的职称。韦刺史，则是指当时在韶州任地方行政官的韦琚，此人身世不详。在宋赞宁《宋高僧传》卷八《惠能传》、宋道原《景德传灯录》卷五、清同治十二年《韶州府志》卷三《职官表》等资料中有提及过此人，但均语焉不详。据印顺法师《中国禅宗通史》中说：张九龄（曲江人）撰《故韶州司马韦府君墓志铭》说：韦司马（名字不详）"在郡数载"，"卒于官舍"，"开元六年冬十二日葬于（故乡）少陵"。这段话说张九龄（678～740），唐开元年间的尚书丞相，本身就是广州韶州今曲江人，著名的政治家、诗人，对"开元之治"作出了很大贡献，被称为"岭南第一人"。在他所作《故韶州司马韦府君墓志铭》中提到韦司马这个人，司马是个官名，位次将军，掌本府军事，相当于后世的参谋长。此司马，也姓韦，说他在韶州郡数年，并且死于韶州官舍中，开元六年（718）冬葬于故乡少陵即河南巩县（今郑州巩义）。如果张九龄这

篇墓志铭所说的韦司马就是韦琚的话，那么大致可知他祖籍是河南巩义，在韶州府做官多年，最后死于韶州。

[5] **大梵寺**：在广东省韶州府曲江县城内，有的学者认为就是现今韶关市区的大鉴禅寺，此寺建于唐显庆末年（660）之前，因惠能于此寺说过法，惠能示寂后被敕谥为“大鉴禅师”之号，故此寺后来更名为“大鉴禅寺”。

[6] **儒宗学士**：儒家硕学之士。

[7] **同时作礼，愿闻法要**：惠能未开示前，听法大众，依于佛法应有的礼节，韦刺史与同僚的一些官员，另有儒宗学士 30 余人，还有僧尼道俗 1000 余人，同时一齐向大师至诚头面作礼，并且一同表示愿闻大师所说的法要。这等于佛经所说的“愿乐欲闻”，或说“我等乐闻”。

【释义】

这一段指惠能大师应请为大众开缘说法。在唐高宗仪凤二年（677）之春，六祖惠能到曹溪宝林寺，因为当时大师声明已经远播，故当时宝林寺所在的韶州刺史韦琚与一些同僚到宝林寺请大师出山，到韶州城大梵寺讲堂为大众开缘说法。当时前来听法的除了韦琚等官僚之外，还有儒家学者以及僧尼道俗等 1000 多人。为什么惠能大师讲佛法会有儒家学者前来听法呢？很显然大概是有感惠能大师之名望，仰慕大师之威德和所得法之奥秘，所以前来闻法。另外，惠能大师所处时代是唐代，而唐代正是佛法极为昌盛之时代，所以虽是儒家学者，但恐怕也被当时盛行的佛法所熏染，故有兴趣前来闻法。这些人不辞艰辛前来，以至诚之心，愿闻大师的开示。

（二）直示宗要

【原文】

大师告众曰：“善知识[1]，菩提自性[2]，本来清净[3]，但用此心，直了成佛[4]。”

【注释】

[1] **善知识**：惠能尊称前来听法的大众名为“善知识”，所谓“善知识”本是指学人所应亲近具有德智的贤圣，或是堪以教导学人修诸善法的明师，这里是惠能专以称呼闻法的大众，可见惠能对闻法者是多么的尊重，体现他谦卑的个性，犹如《法华经》中常不轻菩萨那样的谦卑。

[2] **菩提自性**：指人人本具的“佛性”。所谓“佛性”也称作如来藏性、如来

性、觉性、法性、真如等，原指佛陀的本性、体性，后来其意发展为众生觉悟之因，众生成佛的可能性、因性，也即一切众生成佛的内在根据。一切众生皆有此佛性，皆可以成佛，所以一切众生之心与诸佛无异，正所谓心、佛、众生三无差别。正因为众生在因位具有此成佛之性，与佛无异，所以只要能明心见性就能成佛，这是禅宗所特别强调的。此佛性除了是指人人本具成佛的因性之外，另一方面，此佛性又是宇宙万法之本体、本源，如《大乘起信论》中所说“一心生万法”，《华严经》中所说：“三界虚伪，唯是一心。”所以，此佛性又是一切诸法的本性、本体、本源，故又名为法性、真如、实相等名义。总之，众生乃至一切万法之本性就称为菩提自性。

[3] **本来清净**：众生人人本具的佛性，是从本以来清净没有污染，所以称为本来清净。不是说原来不清净，后来使令清净，所以既是本来，就是强调不是后天通过打扫使之清净，是从本以来，法尔如是的清净，不受污染。

众生之佛性既是本来清净，本来也具备此佛性，那么为什么没有成佛呢？这是因为众生有妄想执着。众生的妄想执着就如乌云一样将本来清净的自性覆盖住，故使原本和佛一样的本性不能显现，如乌云遮盖住太阳之光，使太阳之光不显。佛夜睹明星豁然开悟时曾惊叹道：“奇哉！奇哉！大地众生皆有如来智慧德相，只因妄想执着而不能证得。”众生的佛性虽被妄想执着之乌云所覆盖，但本具之清净光明不会减少一分，佛性在凡不减，在圣不增。

[4] **但用此心，直了成佛**：只要认识自己本心是本来清净，相信自己可以成佛，果能如是识自本心，就可见自本性，如此便是直下，也即当下成佛。这个“直了成佛”，也就是所谓顿悟，无须渐次，当下便是。这句话体现出惠能南宗直指人心，顿悟成佛的顿悟之禅法特色。

这里所说“识心”和“见性”是一回事，识心能见性，见性即成佛道。不过“识”与“见”都不是一般意义上的知见，而是一种证悟，是佛教所特有的“现证”“亲证”，它是不以任何语言概念或思维形式为中介的直观。在这种“识”与“见”中，没有识与被识，见与被见的区分，它是一种整体的圆融，是自心自性的自我观照、自我显现。若识自本心，即可立即达到佛的境界“一悟即至佛地”，如敦煌本《坛经》中说：“汝若不得自悟，当起般若观照，刹那间，妄念俱灭，即是自真正善知识，一悟即至佛地。”

【释义】

惠能大师开篇简单开示的这句话就向大众指出了禅宗“直指人心，见性成佛”的宗要。作为禅宗的主旨就是要识自本心，认识自己具有和佛一样的真心本性，此心本来清净，如果能认识自己的本性，就是所谓明心见性，见自本性，就能直了即当下顿悟成佛。所以，这句话乃为禅宗的宗要主旨所在，体现出惠能南宗顿悟成佛之禅法特色。

（三）自述身世

【原文】

善知识，且听惠能[1]行由，得法事意。惠能严父[2]，本贯范阳[3]，左降流于岭南，作新州百姓[4]。此身不幸，父又早亡。老母孤遗[5]，移来南海[6]，艰辛贫乏，于市卖柴。

【注释】

［1］**惠能**：据《曹溪大师别传》《六祖大师缘起外纪》及相关一些资料记载，惠能于唐贞观十二年（638）二月八日生于新州（今广东云浮市新兴县），当他降生的时候，有两个异僧到他家拜访，并言："夜来生儿，可名为惠能。"其父叩问其义，僧说："惠者，以法惠济众生，能者，能做佛事。"所以取名叫"惠能"。这事实上是暗指惠能将来能代佛弘法，大做佛事，会成为一代大师，宗师。言毕两僧离去，不见踪迹。这是惠能得名之由来的记载。惠能之"惠"字也可作"慧"，两字可通用。

［2］**严父**：自古中国人是父严母慈，所以称父亲为严父。惠能的父亲姓卢，名行瑫。

［3］**本贯范阳**：有的理解成本来的籍贯是在范阳。范阳，今河北涿州市一带。铃木大拙据惠昕本校作"本官范阳"，意谓惠能的父亲原在范阳做官。（铃木贞太郎、公田连太郎《敦煌出土六祖坛经》，日本：森江书店，1934 年版）《祖堂集》《景德传灯录》等史料皆作"本贯范阳"，所以，一般以其籍贯乃在范阳。

［4］**左降流于岭南，作新州百姓**：左降，古代政府制度，对于官员降迁，叫作左降或左迁，也就是流放。据法海《六祖大师缘记外记》、德异《六祖大师法宝坛经·序》中皆言，惠能的父亲在唐武德三年（620）遭贬斥，流放至广东岭南新州，惠能就是在新州出生的，所以说："左降流于岭南，作新州百姓。"

［5］**孤遗**：幼小丧父，为父亲遗留下来的孤子，也即失去父亲的孤儿，称为遗孤。惠能 3 岁时父亲去世，和母亲两人相依为命，孤苦伶仃，生活过得非常的贫寒辛苦。

［6］**南海**：新兴县的东南靠海的地方。

【释义】

这段惠能自述自己的身世：祖籍河北范阳即今涿州市一带，父亲被左降流放到广州新兴县，他就是出生于新兴。在自己 3 岁时父亲就去世了，留下母亲将自己抚养成人。母子俩孤苦伶仃，生活困难又迁移到新兴东南。惠能长大后靠卖柴养活母亲，家境是十分的贫寒。在如此贫苦环境下长大的惠能却宿世善根深厚，聪颖悟性超人。《曹溪大师别传》中记载说他“虽处群辈之中，介然有方外之志”。这是说惠能虽然家境贫寒，但在和他一样大的人群之中，却胸怀大志，器宇不凡，超凡脱俗，有出世的大志。

（四）求道学法

【原文】

时，有一客[1]买柴，使令送至客店。客收去，惠能得钱，却出门外，见一客诵经。惠能一闻经语，心即开悟。遂问：“客诵何经？”客曰：“《金刚经》。”复问：“从何所来，持此经典？”客云：“我从蕲州黄梅县东禅寺[2]来。其寺是五祖忍大师[3]在彼主化，门人一千有余，我到彼中礼拜，听受此经。大师常劝僧俗，但持《金刚经》，即自见性[4]，直了成佛。”惠能闻说，宿昔有缘。乃蒙一客，取银十两与惠能，令充老母衣粮，教便往黄梅参礼五祖。

惠能安置母毕，即便辞违。不经三十余日，便至黄梅，礼拜五祖[5]。

【注释】

[1] **客**：买惠能柴的主顾。他是谁？很多史料都未指出，唯有《祖堂集》卷二说是安道诚。

[2] **蕲州黄梅县东禅寺**：蕲州黄梅县，今湖北省黄梅县；东禅寺，又名莲华寺，位于现在湖北省黄梅县城东 12 公里处之东山，又名冯茂山，此东禅寺也就是五祖寺，是五祖弘忍住众传法的道场。

[3] **五祖忍大师**：五祖弘忍，俗姓周，唐代高僧，湖北蕲州黄梅（今湖北省黄梅县）人。与四祖道信创立“东山法门”接引四方学者，法席兴盛，为中国禅宗五祖。

[4] **性**：指“本性”，也是指佛性，在《坛经》中，惠能有时将佛性称为性、心、心性、本性、自性、法性、真如等，这些词名虽不同，但其义相同，都是指佛性。

[5] **不经三十余日，便至黄梅，礼拜五祖**：从广东南海新兴县东南到湖北黄梅，虽有相当远的路程，但惠能求法心切，披星戴月赶路，不经三十余日，即不到一个月，便至黄梅东禅寺，礼拜五祖弘忍。

据《曹溪大师别传》记载，惠能在从广东新兴县前往湖北黄梅求法的途中，是沿路都在参学访道的。唐龙朔元年（661），惠能把母亲安顿好后，即向北行。到了韶州曹溪村，遇村人刘志略，刘志略之姑名无尽藏比丘尼，住在当地的山涧寺，惠能和刘志略经常一起去看望此尼。此尼常诵《大涅槃经》，惠能听闻后，也能领悟经中的深意，还能为无尽藏尼讲说。他还曾至广东省北之乐昌西石窟，从远禅师学坐禅；听过惠纪禅师依《十二头陀经》讲过如何坐禅。这些都为他初见五祖就能说出一语惊人的话打下了基础。

【释义】

这一段是惠能向众人讲述自己求道学法的因缘。从中能看出其求法的因缘还是颇为殊胜和不可思议的。惠能于街市上卖柴，将柴送至买客的客栈时，闻一客诵《金刚经》，因自己宿世深厚的善根，故一闻就启发了自己的心智；又蒙一客赠送银两安顿老母，使自己能安心前往黄梅求法。

本段也能得知五祖弘忍当时在湖北黄梅东禅寺弘化，法席兴盛，门下弟子多达1000余人。在禅法思想上五祖弘忍注重般若系的经典《金刚经》。

本段有个问题值得思考：五祖弘忍为什么劝令僧俗“但持《金刚经》，即自见性，直了成佛”?《金刚经》是般若系很重要的一部经典，主要思想主旨就是讲一切诸法如梦如幻，因此修学者不要执着一切诸法之相，应该离一切相，以般若空扫荡一切妄想执着，如此妄尽，清净的本性就自然地显现出来。因为人人本具与佛不二的真心，就是因为被妄想执着所覆盖不能显现，现在以般若空来遣荡一切情执，以空扫相，就能直探心源。所以，弘忍常让僧俗持念《金刚经》，如此由闻而思而修，最终就能自见本性，直了成佛。在《坛经》中惠能也常说：“离一切相，则名诸佛”，“但能离相，法体清净”。所说的离一切相，就是用般若空慧照破一切妄想执着，由此就能无所执着而离一切相，清净的本性就自然显露。

五祖弘忍对般若系思想经典的重视，也是因为般若是大乘思想理论的核心，是指导实践修行的基石，六度离开般若如盲，所以禅宗特别是惠能南宗禅极为重视般若思想，惠能很多禅法理念都是建立在般若不二的理论基础上，如心佛不二，定慧不二，无相、无念、无住及顿悟等思想都是建立在般若思想基础上。正因为弘忍对般若思想的重视，所以惠能继承并发扬了弘忍这一思想传承。

（五）问答默契

【原文】

祖问曰：“汝何方人？欲求何物？”惠能对曰：“弟子是岭南新州百姓，远

来礼师，惟求作佛，不求余物。”祖言：“汝是岭南人，又是獦獠[1]，若为堪作佛？”惠能曰：“人虽有南北，佛性本无南北。獦獠身与和尚不同，佛性有何差别？”

五祖更欲与语，且见徒众总在左右，乃令随众作务。惠能曰：“惠能启和尚，弟子自心，常生智慧，不离自性，即是福田[2]。未审和尚教作何务？”祖云：“这獦獠根性大利[3]！汝更勿言，着槽厂[4]去。”

惠能退至后院，有一行者[5]，差惠能破柴踏碓[6]。经八月余，祖一日忽见惠能曰：“吾思汝之见可用，恐有恶人害汝，遂不与汝言。汝知之否？”惠能曰：“弟子亦知师意，不敢行至堂前，令人不觉。”

【注释】

[1] **獦獠**：也作“猎獠”。“獦”是“猎”之俗写字，“獠”是夷蛮之人。“獦獠”，意为田猎渔捕之人。“獦獠”，音同“葛僚”，指携犬行猎为生的南方少数民族。无论是称“猎獠”还是“獦獠”，都是古代对南方少数民族的称呼，亦以泛指古时偏僻落后的南方人。新兴县在广东西南，地处偏远，愚昧落后，当时的人们多以打猎捕鱼为生，又因为没有文化修养，所以生性野蛮。《魏书》卷一〇一《獠传》记载很详细说：“能卧水底持刀刺鱼……性同禽兽，至于愤怒，父子不相避，惟手有兵刃者先杀之。……其俗畏鬼神，尤尚淫祀，所杀之人，美须髯者必剥其面皮，笼之于竹，及燥，号之曰鬼，鼓舞祀之，以求福利。”

[2] **弟子自心，常生智慧，不离自性，即是福田**：此句惠能的意思是，自心常生智慧，以此智慧照耀本心，不离本觉自性。如此以如如智照耀如如之理，智理一如，以此为功夫，能有这样的境界就是种福田。所谓“福田”，谓能生福德之田，即散播孝养父母、布施、供养三宝等之种子，则能结福德之实，犹如农人耕田播下种子，能有收获，故以“田”喻之。但这种福田与惠能所说体认自性本具智慧，使如如智不离如如理之福田其意义完全不一样。孝养父母、供养三宝等福田，只是世间福田，只能感召人天小果有漏之福报，与解脱成佛无关。而惠能所说自性之福田，乃是最胜福田，能感召出世间解脱乃至成佛之圣果，故与之不同。

[3] **根性大利**：惠能对福田之义高深独到的理解，让五祖弘忍觉得这岭南猎獠心智甚高，在我面前居然说出别人所不能说的话，根性确是大利。“大利”是说他根性太过锐利。佛法说众生根性，有大根、中根、下根三种。现惠能不是中、下根的人，而是上根利智的人，当然极为难得。

[4] **槽厂**：指世俗养马小屋，佛教寺院不养牲畜，当是指做苦工的地方。

[5] **行者**：指在寺院里为众僧服务的人，或者是指带发在寺院修行的人。

［6］**踏碓**：“碓”，是过去舂米的器具，一般为石制，配有杠杆原理的木槌，用脚踩木槌将稻碾为米，故叫“踏碓”。

【释义】

本段主要是讲惠能与弘忍的一段对话，两人问答默契。而且初次见面惠能便让五祖对其刮目相看。原因有四：其一，惠能“远来礼师，惟求作佛，不求余物”心怀成佛之大志。其二，“人虽有南北，佛性本无南北。猎獠身与和尚不同，佛性有何差别?”惠能对佛性不分南北，不分上下尊卑，人人平等之理深刻领悟。其三，“弟子自心，常生智慧，不离自性，即是福田”，对自性福田独到的理解。其四，惠能丝毫没有对弘忍安排去寺院做苦工的地方劳作表示不满，反而很乐意接受。因为他已经领会了弘忍一方面为了保护自己，另一方面为考验磨砺自己的意图。本段所体现出惠能这4个方面，都表明他是个上根利智的人，五祖弘忍内心深处对他是又惊又喜。二人心照不宣，十分的默契。

（六）令各呈偈

【原文】

祖一日唤诸门人总来，吾向汝说：“世人生死事大，汝等终日只求福田，不求出离生死苦海。自性若迷，福何可救?[1]汝等各去，自看智慧[2]，取自本心般若之性，各作一偈，来呈吾看。若悟大意[3]，付汝衣法[4]，为第六代祖。火急速去，不得迟滞，思量即不中用[5]。见性之人，言下须见[6]。若如此者，轮刀上阵[7]，亦得见之。”（喻利根者）

【注释】

［1］**自性若迷，福何可救**：不能明白自心即佛，不知向内识自本心，见自本性，向外求索，就犹如《法华经》中所说的“穷子喻”，自身有无价宝藏却迷而不自知，枉受沦落四处飘零乞讨之苦，在三界中沉沦无有出头。如此，所作的世间福田，怎可救脱出离生死？更不用说成佛作祖了。

［2］**智慧**：指的是自心所具般若无漏智慧，唯有此慧才能契合于如如之理（本心）。

［3］**若悟大意**：如果能明心见性，并且能写出表达自己悟境的偈颂，也即是于文字中能显示悟得本来面目真心本性的大意，即由文字般若能体现已经悟到了实相般若。

［4］**衣法**：“衣”，指袈裟，这领袈裟不是指寻常的袈裟。据《景德传灯录》卷三、《五灯会元》卷一记载，初祖菩提达摩曾对二祖惠可说：“昔如来以正法眼付

迦叶大士，展转嘱累而至于我。我今付汝，汝当护持。并授汝袈裟以为法信，各有所表，宜可知矣。”可曰：“请师指陈。”师曰：“内传法印以契证心，外付袈裟以定宗旨。后代浇薄疑虑竞生，云：‘吾西天之人，言汝此方之子，凭何得法？以何证之？’汝今受此衣法，却后难生，但出此衣并吾法偈，用以表明其化无碍。至吾灭后二百年，衣止不传，法周沙界。”按此，“衣”是指达摩相传的衣。衣只是表传法的信物。

而“法”，很显然就是禅宗从佛自大迦叶尊者以来，以心传心的妙法。在禅宗，内传“法”以印证宗门的佛心宗旨，外传“衣”则表示师承的信实无虚。所以，五祖弘忍说，谁的偈颂能体现已悟自心本性，那么就将这衣法传给他，他就将是继我之后的中国禅宗第六代祖师。惠能南宗禅，把“宗衣”省去了，转而把“心印”作为最重要的传法依据，这一变化对南宗的建立有着重要意义。

[5] **思量即不中用**：弘忍告诉众人对于体证自性真理的事，不是用意识思量推度分别可以做得到的。要知道自性之真理，唯有无漏慧才能与之相应，非意识分别所能推度。《法华经》中说：“是法非思量分别之所能解。”因此，弘忍说想要用意识之分别思量自性是不中用的，没有用，无济于事。

[6] **见性之人，言下须见**：“见性之人”，即彻见自心佛性之人，这种能彻见自心佛性的人自然不是凡夫，而是上乘利根之人，这样的人就能顿然领悟，所以说在“言下”，也就是在当下就能顿悟到自己清净的本性，所以说“见性之人，言下须见”。这就是指的顿悟，作为上根利智的人来说能顿悟自心本性。

[7] **轮刀上阵**：对于上根利智的人来说，哪怕是拿着刀挥舞得像车轮旋转一般入军阵沙场作战，在这样恶劣紧要关头，决不因为紧急而迷失忘掉自己本性，也能明见自心佛性。弘忍这是用轮刀上阵比喻利根者，故宗宝在夹注中标明“喻利根者”。此利根者无论在何时、何地、何境界，都能顿悟自心本性，正所谓无处不是道，无论顺境、逆境中都不影响对自心本性的体认和证悟。

弘忍在这里所指的上根利智者在他的众多弟子中恐怕只有惠能具备这样的根性，因为惠能在破柴踏碓这么艰苦的环境中还能不辞辛苦，任劳任怨，心境丝毫不受影响，任运自在。所以，恐怕只有惠能堪以继承弘忍的禅法，是最佳的传续佛法之人，堪称法门大将。

【释义】

本段，五祖弘忍教导门下弟子：修行人要有出世之志，以解脱生死为重。而要了生死大事，不能停留在修福上，甚至将修福作为修行，而应该转外在的修福而为内在心性的修行，识心见性。并要求门人用此自性所具般若无漏分别慧来作一首偈颂给他看，若所写这首偈颂能表达自己悟境，也即是于文字中能显示悟得本来面目即真心本性的大意，就将自初祖菩提达摩递相传授的衣法付与他，而成为中国禅宗第六代祖师。在此，弘忍提出作偈颂的要求：一是要用自性无漏慧来作，而不是用第六意识分别妄心；二是所作偈颂能体现悟证的境界。弘忍令弟子作符合这两个要求的偈颂给他看，大概是既想考验弟子们平日修行功夫；同时也是想借此了解在这千人之多的弟子中，有没有谁的悟性及对佛法的见地能超过惠能的。

而且，他还指出若是利根的人对于见性之事是言下即当下顿悟，甚至在身处于军阵沙场作战这样恶劣紧要关头，也不会因为紧急而迷失忘掉自己本性，也能无处不是道，能明见自心佛性。

（七）神秀作偈

【原文】

众得处分，退而递相谓曰："我等众人，不须澄心用意作偈，将呈和尚，有何所益？神秀上座[1]，现为教授师[2]，必是他得。我辈谩作偈颂，枉用心力。"余人闻语，总皆息心。咸言："我等已后，依止秀师，何烦作偈？"

神秀思惟："诸人不呈偈者，为我与他为教授师，我须作偈，将呈和尚。若不呈偈，和尚如何知我心中见解深浅？我呈偈意，求法即善，觅祖即恶，却同凡心，夺其圣位奚别？若不呈偈，终不得法。大难！大难！"

五祖堂前，有步廊三间，拟请供奉卢珍[3]，画《楞伽经》变相[4]及五祖血脉图[5]，流传供养。神秀作偈成已，数度欲呈，行至堂前，心中恍惚，遍身汗流，拟呈不得。前后经四日，一十三度呈偈不得。秀乃思惟："不如向廊下书着，从他和尚看见。忽若道好，即出礼拜，云是秀作；若道不堪，枉向山中数年，受人礼拜，更修何道？"

是夜三更，不使人知，自执灯，书偈于南廊壁间，呈心所见。偈曰：

身是菩提树，心如明镜台。
时时勤拂拭，勿使惹尘埃[6]。

秀书偈了，便却归房，人总不知。秀复思惟"五祖明日见偈欢喜，即我与法有缘；若言不堪，自是我迷，宿业障重，不合得法"。圣意难测，房中思想，坐卧不安，直至五更。

【注释】

［1］**神秀上座**：神秀（606~706），为五祖弘忍高足之一。陈留尉氏县（今河

南开封尉氏县）人。从小遍览经史等书，对老庄、周易等世学之书都非常通达。出家后对佛教的经史、大小乘戒律乃至经论都有非常深入的研究，是一个知识丰富，博学才华之人。20 岁受具足戒。48 岁时拜弘忍为师，住东禅寺，一边从事寺中的砍柴担水等杂务，一边随弘忍求道学法，如此度过 6 年。神秀因为在理解禅法要义和修行方面表现突出，受到弘忍的称赞，弘忍曾叹曰："东山之法尽在秀矣。"因此，神秀当时在弘忍门下地位非常之高，被称为上座。

所谓上座，依佛制戒律来说，从受戒第 1 夏安居到第 9 夏安居，是为下座；从第 10 夏安居到第 19 夏安居，是为中座；从 20 夏安居到 49 夏安居，名为上座。上座，或名尚座、首座、上首、长老、法腊高，坐上位，故名上座。出家众当以 20 夏安居以上者，称为上座。神秀在弘忍门下不仅学识渊博，而且修持方面也在众人之上，法腊又高，故名上座。

弘忍圆寂后，唐高宗仪凤年间（676～679）神秀被朝廷派到当阳（今湖北）的玉泉寺担任住持，当时有很多人跟随他修学禅法，神秀的名望也越来越远播。武则天闻其盛名，于久视元年（700）遣使迎至洛阳，后召到长安内道场居住，时年 90 余岁。神秀深得武则天敬重，为免其步行上殿，可以抬着轿子直接进帝殿，不特受到朝廷全体崇敬，武后对他亦亲行跪拜礼。被奉为洛阳和长安两京之法主，并为武则天、中宗、睿宗三帝之国师，德高望重在当时朝野所受的礼遇无以复加。每当说法的时候帝王与之并坐，后宫的嫔妃临席，周围有大臣、高僧围绕。神龙二年（706）于洛阳天宫寺圆寂，中宗赐谥"大通禅师"。神秀本人因受帝王及诸大众尊重，圆寂后其门人，如普寂、义福等，仍为朝野所重。神秀一生其地位可谓是无比的显赫，在此之前他曾在弘忍门下被尊为上座，同时也是教授师。

［2］**教授师**：梵语阿阇黎，即教授弟子戒律威仪作法的轨范师，为出家（比丘剃度之师）、受戒（受戒之师）、教授、受经（受习经文、解说义理）、依止（比丘度夏或者依止一宿之师）五种阿阇黎中的第三种。

［3］**供奉卢珍**：供奉，是唐朝皇宫中对有某种技能的人给予的官职名称；供奉卢珍，即一个叫卢珍的画师。

［4］**《楞伽经》变相**："变相"，变更经文为俗讲的画。把佛说《楞伽经》楞伽法会的地方、人物、说法内容、听法等事情绘成图画，名"楞伽变相图"，就如净土经极乐世界变相图一样的意思。《楞伽经》全称《楞伽阿跋多罗宝经》，亦称《入楞伽经》《大乘入楞伽经》，为法相宗（唯识）所依六经之一。中文译本共有 4 种。最早为北凉昙无谶（385～433）所译之《楞伽经》。然此本已佚。现存汉译本有 3 种：刘宋元嘉二十年（443）求那跋陀罗（394～468）译四卷本，又称《宋译楞伽经》；北魏菩提流支译《入楞伽经》十卷本，又称《魏译楞伽经》；唐实叉难陀（652～710）译《大乘入楞伽经》七卷本，又称《唐译楞伽经》。这 3 种汉译本均收

在《大正藏》第16册。此外，另有藏译本二种。在三种汉译本中，求那跋陀罗所译四卷《楞伽经》的译本最早，更接近本经的原始义，因此流传广、影响大。菩提达摩嘱咐二祖惠可在汉地传法所依的就是四卷本《楞伽经》，故此本一直以来特为禅宗所重。

禅宗从初祖菩提达摩到三祖僧璨因为受传法区域及当时佛教思潮的影响，他们3位祖师在黄河以北地区弘法。当时北方般若三论系不盛行，而盛行涅槃佛性思想，所以他们在传法时为观机逗教、因地制宜，随机说法，故说法时比较注重佛性思想的经典。因此，他们当时是以求那跋陀罗所译四卷《楞伽经》这部以佛性或如来藏思想为主的经典作为传法依据的经典。而到了四祖道信和五祖弘忍的时候，他们地处湖北黄梅即湖北和江西交界之处的江南，当时般若三论系在江南一带极为盛行，因此这两位祖师又为了因地制宜，随机说法，开始渐渐注重般若系经典，并以此来传法教导学人。由此可见，祖师们为了弘扬禅法，也是需要因地制宜，观机逗教才可以的。正因为这样的客观原因，所以可以从中看出从初祖菩提达摩到惠能思想传承之发展和演变。

［5］**五祖血脉图**：从初祖菩提达摩到五祖弘忍递相传道的血脉图，即法脉传承图以为流传，令诸人等看到此图与《楞伽经》变相图这两幅，能生起恭敬供养之心。由此可见，五祖弘忍虽很重视般若系经典，但依然还是很注重《楞伽经》，以示对历代祖师传法的继承。

［6］**身是菩提树，心如明镜台。时时勤拂拭，勿使惹尘埃**：我们的身体就是一棵菩提树；菩提树，在印度本叫毕波罗树，是热带常绿的乔木，枝叶青翠，冬夏不凋；佛在此树下成无上菩提，所以佛子将之称为菩提树。我们的心灵，就如明镜台一样的洁净无染。“身是菩提树，心如明镜台”，即见到自己身体，不要当肉体看，应知即是菩提，因为色身就是觉悟的本体；至吾人的心灵，也不要视为妄染，应知即如明亮的明镜，即是我们的心，是清净无有污染的。

神秀这首偈颂合起来的意思是：一切众生皆有达到觉悟的可能性，都可以成佛，因为我们之身就是觉悟之本体，我们之心如同明镜一样洁净。尽管如此，但吾人的身心都会受到无明烦恼的熏染，就像明镜上布满灰尘，所以应该时时勤加拂拭。亦即是说，我们的佛性虽本清净，但会受到客尘烦恼等污染，所以修学佛法的行者，要不间断地修持，时刻予以洗炼，精勤不懈地修持拂拭，勿使身心受到客观外在的尘埃污染。因为，如果一惹尘埃，就要永沦生死。所以说“时时勤拂拭，勿使惹尘埃”。这最后一句，有的作“莫使惹尘埃”，但意思是一样的。

神秀这首偈颂，很显然是受菩提达摩以来所传四卷《楞伽经》的影响而作，此经主要的意思就是告诉人们“心性本净，客尘所染”，一切众生本具有清净的本性即佛性，但为如客如尘的烦恼所污染。所谓“客尘”即是用客尘比喻烦恼，如来往不停歇的“客”，如微细躁动的“尘”埃；用客和尘也是比喻烦恼有粗细之分，而且烦恼都以搅扰身心，令身心不安为性，能让众生在生死长河中轮转不息，所以用客尘来比喻粗细的生死烦恼。细的烦恼指无始无明，粗的烦恼如六识等。菩提达摩在《二入四行论》中也说：“深信含生，同一真性，但为客尘妄想所覆，不能显了。”

神秀这首偈颂从意思上看并没有错，但五祖弘忍为什么没有把衣法传给他？

第一，从其禅法特点来看，属于渐修之禅法。神秀提倡“时时勤拂拭”，通过渐进的方式体认本心。神秀是有著作流传下来的，据其相关著作《观心论》和《大乘五方便》北宗系列著作，再加上这首偈颂所表达的禅法，后人将他的禅法概况为：“疑心入定，住心看净，起心外照，摄心内证。”（杨曾文编校《神会和尚禅话录》，第29页）宗密将他的禅法概括为“拂尘看净”，在《中华传心地禅门师资承袭图》卷二中他说：“北宗意者，众生本有觉性，如镜有明性，烦恼覆之不见，如镜有尘暗。若依师言教，息灭妄念，念尽则心性觉悟，无所不知，如磨拂昏尘，尘尽者镜体明净，无所不照。”在《禅源诸诠集都序》中宗密把北宗禅归到“息妄修心宗”之内，并且还说：“须依师言教，背境观心，息灭妄念，念尽即觉悟，无所不知。如镜昏尘，须勤拂拭，尘尽明现，即无所不照。又须明解，趣入禅境方便，远离愦闹，住闲静处，调身调息，跏趺宴默，舌拄上腭，心住一境。”由这些可见神秀的禅法是注重坐禅、观心、息灭妄想，并且是循序渐进地灭除一切妄想执着，达到真如佛性相契合之境。他的禅法是按照先后、浅深的程序次第而行，所以他的禅法被称为渐教禅法，能接引中下等根机。

第二，神秀这首偈颂透露出他将身心、烦恼、菩提、清净、污染等一系列诸法视为实有故加以严格区分，落入了凡小二边之见中，与大乘诸法空、无自性、平等不二的理念不符。要知道身心、烦恼、菩提、清净、污染这相互对立的诸法，究其实不是对立的，是不二的。身与心不二，即身即心；烦恼与菩提不二，即烦恼而菩提。因为一切诸法皆空，无有真实自性，故诸法不是割裂的二法，而是不二，是一体相融相即的。凡夫因为执着一切诸法为实有，故认为一切诸法都不平等，有差别，但在通达诸法空、无所执着的圣人眼里一切都平等一如没有差别。神秀执诸法实有，割裂了身心、烦恼、菩提等诸法，就落入了差别对待的两边，这还是凡小之见，与大乘诸法空、平等不二的理念不符，也即是与大乘般若空义不符。

第三，神秀没有用般若空慧扫荡一切情执，直探心源，而落入渐修。在般若空慧的观照下无一法可得，无取也无舍，无修也无证，哪有所谓尘埃可以拂拭的呢？神秀的禅法没有运用般若空慧，不达诸法不二之理，认为有烦恼可断，有菩提可证，舍烦恼取证菩提，提倡时时勤拂拭，采用渐进的方式，落入渐修。而惠能认为“本来无一物，何处惹尘埃？”惠能运用了般若空慧，以般若空扫荡一切情执，直探心源，体达一切诸法本无所有，无修无所得，这是何等的洒脱、干净利落。神秀没有惠能的禅法直截了当，以般若空直探心源，即烦恼而菩提，顿悟顿修，不落阶渐。这样比较起来神秀是不如惠能禅法悟境之高。

第四，神秀整首偈颂没有达到五祖弘忍作偈之要求。其一，神秀偈颂所反映的只是一个修行的过程，即告诉我们如何修行才能使心性不受污染，却未透露自己证悟之境界，没有体现出一种悟境。弘忍对偈颂的要求是所作偈颂能体现自己对自性的一种证悟之境，但神秀没有达到这个要求。其二，神秀很明显也没有达到弘忍提出用自性般若智慧作偈颂不可思量得的要求。他作偈颂无论是作前还是作后，皆是思前想后，进退两难，患得患失，这样又岂是见性之人的表现呢？

在《黄檗希运禅师传法心要》中记载："有人问希运：'六祖不会经书，何得传衣为祖，秀上座是五百人首座，为教授师，讲得三十二本经论，云何不传衣？'师云：'为他有心，是有为法，所修所证将为是也，所以五祖付六祖。'"

五祖弘忍看了神秀的偈颂也说："未见本性，只到门外。"所以由此，神秀自然不得弘忍的衣法。

【释义】

本段主要是讲弘忍的另一大弟子神秀作偈颂的情况。弘忍让门下弟子用自性般若慧作一首能体现自己证悟境界的偈颂。众弟子考虑到神秀当时在弘忍门下的德学与地位，认为他最有资格作偈颂，也最有实力成为中国禅宗第六祖，因此都打消了作偈颂的想法。由此，体现了他们缺乏禅者直下承当的勇气和胆量。神秀深知众人对他寄予希望，自己也想证明一下自己多年在弘忍门下修学的见地到底怎么样，因此也试图作偈颂。所以，神秀作偈颂不是妄求祖位，可见他也是一个有道德之人。但神秀不是位见性之人，在作偈颂前后他都思前想后，患得患失，缺乏惠能那种干净利落之风。神秀与众人一样也没有直下承担的自信和勇气，甚至已经落入了思维推度之中。神秀是位学识渊博的人，写首偈颂对于他而言应该是轻而易举，不应感到什么困难。但五祖弘忍所要的这首偈颂却非同一般，这个偈颂既要用自性无漏分别慧所作，还要能体现自己对本心自性的证悟之境，故这样的偈颂不是一般人可以写得出来的。由此，神秀即便写了一首"身是菩提树，心如明镜台，时时勤拂拭，勿使惹尘埃"的偈颂，虽然这首偈颂的思想承袭了菩提达摩以来所传四卷《楞伽经》中所言"心性本净，客尘所染"的意旨，从意思上看也并没有错，但五祖弘忍看了神秀的偈颂评价说："未见本性，只到门外。"因此，神秀自然不得弘忍的衣法。

（八）秀未见性

【原文】

祖已知神秀入门未得，不见自性。天明，祖唤卢供奉来，向南廊壁间，绘画图相，忽见其偈，报言："供奉却不用画，劳尔远来。经云：'凡所有相，皆是虚妄[1]。'但留此偈，与人诵持。依此偈修，免堕恶道；依此偈修，有大利益。"

令门人炷香礼敬，尽诵此偈，即得见性。门人诵偈，皆叹："善哉。"

【注释】

[1] **经云："凡所有相，皆是虚妄。"** 此句出自后秦鸠摩罗什所译《金刚经》（《大正藏》第8册，第749页上）。本经多次提到或引用《金刚经》，可见，《坛经》与《金刚经》之间有着很重要的思想关联。

【释义】

神秀深夜将他的偈颂写在弘忍所住厅堂南廊墙壁上，到第二天五祖看了他的偈颂，知道他还未见性。虽然如此，但他此偈，仍有功用，对于中下根机的修行者仍然有指导意义。所以弘忍留下此偈。本来要在墙壁上绘画《楞伽经》变相图及五祖血脉图也不用再画了，而是让门人炷香礼敬，尽诵此偈。并且告诫弟子们，如能依此偈义切实修持，将来可以免堕恶道，依此偈修行，渐渐也即得见到自性。读诵此偈，虽不能顿悟妙法，但如偈说"时时勤拂拭，勿使惹尘埃"，亦是值得学习。吾人觉性无始来被烦恼之所盖覆，就如明镜为尘埃所封，如不时时拂拭，尘埃怎么除去？镜的明性怎么显出？所以神秀此偈，从渐修立场说，确有它的功用，不是全无意义，不可对之轻视。

（九）五祖示秀

【原文】

祖，三更唤秀入堂，问曰："偈是汝作否？"秀言："实是秀作，不敢妄求祖位，望和尚慈悲，看弟子有少智慧否[1]？"祖曰："汝作此偈，未见本性，只到门外，未入门内。如此见解，觅无上菩提[2]，了不可得。无上菩提，须得言下识自本心，见自本性，不生不灭[3]，于一切时中，念念自见。万法无滞，一真一切真[4]，万境自如如[5]。如如之心，即是真实[6]。若如是见，即是无上菩提之自性也。汝且去，一两日思惟，更作一偈，将来吾看。汝偈若入得门，付汝衣法。”

神秀作礼而出。又经数日，作偈不成，心中恍惚，神思不安，犹如梦中，行坐不乐。

【注释】

［1］**看弟子有少智慧否**：看弟子，亲近和尚学法以来，是否已经有了一点智慧识自心大意否？

［2］**无上菩提**：即最高觉悟，可称之为“无上正等正觉”，也即无上觉悟的佛道。

［3］**自本性，不生不灭**：作为一切众生本具的佛性，又为万法的本源、本体，此佛性从本以来实无所生也无所灭，不生不灭，不垢不净，不增不减，远离生灭、垢净、增减、色空、有无等的两边，是不二中道第一义谛。

［4］**万法无滞，一真一切真**：不生不灭，不二的真心之理，遍于万有一切诸法毫无滞碍，即理遍于事中，理事无碍，事事无碍。因此，宇宙间，随拈一法，在任何一法中，都可见此本性。见到一法是真，那么宇宙间法法便是真，此乃一真一切真，没有一法不真。

［5］**如如**：平等不二之义。因理遍于事中，理事无碍，事事无碍，所以宇宙万法，法法皆真，法法皆是平等不二之如如的真理。

［6］**如如之心，即是真实**：清净平等不二的真心就是我们真实的本性。这里的“真实”，不是指凡夫或外道执有自性见的实有或实无，而是能体达自性非色非空，超越色空、有无两边的第一谛，故称“真实”。

【释义】

弘忍确认这个偈颂乃神秀所作，明确说明他的偈颂没有见性，并开示神秀：人人本具的佛性乃不生不灭、不二的真性。此真性之理遍于万有一切事法中，理事无碍，事事无碍。因此，宇宙间，随拈一法，法法皆真。如果能于言下见此不二如如之理，即是成就无上菩提。弘忍慈悲并再一次给神秀机会，让他用自性所具无漏慧去观照，看能否见到自己的真性，并写出能体现自己悟境的偈颂来给他看。可惜，神秀始终是未能见到自己的本性，仍是作偈不成。由此，恍恍惚惚，神志不清，以致终日犹如在梦中，行住坐卧都感到不安乐。

（十）惠能作偈

【原文】

复两日，有一童子[1]于碓坊过，唱诵其偈，惠能一闻，便知此偈未见本

性，虽未蒙教授，早识大意。遂问童子曰："诵者何偈?"童子曰："尔这獦獠不知，大师言：'世人生死事大，欲得传付衣法，令门人作偈来看。若悟大意，即付衣法为第六祖。'神秀上座，于南廊壁上，书无相偈[2]，大师令人皆诵，依此偈修，免堕恶道；依此偈修，有大利益。"

惠能曰："（**一本有我亦要诵此，结来生缘**）上人[3]！我此踏碓，八个余月，未曾行到堂前。望上人引至偈前礼拜。"童子引至偈前礼拜，惠能曰："惠能不识字[4]，请上人为读。"时，有江州别驾[5]，姓张名日用，便高声读。惠能闻已，遂言："亦有一偈，望别驾为书。"别驾言："汝亦作偈？其事希有。"惠能向别驾言："欲学无上菩提，不得轻于初学。下下人有上上智，上上人有没意智。[6]若轻人，即有无量无边罪。"别驾言："汝但诵偈，吾为汝书。汝若得法，先须度吾。勿忘此言。"

惠能偈曰：

　　菩提本无树，明镜亦非台。

　　本来无一物，何处惹尘埃[7]？

书此偈已，徒众总惊，无不嗟讶，各相谓言："奇哉！不得以貌取人，何得多时，使他肉身菩萨[8]。"

祖见众人惊怪，恐人损害，遂将鞋擦了偈，曰："亦未见性。"众以为然。

【注释】

[1] **童子**：或者指在寺内服务的年少小孩，或者指刚出家未受具足戒的小沙弥。从童子都能口诵神秀的偈颂来看，说明神秀的偈颂已经是妇孺皆知，与惠能全然不知形成对比。而且，童子称惠能为"獦獠"，有三种可能：其一，惠能其貌不扬，又没有读过书，看上去像山野之人；其二，弘忍叫惠能獦獠之事，可能在寺中已被传开；其三，惠能当时在东禅寺只是个做苦工的人，地位低下，不受人尊重。凡夫只如童子幼稚无知，执于外表之事相，这又与惠能尊称童子为"上人"形成对比，反衬出惠能佛学修养与内在修行的功夫不是凡夫所能比的。

[2] **无相偈**：表达无相、离相的偈颂。但这里说神秀偈颂为无相颂，或许是传抄中的误写，因为神秀的偈颂从思想上来看不能称为无相颂。

[3] **上人**：是种尊称，如师长或诸长老大德尊称为"上人"。惠能对任何人都很尊重，所以称童子为上人。

[4] **惠能不识字**：诸本《坛经》皆记载惠能不识字，但对于惠能到底识不识字的问题学者们争论很大。因为，多数人并不能理解惠能不识字却能凭借宿世慧根领悟《金刚经》《维摩诘经》《涅槃经》《梵网经》等经典的奥义。

[5] **别驾**：官名，等于现在的侍卫官。汉朝时就制有此官名，为州刺史的佐吏，刺史如有公事出行，定随刺史同行，但不能够同车，别乘另一驾车随侍在侧，故名为别驾。

[6] **下下人有上上智，上上人有没意智**："下下"，指极为贫贱，看上去好像很愚笨的人，却具备上上人的智慧，即所谓大智若愚；相反一个表面看上去很有地位，很聪明高高在上的"上上人"，也有心智被埋没的时候而变得愚痴。

[7] **菩提本无树，明镜亦非台。本来无一物，何处惹尘埃**：关于惠能这首偈颂在不同版本的《坛经》中记载也有出入，在敦煌本《坛经》中均记载，惠能当时针对神秀的偈颂，作出两首偈，如下：

其一：

菩提本无树，明镜亦非台。佛性常清净，何处有尘埃？

其二：

心是菩提树，身是明镜台。明镜本清净，何处染尘埃？

可见，相对于敦煌本，宗宝本所载惠能的偈颂是有删减的。在敦煌本所载惠能这两首偈颂的第一首第三句从惠昕本《坛经》开始，一般皆作"本来无一物"。而第二首偈颂只见载于敦煌本系列《坛经》，余本均未见有记载。敦煌本虽载有惠能偈颂两首，按理来说惠能当时只作了一首偈颂，因此有的人认为这第二首偈颂可能是在传抄的过程中所增加的。敦煌本这两首和宗宝本中的那一首偈颂，版本不同，但意义大致相同。

敦煌本所载惠能两首偈颂的意思大致相同，而且可以说是针对神秀的偈颂所作。其思想特点与般若空，乃至《金刚经》所说的无相、无住、无所得等思想相契合。

敦煌本第一首偈颂第一句话"菩提本无树"：意言没有所谓菩提树可得。因为以般若空、无相、无分别的智慧观照，没有实在的菩提树可得，只不过是依世俗谛的语言概念方便强以假名说为菩提树，只是假名安立。这句话就是在反显神秀所说"身是菩提树"落入菩提树与身实有之境界中而不能超拔。而惠能则从大乘空宗的意旨出发认为菩提树不可得，由此以菩提树所比喻的菩提也不可得，也没有所谓觉悟之本体之身可得，所以说"菩提本无树"。这句话也可以是指没有所谓菩提可得。大乘空宗一法不立，纤尘不染，没有所谓身或者菩提可得，此句体现了惠能空、无相、无所得的境界。

次句"明镜亦非台"：清净的明镜台也非实有，由明镜台所喻之心也非实有，也是假名安立。这也同样体现了般若空、无所得的思想意境，反显神秀执心、明镜台实有之境。

最后两句话“佛性常清净，何处有尘埃”：前两句惠能以空扫相，荡尽众生对身心菩提清净等诸法的分别执着，一切妄情在般若空观照下如汤消冰无所有，到此水到渠成，妄尽真显，从本以来清净的佛性就自然显现。而且此佛性既从本以来就清净，哪有所谓尘埃可以污染，更何必要去勤加拂拭打扫呢？所以说“佛性常清净，何处有尘埃”。但也不要认为此时有一个所谓佛性可得，如果这样认为就是落入了法执、法爱当中，佛性也是非色非空的不二之法，是超言绝相不可得之法，不能执为实有，认为有所得，如果认为有所得便还是执着。

佛性常清净的“清净”二字也是“空”的另外一种表达，在《大智度论》卷六十三说：

> 诸法实相常净……是清净有种种名字，或名如法性实际，或名般若波罗蜜，或名无生无灭，空无相无作，无知无得，或名毕竟空等。
>
> 毕竟空，即是毕竟清净。以人畏空，故言清净。

所以“佛性常清净”就是佛性常空寂，不可得之意。这样在般若空慧的观照下无有妄想烦恼可断，也没有菩提涅槃佛性可得，所以从惠昕本后将这“佛性常清净”之句换成“本来无一物”，这两句其意思是相通的，之后契嵩、德异、宗宝本所载惠能此偈此句即为“本来无一物”。

惠能整首偈颂立足于般若空、无相、无所得之大乘空宗的意旨，以般若空观照身心、烦恼尘埃皆不可得，由此既本来清净的佛性，又哪里有所谓的尘埃可得，更何必要勤加时时拂拭呢？如此以空扫相，直探心源。在般若空观照之下，扫荡一切情执，当下自心显现，体现了惠能依般若无漏慧，契证悟入本心自性之境界。惠能这首偈颂就契合了五祖弘忍所作偈颂的要求：其一，以无漏般若慧所作；其二，能悟自心佛性大意。

敦煌本惠能的第二首偈颂与第一首偈颂大致的意思也是相同的。关于敦煌本第二首偈颂“心是菩提树，身是明镜台”此句，陈寅恪先生曾在《禅宗六祖传法偈之分析》一文中指出：“惠能第二偈中，‘心’‘身’二字应须互易，当是传写之误。”事实上换不换都讲得通，仍然能体现惠能以般若空扫相，直探心源之顿悟的禅法特色。这两句很明显是顺应神秀的偈颂而来，只不过惠能将神秀“身”“心”二字互易，也即互换了。依照惠能身心不二的意旨，也可以说我们的心是菩提树，既然心是菩提觉悟的本体，那么心所依之身当然也是清净如明镜，“心是菩提树，身是明镜台”这两句话都是依神秀的偈颂来说明众生身心本来清净无染，都具有成佛的可能性，都可以成佛。因此，即使把“心”“身”二字互易，这两句所要表达的意思也和神秀所要表达的意思基本相同，所以换不换都讲得通。

惠能第二首偈颂与神秀所不同的是后两句“明镜本清净，何处染尘埃”，前两句言身心皆清净，既然心乃至心所依之身都是清净的，又哪里有所谓的尘埃可以污染的呢？这两句也就是在暗示神秀所言“时时勤拂拭”是没有必要的。

如果再从般若空的角度而言，身心皆不可得，尘埃烦恼也不可得，如此以般若空扫荡一切情执烦恼，从本以来清净的佛性又哪有所谓尘埃需要打扫呢？所以说“明镜本清净，何处惹尘埃？”

总的来说，敦煌本中惠能两首偈颂都是用般若空慧观身心、烦恼尘埃皆不可得，因此从本以来清净的佛性就自然显现，又哪有所谓尘埃可以污染，更何必要去勤加拂拭打扫呢？如此，以空扫相，直探心源，当下顿悟本心本性，以般若空慧契证真心本性，体现了顿悟的禅法特色。惠能敦煌本所载这两首偈颂其意义大致相同，因此后来的人们特别是惠昕本《坛经》出现以后人们就将这两首偈颂合为一首，即宗宝本沿用的这首“菩提本无树，明镜亦非台。本来无一物，何处惹尘埃？”，宗宝本这首偈颂更加凝练地体现了惠能的禅法特色，因此流传得更广，影响得更大。

[8] **肉身菩萨**：以父母所生之身而达于菩萨深位故言肉身菩萨，如密宗所言的“即身成佛”一样。

【释义】

本段惠能在寺中童子的唱诵下知道了神秀所写偈颂，并且从神秀偈颂也知其未见性。在童子的引领下，惠能来到神秀写偈颂的墙壁下，又在别驾张日用的帮助下针对神秀的偈颂也写了首偈颂。关于惠能所写的“菩提本无树，明镜亦非台，本来无一物，何处惹尘埃？”这首偈颂虽然在敦煌本系列《坛经》记载的是两首，但和宗宝本记载这一首意思大致相同。并且，宗宝本这首偈颂的第三句从惠昕本《坛经》开始，诸本一般皆作“本来无一物”。惠能整首偈颂总的思想特征是立足于般若空、无相、无所得之大乘空宗的意旨，以般若空观照身心、烦恼尘埃皆不可得，由此既本来清净的佛性，又哪里有所谓的尘埃可得，更何必要勤加拂拭呢？如此以空扫相，直探心源。在般若空观照之下，扫荡一切情执，当下自心显现，体现了惠能依般若无漏慧，契证顿悟本心自性之境界。惠能的偈颂全然符合五祖弘忍作偈颂的两大要求，又显示出与神秀禅法的三大差别：其一，一为渐修；一为顿悟。其二，一为反映修心的过程；一为体现证悟的境界。其三，一为在门前，未用般若无分别智观照诸法，而落入诸法实有和两边之见中；一为已入门内，用般若无分别智观照诸法空、无相、不可得。所以，一著相有住；一离相无住。

关于神秀和惠能的偈颂，有的史学家认为神秀的偈颂奠定了北宗禅渐修法门的基础，而惠能的偈颂则开启了南宗顿悟的端绪，“南顿北渐”由此划分。这首偈颂

也是导致谁为第六代祖师的界定。所以，惠能通过这首偈颂得到五祖弘忍所付衣法成为中国禅宗第六代祖师，而且惠能的禅法经弟子们的弘扬不断发展壮大，最终取代了神秀北宗，而成为中国禅宗的唯一正宗。

（十一）弘忍传法

【原文】

次日，祖潜至碓坊，见能腰石舂米[1]，语曰："求道之人，为法忘躯，当如是乎！"乃问曰："米熟也未？"惠能曰："米熟久矣，犹欠筛在。"[2]

祖以杖击碓三下而去。惠能即会祖意，三鼓入室。祖以袈裟遮围，不令人见，为说《金刚经》。至"应无所住而生其心"，惠能言下大悟[3]，一切万法，不离自性。遂启祖言："何期自性，本自清净；何期自性，本不生灭；何期自性，本自具足；何期自性，本无动摇；何期自性，能生万法。"祖知悟本性，谓惠能曰："不识本心，学法无益[4]；若识自本心，见自本性，即名丈夫、天人师、佛。[5]"三更受法，人尽不知，便传顿教及衣钵[6]，云："汝为第六代祖，善自护念，广度有情，流布将来，无令断绝。听吾偈曰：

有情来下种，因地果还生。
无情既无种，无性亦无生。[7]"

祖复曰："昔达磨大师，初来此土，人未之信，故传此衣，以为信体，代代相承；法则以心传心，皆令自悟自解。自古，佛佛惟传本体，师师密付本心。衣为争端，止汝勿传。若传此衣，命如悬丝。汝须速去，恐人害汝。"

惠能启曰："向甚处去？"祖云："逢怀则止，遇会则藏[8]。"

【注释】

[1] **腰石舂米**：腰里捆绑一块石头以增加身体重量，便于踏动舂米碓。在《六祖大师缘起外纪》中载："师坠腰石镌龙朔元年卢居士志八字，此石今存黄梅东禅。"（《大正藏》第48册，第363页上）

[2] **乃问曰："米熟也未？"惠能曰："米熟久矣，犹欠筛在"**：五祖以禅语问惠能曰："你在这儿舂米，米已舂熟了没有？"意在问："你在这儿苦修，已经八个多月，对于所求之道，是否已有所悟？"惠能秉性聪慧，一听便知祖意，也以禅语回答说："我在这儿舂米，'米熟'已经久矣，只是犹欠一个筛的手续而已。"惠能这句话暗含的禅机是："我在这儿勤修，对于本有自性，已经有所体悟，只是尚欠明师（筛）为我教示印证。"

［3］**至“应无所住而生其心”，惠能言下大悟**：惠能听五祖开示《金刚经》，听到“应无所住而生其心”此句开悟。后来此句也成为佛教最脍炙人口的一句话，亦为古今大德所最乐意引用的名言。惠能为什么听到《金刚经》这句话会豁然大悟呢？《金刚经》是般若系很重要的一部经典，此经不仅是讲般若空，以空来破除众生的执着，同时也讲非空非有的中道第一谛，在经里有大量这样的一个公式：“是福德即非福德性，是故如来说福德多。”“如来说三十二相，即是非相，是名三十二相。”这样的一个公式就体现了离开是、非是两端，非色、非空之中道第一义谛。而“应无所住而生其心”这句话就涵摄了空有不二中道义理在其中。所谓“应无所住”之“住”就是执着、着相的意思，无所住就是指无所执着，离一切相，一法不立，体现了空的一面；所言“生其心”，则体现了妙有的一面。佛教虽讲空，但此空即色，即色即空，色空不二。所以，“应无所住而生其心”这句话就体现了空有不二圆融的中道义。作为修行者如果只具备空性慧，能体悟一切诸法皆空不真实，而不能从空出妙有，这仅属于二乘人的境界，还不究竟。到此还要向前进一步，从空出妙有，以大悲心来滋润这个空性慧，悲智双运，这才是佛菩萨虽度一切众生，但又无一众生可度之境界。因此“应无所住而生其心”这句话的境界，正是惠能那首偈颂中所言“本来无一物”百尺竿头再进一步。惠能之前虽已悟一切诸法性空，不可得，也体悟到佛性空寂的一面，但还未能生其心，从空出妙有。到五祖给他讲《金刚经》这句“应无所住而生其心”时，方知应从空出妙有，既要体悟诸法空的一面，也要体证诸法不空妙有的一面，如此空有不二圆融之意，才是大乘之至理，究竟之道。所以，惠能到此时即五祖为他讲《金刚经》这句“应无所住而生其心”时，才真正彻底大彻大悟。故后文脱口道出了5句“何期……”，吐露了他见性的心声，这5句都是从妙有的一面来展示他所体悟的自性义。

［4］**不识本心，学法无益**：当知修学佛法，最要是识本心，假定不识本心，学佛，学法，是没有法益的。禅宗又名“佛心宗”，注重心性的解脱。如果我们修学佛法不能从心上用功夫，只知在外相上追逐攀缘，如此舍本逐末，终究是不能解脱，与成佛之道也是背道而驰。如果能反观向内寻求心性的证悟，也即所谓识自本心，见自本性，那么当下就是佛。

［5］**丈夫、天人师、佛**：此为“如来十号”的其中3种。“丈夫”，即调御丈夫。谓一切众生之烦恼，佛皆能调伏之。又，一切众生佛皆能调伏、教化，令至于善道，故称之。“天人师”，佛之大慈大悲，普及一切众生界，因此佛实为一切众生、一切世间之导师。“佛”，乃证得宇宙人生之真理，自觉、觉他、觉行圆满之圣者，故称之。

［6］**衣钵**：“衣”和“钵”，按理从初祖菩提达摩递相传授的只有“法”和“衣”，现在又提到“钵”，但此钵想必不应是达摩所传，或许是弘忍将自己的钵传给了惠能。之后，在禅门中“衣钵”成为嗣法弟子，或法子的意思。

［7］**有情来下种，因地果还生。无情既无种，无性亦无生**："有情来下种"，有情，是指具有情识活动的一切众生，所有一切胎、卵、湿、化等十二类众生，无不包括在内。一切有情应当在八识田中播下成佛的种子，使生觉芽而续佛种，故言"有情来下种"。这句话也即暗含说明一切有情识的众生皆有成佛的因性、可能性，都有成佛的种子。既在因地种下佛法善根成佛的种子，一旦因缘和合，那么佛果就自然地出生，所以说"因地果还生"。如是因如是果，因果必然如此，这是无可怀疑的，从这因果规律来说，对于没有情识活动的无情如山河大地，假使没有佛性种子，所以说"亦无种"，当无从为它种下佛性种子，自亦没有成佛可能。因此，在没有情识的无情之中若没有种下佛性种子，当也没有佛果出生，故言"无情既无种，无性亦无生"。这是从因果规律上来说有因必有果，无因则无果，因此一定要深信一切众生既有成佛的种子，将来决定可以成佛。从这种角度来解析弘忍大师这首偈颂比较合理。

但也有的认为五祖所言"无情既无种，无性亦无生"，这是在表述无情无佛种、无佛性的思想。五祖若是这样的佛性思想则与北凉昙无谶所译《大涅槃经》中所讲"无情有性"的佛性的思想意旨不相符。而在五祖弘忍生活的唐代，佛性思想经过魏晋南北朝发展演变，应该已经很成熟了，所以认为五祖持无情无性的思想可能性不大。

［8］**逢怀则止，遇会则藏**："怀"，是地名，为现在广东省怀集县，位于广东省西北部，肇庆市北部，是广东省西北通桂达湘的重要交通枢纽。"逢怀则止"，意即告诉惠能，离开这儿以后，向西南方走去，到了怀集县就当停止下来，不要再向前走。"遇会则藏"，"会"，也是地名，是现在广东省四会县，不过 1993 年撤县设市，一直延续至今。这句话意即告诉惠能，当你走到四会县，就立刻隐藏起来，不要再露面。

【释义】

五祖弘忍通过呈偈的方式考验了门下众弟子包括德学勘称第一的神秀也没有合格，而惠能的偈颂过关了，显然在众弟子中找不到除了惠能之外更适合的人了。所以，弘忍三更时分唤惠能入室为之讲《金刚经》，至"应无所住而生其心"惠能言下大悟。"应无所住而生其心"这句话体现了空有不二圆融的中道义。这句话的境界正是惠能那首偈颂中所言"本来无一物"的百尺竿头再进一步。惠能之前虽已悟一切诸法性空，不可得，也体悟到佛性空寂的一面，但还未能生其心，从空出妙有。到五祖给他讲《金刚经》这句"应无所住而生其心"时，方知应从空出妙有，既要体悟诸法空的一面，也要体证诸法不空妙有的一面，如此空有不二圆融之意，才是大乘之至理究竟之道。所以，惠能到此时才真正大彻大悟，故脱口道出了5句“何期”，吐露了他见性的心声，这五句何期都是从妙有的一面来展示他所体悟的自性义。惠能感悟到：想不到吾人自性本是这样清净的，从来不曾受到污染；想不到吾人自性本来是不生不灭；想不到吾人自性本自圆满具足一切，从来不曾有所缺少；想不到吾人自性本是不动不摇，如如不动的；更想不到吾人自性还能生起万有诸法，诸法是从自性生！

五祖见惠能已大悟，乃将自达摩以来所传直指人心，见性成佛的圆顿大教及历代相传的衣钵传授给惠能。同时，对惠能曰：“从今以后，汝就为禅宗第六代祖师。”弘忍还传给惠能“有情来下种，因地果还生。无情既无种，无性亦无生”的付法偈，希望他能秉持禅宗一向所提倡的一切众生皆有佛性，皆可以成佛的思想理念接引后学。弘忍嘱咐惠能作为以心传心的妙法是可以传下去，但作为争端的衣即不用再传，并让惠能迅速的离去，离开后可隐藏于广东怀集与四会二县。

（十二）惠能礼别

【原文】

惠能三更领得衣钵，云：“能本是南中人，素不知此山路，如何出得江口？”五祖言：“汝不须忧，吾自送汝。”祖相送，直至九江驿[1]。

祖令上船，五祖把橹[2]自摇。惠能言：“请和尚坐。弟子合摇橹。”祖云：“合是吾渡汝。”惠能云：“迷时师度[3]，悟了自度[4]。度名虽一，用处不同。惠能生在边方，语音不正，蒙师传法，今已得悟，只合自性自度。”祖云：“如是，如是！以后佛法，由汝大行。汝去三年，吾方逝世。汝今好去，努力向南。不宜速说，佛法难起。”

【注释】

[1] **九江驿**：驿是站口，相当于现在的码头，在古代是指传达官方文件的驿站。九江驿，即江西九江站口。

[2] **橹**：船桨。

[3] **师度**：善知识指引。

[4] **自度**：自己度自己。

【释义】

惠能得到五祖弘忍付法后随即离开黄梅，五祖相送至九江站口。师徒上船，在

船上谈到众生在迷的时候需要寻访善知识指导，需要师度。但若已悟道，则是自性自度。弘忍对惠能寄予极大希望，希望他能弘扬禅宗历代祖师递代相传的圆顿大法。但弘法也需要等待机缘，所以，让惠能好好的离去，努力不懈地向南方前进。但是此去，不宜过早说出所得大法，要等到因缘，如果弘法因缘不成熟，不但难起度化作用，反而可能发生魔障，对己对法都无利益。

（十三）感化惠明

【原文】

惠能辞违祖已，发足南行。两月中间，至大庾岭[1]（五祖归，数日不上堂。众疑，诣问曰："和尚少病少恼否？"曰："病即无。衣法已南矣。"问："谁人传授？"曰："能者得之。"众乃知焉）。逐后数百人来，欲夺衣钵。

一僧俗姓陈，名惠明[2]，先是四品将军，性行粗糙，极意参寻。为众人先，趁及惠能。惠能掷下衣钵于石上，云："此衣表信，可力争耶？"能隐草莽中。惠明至，提掇不动，乃唤云："行者[3]！行者！我为法来，不为衣来。"惠能遂出，盘坐石上。惠明作礼云："望行者为我说法。"惠能云："汝既为法而来，可屏息诸缘[4]，勿生一念，吾为汝说。"明良久。惠能云："不思善，不思恶，正与么时，那个是明上座本来面目？[5]"惠明言下大悟。

复问云："上来密语密意[6]外，还更有密意否？"惠能云："与汝说者，即非密也。汝若返照，密在汝边。"

明曰："惠明虽在黄梅，实未省自己面目。今蒙指示，如人饮水，冷暖自知。今行者即惠明师也。"惠能曰："汝若如是，吾与汝同师黄梅，善自护持。"

明又问："惠明今后向甚处去？"惠能曰："逢袁则止，遇蒙则居[7]。"明礼辞（明回至岭下，谓趁众曰："向陟崔嵬，竟无踪迹，当别道寻之。"趁众咸以为然。惠明后改道明，避师上字）。

【注释】

[1] **大庾岭**：又名台岭，为五岭之一，在江西大庾县南与广东南雄县分界之处，乃赣粤之要塞。也是一处地理分界标志，过了此岭就属于岭南地区了。

[2] **惠明**：江西鄱阳县人。传说他是陈宣帝的孙子，即南北朝时期陈朝第四位皇帝陈顼（530～582）的孙子。在俗曾经做过四品将军，是个有相当军人气质的僧伽。将军，指统领军队者。魏晋时代，国家将官制分为一品到九品，使知官位尊卑高低。他在俗是四品将军，应该是位不大不小的官。年少做过将军的他，之后出家

于永昌寺，求道相当殷切，特去黄梅亲近五祖。赞宁《宋高僧传》卷八有其传。

[3] **行者**：泛指修行佛道的人，这里是对惠能的称呼。

[4] **屏息诸缘**：屏，去除；息，停止；诸缘，内心对一切外境的攀缘。惠能让惠明在闻法时，收摄身心，做到内心不向外攀缘外境，不生妄念。

[5] **不思善，不思恶，正与么时，那个是明上座本来面目**：惠能要惠明善恶不要思量，看看在这个时候，什么是自己本来面目。所谓"本来面目"，在禅宗中就是自心、佛性、本性的术语。事实上惠能是让惠明摒却一切妄念，由此妄尽真显，离开善恶两端，清净无念的心就是我们的本来面目。这个清净无念之心超越善恶两边，但它不是一种无记，无记是心识混沌无知的一种状态。而这种不落善恶两边清净的无念乃是空寂灵知之心，正如《坛经》所言，虽见闻觉知一切万法，但心无执着，不染万境。这种清净无念之心就是我们的本来面目，也即我们的真心佛性。惠能问惠明这句话，本来是句问话，但如果把它的语气改变一下，就成了"不思善，不思恶，正在这个时候，就是明上座本来面目"。这正所谓问在答处，答在问处。惠明就在这一问下，立刻得到开悟。

[6] **密语密意**：甚深难解之语之意就称为密语密意。这个密语密意就是禅宗所谓"教外别传，直指人心，见性成佛"的法门心印。作为这个法门，是一种亲证的境界，无法用语言表达，此种境界只能是如人饮水，冷暖自知，自证自悟。因此，历代祖师以心传心，密相印证，如果要说"密"只能是说这种境界只可意会，不可言传，需要自证自悟。因此，究其实也没有什么秘密可言。

[7] **逢袁则止，遇蒙则居**："逢袁则止"，"袁"是袁州，位于江西省西部，属现今江西宜春市。"逢袁则止"，意思是到袁州这个地方就可以停下来。"遇蒙则居"，"蒙"即蒙州蒙山，在江西新喻县，位于江西中部偏西，因此它的西部与宜春也即袁州相接。此句意为到蒙山这个地方就可居住下来，弘扬禅法。总之，这两句就是暗示惠明教化区域范围适宜在江西省西部。

【释义】

惠能离开黄梅后，遵照五祖弘忍的指示向南进发。与此同时，五祖门下的弟子们也知道了弘忍将衣法付与了惠能，惠能已为中国禅宗第六代祖师，却不是他们心目中一直崇敬的神秀。很多人心里不服，于是就去追赶惠能，想要夺下五祖传给他的衣钵。出家前曾做过四品将军的惠明，由于非常急迫地想要追寻到惠能，因此在众人之先，追上了惠能。本来是想夺取惠能的衣钵，但当他伸手去拿惠能放在石头上的衣钵时，却拿不起衣钵。他明白了："衣钵不是用力气就可以争夺的，唯有得法之人才有资格得到。"他知道自己错了，于是向惠能表明来意"为法来不为衣来，

所以请您出来为我说法”。惠能于是出来为惠明说法，说法之前让他止息一切妄想，然后告诉他：“不思善，也不思恶，正在这个时候，那个就是你明上座本来面目”，也就是我们真心佛性。惠能问惠明这句话，本来是句问话，但如果把它的语气改变一下，就成了“不思善，不思恶，正在这个时候，就是明上座本来面目”。因为，不思善恶，正在这个时候，超越善恶清净无念之心就是明上座本来面目，这正所谓问在答处，答在问处。惠明就在这一问下，立刻得到开悟。

惠明悟道后，又向惠能询问禅宗历代祖师递相传付的问题。惠能告诉惠明禅宗历代祖师只以心传心，默相付受，除此之外，也没有什么秘密可言。因为，此以心传心的直指人心，见性成佛的妙法是一种亲证的境界，无法用语言表达。此种境界只能是如人饮水，冷暖自知，自证自悟，若见性也无所谓秘密可言。

惠明因在惠能门下悟道本要尊惠能为师，但惠能为尊重五祖弘忍故；同时，惠能虽得五祖传付衣法，在尚无比丘身份之前，按佛制是不能做出家人的师父的，故对惠明说同师于五祖弘忍。并让惠明要好好护持这以心传心、默相付受的妙法，让此妙法代代相传下去。惠能也指示惠明弘法区域在江西西部地区。惠明为尊重惠能，后改名“道明”。

（十四）惠能南行

【原文】

惠能后至曹溪，又被恶人寻逐。乃于四会，避难猎人队中，凡经一十五载[1]。时与猎人随宜说法。猎人常令守网，每见生命，尽放之。每至饭时，以菜寄煮肉锅。或问，则对曰：“但吃肉边菜。”

【注释】

[1] **避难猎人队中，凡经一十五载**：敦煌本《坛经》作3年，惠昕本作5年，说法不一。为什么惠能要避难于猎人队伍中？大概是因为，在猎人队伍中避难可以说是最安全的，因为谁都不会想到堂堂一代宗师会与一群南蛮——以杀生为业的猎人在一起，这样反而更安全。另外，猎人多在山林中出没，能避开追踪；再加之四会县位于广东省西北部山高林茂地势偏僻之地，这都是藏身的好处所。

【释义】

惠能向南行过程中，又被一班恶人跟踪追逐，为了避免受害，乃于四会地方，避难猎人队伍中。避难的时间各版本《坛经》说法不一，宗宝本作15年。惠能虽然隐藏于猎人队伍当中，但仍不忘与猎人随宜说法；并每见有活泼泼的生命留在网中，毫不迟疑将之放出；吃饭时也只吃锅边菜。深深地能感受到他为法所受之艰辛！

（十五）树立宗风

【原文】

一日[1]思惟："时当弘法，不可终遁。"遂出至广州法性寺[2]，值印宗法师[3]讲《涅槃经》[4]。时有风吹幡动，一僧曰："风动。"一僧曰："幡动。"议论不已。惠能进曰："不是风动，不是幡动，仁者心动[5]。"一众骇然。

印宗延至上席，征诘奥义。见惠能言简理当，不由文字[6]，宗云："行者定非常人，久闻黄梅衣法南来，莫是行者否？"惠能曰："不敢。"宗于是作礼，告请传来衣钵出示大众。

宗复问曰："黄梅付嘱，如何指授？"惠能曰："指授即无，惟论见性，不论禅定解脱[7]。"宗曰："何不论禅定解脱？"能曰："为是二法[8]，不是佛法。佛法是不二之法[9]。"

宗又问："如何是佛法不二之法？"惠能曰："法师讲《涅槃经》，明佛性，是佛法不二之法。如高贵德王菩萨[10]白佛言：'犯四重禁[11]、作五逆罪[12]，及一阐提[13]等，当断善根[14]佛性否？'佛言：'善根有二：一者常，二者无常，佛性非常非无常，是故不断，名为不二。一者善，二者不善，佛性非善非不善，是名不二。蕴之与界[15]，凡夫见二，智者了达，其性无二，无二之性即是佛性。'"

印宗闻说，欢喜合掌，言："某甲讲经，犹如瓦砾。仁者论义，犹如真金。"于是为惠能剃发，愿事为师[16]。惠能遂于菩提树下，开东山法门[17]。

【注释】

［1］**一日**：按《六祖大师缘起外纪》记载当指唐高宗仪凤元年（676）。

［2］**广州法性寺**：现在的光孝寺。位于广东省广州市越秀区光孝路 109 号。据《光孝寺志》记载，此寺初为公元前 2 世纪南越王赵建德之故宅。三国时代，吴国虞翻（164～233）谪居于此，辟为苑圃，世称"虞苑"。虞翻死后，家人舍宅作寺。寺名几次更改，初名"制止寺"，东晋隆安五年（401）称"五园寺"，唐代称"乾明法性寺"，五代南汉时称"乾亨寺"，北宋时称"万寿禅寺"，南宋时称"报恩广孝寺"，不久后改"广"字为"光"字，才改名"光孝寺"。

［3］**印宗法师**：生卒年为 627～713 年，江苏吴县人，以研读讲解《涅槃经》

闻名于教界，在赞宁《宋高僧传》卷四有其传。

[4] **《涅槃经》**：佛教经典的重要经典之一，有大乘与小乘之分。西晋帛法祖（约 253～约 305）所译的《佛般泥洹经》是小乘经典。但在中国佛教史上，主要通行大乘《涅槃经》。西晋后出现了几种不同的大乘《涅槃经》的译本，其中影响大的主要有 3 个：一是东晋义熙十四年（418）法显（334～420）和觉贤合译的《大般泥洹经》六卷，但该译本不是《涅槃经》的全译，只是译了原经初分的前五品；二是北凉玄始十年（421）由著名的译经师昙无谶所译的《大涅槃经》四十卷，该译本首次将原经的完整面目呈现于中土世人面前。此本也称为"北本《涅槃经》"；三是刘宋元嘉年间（424～453），慧严（363～443）、慧观与诗人谢灵运（385～433）等根据上述两译本进行改编的《涅槃经》三十六卷，又称作"南本《涅槃经》"。在这 3 个译本中，因昙无谶的译本最为完善，对中国佛教发展影响也最大，故一般所说的《涅槃经》，就是指该译本。

[5] **不是风动，不是幡动，仁者心动**：既不是风动，亦不是幡动，乃是仁者的心动。风和幡都是无情之物，确实不会动，能动的是虚妄的第六意识分别心。因为作为真心是如如不动不摇，清净无念的真心虽然能见闻觉知一切万法，但于一切万法毫不染著。因此，在真心的境地，不会去分别是风动或者是幡动，而是了知一切万法当体即如来藏。因此，风和幡也无所谓动或静可言，也是不动不摇，虽动而如如不动。因此二僧所谓风动也好，幡动也好，都是第六意识分别心在妄动。

[6] **惠能言简理当，不由文字**：惠能所说虽言辞简单，但义理而又极为恰当，乃是从自性智慧之海所流出，而不是从文字语言中搜寻而来。

[7] **惟论见性，不论禅定解脱**：惠能回答印宗，五祖唯向我说禅宗历代祖师递相传授直指人心、见性成佛的顿悟妙法，而不论如何修禅定而得解脱。在一般人看来佛教的戒定慧三学，由戒而定，由定而慧，禅定是佛教所有宗派重要的修行方法，也是佛教得解脱的重要修行方式。而惠能现在说五祖向他讲不由禅定而得解脱，所以印宗感到非常的惊讶。

[8] **二法**：所谓二法诸如断常、生灭、有无、能所等互相对立的两方（事物、概念）皆为二法，二法都为凡夫或外道不达诸法实相之理，执诸法实有，故而分别有无、断常等两边。

[9] **不二之法**：即是不二，所谓"不二"，在《维摩诘经》中有三十二位菩萨说明如何是悟入不二法门，当三十一位菩萨各自陈述所证的法门之后，文殊菩萨说："如我意者，于一切法无言说，无示无识，离诸问答，是为入不二法门。"文殊菩萨问维摩诘："我等各自说已，仁者当说，何等是菩萨入不二法门？时，维摩诘默然无言。"文殊师利叹曰："善哉！善哉！乃至无有文字语言，是真入不二法门。"可见"不二"者，乃是离四句，绝百非，而又即四句即百非。说似一物即不中，不说

一物也不中，此即是般若性空、中道正见是诸法实相。诸法实相不可说不可说，所以“不二”与中道、实相、法性、空性、佛性等同义，也名平等。离一切语言文字思维分别，如诸经所说非空非有，非常非非常、非善非不善以及一相即是无相、色即是空、无明实性即是明、世间即是出世间等都是不二。惠能深受《维摩诘经》不二思想的影响，在讲法时大体上都是以“不二法门”作为中心思想。在《坛经》中的佛性不二、定慧不二、动静不二、众生与佛不二、世间与出世间不二，乃至临入灭时嘱咐弟子的三科三十对法等都体现了惠能的不二思想。“不二”是惠能禅法的重要特点，可以说是贯穿惠能整个禅法之中就像一把钥匙，如果不明了它就不能把握惠能思想的纲骨，不二思想在惠能禅法中具有重要的意义。

[10] **高贵德王菩萨**：乃为《涅槃经》中“高贵德王菩萨品”，全称为“光明遍照高贵德王菩萨品”，北凉昙无谶译《大涅槃经》第二十一卷至第二十六卷都属于此品。

[11] **四重禁**：杀、盗、淫、妄四重禁戒。

[12] **五逆罪**：杀父、杀母、杀阿罗汉、破和合僧、出佛身血之五逆罪。

[13] **一阐提**：断善根之人，此类人拨无因果，颠倒邪见，不信现在未来业报，不亲近善友知识，不听诸佛所说教诫，当堕地狱无有出期。如世重病，终难治。

[14] **善根**：即善之根本。又称善本、德本。指能生出善法的根本，将善以树根为喻，故名善根。

[15] **蕴之与界**：“蕴”，色、受、想、行、识五蕴；“界”是六根、六尘、六识之十八界。五蕴与十八界，不是对立的二法，不过是开合不同而已，五蕴是佛为迷色法轻、迷心法重之人所开；十八界是佛为迷色心二法皆重的人所开。五蕴与十八界总指一切色心诸法，二者是一体不二的。

[16] **为惠能剃发，愿事为师**：惠能在这之前都未曾现出家之僧相，而真能使佛法久住世间得仰赖僧宝的弘传，所以印宗法师选定唐高宗仪凤元年（676）正月十五日，普集法性寺的僧众，亲为惠能落发，使惠能现僧相。目的不是想收惠能为自己的徒弟，只是成就惠能之僧相。且自己愿事惠能为师，成为惠能的弟子。一个有名的涅槃学者，愿以惠能为师，这是多么难能可贵。

惠能正月十五日剃发后，复于二月初八日，请西京（长安）智光律师为授戒师，苏州慧静律师为羯磨师，荆州道应律师为教授师，中天竺耆多罗律师为说戒师，西国密多三藏为证戒师，为惠能授具足戒。惠能受戒的戒坛就是南朝刘宋时求那跋陀罗三藏所建，他当时还立碑说“后当有肉身菩萨于此受戒”。在戒坛旁边还种了一棵菩提树，此树就是梁天监元年（502）智药三藏自西天竺航海而来，将从印度带来的菩提树种在此戒坛旁，也预示后170年有肉身菩萨于此树下开演上乘法，度无量众生，为真传佛心印之法主。

［17］**东山法门**：四祖道信、五祖弘忍一系的禅法。

【释义】

惠能在猎人队伍中隐藏长达15年，唐高宗仪凤元年（676）从四会县出来，至广州的法性寺（光孝寺）。适值印宗法师在寺内讲《涅槃经》，时因言："不是风动，不是幡动，仁者心动"之语而惊四座。到此，惠能才向众人承认了自己乃为禅宗五祖弘忍的传人的事实。当印宗向惠能询问："黄梅五祖向你付嘱衣法时，对你曾作如何指示传授"时，惠能便以"唯论见性，不论禅定解脱"而作回答。因为，如说修禅定而得解脱，那么就是具有能求与所求的二法，不是佛法。佛法是超越有无、断常等两边的不二之真理。此不二之真理与中道、实相、法性、空性、佛性等同义，也名平等，是离一切语言文字思维分别的。禅宗一向所说识心见性，顿悟成佛就是不二之法，因为识心即能见性，见性即成佛道。因此从根本上说，识心和见性是一回事，在这种"识"与"见"中，没有识与被识、见与被见之区分，它是一种整体的圆融，是自心、自性的自我观照、自我显现。因此，如此识心见性顿悟成佛，哪里还有所谓通过禅定而得解脱的呢？

当印宗再次询问如何是佛法不二之法时，惠能举《涅槃经》"高贵德王菩萨品"中讲到的佛性是不二之法来加以说明。因为，佛性超越常与无常、善与非善的两边，是非常非无常、非善非不善，即佛性是不二的。由举佛性是不二之理，来回答印宗为何说佛法是不二之法。同时，还举五蕴与十八界来作说明。五蕴与十八界不是对立的二法，不过是开合不同而已，两者是一体不二的。同样，作为佛性之理，超越断常等的两边，也是不二的。故惠能说"无二之性即是佛性"，这是重申佛性乃是不二之法，乃是超越有无、断常两边的诸法不二实相之理，这个不二之理就是佛法至极之理，是佛法真实之义，只有这样的道理才是真正的佛法，故由此也说明佛法是不二之法。惠能深受《维摩诘经》不二思想的影响，在讲法时，大体上都是以"不二法门"作为中心思想。不二是惠能禅法的重要特点。他的顿教禅法就正是建立在他所理解的"无二之性即是实性""实性者即是佛性"的思想基础上的。

印宗听闻惠能所说法义，深感佩服。为成就惠能现僧相更好地弘扬法化，在高宗仪凤元年（676）正月十五日为惠能剃发，复于二月初八日请当时著名的诸律师为惠能受戒。惠能受戒的戒坛就是南朝刘宋时求那跋陀罗三藏所建。在戒坛旁边还种了一棵由梁天监元年（502）智药三藏自西天竺航海而来的菩提树。惠能便在法性寺的这棵菩提树下开东山法门，即弘扬四祖道信、五祖弘忍一系的禅法。不久后，惠能离开法性寺回到韶州曹溪，据《六祖大师缘起外记》载，惠能离开时，印宗法师与僧俗千余人一直将惠能送至曹溪，还有荆州通应律师与学者数百人，依惠能而往，由此可见惠能在当时已造成的影响与轰动。

（十六）总结学道、求法等经历

【原文】

惠能于东山得法，辛苦受尽，命似悬丝。今日得与使君、官僚、僧尼、道俗同此一会，莫非累劫之缘，亦是过去生中供养诸佛同种善根[1]，方始得闻如上顿教得法之因。教是先圣所传，不是惠能自智[2]。愿闻先圣教者，各令净心，闻了各自除疑，如先代圣人无别。

一众闻法，欢喜作礼而退[3]。

【注释】

[1] **亦是过去生中供养诸佛同种善根**：如《金刚经》中所说："不于一佛、二佛、三四五佛而种善根，已于无量千万佛所种诸善根。"所以惠能说："过去生中供养诸佛同种善根。"

[2] **教是先圣所传，不是惠能自智**：直指人心，见性成佛的圆顿教法，是诸先圣亦即过去诸佛所传下来，不是我惠能自己的智慧所能说得出的。这就犹如古德解释大小乘经开头说"如是"二字，说"如三世诸佛证，如三世诸佛说，故言如是"。这就表明惠能所说之法同与佛经，与释迦牟尼佛乃至十方诸佛所说无异，乃是佛佛道同，祖祖心印，非惠能一人之智所能说。故此处惠能如是作一说明乃是表信，让众人深信他所讲之法，不要生起怀疑。

[3] **一众闻法，欢喜作礼而退**：当时一会大众闻法以后，法喜充满，悉皆欢喜，作礼而退。如佛每部经说到最后所说："闻佛所说，皆大欢喜，信受奉行，作礼而退。"

【释义】

惠能讲到这里，有关其身世、求道、得法，开坛弘传东山法门等经过，到此告一段落。从中能感受到他为法所受之艰辛。惠能自己也感慨能与当时大众相聚一处畅谈佛法，实乃宿植善根因缘殊胜。为启大众对禅法的信心，他告诉大众自己不过是代三世诸佛宣扬这直指人心、顿悟成佛的妙法而已。当时法会大众听闻惠能说法后，皆法喜充满，受益匪浅。

三　本品小结

本品惠能讲述自己的身世，以及怎样去求道、得法乃至登坛说法的由来。参考其

他相关资料可知：惠能于唐太宗贞观十二年（638）二月初八日生于新州（今广东云浮市新兴县），俗姓卢，原籍河北范阳。父亲姓卢，名行瑫，做过官，唐武德三年（620）遭贬斥，流放至岭南新州（今新兴县）。贞观十五年（641），惠能3岁，丧父，母亲孤遗，家境贫寒，长大后靠砍柴供养其母。龙朔元年（661）一日卖柴于市，听客诵《金刚经》，知黄梅五祖寺有弘忍大师，即刻发心前往求法。在安顿好母亲后即向北进发，不久到达黄梅参见五祖，以惊人的悟性让弘忍对其刮目相看。但为保护及锻炼与磨砺惠能，弘忍让之在寺院做一些破柴舂米的苦工经8个月之久。最终惠能因针对神秀偈颂作了一首能体现自己悟境的偈颂而得到弘忍的印可，并付法。得法后惠能随即离开黄梅，但被人寻逐，在这个过程中有说法感化前来欲夺衣钵的惠明。之后，乃隐藏于猎人队伍中长达15年之久，于唐高宗仪凤元年（676）到广州法性寺（光孝寺），适值印宗法师在寺内讲《涅槃经》，时因言“不是风动，不是幡动，仁者心动”之语而惊四座。并为印宗讲授佛法是不二之法。于仪凤元年正月十五日惠能剃发现僧相，复于二月初八日受戒。从此开始了开坛说法之旅。仪凤二年（677），惠能从法性寺回到曹溪宝林寺（南华寺）。不久被韦刺史等请于韶州城中大梵寺为大众开缘说法，惠能的身世、求道、得法、开法等事迹就是他在大梵寺所说。从中能体会到惠能为法所受的艰辛及对佛法高深的见地。诸本《坛经》对惠能生平事由等皆有记载，宗宝本《坛经》的“行由第一”也作了完整全面的记载。

本品在禅法思想上，主要体现了惠能对佛性思想深刻的认识。他认为此佛性人人本具，心佛众生三无差别，正如人有南北，佛性无南北一样。而且，惠能是以不二的思想理念来解析佛性，在他看来佛性超越断常等两边是不二的中道义，甚至佛性就是空性“本来无一物”。所以，在惠能的禅法中佛性是其主要思想之一，并且此佛性等同于般若空性，也与不二中道同义，甚至此佛性就是“不思善不思恶”的清净无念之心。在“般若第二”中他以般若等同佛性，般若等同无念，这就是他顿悟禅法的核心所在。

本品不仅佛性是不二，在惠能看来佛法也是不二之法，甚至这不二思想可以说是贯穿于惠能整个禅法之中就像一把钥匙，如果不明了它，就不能把握惠能思想的纲骨，不二思想在惠能禅法中的意义非常之大。惠能对般若不二思想的充分运用，开启了中国禅发展的新阶段，并为其直了见性，顿悟成佛的解脱论和修行观奠定了坚实的基础。

本节拓展阅读文献

1. 饶宗颐：《惠能及六祖坛经的一些问题》，广东新兴国恩寺编《六祖坛经研究》第五册，中国大百科全书出版社，2003。

2. 邓文宽：《敦煌本六祖坛经“獦獠”刍议》，广东新兴国恩寺编《六祖坛经研究》第五册，中国大百科全书出版社，2003。

3. 余玥：《关于敦博本〈六祖坛经〉惠能生平部分经文的传奇性研究》，四川大学道教与宗教研究所硕士学位论文，2006。

4. 史继东：《惠能得法偈辨析》，《中国宗教》2010 年第 11 期。

5. 张红立：《〈六祖坛经〉版本及得法偈辨析》，东北师范大学硕士学位论文，2011。

本节思考与练习题

1. 惠能出生于哪里？

2. 惠能开篇指示禅宗的宗要是什么？

3. 惠能为何要去黄梅求法？

4. 五祖弘忍为什么劝令僧俗“但持《金刚经》，即自见性，直了成佛”？

5. 神秀偈颂体现了什么禅法特色？为什么五祖弘忍没有付与其衣法？

6. 参考敦煌本《坛经》惠能的偈颂有什么禅法特色？对比神秀的偈颂，五祖弘忍为何付与惠能衣法？

7. 惠能为何听弘忍讲解《金刚经》至“应无所住而生其心”言下大悟？

8. 惠能为惠明所说：“不思善，不思恶，那个是明上座本来面目？”这则公案有何深意？

9. 惠能在光孝寺所说的“不是风动，不是幡动，仁者心动”此句话有什么内涵和义趣？

10. 历代祖师唯论见性，为何不论由禅定而得解脱？

11. 为何说佛法是不二之法？

12. 本品彰显了惠能怎样的佛性思想？

13. 五祖弘忍所说“不识本心，学法无益”体现了什么样的思想理念？如何将这一思想理念用到现实生活中指导自己的学修？

第二节　般若第二

本品“般若第二”是各本《坛经》的主体部分，即惠能在大梵寺为众宣讲般若法。般若不仅是惠能禅法重要的思想之一，也是佛教的主要思想之一，在整个佛教修学体系中占有重要的位置与内容。本品结合其他相关般若的经论，分 15 小点解析

惠能的般若思想。本品惠能广明般若妙义，欲令一切众生破妄显真，见性成佛。本品建议 12 个课时。

本品教学目的：让学生对于本品中惠能及禅宗般若思想能有一个深刻的认识与掌握。

本品教学重点：惠能对般若的论述。

本品教学难点：如何理解惠能将般若与佛性等同。般若思想一般人难以理解，而般若就是佛性，两者名不同义同，更难以理解。

一　何谓般若

般若是梵语 prajna 音译，又译作班若、波若、般罗若等，通常简称为“般若”。般若是“智慧”的别名或简称为“慧”。即便译为智慧也难以表达它的深义，因此保持梵语不翻，称为“般若”。这正如《大智度论》卷七十所说：“般若定实相，甚深极重，智慧浅薄，是故不能称。”① 若把般若方便称为智慧，这种智慧不是指一般的智慧，而是拣别于凡夫的俗智俗慧。在大乘佛典中还特别强调彻底认识诸法实相的智慧称为般若，如鸠摩罗什所译《摩诃般若波罗蜜经》卷十一云：“般若波罗蜜能示诸法性。”② 龙树菩萨在《大智度论》卷十八中也说：“知诸法实相慧，是般若波罗蜜。”③ 而所谓“诸法实相”，在以《般若经》和龙树菩萨的一些论为主的般若佛典中，主要是指“缘起性空”的理论。

缘起性空这一理论是整个佛教哲学的基础与核心，佛教的全部理论都奠定在这一理论上，佛教其他各种思想都是围绕这一理论而展开，缘起性空是宇宙万法的基本规律。缘起性空的道理告诉我们，世间万物，大到世界，小到一花一草，乃至极微，都是由各种因缘条件和合而成的，正所谓“此有故彼有，此生故彼生……此无故彼无，此灭故彼灭”④。一切诸法都是缘聚则生，缘散则灭，相依相待，互依互存，根本没有它常恒不变、独立存在的真实自体，也即自性，所以称之为“性空”。这个性空是建立在缘起有的当下，不是离开缘起有之外另有一性空可得。缘起有的当下即是性空，缘起是事物的现象，性空是事物的本质，缘起与性空不过是一件事物的两面观而已。所以《中论·观四谛品》说：“因缘所生法，我说即是空，亦说为假名，亦名中道义。”⑤ 意思是说缘起诸法虽是无自性、是空，但并不坏缘起的假

① 〔印〕龙树菩萨造，（后秦）鸠摩罗什译《大智度论》卷第七十，《大正藏》第 25 册，第 552 页上。

② （后秦）鸠摩罗什译《摩诃般若波罗蜜经》卷第十一，《大正藏》第 8 册，第 302 页上。

③ 〔印〕龙树菩萨造，（后秦）鸠摩罗什译《大智度论》卷第十八，《大正藏》第 25 册，第 190 页上。

④ （刘宋）求那跋陀罗译《杂阿含经》卷第十，《大正藏》第 2 册，第 66 页下。

⑤ 〔印〕龙树菩萨造，（后秦）鸠摩罗什译《中论》卷四“观四谛品第二十四”，《大正藏》第 30 册，第 33 页中。

相，假相还宛然存在；缘起诸法假相虽宛然存在，可是其自性空。因此是缘起有而自性空，自性空而宛然有，即有即空，即空即有，空有不二，这就是中道。也如《心经》中所说的："色即是空，空即是色。"所以，一切万法从现象看是假有，从本质看是自性空，有不离开空，空不离开有，色空不二，空有不二。这空有不二的中道就是诸法实相，能通达此诸法实相的智慧就是般若慧，如《大智度论》卷第八十五中说："遍知诸法实相慧，名般若波罗蜜。"① 由此可见，大乘的般若智慧是离一切分别、一切对待，空明澄澈的智慧，这种智慧就是超越空有两边，圆融的中道妙慧。

诸菩萨正是通达此中道妙慧，所以不住生死也不住涅槃，而是于世间广做空花水月的佛事，普度一切众生而又不执着实有众生为我所度。诸菩萨这种悲智不二的大愿大行是二乘人所不能比的。二乘人虽然能以般若空慧脱离杂染的生死苦海，但只注重个人的生死解脱，不懂得用大悲的法水来滋润智慧，而陷入沉空滞寂，偏空之枯智，所以缺少利济众生的愿心和行为。因此依大乘的精神来说，所谓般若智除了要拣别凡夫的俗智俗慧，乃至外道的邪智邪慧，还应该拣别二乘的偏空偏慧。大乘的般若智慧是悲智不二的，这种与大悲相应的平等大慧，才是般若真正的内涵所在。

诸般若经中又将般若分为文字、观照、实相的 3 种或 6 种。"般若"常与"波罗蜜"联在一起，鸠摩罗什大师将之称为"般若波罗蜜"，在佛典或有关佛教的不少著作中，般若不过是般若波罗蜜一词的略称。玄奘法师则把般若波罗蜜译为"般若波罗蜜多"，这是新译，比鸠摩罗什大师的旧译多一个"多"字。般若波罗蜜在六波罗蜜或十波罗蜜中，都是指第六波罗蜜。般若是智慧的意思，波罗蜜则译为"度"或"到彼岸"，合起来的意思就是用智慧到达解脱的彼岸。如《摩诃般若波罗蜜经》卷第二十一中所说："般若波罗蜜，以何义故名般若波罗蜜？佛言：'得第一义，度一切法到彼岸，以是义故，名般若波罗蜜。'"②

二　般若在佛法中的重要性

般若是佛法最极重要法门，亦是不共世间一般宗教、哲学最极稀有法门。般若作为一种使修行者解脱成佛入涅槃的智慧，在佛法中占有重要的地位，被视为大乘道体、大乘总纲，为五度眼目，是一切大乘经典的根本，若不能了解般若，就难以了解其他大乘经典。所以，古德云："般若摄一切佛法尽。"《大智度论》卷第一百也说："般若波罗蜜是诸佛母，诸佛以法为师。法者，即是般若波罗蜜。"③ 可见，般若能出生诸佛，为诸佛之母。在佛教中为般若所摄持一切万行始能究竟圆满，得

---

① 〔印〕龙树菩萨造，（后秦）鸠摩罗什译《大智度论》卷第八十五，《大正藏》第 25 册，第 655 页下。

② （后秦）鸠摩罗什译《摩诃般若波罗蜜经》卷第二十一，《大正藏》第 8 册，第 376 页中。

③ 〔印〕龙树菩萨造，（后秦）鸠摩罗什译《大智度论》卷第一百，《大正藏》第 25 册，第 755 页下。

般若者方能彻入或契入佛教最真实、最圆满的境界。因此，在佛教大乘诸宗中，没有哪一个宗派的形成和发展未受般若之影响的，在中国佛教史上很难找出一种佛教的思潮与般若是没有关联的。无论是三论宗、天台宗、华严宗、禅宗乃至律宗、净土宗都要以般若作为主要因素，若缺少般若，无论哪一宗的修行，都不能圆满达成其理想的目标，就犹如是折翅鸟，终堕凡小。不离般若，一切所行皆是波罗蜜，必证无上正等菩提。由此，可见般若在佛法中的重要性。

三　禅宗对般若的重视

禅宗也是非常注重般若思想的，以初祖菩提达摩来说，他虽然因传法区域的局限等客观原因，而注重当时流行的佛教思潮弘扬四卷本《楞伽经》，但从他的《二入四行论》来看有一个显著的特点，就是注重般若思想，所以道宣将达摩的禅法称为“达摩虚宗”。达摩的禅法就是用般若扫荡一切情执，心无所著，不偏不倚，超越两边之见，以无所著之心与真如佛性相契合，如此以般若扫相，直探心源。

自达摩以后二祖惠可、三祖僧璨、四祖道信无不注重般若。道信在其《入道安心要方便法门》中就说：“我此法要，依《楞伽经》‘诸佛心第一’，又依《文殊说般若经》‘一行三昧’。”（唐净觉《楞伽师资记》，《大正藏》第85册，第1286页下）这里《文殊说般若经》“一行三昧”就是大乘般若系重要的经典。而且道信在其禅法中也经常引用很多有关般若的经典来弘法，诸如《维摩诘经》《金刚经》等。继道信之后，五祖弘忍对般若也非常重视，也经常引用般若系的经典，尤其是《金刚经》，在《坛经》中记载他常劝僧俗“但持《金刚经》一卷，即得见性，直了成佛”。在传法给惠能时，也是为惠能说《金刚经》。

到了惠能时，他更是以般若作为其禅法的主要理论基础之一，惠能也是以般若扫荡一切情执，直探心源。般若思想在惠能禅法中占有极为重要的位置，所以在大梵寺为众人讲法时，当讲完自己的身世、求道、得法、开法的因缘后，就首先讲般若，且惠能之后的五家七宗，其宗义也都不离开般若。

四　本品题释及主要内容

本品惠能在大梵寺为众人开示摩诃般若波罗蜜多妙义，故以“般若”为品题。

本品惠能开示大众所谓摩诃、般若、波罗蜜之含义。并将般若与佛性等同，强调般若不在口念，而在行持。修行者应以般若断妄想执着，直探心源。如何行般若行？修行的人，只要能于一切时、一切处，念念不愚，常行智慧，即是般若行，若行此般若行就能到彼岸。在惠能看来，般若在修行中至关重要，此法最尊、最上、最第一，三世诸佛都是从般若出，般若乃是诸佛之母，众生只要用般若智慧照破五蕴烦恼尘劳，于一切法不取不舍，不执着，就能成就佛道。

本品中惠能非常强调要行般若行，此般若行也即般若三昧，也即无念。而所谓无念就是用般若无分别慧去照了万法，虽见一切万法但心无染著，来去自由，通用无滞，这就是般若三昧，也就是无念。可见无念并不是让人百物不思，百物不念，若令念断绝，惠能认为此不仅非解脱，而且还是法缚边见。而如果有人能悟无念法，则万法尽通，甚至能见诸佛境界，至佛地位。可见无念法之重要。

在本品惠能还提出般若乃是为大根人说，小根人不能信受。若是自己不能有所悟应寻访善知识，但又不主张自己不努力而执着依赖善知识。他还认为法是因人设，有智慧之人才能建立种种教法。本品之末惠能还说了《无相颂》。

总之，本品惠能始终将般若放在首要的位置，在他看来修行者务必在一切时一切处，用般若观照一切万法虚幻不真实，破除一切妄想执着，才能见到自己本具的真如佛性，为此他提出行般若行，也即是般若三昧、无念法。而关于这个般若智慧，一切众生人人本具，因此修行者勿向心外求法，而应识心见性，若能识心见性，一悟即至佛地，这又体现了他顿悟的禅法特色。

五　正释经文（分十五）

（一）说般若法

【原文】

次日，韦使君请教。师升座，告大众曰：总净心念摩诃般若波罗蜜多[1]。复云：善知识！菩提般若之智，世人本自有之[2]，只缘心迷，不能自悟，须假大善知识，示导见性。

当知愚人智人，佛性本无差别，只缘迷悟不同，所以有愚有智。吾今为说摩诃般若波罗蜜法，使汝等各得智慧。志心谛听！吾为汝说。

善知识！世人终日口念般若，不识自性般若，犹如说食不饱[3]。口但说空，万劫不得见性，终无有益。

【注释】

［1］**摩诃般若波罗蜜多**："摩诃"，译为"大"；"般若"，译为"智慧"，此智慧拣别于凡夫的世智辩聪，也不同于二乘的偏空，而是大乘不落空有两边，非色非空的中道实相慧，称为般若；"波罗蜜"，华译为"到彼岸"，合之称为"大智慧到彼岸"。

［2］**菩提般若之智，世人本自有之**：菩提般若之智，不是从外可以求得，而是世间每一个人，甚至每个众生，本自就具有的。华严四祖澄观大师（738～839）说："般若非心外新生，智性乃本来具足。"那么，为何众生本有般若之智不能显发

呢？这就是因为攀缘外境，真心久被尘染之所迷惑，不能自己有所体悟。若证此真心本性，就能使自性般若之智显发出来。

[3] **世人终日口念般若，不识自性般若，犹如说食不饱**：世间有很多学佛的人，终日都在口念般若，但是不识自性本具的般若，因不识自性般若故不得般若之用。像这样口念般若如说食不能充饥。言下之意，此般若妙法不只是口口说空，而不行持，如果一旦只是口念般若，但说空义，就是经过百千万劫，亦不得见到本性，得不到自性般若的妙用。

【释义】

本段，惠能告诉大众般若之智每个人本自具足，只因为攀缘外境，真心久被尘染之所迷惑，不能自己有所体悟。若证此真心本性，就使自性般若之智显发出来。当心迷不能自己有所体悟时，需寻访善知识开示教导。而作为众生而言，因迷悟的不同而有愚蠢和智慧的差别，但佛性平等，心佛众生三无差别。对于每位众生自性具足的般若也贵在实践，而不在口说。若只口说般若如说食不饱，不得见性，不得般若大用。

（二）释般若义（从名义上解说）

【原文】

善知识！摩诃般若波罗蜜是梵语，此言大智慧到彼岸。此须心行，不在口念。口念心不行，如幻、如化、如露、如电；口念心行，则心口相应。本性是佛，离性无别佛[1]。

何名摩诃[2]？摩诃是大。心量广大，犹如虚空，无有边畔。亦无方圆大小，亦非青黄赤白，亦无上下长短[3]；亦无瞋无喜，无是无非，无善无恶，无有头尾[4]。诸佛刹土[5]，尽同虚空。世人妙性本空[6]，无有一法可得。自性真空，亦复如是。

善知识！莫闻吾说空，便即著空[7]。第一莫著空，若空心静坐，即著无记空[8]。

善知识！世界虚空，能含万物色像，日月星宿[9]，山河大地，泉源溪涧，草木丛林，恶人善人，恶法善法，天堂地狱，一切大海，须弥[10]诸山，总在空中。世人性空，亦复如是。

善知识！自性能含万法是大，万法在诸人性中[11]。若见一切人恶之与善，尽皆不取不舍，亦不染著，心如虚空，名之为大，故曰摩诃。

善知识！迷人口说，智者心行。又有迷人，空心静坐，百无所思，自称为大。此一辈人，不可与语，为邪见故。

【注释】

[1] **本性是佛，离性无别佛**：众生之所以可以成佛，就是因为自性本具佛性，所以若离开本性想要成佛，那是更无别佛可得的。

[2] **摩诃**：在《大智度论》卷第三中说："摩诃，秦言大，或多，或胜。"可知"摩诃"有"大""多""胜"三义。《大智度论》又云："云何大？一切众中最上故，一切障碍断故，天王等大人恭敬故，是名为大。云何多？数至五千故名多。云何胜？一切九十六种道论义能破，故名胜。"空海大师《大日经开题》亦云："摩诃者是梵语也，此翻有三：竖横无边际故云大；数量过尘刹故云多；最胜最上故云胜。摩诃之言，具此三义。"

[3] **亦无方圆大小，亦非青黄赤白，亦无上下长短**：心犹如虚空那样广大无边无际，无有边畔，所以无方圆大小的形色，亦非青黄赤白的显色，同样亦无上下长短的形态。这里方圆大小、青黄赤白、上下长短都是从物质也即从色相上说。心量超越这些方圆大小的形色，青黄赤白的显色，上下长短的形态，不是色法所能比拟的。

[4] **亦无嗔无喜，无是无非，无善无恶，无有头尾**：这些是从心法上说，因为这些嗔、喜、是、非、善、恶、头、尾都是依虚妄分别心而有。

[5] **诸佛刹土**：诸佛所住的刹土，依天台宗智顗大师（538～597）所立有凡圣同居、方便有余、实报庄严、常寂光之四土。在这四土中唯第四常寂光土为全然断除根本无明之佛所依处，即妙觉究竟果佛所居之土，此土乃诸佛如来法身所居之净土。又作寂光净土、寂光国、寂光土、寂光。佛所住之世界为真如本性，无生灭变化（常）与烦恼之扰乱（寂），而有智慧之光（光），故称常寂光土。此土乃佛自证最极秘藏之土，以法身、解脱、般若为其体，具足圆满法身之"常、乐、我、净"等四德。

[6] **妙性本空**：人人所具有的妙明本性（佛性），应知亦本如虚空之空，虽空但不碍有，虽有但当体即空，即色即空，即空即色，色空不二。真空不碍妙有，妙有不碍真空，正如古德所说："若言佛性是有，但一道清虚，纤毫不立；若言其空，但众相分明，遇缘普现。"故知，佛性即是妙有不碍真空，真空不碍妙有，色空不二的中道第一谛。

[7] **莫闻吾说空，便即著空**：闻说佛性如虚空，便即执着有一个空，如果执着空，那还是落入空见的执着中，仍是障碍，不能解脱，这正如龙树菩萨造，后秦鸠摩罗什译《中论》中所说："大圣说空法，为离诸见故，若复见有空，诸佛所不化。"所以，如果闻空而又执着空，也是一种执见，是病非禅。

[8] **无记空**：三性之一，无记空是不思善恶，昏然蒙昧的一种心理状态。如果

一个人经常处于此无记的状态就会感召愚痴的果报。

［9］**星宿**：是汉族民间信仰和道教崇奉的星神。指“四象”和“二十八宿”。在东、南、西、北四方都有一位守护神，分别是：青龙、朱雀、白虎、玄武。我国古代为了观测天象及日、月、五星的运行，选取二十八个星官作为观测时的标志，称为“二十八宿”。它又平均分为4组，每组7宿，与东、西、南、北四个方位和青龙、白虎、朱雀、玄武（龟蛇合称）等动物形象相配，称为“四象”，道教名之为“四灵”。

［10］**须弥**：佛教宇宙观主张宇宙系由无数个世界所构成，一千个一世界称为一小千世界，一千个小千世界称为一中千世界，一千个中千世界为一大千世界，合小千、中千、大千总称为三千大千世界，此即一佛之化境。须弥山即处于一小世界的中央。

［11］**自性能含万法是大，万法在诸人性中**：众生自性能包含万法，无一法出于自性，所以说为大。由此，可知万有诸法，无不包含在诸人本性中，如四祖道信《入道修心要方便法门》中说：“百千妙门，同归方寸，恒沙功德，总在心源。”

【释义】

本段，惠能从名义上解释“摩诃般若波罗蜜”，即般若之义。在解释前先强调般若不在口念，贵在实践。若能心口相应，也就得到般若真智而能见到本具的真性。因为此真心人人自性本具，即心即佛，若离心求佛则不可得。又以“大”来解释“摩诃”义，乃指真心的广大如虚空无有边畔。心量广大无边，无论是方圆大小的形色，青黄赤白的显色，上下长短的形态之色法，还是嗔喜、是非、善恶、头尾等虚妄分别心所生之心法都是无法比拟思量的，真心之广大超越色心二法的对待，不可说，不落思维限量，不落色形限量，如诸佛所住常寂光净土，湛然常寂无染，尽同虚空一样的广大寂然不动。

真心不仅如虚空一样广大，同时虽空又不妨碍众色相于中显现。真心之空也如虚空之空乃是即空即色，即色即空，真空不碍妙有，妙有不碍真空的不二中道。如此色空不二的真性就是般若，惠能以般若等同真性来作解释。事实上般若、空、佛性、实相、不二、中道等皆是名不同而义同的一系列概念。所以，本段惠能解释摩诃般若波罗蜜之“摩诃”，本应是指代般若，但是用来解释真心，以般若来解说佛性。

般若之空或自性之空既然是色空不二的，因此在听闻佛性空，不可对此空产生执着，若执着空，也是一种执见，是病非禅。如果执着所谓空就是空空如也什么也没有的断灭空，而由此百物不思的空心静坐，那么就落入了无记空的邪见之中。

自性之空，虽空又即色，所以能含藏万物色像，日月星宿、山河大地等一切万法。能如是通达自性之空或般若之空是如此即空即色，即色即空，色空不二，不偏有也不偏无，不执恶不执善，超越有无、善恶两边等，对一切万法无取无舍，无所执着，这样就是深刻领会了真心的“空”义及“摩诃”的“大”义。

（三）再论般若（从用上解说）

【原文】

善知识！心量广大，遍周法界，用即了了分明，应用便知一切。一切即一，一即一切[1]。去来自由，心体无滞[2]，即是般若。

善知识！一切般若智，皆从自性而生，不从外入。莫错用意，名为真性自用，一真一切真[3]。心量大事，不行小道[4]。口莫终日说空，心中不修此行，恰似凡人自称国王，终不可得，非吾弟子。

善知识！何名般若？般若者，唐言智慧[5]也。一切处所，一切时中，念念不愚，常行智慧，即是般若行。一念愚即般若绝，一念智即般若生。世人愚迷，不见般若，口说般若，心中常愚。常自言：“我修般若。”念念说空，不识真空。

般若无形相，智慧心即是。[6]若作如是解，即名般若智。

【注释】

［1］**一切即一，一即一切**：“一切”即是“多”，“一”即“少”，故“一切即一”，乃“多即一”；同时“一即一切”，乃“一即多”。此乃彰显一多相容相即无碍之华严事事无碍之境界。

［2］**心体无滞**：万法一如，心外无法，法外无心，心法一如，故名心体无碍无滞。

［3］**一真一切真**：自性所具般若妙慧能如实照了一切诸法之真实。在般若智慧的观照下一切圆融无碍，相即相融，法法皆真，无有一法而不真，假使有一法不真，是即未能如实照了诸法。

［4］**心量大事，不行小道**：心量广大如虚空，自体具备无漏般若妙慧，因此不要向外求，应向内识心见性，去悟此本心、本性，做这样的大事。而见性之事不仅只是行于静坐这样的小道，小修，就可以获得。而是在行住坐卧之中都需要去体悟，努力去实践。

［5］**般若者，唐言智慧**：“般若”是梵语，中国人将之翻译为“智慧”。虽意为“智慧”，但仍不足以表显“般若”的含义，这正如《大智度论》卷第七十所

说："般若定实相，甚深极重，智慧浅薄，是故不能称。"因此一般沿用印度的原音称为"般若"。

[6] **般若无形相，智慧心即是：**般若真空之理，是无形无相，超言绝待。不是口说，心不行。也不是执着分别的愚痴之人所能体会得到的。如果能对一切不取不舍，无所执着，这样的智慧之心就是般若。

【释义】

般若之空不是空洞洞之空，而是灵明的觉知照用。本段主要从用上来解析般若。在惠能看来自性如虚空一样广大，周遍一切法。如何周遍一切而无障碍？因为自性所具的般若之光能灵明的照了一切诸法，了了分明，如镜子照物一样，物来则应，物去不留，虽照而无所执着。一切诸法在此般若空慧的观照下无不融会贯通，无有障碍，一即一切，一切即一的相即相融，事事无碍；来去自由自在，心外无法，法外无心，心法一如，一体圆融无碍；一切诸法在般若智慧的观照下，清净平等，法法皆真，无有一法而不真。由自性所起这个般若妙智，当知就名为自性之妙用。

自性之般若智慧为一切众生本所具有，并不是从外而求得的。若能一切处所，一切时中，无论行住坐卧，每一心心念念，不作愚痴妄计分别，而是常行般若智慧观照，即是般若妙行。相反，在吾人内心，若有一念愚痴妄想、分别计度，不论什么人，势必与般若隔绝，不相应，而不得般若妙用。

我们的心量广大如虚空，自体具备无漏般若妙慧，因此不要向外求，应向内识心见性，去悟此本心、本性，做这样的大事。不仅只是行于静坐这样的小道，小修；或者口头终日说空无自性，而在心中并不如法修此般若大行。如此口说不行，这就恰似平民百姓，口中自称是国王，这种人终不得称为国王，仍然是个普通老百姓。如是口说心不行，惠能说："终归非吾弟子，也非佛的弟子。"惠能是位实践主义者，再三强调对此般若妙法想要得到它的用，就一定要去实践行般若行。甚至在行般若行的时候也不可以执着认为"我修般若"。要知道般若真空之理，是无形无相，超言绝待，不是口说，心不行。也不是执着分别的愚痴之人所能体会得到的。如果能对一切不取不舍，无所执着，这样的智慧之心就是般若。假若能作如是了解体会，即名证悟诸法空性的般若智慧。若作他解，不得名般若智。

总之，惠能在这一段中解释般若主要是从用上解析。并再三强调要得般若的妙用不在口念心不行。要如何行呢？就是念念不愚痴，而是用自性所具般若慧观照一切，无所执着，这就名为般若行，能如是就能得般若之妙用。

（四）释波罗蜜

【原文】

何名波罗蜜？此是西国语，唐言到彼岸，解义离生灭[1]。著境生灭起，如水有波浪，即名为此岸；离境无生灭，如水常通流，即名为彼岸，故号波罗蜜。

【注释】

[1] **何名波罗蜜？此是西国语，唐言到彼岸，解义离生灭**："波罗蜜"，唐言即译成中国话叫作"到彼岸"，到达解脱成佛的彼岸。这是但以佛法解释其义，现《坛经》说为"离生灭"，为何惠能将之解释为"离生灭"？原因是世间一般人，对所认识的一切，总易执着此虚妄不真实境，以为是实有的，因而就有生灭相现起。对万有诸法，执着有实在的生灭，就会在生死的此岸。假使能了知一切诸法虚幻不真实，没有所谓实在的生灭，就能解脱生死到达涅槃的彼岸，故号"波罗蜜"，故由此解义为"离生灭"。

【释义】

以上"摩诃""般若"都已解释过，现解释"波罗蜜"。何名"波罗蜜"？佛法的本义是"到彼岸"，而惠能解析为"离生灭"。因为，假使不能了解一切诸法没有实在的自性，实无有生，实无有灭，而生起执着落在生灭分别中，起惑造业，那么就会在生死的此岸。假使能了知一切诸法虚幻不真实，没有所谓实在的生灭，就不会起惑造业，而能到达涅槃的彼岸，故号"波罗蜜"。由此可见，众生是否能从生死的此岸到达涅槃的彼岸，关键是看能否运用般若观照诸法，了达一切万法空无自性，无所谓实有生灭，而对一切诸法无所执着，离生灭，这样自然就能到彼岸。故惠能将"波罗蜜"解释成"离生灭"。惠能这种解释法，更深化了原词的意义。

（五）行般若行

【原文】

善知识！迷人口念，当念之时，有妄有非[1]。念念若行，是名真性[2]。悟此法者，是般若法；修此行者，是般若行。不修即凡，一念修行，自身等佛[3]。

善知识！凡夫即佛，烦恼即菩提[4]。前念迷即凡夫，后念悟即佛。前念著境即烦恼，后念离境即菩提。

【注释】

［1］**迷人口念，当念之时，有妄有非**：对于般若，世间迷妄之人，只知口头怎样诵念，根本就不知般若究竟是什么意义？所以这迷妄之人，当正念般若时，并没有真正将心放在般若上，没有发挥般若之用，心仍随于外境所转，仍然有很多妄念生起，当然就有谁是谁非的分别执着存在，这样称念般若又怎得般若受用？又怎能到彼岸？

［2］**念念若行，是名真性**：对于般若，若是智者则念念如法实行，时刻将心放在般若上，这样念念就能与真性相契入，故言“念念若行，是名真性”。

［3］**一念修行，自身等佛**：修行者若能一念修此般若行，且念念不息的不离般若，时时处处心口相应，久而久之，不特慧解朗然，可以悟证本有觉性，而自身当下等同于佛。这是指行般若行，则能识心见性，顿悟成佛，故言“自身等佛”。

［4］**凡夫即佛，烦恼即菩提**：一般认为凡夫是凡夫，佛是佛，生佛有很大的悬殊，殊不知凡夫即非凡夫，当下即是佛。因凡夫与佛，心佛众生三无差别故。“凡夫即佛”就是生佛不二之理。同样一般皆说烦恼与菩提是两回事，学佛就是要断烦恼证菩提。殊不知烦恼即是菩提，不能把它看成二法，离开烦恼别无菩提可得，故烦恼菩提不二。

【释义】

本段，惠能再次强调修行者应该身口力行般若。因为假如不实践行持，只是停留在口念上，则不能得到般若之用，依然还会有很多执着妄念生起。若能念念行般若行，即能念念与真心相契，就能明心见性。因为，只有般若慧才能见性。所以，依般若悟本有自性，故乃名般若法；能如是身口力行般若，就名般若行。是以，任何行者，如不修般若行，所行就不能到达最圆满最究竟的境地，当然也就不能完满佛道。果能一念修此般若行，就能识心见性，顿悟成佛。所以，可知般若在佛法修行中的重要性。

凡夫与佛、烦恼与菩提皆不是二法，乃为不二之法。佛与凡夫的差别在悟与迷。若前念迷，亦即不能体悟到本有觉性，即是凡夫；后念悟，亦即体悟到本有觉性，当下即是佛，故凡夫与佛不二。同样，烦恼与菩提的差别在是否修般若行。若前念执着客观外境为实有，攀缘追求，自然即有重重的烦恼生起。后念如能远离对实有外境的执着，体悟本有觉性，当下即是菩提，故烦恼与菩提不二。

（六）般若之尊贵

【原文】

善知识！摩诃般若波罗蜜，最尊、最上、最第一[1]，无住、无往亦无来[2]，三世诸佛从中出[3]。当用大智慧，打破五蕴烦恼尘劳[4]。如此修行，定成佛道，变三毒为戒定慧[5]。

善知识！我此法门，从一般若生八万四千智慧[6]。何以故？为世人有八万四千尘劳。若无尘劳，智慧常现，不离自性[7]。悟此法者，即是无念[8]，无忆无著，不起诳妄[9]。用自真如性，以智慧观照，于一切法不取不舍，即是见性成佛道。

【注释】

[1] **摩诃般若波罗蜜，最尊、最上、最第一**：如上所说摩诃般若波罗蜜，是最尊、最上、最第一的。不特《坛经》是这样说，《大般若经》卷第一百七十二亦说："是故般若波罗蜜多，于前五种为最胜，为尊为贵，为妙为微妙，为上为无上，为等为等等"，这都是特别赞美般若，世出世间无有一法胜过般若。因而佛法行者，应当尊敬般若，般若为诸佛之母，应像尊敬佛那样尊重般若。

[2] **无住、无往亦无来**：甚深般若，远离一切虚妄分别，不住于一切法，所以说为无住；住即无住，当亦无去，去即往，无去即无往，所以说为无往。即无有去，当也无所从来，有去有往才有来，无往怎会来，所以说无来。

[3] **三世诸佛从中出**：般若波罗蜜，不论有佛无佛出世，都是宇宙的真理，所以过去、未来、现在，三世一切诸佛，皆从此般若大法中出。这正如《大智度论》卷第一百中说："般若波罗蜜是诸佛母，诸佛以法为师。法者，即是般若波罗蜜。"因为佛之所以为佛，不是因为他们的相好庄严，而是因为他们洞彻了宇宙人生的真理，能用空有不二的般若实相慧去如实观照诸法，福慧双修，圆满无上佛道都是要仰赖这个般若妙慧，所以般若被视为诸佛之母。

[4] **当用大智慧，打破五蕴烦恼尘劳**：修行者要想从般若得以成佛，应当用此般若大智慧，打破五蕴烦恼尘劳。由五蕴所构成的色身，所形成的生命体，充满了烦恼痛苦，正所谓"有身皆有苦"。"尘劳"，指粗细的无量烦恼。如果能用般若打破一切烦恼尘劳，如此修行般若，则可以击破烦恼，荡尽尘劳，且能度一切苦厄。如《心经》说："行深般若波罗蜜多时，照见五蕴皆空，度一切苦厄。"如是修行般若，且定得成佛道。

[5] **变三毒为戒定慧**："三毒"，是指贪、嗔、痴三根本烦恼，有股强大的力

量，能毒害众生本具的法身慧命。如果修般若行而成就无上佛道，就可以转这三毒为戒定慧三学。不仅转三毒为三学，还能转一切万物，如《楞严经》卷二所云："若能转物，则同如来"，得到大解脱，大自在。

[6] **从一般若生八万四千智慧**：所谓"八万四千"，并不是确定数目，而是显示其数很多，这是印度从古至今的习惯语，也就是约数而言。因为印度习惯上是这样的说法，所以佛经亦有用此语以示数目之多。

能"从一般若生八万四千智慧"，何以故？原因是世间的人有八万四千尘劳烦恼。众生有八万四千烦恼，为对治这八万四千烦恼，佛特说八万四千法门，予以一一对治。而这八万四千对治烦恼的法门，又以般若为主导，故言"一般若能生八万四千智慧"。

[7] **若无尘劳，智慧常现，不离自性**：行者依于般若法门而修，假若修到无有尘劳烦恼，智慧便能常常现前。以此智慧常照一切，了知一切不离本有菩提自性。没有这个智慧的时候总是执着心外有法，分别我、我所。当具有这个智慧的时候，了知万法本来就在诸人自性之中，只是迷而不知。现在智慧现前，就能如是了知一切万法不离本有菩提自性。

[8] **无念**：以般若智慧如实观照一切诸法无有自性，所以于万有一切诸法，不执着，不生起虚妄分别之念。能如是以般若智慧如实照见诸法，而不生妄念，故称"无念"。

[9] **无忆无著，不起诳妄**：以般若智慧照见诸法实相，对一切法不起执着，所以不追忆，不执着，也不会起欺骗他人虚假的心。

【释义】

本段，惠能赞叹般若乃最尊、最上、最第一，世出世间无有一法胜过般若。因而佛法行者，应当尊敬般若，般若为诸佛之母，应像尊敬佛那样尊敬般若。

为何般若是最尊、最上、最第一？原因如下。

其一，甚深般若乃宇宙的真理，远离一切虚妄分别，无住、无往亦无来，三世一切诸佛，皆从此般若大法中出。

其二，修行者若用此般若智慧击破荡尽五蕴烦恼，就能如《心经》中说："观自在菩萨行深般若波罗蜜多时，照见五蕴皆空，度一切苦厄。"如是修行般若，且定得成佛道，转贪、嗔、痴三毒为戒定慧三学。

其三，一般若能生八万四千智慧。佛因众生有八万四千的烦恼，而说八万四千对治烦恼的方法，而这八万四千对治烦恼的法门，又以般若为主导，故一般若能生八万四千智慧。

其四，行者依于般若法门而修就可断尽这无尽的烦恼执着，了知心外无法，一切万法不离本有菩提自性。能如是以般若智慧如实照见诸法，而不起执着，不生妄念；对一切法不追忆，不执念，也不会起欺骗他人的虚假的心；对一切法不取不舍，能如是即是见性成佛之道。

是以，般若是最尊、最上、最第一。修行者能如是行般若，就和诸佛无异。佛与凡夫最大的区别也就在于有没有用此般若慧如实观照诸法。也由此可见般若在修行中的重要性，有般若才能证入或契入诸法最真实、最圆满的境地；为般若摄持，才能见性成佛道。

（七）为大智人说

【原文】

善知识！若欲入甚深法界[1]及般若三昧[2]者，须修般若行，持诵《金刚般若经》，即得见性。当知此经功德无量无边，经中分明赞叹，莫能具说。

此法门是最上乘[3]，为大智人说，为上根人说[4]。小根小智人闻，心生不信[5]。何以故？譬如大龙下雨于阎浮提，城邑聚落，悉皆漂流如漂草叶[6]。若雨大海，不增不减[7]。

若大乘人，若最上乘人，闻说《金刚经》，心开悟解。故知本性自有般若之智，自用智慧，常观照故，不假文字[8]。譬如雨水，不从天有，元是龙能兴致，令一切众生、一切草木、有情无情，悉皆蒙润。百川众流，却入大海，合为一体[9]。众生本性般若之智，亦复如是。

【注释】

［1］**入甚深法界**：就是指入甚深法界之性。“法界”的“界”是性义，因而法界就是法性，亦可说是真如、实性。不管叫什么名字，都是极为深奥难测，亦即《法华经》《华严经》等中所常说的：“甚深最甚深，难通达最难通达”，没有相当程度，无法解其真义。

［2］**般若三昧**：“三昧”，一般说为正定，或称为等持等，但在此处不是指普通三昧，而是般若三昧。在《大智度论》卷第四十三中说：“般若不异三昧，三昧不异般若”，所以，这里般若三昧就是一种甚深的般若。修行者要入此甚深法界及般若三昧，必须先修般若妙行。

［3］**最上乘**：指最高无上的一佛乘，以成佛为其究竟的目的，故称之。

［4］**为大智人说，为上根人说**：此般若法门，是至高最上乘法，是专为具有大

智慧的人、上等根性的人说的，这正如《金刚经》说："如来为发大乘者说，为发最上乘者说。"

［5］**小根小智人闻，心生不信**：根机浅的，智慧劣的，不能听闻此最上乘法。设或会有因缘听到，也不会对此大法生起信心。所以说小根小智的人，听闻此最高无上的殊胜法门，其心无法领悟，不但不信不解，反而心生疑惑，认为这不是如来说的。在《大般若经》卷第一百八十一说："于我正法毗奈耶中，当有愚痴诸出家者，彼虽称我以为大师，而于我说甚深般若波罗蜜多，诽谤毁坏。善现当知，若有诽谤甚深般若波罗蜜多，则为诽谤诸佛无上正等菩提；若有诽谤诸佛无上正等菩提，则为毁谤过去、未来、现在诸佛一切相智；若有毁谤一切相智则谤毁佛；若谤毁佛，则谤毁法、谤毁僧；若谤毁僧，则当谤毁世间正见。"如是不信般若法门，甚至三宝悉皆毁谤，其罪恶是不可限量的，对此最上乘法，岂能不甚深信解？

［6］**譬如大龙下雨于阎浮提，城邑聚落，悉皆漂流如漂草叶**："阎浮提"，此洲为须弥山四大洲之南洲，故又称南阎浮提、南阎浮洲、南赡部洲，一般指娑婆世界。譬如天上的大龙下雨于阎浮提，雨下得太大，此世界的城邑聚落，悉皆为大雨之所漂流，因为被大雨淹没，所以很多城市乃至村庄的房屋就在水中漂流，这房屋等在水中漂流就犹如一草一木的枝叶在水中漂流一样，所以说如漂草叶。这个是比喻那些小根小智的人，如果不能信受甚深的般若，就犹如城邑聚落不堪承受雨水的洗礼，被大水所漂，由此不得真正的解脱，而流浪三有。

［7］**若雨大海，不增不减**：所下的雨水流入大海，海水既不有所增加，亦不会有所减少。这是说即便是小根小智的人不能信受般若，但此般若妙法不会因为他们不信和不能接受而不存在，这个般若的真理是永恒存在，不增不减的。

［8］**自用智慧，常观照故，不假文字**：以般若妙智契证真心本性乃是一种自证自悟的境界，如人饮水，冷暖自知，非语言文字所能表达，所以说不假借语言文字。

［9］**百川众流，却入大海，合为一体**：所下的雨落在百川及众河流中，这百川众河的水，皆流入大海中，与海水合为一体，海水仍然不增不减。这是比喻在般若观照下，一切诸法归于一体，平等无有差别，相即相融。

【释义】

本段，惠能认为想入甚深法界之性及甚深般若，需修般若妙行及持诵《金刚经》，即能得见本有自性。因《金刚经》对于修学般若的人来说，确实皆有极为殊胜的功德。此般若法门，是至高最上乘法，是专为具有大智慧上等根性的人说的。因此，小根小智的人不能听闻此最上乘法。设或会有因缘听到，也不会对此大法有所领悟生起信心，不但不信不解，反而心生疑惑，认为这不是如来说的。为了说明这个道理，惠能又举喻来作说明。譬如天上的大龙下雨于我们这个阎浮提，雨下得太大，此世界的城邑聚落就犹如一草一木的枝叶，悉皆为大雨之所漂。这个是比喻那些小根小智的人，如果不能信受甚深的般若，就犹如城邑聚落不堪承受雨水的洗礼，被大水所漂，由此不得真正的解脱，而流浪三有。所下的雨水流入大海，海水既不有所增加，亦不会有所减少。这是说即便是小根小智的人不能信受般若，但此般若妙法不会因为他们不信和不能接受而不存在，这个般若的真理是永恒存在，不增不减的。

《金刚经》的作用在于，大乘人或若最上乘的上根利智的人，他们会以此经中所表显的般若妙慧去契证我们的真心本性。当证得本有真心后，能够了知本性自有般若之智，此智不离本心。且能自己善用此般若智慧，常常观照万有一切诸法。这种以般若妙智契证真心本性乃是一种自证自悟的境界，如人饮水！冷暖自知，非语言文字所能表达。

般若对于修行来说至关重要，就如情与无情一切万物都不能离开雨水的滋润一样。有般若一切行持才能达到最圆满的境地。因此，用此般若如实观照诸法，则法法平等无有差别，相即相融，于一切也将无碍自在。

本段中惠能强调了般若对于修学的重要性，同时认为此自性本具的般若妙法乃是为最上乘根性的人所说。

（八）明迷悟不同

【原文】

善知识！小根之人，闻此顿教[1]，犹如草木。根性小者，若被大雨，悉皆自倒，不能增长。小根之人，亦复如是。

元有般若之智与大智人更无差别，因何闻法不自开悟？缘邪见障重、烦恼根深。犹如大云覆盖于日，不得风吹，日光不现。般若之智亦无大小，为一切众生自心迷悟不同，迷心外见，修行觅佛，未悟自性，即是小根。若开悟顿教，不执外修，但于自心常起正见[2]，烦恼尘劳常不能染，即是见性。

善知识！内外不住，去来自由，能除执心，通达无碍。能修此行与《般若经》[3]本无差别。

【注释】

[1] **顿教**：识心见性顿悟成佛的妙法；或者是指般若妙法，以般若直探心源，契悟真性，顿悟成佛，不落阶梯渐次，故称之。

［2］**正见**：不仅指正确的思维见解，而且在本经中特指般若中观正见，只有此见才是正见，因为此见是透视宇宙人生实相——空有不二的般若妙慧，是诸法的实相。

［3］**《般若经》**：在此有广义与狭义之分。若是广义，当指阐述甚深般若的一切经典的总称。佛教向有600多卷《大般若经》之称，占了佛教经藏的三分之一，由此可见般若在佛法中的重要性，般若确为大乘总纲、道体。《般若经》在此的狭义是指《金刚经》所说般若。总之，无论广义或狭义，都是在说明般若在修学中的重要。

【释义】

本段，惠能说，对于以般若直探心源，顿悟成佛之圆顿大教，小根劣智的人若是听闻后如草木一样茫然无所知，如聋若哑；甚至，如草木的根很浅很脆弱，不堪过多地接受雨水润泽，若被大雨袭击，悉皆自动倒下来，不能继续增长。这皆是喻小根人根机浅陋，若闻此圆顿大教，不特不能接受，反而退失道心。

小根之人虽不堪闻受圆顿大教，却与大根人具有般若之智相等，但为何不能闻大法后而自开悟？这是缘于错误的邪见，对诸法不能正确认识；加上业障又极重，烦恼尘劳更是根深蒂固，所以闻圆顿大法后不能悟本有自性。犹如乌云覆盖于日，假使不得大风吹散乌云，日光就不能显现出来。

人虽有小根、大根之别，但佛性般若智慧却无二无别。之所以被称为小根，乃不能反观自心，迷于自己的本心，不在自心上做功夫，而在心外修行，离心觅求成佛，未能悟得本有自性，这样即是小根器的人。假若听闻此圆顿大教，而能有所悟，不执着外在形式的修行，但于自己的内心，常生起般若中观正见，如实观照诸法，哪怕常为烦恼尘劳围绕，亦不能为其染污所染，也能当下即得开悟，成为见到本性的人。是以，修行者常应以此般若观照诸法通达万有诸法空、无有自性，去除妄想执着的心，于一切法不执着，既不执着于内心之境，也不执着于外在的一切诸法。如此内外不住，不在任何境界上停留滞碍，那么就能自由自在地往来于生死，于一切通达无碍。果能行此般若妙行，自与《般若经》所启示的般若妙理相契。

（九）法因人设

【原文】

善知识！一切修多罗及诸文字[1]，大小二乘，十二部经[2]，皆因人置。因智慧性，方能建立。若无世人，一切万法本自不有，故知万法本自人兴。一切经书，因人说有。

缘其人中有愚有智，愚为小人，智为大人。愚者问于智人，智者与愚人说法。愚人忽然悟解心开，即与智人无别。

【注释】

[1] **一切修多罗及诸文字**："修多罗"，是印度话，中国译为"契经"，显示佛所说的言教，不特契于诸法真理，亦复契于众生机宜，所以称为"契经"。佛住世时说法是很多的，每说一部经皆名"修多罗"，所以说"一切修多罗"。佛陀当时说法，是从大觉海中通过口头宣说出来，并未形成于文字。佛灭度后诸弟子才将佛生平所说之法结集起来，形成于文字，故言"一切修多罗及诸文字"。

[2] **大小二乘，十二部经**：佛对小乘根机的人所说的教法称为小乘教，为大乘菩萨所说的教法称为大乘教。佛所说的一切教法无非可以分为大小二乘，十二部经。所谓十二部经，乃佛陀所说大小乘一切经典的总称，依其叙述形式与内容分成十二种类。又作十二分教、十二分圣教、十二分经。即契经、应颂、记说、讽颂、自说、因缘、譬喻、本事、本生、方广、希法、论议之十二者。

【释义】

本段，惠能说佛所说的一切法，大小乘十二部经都是因人的根机不同分别设立的。如果没有众生，即无从建立教法。这正如世间若没有万物之灵的人，所有一切万法就不可能有，可知万有一切诸法，本是自人而兴起。如各种衣服、饮食等一切都因人而置。本来佛法的真理是不可说的，但若不假借语言文字，世人终不能见真理，佛这才于不可说中方便假说。也只有具有如佛一样大智慧的人，才能善于观察众生的根性，因不同的众生的根机，建立种种教法，随机说法。

在听闻佛说法的人中，有的是愚迷的小根器的人，有的是聪明有智慧的大根器人。虽有愚人智人之别，二者本具的佛性般若慧却无二无别。因此，愚人若有不能明白事理，可以问于有智慧的人。当有智慧的智者为其解说时，愚昧人听后，忽然有所悟解而心得到开朗，与有智慧的人则无有什么差别。

（十）以经证明

【原文】

善知识！不悟即佛是众生，一念悟时众生是佛。故知万法尽在自心，何不从自心中，顿见真如本性？《菩萨戒经》[1]云："我本元自性清净"，若识自心见性，皆成佛道。《净名经》[2]云："即时[3]豁然，还得本心。"

【注释】

[1]**《菩萨戒经》**：佛教大乘戒律经典，为后秦鸠摩罗什译《梵网经》第十品，全称《梵网经卢舍那佛说菩萨心地戒品第十》。在此品中说道："吾（按：指佛）今当为此大众，重说无尽藏戒品。是一切众生戒，本源（按：宗宝本《坛经》皆作"元"，以下不一一详注）自性清净。"（《大正藏》第24册，第1003页下）

[2]**《净名经》**：即《维摩诘经》，大乘佛教的佛经。该经共三卷十四品，以维摩诘居士命名，故称为《维摩诘经》或《维摩诘所说经》。"维摩"是印度话，中国译为"净名"，故也名《净名经》。在汉地最通行的版本是由后秦鸠摩罗什所译。在本经"弟子品第三"中云："时维摩诘即入三昧，令此比丘自识宿命……即时豁然，还得本心。"（《大正藏》第14册，第540页下）

[3]**即时**：底本作"实时"，敦煌本作"即时"，依敦煌本改。

【释义】

本段体现了惠能生佛不二、顿悟的禅法特色。在他看来心佛众生三无差别，但若不能悟解心开，仍然迷惑谬误，则是即佛乃众生，永在轮回中流转不息。反过来说，假定一念有所悟时，当下众生即是佛，正所谓"一念相应一念佛，念念相应念念佛"。世间万有诸法，尽在吾人自己心中。既然一心悟便是佛，一心迷便是众生，行者何不从自己心中顿见真如本性？这样，岂不直截了当完成成佛的大事？何须向外寻求。惠能又引用《菩萨戒经》即《梵网经》"菩萨心地品"中："我本源自性清净"之句说明，人人具有此从本以来清净的佛性，因此，识自本心，见自本性，则可顿悟成佛。又引《维摩诘经》"弟子品第三"："即时豁然，还得本心"，说明对于本具的本心、真心，若能悟了，则当下就能豁然顿悟。

总之，惠能认为生佛不二，关键是众生要去识自本心，见自本性，就能顿悟成佛，不可向外求索。

（十一）以己为证

【原文】

善知识！我于忍和尚处，一闻言下便悟，顿见真如本性。是以，将此教法流行，令学道者顿悟菩提。各自观心，自见本性[1]。

若自不悟，须觅大善知识、解最上乘法者，直示正路[2]。是善知识有大因缘，所谓化导令得见性。一切善法，因善知识能发起故。三世诸佛、十二部经，在人性中本自具有[3]。不能自悟，须求善知识指示方见。若自悟者，不假外求。

若一向执谓须他善知识方得解脱者，无有是处。何以故？自心内有知识自悟[4]。若起邪迷妄念颠倒，外善知识虽有教授，救不可得。若起正真般若观照，一刹那间，妄念俱灭。若识自性，一悟即至佛地[5]。

【注释】

[1] **各自观心，自见本性**：各自观本有真心，自见本有觉性。

[2] **直示正路**：指示出一条修行的菩提正路。

[3] **三世诸佛、十二部经，在人性中本自具有**：这里所说的“人性”，不是一般所说的人性，是指人人所本具的佛性。这句话的意思是说一切万法尽在自心中，都是吾人心性本来具有。也即所谓“何期自性本自具足”。因此，修行者要向内识心见性，不要向外求索。

[4] **自心内有知识自悟**：此中“知识”指佛性，即众生本具的佛性。这句话的意思是，人人本具般若智慧能使自己自觉自悟。

[5] **一悟即至佛地**：若能识自本心，见自本性，如是顿悟，一悟永悟，不会再退转，一悟即至佛地，一悟即成佛，到达佛的境地。

【释义】

本段，惠能先以自己来证明生佛不二，若能识自本心就能顿见本性成佛。他对众人说，如我惠能就是在五祖弘忍和尚处，一闻其开示《金刚经》中“应无所住而生其心”，即豁然大悟，顿然见到自己本有的不二的佛性。自觉不忘觉他，故发心弘扬此识心见性、顿悟成佛的妙法，并流布将来，令闻此法者也能各自观本有真心，自见本有觉性，同获利益。

惠能非常强调善知识的重要性，认为假若在修行过程中，自己不能开悟，必须去寻觅能深刻理解最上一佛乘法的大善知识，请其直接指示出一条修行的菩提正路。这样的善知识与众生、与诸修行者有很深的因缘，所以他们来到世间就是为了化导众生，令得见自本性。这种善知识具足大智慧，能观机逗教，说契理契机之法度众生。一切善法，也是因这样的善知识才能建立发起，因病与药，治愈众生烦恼尘劳，使众生能觉悟本有佛性而解脱。所以，善知识是我们修行生活中不可或缺的良师益友，是我们的指路标，也如黑暗中的一盏明灯，在善知识的指引下，能使我们得见本有的自性。

当然，禅宗乃至惠能一向不提倡人向外求索，寻求外力。因为，三世诸佛，十二部经，一切万法尽在自心中，都是吾人心性本来具有。因此，要向内识心见性，不要向外求索。由此，善知识固然很重要，但如果能自性自度，无师自悟，那么就

不需踏破草鞋，行遍万里千山去苦苦寻觅善知识了。所以不要听说善知识的重要性，就又生起执着，假如一味地执着，谓一定需要外善知识指示，才有望得到解脱，而自己不努力，不用功修持，这样即使是有善知识指引也不能解脱。

所以，虽然善知识很重要，但不可执着向外求索，而应该自己多努力修持，向内识心见性。因为，吾人自心内本有佛性，本具般若智慧，可使自己自觉自悟。如何向内识心见性，自觉自悟呢？即自己常能生起正确的真实般若智慧，观照自己本有的觉性，如此如如智契如如理就可在一刹那间，使诸妄念俱灭，顿悟成佛。如《坛经》中所说“一灯能除千年暗，一智能灭万年愚”。如是，修行的人，不一味向外求索，而能识自本心，见自本性，如是顿悟成佛，一悟永悟，不会再退转，一悟即成佛，到达佛的境地，不落阶梯渐次，干脆利落，体现了惠能顿悟的禅法特色。

（十二）悟无念法

【原文】

善知识！智慧观照，内外明彻，识自本心[1]。若识本心，即本解脱[2]。若得解脱，即是般若三昧，即是无念。

何名无念？若见[3]一切法，心不染著，是为无念。用即遍一切处，亦不著一切处。但净本心，使六识出六门[4]，于六尘中无染无杂，来去自由，通用无滞，即是般若三昧、自在解脱，名无念行。若百物不思，当令念绝，即是法缚，即名边见[5]。

善知识！悟无念法者，万法尽通；悟无念法者，见诸佛境界；悟无念法者，至佛地位。

【注释】

［1］**智慧观照，内外明彻，识自本心**：以般若智慧观照，内不住一切心法，外不住六尘之境，对内外一切诸法无所执着。由此，内外明彻，妄尽真显，就是识自本心，见自本性。

［2］**若识本心，即本解脱**：若能识得自己本来清净的本心，就是得到本来无碍自在的解脱。这里都用了一个“本”字，我们的真心本来就具足，本来就没有任何东西可以束缚，只是众生自缠自缚，犹如蚕吐丝作茧，自作自受，长沦三界，不得解脱。现如果能识自本心，见自本性，当然就能获得本来无碍自在的解脱。

［3］**见**：举眼识之见而括其他诸识。

[4] **六门**：眼、耳、鼻、舌、身、意之六根。此六根如六扇大门揽尘生识，所以称“六门”，或六根门头。

[5] **边见**：不正确的认知，即邪见。

【释义】

本段，惠能解释了何谓无念。此无念就是般若三昧，即用般若智慧观照，内不住一切心法，外不住六尘之境，对内外一切诸法无所执着。由此，内外明彻，妄尽真显，就是识自本心，见自本性。若能识得自己本来清净的本心，就是得到本来无碍自在的解脱。这就是所谓般若三昧，也就是甚深般若，也就是无念。

到底何名无念？惠能解释说，在般若智慧的观照下，了知一切法如幻如化，不念念地对之染著。如是，虽六识之见闻觉知一切万法，而心无染著，称为无念。如永明延寿大师《宗镜录》中云：“若无念之人，非是离念，但是即念无念，念无异相，虽有见闻皆如幻化。”在宗宝本《坛经·定慧第四》中惠能也称无念是真如自性之用，他说：“念是真如之体，真如是念之用。”真如自性所具有这种清净无念之用，遍一切处，无所不到；虽遍一切处，但不染著任何一境界，于一切法心无染著。

如何能达到这种无念呢？惠能说但能清净自己的本心，使令虚妄分别的六识，出离六根门头。也即六识于六根所对之六尘诸境不生执着分别，这样就能于六尘境界无染无著。由此，六识虽见闻觉知一切万法，但于诸法不染著，于此就可以来去自由，通用自如，没有任何的滞碍，这就是所谓般若三昧，也就是所谓无念法。

总之，所谓无念就是般若三昧也即是甚深般若。以此般若观照一切诸法，虽见闻觉知一切诸法，而于一切诸法心无染著，如此就是无念行。惠能肯定地说，佛法行者果真能悟到这无念法，就能知诸法实相，对万法尽皆通达；悟此无念法，就能识心见性，到达佛的境界；不仅到达诸佛的境界，还必至最高佛果的地位，即成佛。由此可见无念法的重要。与其说是无念法的重要，不如说是般若的重要，因为无念就是甚深般若。而作为般若乃是一切修持的总纲，为般若所摄持一切诸行才能到达最高、最圆满的境界。

当然，不能错误地理解无念，认为是让人百物不思，什么也不要想，什么也不要念，即所谓令念断绝，也即落入无记、无思无想的冥然无知的一种状态。如果是这样，那就不是解脱，反而为法所束缚，错解了无念的真正含义，这样也就是落入了极端边见、邪见中。一旦落入了邪见的稠网中，无疑是不可能解脱的。

（十三）发愿奉行

【原文】

善知识！后代得吾法者，将此顿教法门，于同见同行[1]，发愿受持，如事佛故，终身而不退者，定入圣位。然须传授从上以来默传分付，不得匿其正法。

若不同见同行，在别法中，不得传付，损彼前人[2]，究竟无益。恐愚人不解，谤此法门，百劫千生，断佛种性[3]。

【注释】

［1］**同见同行**：同一见地，同一心行，即相信此顿教之法，并且能如法行持。

［2］**损彼前人**：有两种解释，其一，指损害传法给他的人，因为此受法的人如果不接受传法给他的人所传的法，不但不会继续发扬他的法，还会诽谤、轻慢传法给他的这个人，故言损彼前人。其二，指损害受法之人原修宗派的前辈传承。比如此受法的人若是别的宗派，或修别法的人，现在妄将此圆顿大法传授给他，就让人们不知道受法的人到底是哪一宗派，甚至会否认和诽谤他原来所修的宗派及其传承，并且也不会接受和相信他所传的法。所以无论这损彼前人作何解释，都在说明如果传授此圆顿大法不契机，究竟是毫无利益。

［3］**断佛种性**：不是指说断了他成佛的可能性，说他不能成佛，而是断善根、一阐提之意。也就是说诽谤此圆顿大法的人将犯下断善根一阐提这样大的过失。

【释义】

惠能作为一代宗师，秉持历代祖师及佛菩萨自利利他的大愿，希望弟子们也能将此圆顿大教递代相传下去，利益众生。但因为此圆顿大教不是一般根性所能接受的，因此，在传授这个法的时候要保持同见同行的原则才可以一起共同发愿受持，如同奉事诸佛一样认真不苟。并且若有人能从始至终坚持不懈不怠，还能受得各种考验，不论在任何恶劣环境下，而不退转原本的大志，那此人就定能得以超凡入于圣者之位。

此佛乃至历代祖师之间默然吩咐传授的以心传心之圆顿大教，可以利益众生。因此，当公开地毫无保留地将之传授下去，不得隐藏起来而不传授，使究竟真理埋没不现，使具有此根器者不得此法。佛陀正法，本是为利益众生而说的，如果将之藏匿，不特有丧众生慧命，亦有违于佛陀慈悲，过失是很大的。因此，不可隐藏而不传授。

此圆顿大法固然应当传授，但还要看机宜如何。假若不是同一见地、同一心行的根机，且其用心完全放在别法中，这样就不得随便传付给他。因为，如果妄传大法给他，他不但不接受，且会损彼前人，究竟毫无利益。还唯恐诸愚妄的人，不能了解此微妙法门的深义，不但不接受此大法，反而会诽谤此微妙法门。如是，使此学佛行人，在佛门中非唯得不到法益，在百劫千生这么久的时间也不能成佛，反而犯下断善根一阐提这样大的过失。

由此，对此圆顿大法的传授，一定要看众生的根机如何，不得妄传，也不可隐匿不传。

（十四）说《无相颂》

【原文】

善知识！吾有一《无相颂》[1]，各须诵取，在家出家，但依此修。若不自修，惟记吾言，亦无有益。听吾颂曰：

说通[2]及心通[3]，如日处虚空，
唯传见性法[4]，出世破邪宗[5]。
法即无顿渐，迷悟有迟疾，
只此见性门，愚人不可悉。
说即虽万般，合理还归一[6]，
烦恼暗宅中，常须生慧日。
邪来烦恼至，正来烦恼除，
邪正俱不用，清净至无余[7]。
菩提本自性，起心即是妄[8]，
净心在妄中[9]，但正无三障[10]。
世人若修道，一切尽不妨，
常自见已过，与道即相当。
色类[11]自有道，各不相妨恼，
离道别觅道，终身不见道。
波波度一生，到头还自懊，
欲得见真道，行正即是道。
自若无道心，暗行不见道，
若真修道人，不见世间过。
若见他人非，自非却是左，
他非我不非，我非自有过。
但自却非心，打除烦恼破，

憎爱不关心，长伸两脚卧[12]。
欲拟化他人，自须有方便，
勿令彼有疑，即是自性现。
佛法在世间，不离世间觉，
离世觅菩提，恰如求兔角[13]。
正见名出世，邪见是世间，
邪正尽打却，菩提性宛然。
此颂是顿教，亦名大法船[14]，
迷闻经累劫，悟则刹那间。

【注释】

[1]**《无相颂》**：惠能此颂共16句，乃部分重颂长行的内容。此颂反映了惠能般若空、不二、无所得的理念，让人无相离相，故称为“无相颂”。

[2]**说通**：“说”是言说，也即讲说；“通”是通达。意为不仅自己通达佛陀所说教义，还能随顺众生的根机，以善巧方便为之说法，称为“说通”。这就意味着说法时，向上要说得符合佛陀的本意，向下要说得能契闻法者的根机，如此始得成为“说通”。

[3]**心通**：也名为“宗通”，或说为“心宗”。后代禅宗学者，说禅宗为宗门，就是据此而来。那么何谓“心通”或者“宗通”呢？即悟诸佛之心宗也，就是体证或证悟到诸佛乃至历代祖师所默然传授的不立文字、教外别传、以心传心的圆顿教法，明见自心佛性，故言“心通”。

以上“说通”“心通”皆出自宋求那跋陀罗所译四卷《楞伽经》卷三。

[4]**唯传见性法**：关于此句，敦煌本《坛经》为“惟传顿教法”，两个本子此两句颂文，意思有所不同。宗宝本“唯传见性法”是意显唯传见性成佛之法，令人亲证各人本具的真性；敦煌本“惟传顿教法”意在说明修行方法上是顿超，并不是渐次而修。唯此两句亦可联系起来，也即是“唯传顿悟见性之法”，意显所传授之法是顿悟见性之法。

[5]**邪宗**：在禅宗看来除了指一切邪魔外道之法外，不见真性，不了心外无佛无法，而向外求索的一切旁门左道皆称为邪宗。禅宗一再强调“不识本心，学法无益”，所以反对向心外求法，认为那样的修行是舍本逐末，不得解脱的。更何况自身就具有一颗无价宝藏，为何不开发自身的这个宝藏，而成为大富翁，非向外去索取？一切邪魔外道之法，就是在破除之中，因为这些外道之法会误导众生，使众生陷溺在邪宗的深坑中无以自拔不能解脱。故需破邪显正。

[6] **说即虽万般，合理还归一**：佛依众生根机不同所说的教法虽有万般，理则唯一，也即所谓“教有万般，理则唯一”。这个“理”就是指真如之理。佛陀说了无数的教法，但无非是让众生悟入或契入此真如佛性，让众生都能见性成佛。这也正如《楞严经》卷六中所说：“归元性无二，方便有多门。”关于此真如之理，这里说是“一”，究其实也是于不可说中假名安立为“一”，真如作为诸法实相之理是不可说的，超言绝待，是为了度众生，故于不可说中方便说为“一”。究其实连这个“一”也不可得，不可说。正如古德所说：“本自无二，一亦不立，一尚不立，何况有多?”现在所以说“一”，是于不可说中强名为“一”。

[7] **无余**：达到至极的清净，没有一点残留。也有将无余解为无余涅槃，佛法中涅槃有两种，就是有余涅槃与无余涅槃。小乘佛教认为，虽断却一切生死原因之烦恼而证得涅槃，然因前世惑业所感召之果报身尚存，亦即生死之因已断，尚有生死之果待尽者，称为有余涅槃。反之，已断尽生死之因，又无生死之果，而达灰身灭智之究竟涅槃之境界者，称为无余涅槃。

大乘佛教之说法，则与小乘有异。在《大乘义章》卷十九中，以佛之应身、化身为有余涅槃，以佛之真身为无余涅槃。另据《胜鬘经宝窟》卷下所说，小乘之生死因果皆尽时，称为有余涅槃，大乘之生死因果皆尽时，则称为无余涅槃。

[8] **菩提本自性，起心即是妄**：人人皆具有的菩提自性，在凡夫位上从未减少丝毫，在佛果位上从未增加丝毫，原因就是本有之性，不是从外而得，所以说菩提本自性。对此本有自性，如无正确认识，而起希求之心，就成为迷妄。只要狂心一歇下来，当下就是菩提。如果起心希求，反而随妄奔驰，离本有菩提自性反而越来越远。更何况此本有之菩提自性超然物外，离四句，绝百非，离心缘相、言说相，起心去追逐，因此就是妄。

[9] **净心在妄中**：众生心念有真有妄，真指清净真心，妄指染污生灭。真妄说来虽二，而实原是一体，离真无妄，离妄无真，就如《大乘起信论》中所说“依一心开二门”，心真如门和心生灭门，这二门不是二，而是不二的，所以说“净心在妄中”。

[10] **三障**：指障蔽圣道及圣道加行之善根的三种重障，即烦恼障、业障、报障。所谓烦恼障，指贪嗔痴等烦恼；业障，指由身、口、意三业所造的不善业；报障又称异熟障，指因烦恼障、业障所招感的三恶趣果报。

[11] **色类**：是说各色各类的生命体，如胎卵湿化等各色各类的众生。

[12] **长伸两脚卧**：若能通达一切是非人我不过如梦幻泡影，了不可得，不生执着，修行到了这个境界就可谓是大事已毕，而得大解脱、大自在。所以，可以长伸两脚，安然的大睡，管他什么闲是闲非？这就是禅宗所谓参学事毕，饥来吃饭、困来则眠之大休大歇的境界。

[13] **恰如求兔角**：在兔子头上求兔角。可是兔子头上是没有角的，这是世人

尽知的。因此，现在如果想在没有角的兔子头上求角，那就是颠倒错乱，无有是处的。

［14］**大法船**：指本品所说的直指人心，顿悟成佛的顿教法门，能使人了生脱死，犹如船能渡人，将众生从生死的此岸度脱到解脱涅槃的彼岸，所以称为大法船。

【释义】

惠能此《无相颂》主要有三大内容。

其一，关于顿悟见性之法。惠能表明自己所传的就是顿悟见性之法，如颂言"此颂是顿教，亦名大法船"。目的是让闻此法者能向内识心见性，而不要向外求，正所谓"离道别觅道，终身不见道"。因为，在一切众生幻妄的身心之中就有一颗无价宝藏，一切众生皆具有此佛性，不用向外寻求，只要狂心一歇下来，当下即妄而真就是菩提。因此，起心去追逐就是妄，如颂言"菩提本自性，起心即是妄"。此圆顿大法，乃为大根人说，小根之人"愚人不可悉"。虽称圆顿大法，但本无顿渐可言，只因众生有迷悟的不同。迷悟又是因众生根机而言，利根者可以顿悟，钝根者则需渐修，而虽有这顿渐之别，但法只有一种，而无顿渐可言。

其二，关于般若。惠能认为此般若犹如光明的太阳能破除众生愚痴黑暗、邪见、三障等。此般若乃是不二的中道，因此若远离邪正等两边，就能达到至极清净的境地。修行者常应该念念行住坐卧，生活日用中行此般若妙法之无念行，不生我相、人相、众生相，做到无相离相。因此，在修道时常见己过，不论人非，那就与道相应。若不能念念行般若行，住相而修，见世间过，论他人非，则不能见到道，不能明见自心佛性成佛。若一切无所执着分别，于什么憎爱好恶，全不加以关心，就可以长伸两脚，安然的大睡，而得大解脱、大自在。

其三，世出世间不二的理念。一般谈到佛法，大多数的人都会认为佛教是出世间法，殊不知这是完全错误的。佛法原本就存在于世间，佛法是人世间的真理，这种真理如果离开了人世间将不复存在，所以，佛法不离世间法，若离开世间法而寻求出世间觉悟解脱法，如在兔子头上求兔角一样无有是处。因此，世间即是出世间，世间与出世间是不二的。之所以世出世间不二也在于是否能运用般若，行般若行。如颂言"正见名出世，邪见是世间"，具备般若中观正见，则能心不住于一切法，于一切法通达无滞无碍，来去自由。于此，虽仍在世间，而实际上已经得到出世间的解脱觉悟，故言"正见名出世"。那么相反，如果起妄心分别，不能以般若如实观照诸法，而认为法法都是实有，为法之所系缚，而处在烦恼不安中，这就名为世间，故言，"邪见是世间"。由此，般若乃是世出世间不二的关键。"佛法在世间，不离世间觉，离世觅菩提，恰如求兔角"，这首偈颂向来被看成是《坛经》人间佛教思想的源头。

不仅世出世间不二是因为般若，识心见性、顿悟成佛也是建立在般若上，以般若见性，直探心源。所以，般若思想在惠能禅法中占有重要地位。本品惠能在大梵寺讲般若法也是诸本《坛经》的主体部分。

（十五）回向总结

【原文】

> 师复曰："今于大梵寺说此顿教，普愿法界众生，言下见性成佛。"
>
> 时韦使君与官僚道俗，闻师所说，无不省悟。一时作礼，皆叹："善哉！何期岭南有佛出世！"

【释义】

惠能说完般若法及《无相颂》后，对当时闻法大众及法界所有众生寄予希望，希望他们皆能闻此圆顿大教后，言下大悟，见性成佛。

当时闻此大法的韦刺使与诸官僚，乃至在会的道俗弟子，听闻惠能所说圆顿大教，皆叹未曾有，大家也无不有所省悟。为感谢惠能说法之恩，一时所有闻法的大众，皆至诚地向惠能作礼。他们认为惠能所说之法确实至高微妙，极为稀有，言言见道，句句明宗，深契佛陀本怀。因而异口同声，悉皆欢喜赞叹道：想不到岭南这种南蛮之地竟有佛出世！由此可见闻法的大众对惠能的尊敬，乃是视之如佛。既视六祖为佛，则六祖之言教，就被奉为"经"。

六　本品小结

本品中惠能在大梵寺为大众宣说摩诃般若波罗蜜多法乃为诸本《坛经》的主体部分。在本品中惠能先从名义上解析何为"摩诃般若波罗蜜多"。"摩诃般若波罗蜜多"是全称，简称"般若"。此"般若"华译为"智慧"，但此智慧乃是不共世间一般宗教、哲学最极稀有法门。此智慧拣别于凡夫的世智辩聪，也不同于二乘的偏空，而是大乘不落空有两边，非色非空的中道实相慧，称为般若。"波罗蜜"，华译为"到彼岸"，合之称为"大智慧到彼岸"。但在本品中般若就是佛性、真性，二者同义。所以惠能以虚空为喻说明真性广大无边，非色心诸法所能比拟，又即空即色，即色即空。正因为佛性或般若之空乃是不二之中道，所以他认为不可错误地执着此空，误认为是断灭而落无记空，空心静坐，此乃病而非禅。此菩提般若之智本自就具有，不从外得，修行者当从自心见自本性，发挥出自性般若之用。

从惠能将般若与佛性等同来看，他关注的重点不是般若的空有真假问题，而是修行者的主体的心，是人们如何证得佛性的问题。重视在践行层面以般若无所得指导修行实践，在以般若扫言离相的基础上直指众生当下之心性，不再向外界寻求，而是从人心的无念本觉中寻求觉悟成佛的解脱之道。所以，在本品中惠能又特别反复强调般若贵在行持不在口念心不行。进而又从用上来解析般若。那么，如何在学修中体现般若之用？就是在一切处所，一切时中，念念不作愚痴执着分别，行住坐卧中生起般若智慧的观照，通达诸法实相，对一切法无取无舍。这样行般若行，就能知诸法悉皆平等一相，一真一切真，相即相融，事事无碍，于一切法来去自由，圆融自在。如此故将“波罗蜜”解析为“离生灭”，由此才能到解脱彼岸。所以，惠能认为，用般若照见诸法，照见五蕴皆空，于一切诸法不取不舍，不执着，以般若扫相，荡尽妄想执着，就可见性成佛之道。正如本品中他说：“智慧观照，内外明彻，识自本心。若识本心，即本解脱。”

惠能进而认为如此的般若行也称为“无念”。而所谓“无念”，总的解释就是虽六识见闻觉知一切万法，但于诸法毫不染著。这样的无念法即称为“般若三昧”，得此“般若三昧”者即得自在解脱。惠能对无念行予以很高的肯定，他认为佛法行者果真能悟到这无念法者，对万法尽皆通达，甚至能到达诸佛的境界，还必至最高佛果的地位，即成佛。由此可见无念法的重要，与其说是无念法的重要，不如说是般若的重要。因为无念就是甚深般若，而作为般若乃是一切修持的总纲，为般若所摄持一切诸法才能到达最高、最圆满的境界，惠能在这也是强调无念也即般若的重要性。般若之重要一如惠能所说雨水对万物的重要一样。

因为般若在惠能禅法乃至佛法修行中都非常重要，所以惠能称赞其为最尊、最上、最第一，能出生诸佛。对于此般若妙法，惠能认为乃是佛为最上一佛乘利根之人所说，小根小智的人是不能接受相信的。他又认为人虽有小根大根之别，但本具般若之智却无别。因此，若自迷时可以寻访善知识教导指示。此善知识与众生大有因缘，而且具备大智慧，所以能依众生不同根机，建立种种教法，因病与药加以对治。毕竟法是因人而设。

善知识在修学中虽然很重要，但惠能又让人不要执着依赖外在善知识，而自己不努力。因为自性本自具足一切——“三世诸佛、十二部经，在人性中本自具有”，众生本具佛性，本具般若智慧，所以应向内识自本心，见自见性，不必执着向外求索。

本品的最后，惠能还说了一首《无相颂》，此颂主要是讲般若与顿悟见性之法。但顿悟成佛也是建立在般若上，以般若见性，直探心源。所以，般若思想在惠能禅法中占有重要地位。

本节拓展阅读文献

1. 法缘：《坛经中的不二思想及其在惠能禅法中的意义》，广大新兴国恩寺编《六祖坛经研究》第二册，中国大百科全书出版社，2003。

2. 陈平坤：《六祖大师的17则智慧——惠能禅法之般若与佛性》，《大众佛学丛书》，台北：大千出版社，2009。

3. 济群：《〈六祖坛经〉的般若思想》，《慈光禅学学报》第1卷，1999。

4. 戴传江：《论〈坛经〉禅学思想对般若与佛性的会通》，《宗教学研究》2004年第1期。

5. 朱钧：《从〈坛经〉对"空"的悬置论"空"与般若之关系》，《杭州师范大学学报》（社会科学版）2008年第2期。

6. 王冬：《〈坛经〉的般若中道思想及其禅法特色》，《中华文化论坛》2014年01期。

本节思考与练习题

1. 惠能所言摩诃、般若、波罗蜜分别有什么深刻含义？

2. 为何惠能要将般若与佛性等同，意义何在？

3. 惠能为何一再强调般若不在口念，而在心行？

4. 为什么说般若最尊、最上、最第一？

5. 般若在惠能禅法中有何重要性？

6. 为何说法因人设，有智慧之人方能建立一切教法？

7. 为何般若是为最上一佛乘的大根人说？小根的人为何不能听闻接受？

8. 虽有大根人、小根人之不同，两者的般若智慧有不同吗？

9. 法有顿渐之别吗？

10. 何谓般若三昧、无念之禅法？

11. 惠能引《梵网经》与《维摩诘经》为己证，到底是在证明什么？

12. 修行中善知识固然很重要，但可否偏执于外在的善知识？想想自己是以什么作为善知识的？

13. 本品惠能《无相颂》有哪些内容与含义？

14. 本品展现了惠能哪些禅法特色？

15. 在生活中如何修持惠能所说的般若行或无念行？

第三节　疑问第三

本品“疑问第三”，主要讲述惠能为韦刺史解释达摩祖师何以说梁武帝造寺度僧、布施设斋了无功德以及念佛往生西方的疑问，并以《无相颂》揭示在家如何修行。本品建议8个课时。

本品教学目的：让学生通过对本品的学习知道福德与功德的区别，以及了解何谓唯心净土、禅宗如何看待净土等问题。

本品教学重点：福德与功德的区别，以及到底何谓功德？何谓唯心净土及禅宗的净土观。

本品教学难点：为什么福德与功德有区别以及禅宗的净土观，因为对于这两个问题广大学佛人很容易混淆，搞不清楚，甚至有很多争议。

一　本品题释及主要内容

本品中惠能大师在大梵寺说法，众人听了自然是心生欢喜，但他们中有些人对佛法中的有些问题还是不甚了解，自然不免生疑，于是借此机会向惠能请问，以求破疑生信。这正如佛在世说法时，也常有人疑惑，请问于佛，经过佛陀的解说，立即断疑生信，而且一信到底，再也不会怀疑。现在惠能为满足听众之愿，特地善为解说，使之疑惑解除，瓦解冰消，故以“疑问”为品题。

本品中韦刺史向惠能大师提出两个问题：第一个问题是他对达摩祖师所言的“实无功德”一语产生疑惑，求示于惠能。惠能遂以福德与功德有别予以回答，以除其疑。第二个问题是对念佛能否往生净土生疑惑。惠能肯定西方净土的存在，又为众人讲了唯心净土思想，使了知心净则国土净，若心净则无处不是道场。本品之末，惠能说了首《无相颂》来指导如何在家修行。

二　正释经文（分九）

（一）刺史请问

【原文】

一日，韦刺史为师设大会斋[1]。斋讫，刺史请师升座，同官僚士庶肃容再拜，问曰：“弟子闻和尚说法，实不可思议。今有少疑，愿大慈悲，特为解说。”

师曰："有疑即问，吾当为说。"

韦公曰："和尚所说，可不是达磨大师宗旨乎？"

师曰："是。"

公曰："弟子闻：达磨初化梁武帝[2]，帝问云：'朕一生造寺、度僧、布施设斋，有何功德？'达磨言：'实无功德。'弟子未达此理，愿和尚为说。"

【注释】

［1］**大会斋**：即无遮大会，因为是没有任何条件遮止，普通供养的大法会，故称之。类似现在所说的万人斋或千人斋。

［2］**达磨初化梁武帝**：这则公案不见于早期有关达摩的史料记载，在唐智炬撰（或谓本书为惠炬、胜持共同编纂）《宝林传》出现后，深受其影响出现的南唐静、筠《祖堂集》、宋道原《景德传灯录》等之后的史料皆有记载。达磨（也可称为达摩，"磨"与"摩"同用）来中土的时间，学术界认为是在南朝刘宋（420～479）年间，而《祖堂集》等记载是在梁武帝普通元年（520），如果达摩来华最迟在刘宋朝灭亡（479）以前，而此时梁朝还没建立，何谈会晤？又据杨衒之《洛阳伽蓝记》所载，达摩曾在普通七年（526）在洛阳瞻仰了华丽壮观的永宁寺。永宁寺在普通七年被大风刮落宝瓶后立即被修复，全盛时期延续到东魏天平元年（534）才真正结束。那么，达摩在普通元年参观永宁寺是完全有可能的，在这期间见梁武帝也不是没有可能。上述两种说法各有道理，都有可能。因此达摩与梁武帝相见之事成了中国佛教史上的一桩疑案了。

但可以肯定的是梁武帝萧衍（464～549）是被史学家称为"菩萨皇帝"的帝王，是中国历史上最信佛教的一个皇帝。曾 4 次舍身出家，讲经说法，注解经典，并且提出真、俗二谛，邀集高僧学者，展开专题讨论，不能不说这位皇帝很难得。还曾作《断酒肉文》下令汉传佛教素食，又大量建寺，度僧人出家，唐代杜牧诗云："南朝四百八十寺，多少楼台烟雨中"就是对当时的写照。

【释义】

本段韦刺史向惠能提出两个问题：第一，惠能所说的圆顿大法是不是达摩大师一脉相传的宗旨要义？惠能作了肯定的回答；第二，梁武帝一生所做的造寺度僧、布施设斋等这一切在一般人看来都是有极大功德的，可是达摩却说没有功德，达摩大师为什么会这么说？

（二）惠能解释

【原文】

师曰："实无功德，勿疑先圣[1]之言。武帝心邪，不知正法。造寺度僧、布施设斋，名为求福，不可将福便为功德。功德在法身中，不在修福[2]。"

师又曰："见性是功，平等是德。念念无滞，常见本性，真实妙用，名为功德。内心谦下是功，外行于礼是德。自性建立万法是功，心体离念是德。不离自性是功，应用无染是德。若觅功德法身[3]，但依此作，是真功德。若修功德之人，心即不轻，常行普敬。心常轻人，吾我不断，即自无功；自性虚妄不实，即自无德。为吾我自大，常轻一切故。善知识！念念无间是功，心行平直是德。自修性是功，自修身是德。善知识！功德须自性内见，不是布施供养之所求也。是以，福德与功德别。武帝不识真理，非我祖师有过。"

【注释】

[1] **先圣**：在此是指达摩为东、西两土禅宗的祖师。达摩作为一代祖师，不论讲什么教言，都从自心中流露出来，决不随便脱口而出，就如佛从不说戏论之言，或说错误的话一样。

[2] **功德在法身中，不在修福**：功德是在法身当中，这里的法身也即自性、本性、真心。众生在证得法身之前，无量功德都潜隐于法身之中，等到证得法身后，所有功德自然显现。因为，一切众生本来就具备如来智慧德相，只因妄想执着而不能证得，假如能去妄想执着，向内识心见性，不假外求，一切现成。所以真正想要修行的人，关键不在向外修福，而在于向内去体认自心自性。正所谓"不识本心，学法无益"。

[3] **功德法身**：关于法身，在佛教中有两种说法。其一，以真理之法及真如法性为身名为法身，如小乘教以戒、定、慧、解脱、解脱知见之五分法为法身。大乘佛教皆以真如法性之真理称为法身。其二，以诸功德法为身名为法身。惠能在此所言的功德法身，应该指第二种，意言修行者若想寻觅功德而成就法身，则需修集功德。

【释义】

本段，惠能先回答韦刺史"达摩说梁武帝没有功德是没有错误的"这一问题，是梁武帝心中另有所求，错误地将福德看成功德。所以若说错，错在武帝，不是达摩祖师说实无功德有什么过失，设若认为祖师说得不对，那才是我们的真正过失。那么，到底福德与功德有什么不同？造寺度僧、布施设斋等这些只可名为求福，种福田。有漏之福田，将来最多不过是得人天小果，并且福尽还会堕落，仍然还在三界六道之中轮回，不得解脱。而功德却不一样。所以，本段惠能详细解释了何谓功德。在解释功德时将功德二字分开来说，虽分开说，但都是在阐释功德之意。在他看来所谓功德有如下几个特点。

其一，所谓功德皆与自性有关。所以，能见本性，知诸法平等一如而不起执着分别；念念常行般若行与自性相应，不在一切法上停滞执着，内心更要常见本性所具真实不可思议的妙用，方得名为真实功德；能体认自性本具足一切功德，而不向外寻求；本心自体，能离诸杂念，不含有丝毫妄念；时刻不离本有自性，并依自性起用，遍一切处，却无有任何污染；随顺法性，念念无有间断，心行平直无有谄曲这些都是功德。

其二，在心性上用功夫，能调伏自心，清净无为，在为人处世上无相离相不执着。所以，惠能认为想寻觅功德而成就法身，不可向外求，应在自性上用功夫，且离一切相，无有人我等执着，能平等对一切人，内心常谦下，不应随意轻慢于人。对人甚至对诸众生，常常实行普遍的恭敬尊重，好像敬重佛陀一样，不敢丝毫怠慢，如《法华经》中常不轻菩萨那样，才是真修功德的人。假使在自己内心，常有轻慢人的念头，即显示本身吾我不断，有你我彼此的分别计较，也就说明还有我执，一个我执深固的人也就有我慢。一个我慢不断的人，妄自尊大，常轻一切，又哪里有所谓的功德？真修功德的人，还应是一个不虚假诚实厚道正直的人。

总之，所谓功德，在惠能看来都是与自心自性有关的，能精勤地修于心性，向内在自己心性上做功夫，又能于外精勤不懈地修身，这就是功德。如果这样修功德都是解脱清净无漏无为，甚至成佛作祖之事。而不是离心向外求索，或是追求外在的有漏有为的人天小果，有漏善因，如用钱财广行布施，或设斋供养之所求得的。所以一般的福德与功德，有着很大不同，不可混为一谈。

（三）请问净土

【原文】

刺史又问曰："弟子常见僧俗念阿弥陀佛，愿生西方。请和尚说，得生彼否？愿为破疑。"

师言："使君善听，惠能与说。世尊在舍卫城中，说西方引化经文，分明去此不远[1]。若论相说，里数有十万八千[2]，即身中十恶八邪，便是说远。说远为其下根，说近为其上智[3]。人有两种，法无两般。迷悟有殊，见有迟疾[4]。迷人念佛求生于彼，悟人自净其心。所以佛言：'随其心净即佛土净[5]。'使君东

方人，但心净即无罪。虽西方人，心不净亦有愆[6]。东方人造罪，念佛求生西方。西方人造罪[7]，念佛求生何国？凡愚不了自性，不识身中净土，愿东愿西。悟人在处一般[8]，所以佛言：'随所住处恒安乐。'使君心地但无不善，西方去此不遥。若怀不善之心，念佛往生难到。今劝善知识，先除十恶即行十万，后除八邪乃过八千。念念见性，常行平直，到如弹指，便睹弥陀[9]。使君但行十善，何须更愿往生[10]？不断十恶之心，何佛即来迎请[11]？若悟无生顿法[12]，见西方只在刹那。不悟念佛求生，路遥如何得达。惠能与诸人，移西方于刹那间，目前便见。各愿见否？"众皆顶礼云："若此处见，何须更愿往生？愿和尚慈悲，便现西方，普令得见。"

【注释】

[1] **世尊在舍卫城中，说西方引化经文，分明去此不远**：西方净土法门，是世尊在舍卫城中说法时，确有说西方接引化度众生往生净土的经文，如《阿弥陀经》中说："从是西方过十万亿佛国土，有世界名曰极乐，其土有佛号阿弥陀。"在此经中很明确地说有西方极乐世界在娑婆世界之西，并且这两个世界的距离，经中清楚地说有十万亿佛国土之遥远。

[2] **若论相说，里数有十万八千**：西方极乐世界与娑婆世界之间的距离有十万亿佛国土，或指的是十万亿个三千大千世界那么遥远，这个距离不是现代人可以计算得出来的。但现在惠能却说东、西两世界的距离分明并不怎么遥远，从事相上论说里数，亦即以中国的里数计算，只有十万八千里。惠能在这里所说的十万八千里也不是确指的一个数字，只是一种象征，即象征人类身中所具有的"十恶八邪"。所谓"十恶"，又名"十不善"，即杀生、偷盗、邪淫、妄语、恶口、两舌、贪欲、嗔恚、愚痴；所谓"八邪"是与八正道相反的八种邪道，即邪见、邪思惟、邪语、邪业、邪命、邪方便、邪念、邪定。人若有这"十恶八邪"的存在，成佛固然不易，到西方去便也说是很远。

[3] **说远为其下根，说近为其上智**：西方极乐世界之所以说远，是为下根人所说。因为，下根人无法体证人空、法空之真理，只能著相的去修，所以西方在他们的心目中的确就有十万亿佛国土那么遥远。说近是为上根利智人所说，因为此类根机的众生能顿悟自心佛性，见自性弥陀，了悟心净即是国土净，净土就在自心中，不离娑婆即是净土，无须过十万亿佛国土那么遥远。

[4] **人有两种，法无两般。迷悟有殊，见有迟疾**：人确实有上智下愚之分，有这两种根机的人存在，但法是无两般而一样的。众生根机有利钝、迷悟之别，所以才觉得西方有远近之分。愚迷的人见西方很慢，悟者见西方则很快。

［5］**佛言："随其心净即佛土净"**：佛言，是指《维摩诘经》中佛所说，如该经"佛国品第一"佛告宝积说："若菩萨欲得净土，当净其心，随其心净，则佛土净。"（后秦鸠摩罗什译《维摩诘经》"佛国品第一"，《大正藏》第14册，第538页中）《坛经》中惠能的意思是，有智慧而能自悟的人，只要做到自净其心，了悟自性弥陀，心净佛土净，净土就在当下，而无须过十万亿佛国土那么遥远到西方净土。后人将惠能这种思想称为唯心净土思想。

［6］**虽西方人，心不净亦有愆**：虽是个在西方净土中的人，不论外在环境怎样美满庄严，但若自己内心不净有诸染污，那仍会有各种不同的过愆。这里惠能是以假设比拟的方式说明心净的重要。假如在西方净土的人心不净有过愆，并不是说西方净土中的人真有过愆，要知道西方净土中的人都是阿惟越致（位、行、念不退转）菩萨，西方但只有清净无有杂染，所以惠能是用比拟的方式强调心净的重要，不能错解其意。

［7］**西方人造罪**：这也是比拟假如的方式，不是真的说西方极乐世界的人会造很多罪，西方极乐世界"诸上善人聚会一处"是不会造恶业罪的。

［8］**悟人在处一般**：了悟自性上根大智的人，无处而不通达，无往而不自在，无一不是净土，到处都是一样，根本没有此土或彼土之别。所以说"悟人在处一般"，亦即了悟自性者处处皆是净土。

［9］**念念见性，常行平直，到如弹指，便睹弥陀**：若念念能见本有自性，对人对事常行公平正直之心，不存一念歪曲，到西方净土，正如一弹指顷，不但非常快，且立刻便可亲睹弥陀如来，听闻弥陀说法，当下得到开悟，上品上生。《观无量寿经》里有讲到九品往生，念佛人的智慧功德，有深浅的不同，可以分为上、中、下三辈。在三辈中，每一辈又可分为三品，即上上、上中、上下、中上、中中、中下、下上、下中、下下，合之便成九品。上品上生，花开就能见佛。如经中说："如弹指顷，往生彼国。生彼国已，见佛色身，众相具足，见诸菩萨，色相具足。光明宝林，演说妙法。闻已，即悟无生法忍。经须臾间，历事诸佛，遍十方界，于诸佛前，次第受记。还至该国，得无量百千陀罗尼门，是名上品上生者。"（刘宋畺良耶舍译《观无量寿经》，《大正藏》第12册，第344页下）

［10］**但行十善，何须更愿往生**：修学佛法者，果能奉行十善，即此土就是净土，何须一定更愿往生西方？《维摩诘经》说："十善是菩萨净土。"十善为凡圣所共修的法门，行此十善的人，不但会生三善道，亦会感三乘圣果，乃至得成佛果。《仁王般若波罗密经》说："十善菩萨发大心，长别三界苦轮海。"又新译《华严经》卷三十五云："十善业道是人天乃至有顶处受生因。又此上品十善业道，以智慧修习……从他闻声而解了故，成声闻乘。又此上品十善业道，修治清净，不从他教，自觉悟故……成独觉乘。又此上品十善业道，修治清净，心广无量故、具足悲愍故、方便所摄故、

发生大愿故、不舍众生故、希求诸佛大智故、净治菩萨诸地故、净修一切诸度故，成菩萨广大行。又此上上十善业道，一切种清净故，乃至证十力四无畏故，一切佛法皆得成就。”（唐实叉难陀译《华严经》，《大正藏》第10册，第185页下）

［11］**不断十恶之心，何佛即来迎请**：修行的人，不断十恶之心，为诸惑业之所系缚，到了临命终时，若无善知识指引，哪里会有佛来接引？依净土诸经论而言阿弥陀佛具备大悲大愿，只要众生具备信愿行三资粮，欲往生西方，哪怕五逆十恶的人也摄受无遗。但这是有条件的，这种人无量劫来要有大善根，临命终时才会有善知识指引。如果自身没有善根，临命终时恐怕很难有正念，因为生平造恶太多，临命终时地狱业境现前，会心生恐惧，丧失正念，连正念都提不起，又无善知识指引，所以很难往生。即便是这种人能往生，恐怕也不会是上品上生。而且净土法门不鼓励众生平时造恶往生，《阿弥陀经》中分明说：“不可以少善根福德因缘得生彼国”，岂可造恶呢？是以，真欲求生西方，要在行者做到断十恶，使心净，不然也难以往生，即便得以往生，也恐怕是下品下生。

［12］**若悟无生顿法**：悟无生圆顿大法，之所以称为“无生”，因为当顿见自心佛性后，当下即心即佛，净土就在当下，没有所谓舍此生彼，没有东方、西方之别，此时生即是无生，无生即是生。正所谓“生即无所生，去则实不去”，故称为“无生”。设若能悟无生圆顿大法，要想见到西方，只在刹那之间，并不是很难的事。

【释义】

本段是“疑问第三”第二大疑问，韦刺史问惠能念佛能否生西方极乐世界？也是有关净土方面的问题。对于这个问题惠能的回答是不否认西方净土的存在，但西方净土是为下根众生开设的方便。作为上根利智的人而言，如果能悟自心佛性亲见自性弥陀，那么则如《维摩诘经》中所说“心净即是佛土净”，净土就在当下，甚至无处不是净土。后人将惠能这种思想称为“唯心净土”思想，也代表着禅宗的净土观。惠能特别强调心净，他说：东方人，但能求其心净无染，即没有什么罪过。反过来说，虽是在西方净土中的人，不论外在环境怎样美满庄严，但若自己内心不净有诸染污，则仍会有各种不同的过愆。可见，清净不清净，有染或无染，不在于外在的国土，而在于内心的如何。内心净，外在环境必然清净，内心不净，外在环境自亦不净。所以，作为一个学佛者，最重要是如何做到自净其心。当然，惠能在这里说西方人心不净有过愆，并不是说西方净土中的人真有过愆，是用假设比拟的方式说明心净的重要。

如何心净？认为先要行十善与八正道。《维摩诘经》说：“十善是菩萨净土。”十善是凡圣所共修的法门，行此十善的人，不但会生三善道，亦会感三乘圣果，乃至得成佛果。行十善、八正道，进而能念念见自性弥陀。当顿见自心佛性后，当下即心即佛，净土就在当下，没有所谓舍此生彼，没有东方西方之别，此时生即是无生，无生即是生。正所谓“生即无所生，去则实不去”。持十善之戒，去八邪之心，体现了惠能对戒律的重视，如此持戒念佛，进而能见自性，当下就是净土，何须更愿往生西方？若生净土，也是上品上生。

本段，惠能还认为若怀不善之心，念佛往生难到，这种理念与《阿弥陀经》中所说“不可以少善根福德因缘得生彼国”的思想一致。

从本段惠能有关净土的思想来看，他对西方净土思想是非常通达与了解的。体现了他思想之博大精深。

（四）再说净土

【原文】

师言：大众！世人自色身是城，眼耳鼻舌是门，外有五门，内有意门[1]。心是地，性是王[2]。王居心地上，性在王在，性去王无。性在身心存，性去身心坏[3]。

佛向性中作，莫向身外求。自性迷即是众生，自性觉即是佛。慈悲即是观音[4]，喜舍名为势至[5]，能净即释迦[6]，平直即弥陀[7]。

【注释】

[1] **眼耳鼻舌是门，外有五门，内有意门**：人身上的眼耳鼻舌身意六根，如城墙之门。外有眼耳鼻舌身的五门，任由外在的五尘出入，为外门；内在则有一道意门，向内摄取前五尘的落谢影子，称为内门。

[2] **心是地，性是王**：生命里的六识妄心就是城中的土地，而人的本性真心则如同居住在土地上的国王，就是每个人的真正主人。

[3] **王居心地上，性在王在，性去王无。性在身心存，性去身心坏**：人人本具的佛性是我们真正的主人，犹如国王，故本性若在，就如同是国王存在，本性如果没有，就如同没有了国王，所以说“性在王在，性去王无”。甚至如果本性在，身心必然存在；性去，身心也就必然败坏。

[4] **慈悲即是观音**：自性能现一切万法，一念心中具备十法界（声闻、缘觉、菩萨、佛的四圣法界与地狱、饿鬼、畜生、阿修罗、人、天的六凡法界），故心常慈悲，有慈悲心皆可称观音菩萨。

[5] **喜舍名为势至**：“大势至菩萨”又名得大势、大势志、得大势至或译为大精

进，略称势或势志，亦为西方三圣之一。大势至菩萨，光明智慧，最为第一。《观无量寿经》说："以智慧光，普照一切，离三途苦，得无上力，是故号此菩萨名大势至。"（刘宋畺良耶舍译《观无量寿经》，《大正藏》第12册，第344页上）而惠能说喜舍即势至。慈悲是四无量中的前二无量，喜舍是四无量心中的后二无量。大势至菩萨大喜大舍，胜余菩萨，如果我们也能大喜大舍就是大势至菩萨，故名"喜舍名为势至"。

而所谓"四无量心"，又称四无量、四等心、四等、四梵住、四梵行、无量心解脱。谓慈无量心为与众生安乐；悲无量心为救拔众生苦恼；喜无量心为不嫉妒众生享有安乐；舍无量心为舍弃怨亲等差别相而平等利益。若能修行此四无量心，则能令众生获福无量。

［6］**能净即释迦**："能净"，又译能仁、能忍、能寂、能寂默，为释迦牟尼佛的意译。现在惠能说如果能净化自己内心达到清净，就是释迦佛。因为，释迦牟尼佛就是修清净行，惑尽智圆，圆满功德，成就佛道的。

［7］**平直即弥陀**："弥陀"即阿弥陀佛，此佛以正直佛心发四十八大愿成极乐净土，平等饶益摄受一切众生。现在惠能说，如果能做到自身平直毫无谄曲，平等饶益一切众生，那么自身就是弥陀。

【释义】

惠能既然提出心净即国土净的"唯心净土"思想，所以，修行者要念念见自本性，而这个本性就在幻妄的身心中与妄身妄心二者一体不二。妄心依妄身，而净心就在妄心中，所以三者的关系是相即不离一体不二，不能离开妄身妄心别有所谓真心可得。且本性是身心的主人，因此佛是自心作，不离真心本性，莫向身外求佛。自性既然是佛，问题在于迷悟。自性如在迷妄，当然即是众生；自性若是觉悟，当下即是佛。所以，修行者应向内寻求觉悟解脱，证自性弥陀。

惠能还将佛与菩萨归属于我们的自心、自性，认为在我们的自心自性中如能做到慈悲、喜舍、清净、平直，那么我们就和佛菩萨一样了。这同时也是告诉我们不仅佛菩萨在我们自心作，乃至净土也在自心，因为心净无处不是净土。惠能在解说佛法时一切不离自性。所以，所谓修行就是要识心见性，大放自性中的慈悲喜舍清净平直之光辉，成就当下净土。

（五）释余名相

【原文】

人我是须弥[1]，贪欲是海水，烦恼是波浪，毒害是恶龙[2]，虚妄是鬼神[3]，尘劳是鱼鳖[4]，贪嗔是地狱[5]，愚痴是畜生[6]。

善知识！常行十善，天堂便至[7]。除人我，须弥倒；去贪欲，海水竭；烦恼无，波浪灭；毒害除，鱼龙绝。

【注释】

［1］**人我是须弥**：这里“须弥”即须弥山，有两种意义：其一，喻众生若有人我之执着分别，就会造下种种恶业，堆积得如同须弥山那样的高，而障碍了解脱的正道；其二，比喻为人有了自我，就会生起贡高我慢心，其我慢之高如须弥山那样高，我慢山高，能障碍对诸法正确的认识，妙法不得入心。

［2］**毒害是恶龙**：在佛教诸经论中，说到龙的地方很多。在龙中有一种能毒害人的恶龙，惠能说人如果存有害人之心，而且毒辣无比，则无异于毒害人群的毒龙，所以说“毒害是恶龙”。

［3］**虚妄是鬼神**：在《释摩诃衍论》中说：“障身为鬼，障心为神。”鬼神皆以虚妄为障，他们皆虚无缥缈若有若无，如果我们自心虚妄不实，就如同虚无缥缈的鬼神。

［4］**尘劳是鱼鳖**：鱼鳖都是水族中的众生，它们整日在水中游来游去，不知所为何事，汲汲营营。修行的人如果终日在尘劳中奔波不停，白白空过一生，这就如同鱼鳖之类在水中穿梭不停。

［5］**贪嗔是地狱**：贪、嗔、痴三种烦恼为人类的根本烦恼，这三毒能伤害众生的法身慧命，也是地狱之因。由这三毒所驱使，能使众生造下无量的恶业，由此而感召地狱的苦果，所以说贪嗔即是地狱。

［6］**愚痴是畜生**：畜生都是很愚痴的，不明事理，互相吞啖。人若愚痴不化，就如同没有智慧的畜生一样，故言之。

［7］**常行十善，天堂便至**：若能常常奉行十善，行十善的目的若是想升到天堂，立刻便至，并不是件难事。《杂阿含经》卷三十七云：“十善业迹因缘故，身坏命终得生天上。”（刘宋求那跋陀罗译《杂阿含经》，《大正藏》第 2 册，第 273 页上）不过佛法不以天堂为究竟，天堂享受虽超人间，但仍在六道中，天福若尽，依然还会堕落。因此，这里的天堂更指如天堂一样无有众苦但受诸乐的净土。修十善不仅能感生天道，还能得二乘果，乃至菩萨、如来果。所以，行十善能生净土无疑。

【释义】

本段，惠能说在我、人的自心中，如果有人我、邪心、烦恼、毒害、虚妄、尘劳、贪、嗔、痴那么就是畜生、地狱、鬼神等常在六道中，这些都是人性中黑暗污

染的一面，不净的一面。人若循着这污染不净造业，必定在六道轮回中万劫难复，所以要将心中这些污染不净去除掉，才能回复自性的清净无染。心净才能转凡为圣，转恶为善，到达净土或解脱涅槃的彼岸。

本段，体现了惠能大师独特的解经方法，体现了大师高超的智慧。

（六）明净到彼岸

【原文】

自心地上觉性如来放大光明，外照六门清净[1]，能破六欲诸天[2]。自性内照，三毒即除，地狱等罪一时消灭，内外明彻，不异西方。不作此修，如何到彼？

大众闻说，了然见性，悉皆礼拜，俱叹善哉。唱言："普愿法界众生，闻者一时悟解。"

【注释】

[1] **自心地上觉性如来放大光明，外照六门清净**：用自性般若智慧大放光明，观照一切诸法究竟虚幻不真实，故于六根对六尘时，六识不于六尘之境取著分别，此时根、尘、识等一切诸法悉皆清净，所以六门（六根）皆得清净。

[2] **能破六欲诸天**：用自性般若的智慧光明也能破除六欲诸天贪图天上的欲乐，甚至破除六天诸有漏业。"六欲天"，就是四天王天、忉利天、夜摩天、兜率天、化乐天、他化自在天。前二是地居天，后四是空居天。六天众生在天上除享受物质福乐，还有男女间欲乐，所以说为六欲天。六欲天属于欲界，本经此处是用六欲天代指欲、色、无色三界。

【释义】

本段，惠能让修行者用自性般若智慧而获得清净。用自性智慧光明外照诸法，能不染著一切，则六根清净，还能破六欲诸天及三界诸有漏业。用自性般若慧内照除三毒，灭三恶道罪。于是，用自性般若慧内外观照诸法，内外照得明彻，则内外清净，到处皆是清净，当下不异西方，那么还需要求生西方吗？所以，惠能认为，佛教修行者若不在自性上用功夫，用自性智慧之光观照一切诸法，于一切法无取无舍，不生染著，不作这样清净修，如何得以到达彼西方极乐世界。可见，般若是心净的关键。般若在惠能禅法中占有重要地位，为般若所摄持诸行才能到达最究竟圆满境地，才能到彼岸。

（七）示在家修行

【原文】

师言："善知识！若欲修行，在家亦得，不由在寺。在家能行，如东方人心善；在寺不修，如西方人心恶[1]。但心清净，即是自性西方。"

韦公又问："在家如何修行？愿为教授。"

师言："吾与大众说无相颂。但依此修，常与吾同处无别。若不依此修，剃发出家于道何益？"

【注释】

[1] **在寺不修，如西方人心恶**：修行，最重内心清净，做到心地清净，不染世俗尘劳。因此，惠能也用比拟的方式说，出家住在寺内，若贪图安享清福，不老实修行，就如西方人心地不洁净，甚至造恶有什么差别呢？

【释义】

本段，惠能乃为开示在家如何修行。学佛修行，出家固然是最好的选择，但如果出家的条件不具足，在家修行亦是可以的。因为，修行的关键是做到心地清净，不染世俗尘劳。如果能做到心净，因此就不拘泥于以什么方式来修了。

惠能虽然主张在家也可修，但这只是鼓励没有因缘出家的信徒在家认真修持也可以，不是要人不用出家，以为学佛不要出家，只要学佛即可，这样理解则失之偏颇。果真如此，住持三宝中的僧宝，谁来担当？没有住持僧宝，佛法难道可久住世间？此处惠能主张在家也可修是对机说法，因为当时听法的大众中有一部分是在家俗人，惠能说法是僧俗同度的。而且也是韦刺史问在家如何修行，所以惠能予以回答。是对特殊场合，特殊人群，对机说法。

（八）说《无相颂》

【原文】

颂曰：

心平何劳持戒[1]？行直何用修禅[2]？

恩则孝养父母，义则上下相怜。

让则尊卑和睦，忍则众恶无喧。

若能钻木出火，淤泥定生红莲[3]。

苦口的是良药，逆耳必是忠言。

改过必生智慧，护短心内非贤。

日用常行饶益[4]，成道非由施钱[5]。

菩提只向心觅，何劳向外求玄？

听说依此修行，西方只在目前[6]。

【注释】

[1] **心平何劳持戒**：关于戒律，不论出家、在家佛子都应严格守持，戒的功能在于防非止恶，而修行人为什么不能持守戒律，容易犯戒呢？主要原因在于心不平等，不能平等视一切诸法，如以杀戒为例，认为我是堂堂的人，众生非常愚蠢，其肉应给人吃，故就杀生犯戒。所以，要心平。心平，乃是证得真如自性之大解脱、大自在之境，如马祖道一所说"平常心是道"。当证得自性后，了知一切诸法皆是自心所现，一真一切真，诸法悉皆平等无有差别，到了这个境界，所谓戒律对之毫无约束，自然不持而持，持而不持，就具足一切戒律威仪，故言"心平何劳持戒"。但一定要到达这种境界方可这么说，如果没有证得自性心平之境，是不可以用这句话来作为自己不持戒开脱的理由。惠能说这句话不是让人不持戒，而是让人要识心见性，届时自然持而不持，不持而持。没达到这个境界，仍需先随相修习，进而离相清净。

[2] **行直何用修禅**：修禅是要收摄纷杂妄想之心，制心一处，不散乱，由定而慧，而能心行正直，自然也不会妄念纷飞，心也能静下来。心若静，则智慧通达，得到慧解脱，所以说行直何用修禅？《楞严经》中说"十方如来同一道故，出离生死，皆以直心"（唐般刺密帝等译《楞严经》卷一，《大正藏》第49册，第106页下）。若依《维摩诘经》所说"菩萨随其直心，则能发行；随其发行，则得深心"。依"直心是菩萨净土"（后秦鸠摩罗什译《维摩诘经·佛国品第一》，《大正藏》第14册，第538页上一中），则所谓"行直"就是直心正念，且念念常契真心，称真心而行。而真心无妄，故常能身心表里如一，直而无妄，则名为"行直"。所以，修行者若常能"行直"，即表示念念皆与真心相应，此时不就是禅宗所要达到的境界吗？修禅的目的就是念念见自本心，则念念与真心相应，故言"行直何用修禅"。

[3] **若能钻木出火，淤泥定生红莲**：此二句惠能用比喻说明要精进不懈地修行佛道。"钻木出火"，是古代取火的方法，这种取火方式，不但要经过很长时间，而且很费力气，方能从木头中冒出火花，始能得到火之用。这是说修学佛法的行者要

得智慧之火，烧尽一切烦恼柴薪，才可得到解脱。而要得到智慧烧尽一切烦恼薪，不是修修停停可以得到，而是要长期精进不懈地修持，方能得到智慧之火。

“淤泥定生红莲”，莲花是最极清净芬芳的，但它不是生在陆地，而是生于淤泥之中。这是比喻修行也是如此，在这浊恶世中，修行是很不易，但清净无染的菩提，确从浊恶世中得到。不过这也是要有恒心，要始终如一坚持，从有漏到无漏，自有成果。

[4] **日用常行饶益**：无论是在生活中还是修行中，应常常去关心周围的人，去帮助他们，常常想想该如何做能使他们受益。这样自利、利他才是圆满菩提之路。

[5] **成道非由施钱**：要想成就佛道，不是仅由布施钱财可以做到，而是应福慧双修，才能达成。

[6] **西方只在目前**：说明修行应内修心，外修性，如此西方极乐世界就在当下。也有很多人将西方极乐世界看成天堂，所以契嵩本、德异本《坛经》称为“天堂只在目前”。

【释义】

惠能这则《无相颂》主要是针对在家如何修行而作的，因此作为在家修行就应该知道修行的关键是什么。以禅宗来说修行的关键就是能向内识心见性，而不向外求。若能见性，则所谓戒律不持而持，持而不持，自然具足；甚至即使所谓修禅也不过如此。所以，他提出“心平何劳持戒，行直何用修禅”的理念。作为在家修行还要摄俗，履行该有的义务，因此处世要懂得感恩、讲义气、谦让、忍辱等美德。自身也要善于听苦口的忠言，常自省改过自新，不能护短，也不能自私，常应想着如何利益身边的人。学佛的道路很漫长，在家学佛更不易，因此还需要精进不懈，持之以恒。如此，内修性，外修身，融修行于生活之中，虽处世间即是出世间。如此修行，西方极乐世界就近在眼前。

这首《无相颂》体现了惠能对世出世间法的圆融通达，且无论是对在家还是出家人修行都大有利益。

（九）结说

【原文】

师复曰：“善知识！总须依偈修行，见取自性，直成佛道。法不相待[1]，众人且散，吾归曹溪。众若有疑，却来相问。”

时，刺史官僚、在会善男信女，各得开悟，信受奉行。

【注释】

[1] **法不相待**：敦煌本《坛经》也作“法不相待”（参见杨曾文校写《敦煌新本：六祖坛经》，第 50 页）。此句，有的解释说是指真理之法不相待，也有说是成佛之法不能等待。无论是真理之法还是成佛之法都不能等待，要精进行持，不可懈怠放逸。明版南藏本《坛经》作“时不相待”，即时间不等人。乃惠能劝修学佛法者，要珍惜光阴，用功办道，不要懈怠放逸，虚度光阴。

【释义】

惠能说了《无相颂》后，勉励大众依教奉行，自悟自性，自成佛道。还奉劝大众修行要珍惜光阴，不能虚度，精进努力。大众闻惠能开示后，皆有受益，并愿如实依教奉行。

三　本品小结

本品“疑问第三”，主要是惠能回答韦刺史所问两个问题。

第一个问题是关于梁武帝问达摩他一生建寺度僧，布施设斋有何功德？达摩答：无功德。在这个问题上惠能认为达摩回答没有错，是梁武帝自己不明白佛法的深义，错将人天有漏福田当作无漏清净功德。而所谓功德，在惠能看来皆与自心自性有关，都是无漏无为之事，不可将有漏福报看成无漏功德。

第二个问题即是有关念佛能否往生西方净土的问题。对于这个问题，惠能的回答是不否认西方净土的存在，但认为西方净土是为下根众生开设的方便。作为上根利智的人而言，如果能悟自心佛性，亲见自性弥陀，那么则如《维摩诘经》中所说“心净即是佛土净”，净土就在当下，甚至无处不是净土。后人将惠能这种思想称为“唯心净土”思想，也代表着禅宗的净土观。在这个问题上历来也有一些人错解惠能的意思，认为禅宗既然提倡“唯心净土”，因此否认有“西方净土”的存在。学习了本品对这个问题就应该没有疑惑了。

既然惠能提倡“唯心净土”，如何净心？惠能认为要行十善、八正道即持好戒，在此基础上若能明心见性，则无处不是净土。如何见性？惠能又回到般若上，认为要用自性智慧之光观照一切诸法，于一切法无取无舍，不生染著，如此清净修不仅能见性，还能大放自性中的慈悲喜舍清净平直之光辉，成就当下净土，即便要生西方，也是上品上生。相反如果不能用般若正见诸法，内心充满着人我、邪心、烦恼、毒害、虚妄、尘劳、贪、嗔、痴等不净，那么就是畜生、地狱、鬼神等常在六道中。可见，般若是心净的关键。般若在惠能禅法中占有重要地位。

本品中惠能还有应韦刺史之问开示如何在家修行。认为在家修行不仅要内修心以见性，还要外修身，要有懂得感恩、义气、谦让、忍辱等美德。融修行于生活之中，这样虽处世间即是出世间。如此修行，西方极乐世界就近在眼前。

本品中惠能的净土观对北宋后禅净合流的思想产生重要影响。唐末五代十国永明延寿（904～975）禅师就开始倡导禅净合一，这一思想几乎成为宋元以来佛教发展的基本格局。

本节拓展阅读文献

1. 法缘：《永明延寿之禅净思想》，光泉主编《吴越佛教：第五卷》，宗教文化出版社，2010。

2. 丁小平：《自证净土与求生净土》，明生主编《禅和之声：2011－2012 年广东禅宗六祖文化节学术研讨会论文集》，羊城晚报出版社，2013。

3. 阎孟祥：《关于〈坛经〉“西方极乐世界”的解说》，《五台山研究》1998 年第 3 期。

4. 吴正荣：《惠能的净土禅观新论》，《船山学刊》2010 年第 2 期。

本节思考与练习题

1. 何谓福德？何谓功德？并指出两者的差异。
2. 何谓净土？何谓西方净土？
3. 何谓唯心净土？
4. 如何净心而达到“心净即是佛土净”？
5. 惠能如何教导在家修学？
6. 惠能所说《无相颂》有什么思想内涵？

第四节　定慧第四

定慧在佛法的修行中是极其重要的法门。定慧本来是指禅修行的两个方面，梵语“禅”即是“定慧”的通称。本品“定慧第四”惠能为大众开示定慧一体不二的法义，又说此修行法门是以无念为宗，无相为体，无住为本。本品建议 6 个课时。

本品教学目的：让学生了解何谓定慧不二？惠能定慧不二的主张与一般行者所理解的定慧有何区别？何谓无念、无相、无住之三无禅法？这三无禅法又是以什么为理论核心？

本品教学重点：定慧不二及三无禅法的理解。

本品教学难点：惠能定慧不二的主张与一般行者所理解的定慧之区别。惠能提倡定慧不二与其主张佛法乃不二之法是紧密相连的。一般行者认为在戒定慧三学中先戒、后定然后发慧，三学是有次第而行。而惠能主张定慧不二与一般行者理解之定慧有一定区别，故为难点。

一　本品题释及主要内容

定慧作为佛法修行中重要的法门，乃为梵语“禅”的通称。“定”属于“止”，即止其散心，安定不动。也即凝住于所缘之境决不向外驰散流动，使心善住于所缘之处，不散乱不动摇，名之为“定”或“止”。“慧”属于“观”，乃拣择事理的观照功用，所以在《俱舍论》中说：“慧谓于法能拣择。”定慧不二是“禅”的含义，这是传统禅法对“定慧”的基本观点。

但有些行者却将“定慧”分割成两个方面或步骤，认为先定而后发慧，正所谓“从定发慧”。由此将“定慧”割裂，这就导致修行者在实践修行中对禅法作偏狭的理解，造成偏重“定”或忽略“慧”；或者偏重“慧”而忽略“定”，于此定慧不能双运，修行不能圆满，终不能成就无上菩提。此品即是惠能为大众开示定慧一体不二的法义，故以“定慧”为品题。

正由于惠能主张定慧不二，这就使他的禅法发生了根本的改变。他破斥自弘忍以来——特别是北宗神秀“观心、看净、不动不起”的坐禅观，首先提出一行三昧。其次，他明确说自己的禅法是“立无念为宗，无相为体，无住为本”。无论是一行三昧还是无念、无相、无住之三无禅法，都是告诉修行的人，所谓坐禅并不局限于坐，“直言坐不动”，也非克制自己的妄念而不起，空心静坐，如北宗神秀所言“看心、观净、不动不起”，这样并非坐禅，反是障道因缘，不得解脱。如《维摩诘经》中所记载，舍利弗在林中宴坐，却被维摩诘呵责。可见禅非坐卧，可以融禅于日常生活之中，不拘形式，只要念念时中行持一行三昧或无相、无念、无住则每时每刻都是“定慧”，都是“禅”，这无疑将“禅”的观念扩大了，使得南宗禅活泼泼地充满了盎然生机。

惠能定慧不二的思想，体现了他对传统禅法的革新，也是他不二思想的体现。不二思想可谓贯穿于惠能整个禅法之中，并且在惠能禅法中具有极大的意义。

二　正释经文（分八）

（一）定慧一体不二

【原文】

师示众云：善知识！我此法门，以定慧为本。大众！勿迷，言定慧别[1]。

定慧一体，不是二。定是慧体，慧是定用。即慧之时定在慧，即定之时慧在定。若识此义，即是定慧等学[2]。诸学道人，莫言先定发慧，先慧发定各别。作此见者，法有二相。口说善语，心中不善，空有定慧，定慧不等。若心口俱善，内外一如，定慧即等。

自悟修行，不在于诤。若诤先后，即同迷人，不断胜负，却增我法，不离四相[3]。

善知识！定慧犹如何等？犹如灯光。有灯即光，无灯即暗。灯是光之体，光是灯之用，名虽有二，体本同一。此定慧法，亦复如是。

【注释】

[1] **定慧别**：不要错误地认为二者是有差别的，认为二者有前后的次第。

[2] **定慧等学**：定慧一体，没有差别。

[3] **四相**：对于生命现象的四种妄执，出自《金刚经》。生命现象依缘而起，无自性可得，而凡夫误以为皆有恒常不变的生命主体，因而产生四种妄执，谓之四相。

我相：谓众生于五蕴法中，妄计有能主宰的自我，“我”即为主宰之义。

人相：此中之“人”，即指生命个体，或人格主体。故“人相”即指执着有轮回六道之生命主体的妄想。

众生相：此中之“众生”，指由五蕴积集的生命体。对这种五蕴积集而成的生命现象执着为实体，这种妄想谓之众生相。

寿者相：执着有个体、性命、灵魂等实存之观念。窥基大师之《金刚般若经赞述》卷上解释说：“见命根断灭过去后生六道，名寿者相。”（《大正藏》，第33册，第131页中）

【释义】

本段，惠能开示修行者，他所传的圆顿法门也是以定慧作为根本。不过他所言的定慧不是差别的二法，而是不二。如何不二？若以体用来言不二，定是慧之体，慧是定之用。即慧之时定在慧，即定之时慧在定，即定即慧，两者相即互含，一体不二，互相渗透，相互依存，体用一如，相即不二。这种定慧一体不二的思想与有些修行者依戒而定、依定而慧的说法有所不同。有的修行者似乎是把定慧分割为两个方面或步骤，认为发慧是在趋定的基础上，所谓“从定发慧”。由于把定慧割裂，往往导致在实践修行中对禅法作偏狭的理解，造成偏重“定”而忽略“慧”，这样若“定”时没有“慧”就成枯定；或者偏“慧”而忽略“定”，“慧”时没有“定”就成狂慧，将定慧视为有二相，如是修定慧，不能成就解脱。为了更好地理解定慧不

二，惠能又用喻来加以说明。若将定慧视为二法，如人心口不一，只是空有定慧之名，而无定慧之实；而定慧不二，则如心口表里如一，也如灯和光一体不二，不相舍离，这就是定慧平等一如。

对于定慧一体之法，惠能认为贵在自悟自修，如果去实践自然就体悟此理，不在口头上争执谁先谁后，若在口头上争论定慧先后，反而会增长我、法两种执见，不能远离我、人、众生、寿者四相。如此，又怎能善修定慧而出生死？

总之，惠能这种具有实践性的定慧一体之思想与一般学人所说依戒而定，依定而慧的说法不同，更具有革新之意，将“禅”的意义扩大，使得南宗禅充满盎然生机。

（二）一行三昧

【原文】

师示众云：善知识！一行三昧[1]者，于一切处行住坐卧，常行一直心[2]是也。《净名经》[3]云：“直心是道场，直心是净土[4]。”莫心行谄曲，口但说直，口说一行三昧，不行直心。但行直心，于一切法勿有执着。

迷人著法相，执一行三昧，直言：“常坐不动，妄不起心[5]，即是一行三昧。”作此解者，即同无情，却是障道因缘。善知识！道须通流，何以却滞？心不住法，道即通流。心若住法，名为自缚。若言常坐不动，是只如舍利弗宴坐林中，却被维摩诘诃[6]。

善知识！又有人教坐，看心、观净[7]，不动不起[8]，从此置功。迷人不会，便执成颠。如此者众，如是相教，故知大错。

【注释】

[1] **一行三昧**：又名“一相三昧”，或称“一相庄严三摩地”。“三昧”或“三摩地”是同义，皆指的是正定，就是专注一行，修习正定，平等持心。“一行三昧”，即观法界平等一相，故名之。《文殊师利所说摩诃般若波罗蜜经》卷下说：“文殊师利言：‘世尊云何名一行三昧？’佛言：‘法界一相，系缘法界，是名一行三昧。’”（梁曼陀罗仙译《文殊师利所说摩诃般若波罗蜜经》卷下，《大正藏》第8册，第731页上）所谓“法界”也即是“法性”“真如”的异名。所谓“观法界平等一相”，就是观真如平等之一相。所谓“一相”，就是平等一如，无有差别之相。作为真心是一切万法之根本，一切皆是唯心之所现，故一切诸法当体即是真心，一真一切真，一切诸法皆平等没有差别。修行者能一心系缘于这平等之一相的真心上，就名“一行三昧”。因此，也可以说如果能念念真如，与真如相契不舍，那么这就

是“一行三昧”之境界。

此三昧是以真如平等一相而为庄严，故又名“一相庄严三摩地”，《大般若波罗蜜多经》卷五百七十五“曼殊室利分”云：“此三摩地，以法界相为庄严，是故名为一相庄严三摩地。”（唐玄奘译《大般若波罗蜜多经》，《大正藏》第7册，第972页上）宗密也说：“若顿悟自心本来清净，元无烦恼，无漏自性本自具足，此心即佛，毕竟无异。依此而修是最上乘禅，亦名如来清净禅，亦名一行三昧，亦名真如三昧。”故“一行三昧”也名“真如三昧”。所以，“一行三昧”也名“一相三昧”，或称“一相庄严三摩地”，又名“真如三昧”。

[2] **常行一直心**：这里所说“直心”，不完全指通常意义的正直无有谄曲之心，还指“真心”，亦即真如、佛性。常行直心，即常住真如，常契佛性。因为，一行三昧的主旨就是能念念念真如，与真如相契不舍。如果能常住真心，与真心相契，那么不论在什么时候，都是行亦禅，坐亦禅，语默动静体安然，此乃是真一行三昧。

[3] **《净名经》**：底本作“净名”无“经”字，敦煌本作“净名经”，依敦煌本加“经”字。《净名经》也即《维摩诘经》。

[4] **直心是道场，直心是净土**：此句出自后秦鸠摩罗什译《维摩诘经·佛国品第一》。经中记载说，时有宝积长者子，请佛宣说菩萨净土之行，佛陀告以“直心是菩萨净土，菩萨成佛时，不谄众生来生其国”（《大正藏》第14册，第538页上）。

[5] **常坐不动，妄不起心**：只要常常坐着不动，克制自己妄念，不起心动念，即是所修的一行三昧。如果这样修很显然不是在修一行三昧，只是所谓空心静坐，压制自己的心，让心不起念，而落在无记当中，这是病，而非禅。

[6] **若言常坐不动，是只如舍利弗宴坐林中，却被维摩诘诃**：此说出自后秦鸠摩罗什译《维摩诘经·弟子品第三》：佛派舍利弗去问维摩诘病，舍利弗说：“我不能去”，原因是“忆念我昔曾于林中宴坐树下，时维摩诘来谓我言：‘唯！舍利弗！不必是坐为宴坐也。夫宴坐者，不于三界现身意，是为宴坐；不起灭定而现诸威仪，是为宴坐；不舍道法而现凡夫事，是为宴坐；心不住外，亦不住内，是为宴坐。’”（《大正藏》第14册，第539页下）舍利弗是智慧第一尊者，在林中宴坐，既为维摩所诃，可见常坐不动是不对的。

[7] **又有人教坐，看心、观净**：“观净”，底本作“观静”，敦煌本《坛经》《通一切经要义集》《大乘五方便北宗》作“观净”。依敦煌本《坛经》改。（见宇井伯寿《禅宗史研究》之“北宗残简”，东京：岩波书店，1966年4月版）

教界当中，又有人教初学者静坐，“看心”也名观心，“观净”也名“看净”，“看”即是“观”的意思。这当是指以北宗神秀为主的观心、看净的禅法。所谓“观心”，神秀的禅法很注重坐禅观心，认为我们的真心被妄想烦恼等如灰尘一样覆盖不显，通过观心能破三毒净六根，由此一切妄尽，则真显，故神秀的禅法被称为

“息妄修心宗”。“时时勤拂拭，莫使惹尘埃”就体现了观心的一个过程和观心的禅法。而惠能认为心性本来清净无染，与真心同在的烦恼妄想等是空幻的，因此何必要观察而求破除？正所谓“本来无一物，何处惹尘埃?”。

所谓“看净”，即观真心清净无染。在惠能看来真心既本来清净无染，因此何必要“看”？又清净的本心无形无相，哪有什么形相可“看”？既然真心的清净没有一个形相可言，却硬要去安立一个净相去“观”，这是一种迷妄，犹如头上安头，还会受这个净相所束缚。再者若起心来“看”或者“观”也是一种妄作，因为真心离言说，心缘之相，开口即错，动念即乖，又怎可以起心去“观”呢？所以，惠能对神秀这种观心、看净的禅法予以批评。

[8] **不动不起**：即上文“常坐不动，妄不起心”，这是病，而非禅，因这种禅法如大石压草，若寒灰草木，根本不能解脱。

【释义】

本段，惠能提出“一行三昧”的禅修方法。所谓“一行三昧”即是念念与真如相契的一种境界。因此，关键是要在于一切处行住坐卧，常行一直心，也即常住真如，常契佛性。如果能常住真心，与真心相契，那么不论在什么时候，都是行亦禅，坐亦禅，语默动静体安然，此乃是真“一行三昧”。惠能引《维摩诘经·佛国品第一》中所说“直心是道场，直心是净土”来说明常行直心，方可与道相应。若常行直心，与真心相契，对于一切诸法无有执着，佛陀正道即得通行流畅。若执着于法，就有系缚，不得解脱。

惠能既然提倡一行三昧，因此他对常常坐着不动，空心静坐的禅法与北宗神秀观心、看净的禅法予以批评。因为常常坐着不动，空心静坐，落入无记空中；神秀观心看净禅法都非与真心相契无作无为，而落在有相有为中。这些禅法在惠能看来都是病而非禅。若依之而修，还互相学习教示，应知是极大错误的。

（三）略论顿渐

【原文】

师示众云：善知识！本来正教[1]，无有顿渐[2]，人性自有利钝。迷人渐修，悟人顿契。自识本心，自见本性，即无差别，所以立顿渐之假名。

【注释】

[1] **正教**：在此指自修自悟，见性成佛之法门。

[2] **顿渐**：所谓“顿”，即不落阶梯渐次，瞬间完成，完全觉悟。相反的，“渐”则是指需要依照次序渐次而行，故名之。惠能禅法思想对后世影响最为深远的就是其“顿悟成佛”说，所谓“顿悟”就是于瞬间领悟宇宙实相之理，而实相在众生身上即体现为佛性，众生佛性为烦恼所障而不为众生所见，一旦顿悟断惑，佛性便显现。因此，众生证悟实相也就是反归自身本性，这就是所谓的“见性成佛”。因此从宗教角度看，惠能“顿悟”是一种快捷简便的解脱论，通过瞬间觉悟，进入佛的境界，成就解脱；如果从哲学的角度看，惠能之顿悟论则又是一种强调直觉的认识论。这种认识论超越了世俗认识理论中的程序化语言以及记忆、想象、分析、推理、归纳等思维形式，而实现突发性的飞跃。但无论从宗教角度还是哲学角度而言，惠能的顿悟论所强调的只是要人返归到自己的内心世界，从人的生命主体的能动因素“心性”“觉性”上寻找解脱的内在根据。以佛教根本教义为指导，在改变心理，转换观念的基础上使人的精神面貌产生升华与飞跃，这即是惠能顿悟成佛论的根本精神。

【释义】

惠能虽然倡导顿悟成佛，提倡“顿悟”，但他又认为究其实没有顿渐之别，因为“法”只有一种，正如《金刚经》中所说：“是法平等，无有高下。”只是因为人的根机有利根与钝根的分别，所以在修持上就有渐修与顿悟的差别。但不论根性有怎样的利钝，只要自己见到本性，到这时候即无什么差别可言。因此，之所以立顿渐，不过是随根性的利钝而假名安立的，不可执着有实质的顿渐差别！古德有说：“根羸则法劣，器广则道固，故圆根上智者，一闻一切闻，不是推寻而后得，若待了达而后成，皆为权渐，是以有顿渐的假名。”

（四）立三无禅法

【原文】

善知识！我此法门，从上以来，先立无念为宗，无相为体，无住为本。无相者，于相而离相。无念者，于念而无念。无住者，人之本性。

【释义】

本段，惠能提出从上历代祖师以来顿悟见性之法，皆是以无念为宗旨，无相为本体，无住为根本。惠能这是总的提出三无禅法。又先概略地对这三无禅法予以解析说：“无相”者，是于一切诸法相中，而能远离一切相，不执着任何一法之相；所谓“无念”，是于诸念中，而能远离一切念，不于诸境上生起一念之妄念。所言

“无住”者，也即人人该有的本性、根本，亦即众生本有佛性。

（五）释无住为本（根本）

【原文】

于世间善恶好丑，乃至冤之与亲，言语触刺欺争之时，并将为空，不思酬害，念念之中不思前境[1]。若前念、今念、后念[2]，念念相续不断，名为系缚。于诸法上念念不住，即无缚也。此是以无住为本。

【注释】

[1] **念念之中不思前境**：念念之中对已经过去之事不追忆，或念念之中不思往昔所缘之境。因为过去已经过去，虽忆何为？更何况过去心不可得，现在心不可得，未来心不可得，所以对于已过去之境界不追忆。

[2] **前念、今念、后念**：前念，即已灭为过去之念；今念，即现在正生起之念；后念，即将要生起之念，也即未来。所以，就是指过去、现在、未来三世之念。此过去、现在、未来三世之念是念念相续无有间断。

【释义】

“无住”既然是人人本具佛性之根本，而佛性即是般若，无有所住，既是无住，即无所执着。因此，在待人接物上对于世间所有的一切善恶、美丑、冤亲等皆无所执着，乃至彼此有什么触犯或讥刺，或有什么欺骗纷争之时，如能将这一切并视为空，不执着，不在上面计较分别，不思如何酬报伤害，对一切无取无舍，如《金刚经》中所说：“不住色生心，不住声、香、味、触、法生心。”如此不执着一切，就是所谓无住。“无住”，若体现在自己心性上即于诸境上前念、今念、后念，念念无所执着。对这过去、现在、未来三世之念，一念都不执着，名为“无住”。若一念起执着则念念即住，既有所住，则有所执着，身心即被系缚，不得自在。

（六）释无相为体（本体）

【原文】

善知识！外离一切相，名为无相。能离于相，即法体清净。此是以无相为体。

【释义】

所谓“无相为体”，乃是外离于一切诸法之相，一切诸法有千差万别之相，而能离一切诸法之相，则自性的法体就自然清净。这自性的法体就是指本心佛性。当能离一切相的时候，心水自然如如不动，清净澄澈。所以说“能离于相，即法体清净”。《金刚经》中说：“离一切诸相，即名诸佛。”由此可见离相的重要性，是以无相为本体。

（七）释无念为宗（宗旨）

【原文】

善知识！于诸境上，心不染[1]，曰无念。于自念上，常离诸境，不于境上生心。若只百物不思，念尽除却，一念绝即死，别处受生[2]，是为大错。学道者思之，若不识法意，自错犹可，更误他人；自迷不见，又谤佛经，所以立无念为宗。

善知识！云何立无念为宗？只缘口说见性，迷人于境上有念，念上便起邪见，一切尘劳妄想从此而生[3]。自性本无一法可得，若有所得，妄说祸福，即是尘劳邪见，故此法门立无念为宗。

【注释】

［1］**于诸境上，心不染**：于诸所缘境上，其心不受外境所染，即六识虽见闻觉知一切万法，而能于一切万法毫无染著，这即是所谓“无念”。

［2］**念尽除却，一念绝即死，别处受生**：一切众生都是前念、今念、后念，念念相续不断，若将一切念头尽都除却，予以断绝，若真的一念断绝，则无异成为不思不想的死人，生命既已结束，并当依业别处受生，别处受报。

［3］**只缘口说见性，迷人于境上有念，念上便起邪见，一切尘劳妄想从此而生**：有些修行人，口头上尽管说见到自性，以为修行功夫已很不错，殊不知这说明内心还有迷惑，于所缘境上，仍有执着之念。一旦有执着之念，就生起错误的邪见，乃至一切尘劳妄想也都从此而生，如《大乘起信论》中所说：“一念无明生三细，境界为缘长六粗。”

【释义】

何谓“无念”，惠能解释说行者于诸所缘境上，其心不受外境所染，也即六识

虽见闻觉知一切万法，却于万法毫无执着。如何不执着？即于自己起心动念上，念念常离对所缘诸境的执着分别，不于所缘境上生心动念，故名无念。

本段，惠能解释为什么要立“无念为宗”，原因如下。

其一，为了显无念正确的意思故。有的修行者错误地将“无念”当成让人百物不思，什么也不要想，什么也不要念，将一切念头尽都除却，予以断绝，这并不是“无念”的真正含义。如果这样错误地理解“无念”，就不能解脱，将在三界中舍生趣生，无有休息。惠能再三强调应该正确地理解“无念”的含义，不要自误误人，如此也是毁谤佛之正法，罪恶也很大。因此，为了显“无念”正确的意思，故立“无念为宗”。

其二，纠正一些修行者自认为见性而通达“无念”的错误故。有些修行人，口头上尽管说见到自性，事实上并未见性。殊不知这说明内心还有迷惑，仍有执着之念。要知道自性本是无有一法可得，纤尘不染，一法不立。如果以为自己见性，说明有法可得，还有所得，就非“无念”之境界，这纯属于颠倒妄见，由此滋长尘劳妄想。

（八）结说无念

【原文】

善知识！无者无何事？念者念何物？无者，无二相，无诸尘劳之心[1]。念者，念真如本性[2]。真如即是念之体，念即是真如之用。真如自性起念，非眼耳鼻舌能念[3]。真如有性，所以起念[4]。真如若无，眼耳色声当时即坏[5]。

善知识！真如自性起念，六根虽有见闻觉知，不染万境，而真性常自在。故经云：“能善分别诸法相，于第一义而不动[6]。”

【注释】

[1] **无者，无二相，无诸尘劳之心**：“二相”，是指美丑、是非、生灭、有无、空有、人我、内外、染净等两相对立的范畴和概念。如果对此“二相”，有所执着计较，种种烦恼尘垢就随之而生。因此，如果能去除对一切诸法的执着，无二相可得，则心体究竟清净，无诸尘劳烦恼。

[2] **念者，念真如本性**：无念之“念”乃是真如自体所具之念，故言“念者，念真如本性”。此“念”是真如自体所起之用，如在《神会和尚禅话录》中神会说“所言念者，是真如之用，真如者，即是念之体”。所以，本段后文说“真如即是念之体，念即是真如之用”。

［3］**真如自性起念，非眼耳鼻舌能念**：无念之“念”是以真如为体，“念”不过是真如之用，真如之本体清净无染无著，因此由真如自体所具之念当然也是清净的，就非是眼、耳、鼻、舌、身、意等六识妄心所具有之念。因为六识乃为妄心，由妄心所起之念乃为妄念，乃生灭杂染之念。

［4］**真如有性，所以起念**：真如自性有起念之妙用，能随缘起念。随染缘，则成染的六凡法界；随净缘，则成四净法界。真如能随缘不变，不变随缘，这就是真如之用。诸如来藏系经典都有讲到，如《楞严经》中以“水成冰，冰还成水”比喻说明真心随缘不变，不变随缘之理。

［5］**真如若无，眼耳色声当时即坏**：作为念之体的真如若没有的话，生命体上的眼、耳等六根以及所缘的色声等六尘，即毁坏失其功用。在本经前“疑问第三”中惠能曾经讲过“性是王，性在王在，性去王无，性在身心存，性去身心坏”，因此，这句乃是强调真心与六根、六尘、六识不二。因为有根即有尘，根尘相对生识，所以真心与根尘识三，一体不二。

［6］**能善分别诸法相，于第一义而不动**：此句出自后秦鸠摩罗什译《维摩诘经·佛国品第一》。“诸法相”，指万有一切诸法之相，皆虚幻不真实，毕竟空，此乃“第一义”之真理。作为佛菩萨已经透视了诸法空无自性之实相，并且能安住于这第一义谛实相之理上，虽分别一切诸法，但能无所分别，如如不动。此即所谓“能善分别诸法相，于第一义而不动”。

【**释义**】

本段，惠能结说何谓“无念”，并更详细地解释“无念”。“无”是对一切诸法的执着分别有无、美丑二相之心；“念”就是真如自性所起的用，真如不过是念的体。无念之“念”既是真如自体所具有的妙用，因此就非六识之妄念。当然真妄不二，不是离妄别有真，真心与六识、六根、六尘皆是一体不二，凡夫被妄所牵，迷了真心而认妄为真。若能了妄当下即真。若去妄而归真，依真如之体而起念，则清净无染。所以，虽六根对六尘而起六识分别诸境，但于所缘境不染著。如此，随缘起念，知见一切法，自体又恒常不变，并不因见闻觉知万法而染著变化，如如不动。为了说明这一点，惠能引《维摩诘经·佛国品第一》中的经文：“能善分别诸法相，于第一义而不动”加以说明。对于通达万法皆空之第一谛的圣者而言，虽分别一切法，又无所分别，如如不动。真如自性之念也复如是虽分别一切法，而自体不变。

“无念”也即是般若，惠能本段对无念的解析主要是从其用而言，把无念解释成真如自体所起之用，此用也就是般若之用。般若也为自性本具，为自性所起之用，故无念即般若，般若即无念。

三　本品小结

本品“定慧第四”，惠能开示众人“定慧”是一体不二的，定是慧之体，慧是定之用。即慧之时定在慧，即定之时慧在定，即定即慧，两者相即互含，一体不二，互相渗透，相互依存，体用一如，相即不二，如人心口如一，也如灯和光一体不相舍离。惠能这种定慧一体的思想与一般学者所说依戒而定，依定而慧，将定慧视为二法的说法不同，更准确地对定慧，对“禅”作了解析。

在修行观上惠能主张于一切处行住坐卧，常行一直心，即常住真如，念念常契佛性之“一行三昧”。因此，对常常坐着不动，空心静坐的禅法与北宗神秀观心、看净的禅法予以批评。这些禅法在惠能看来都是病而非禅。若依之而修，还互相学习教示，应知是极大错误。

惠能虽主张顿悟成佛，但他又提出“法无顿渐”的主张，而之所以有顿渐不过是因众生根机安立的假名。

惠能还强调所传顿悟见性之法即禅宗历代祖师以来皆立无念为宗旨，无相为根本，无住为本体，提出这无念、无相、无住的三无禅法。惠能特别强调不能错解“无念”，以为是百物不思，令念断除，不生念，也不能认为自己已经见性通达无念，这仍然是有所得，不是无念的境界。对于无念，惠能更从自性所具有的用上来解析。所以他认为无念的“无”乃是无有对一切诸法的执着分别，如有无、美丑二相之心；“念”就是真如自性所起的用，真如不过是念的体。“无念”不过是真如自性的任运发挥、任运作用。而这种妙用也就是“般若”，所以无念也即是般若。

惠能所说无住、无相、无念这三者在名相上虽不同，但就其修行的过程而言，乃是连贯而统一的，三者中能做到任何一个就能同时兼具其他二者。而且从基本含义上看无相、无住二者实际为无念所包含，无念不仅是用来指导修学者修行的原则和方法，而且是修学者所要达到的最高境界，正如宗宝本《坛经·般若第二》中言无念时说：“悟无念法者，至佛位地。”所以，修学者如果能做到无念，则无相、无住也同时具足了。因此，于无相、无住、无念三者中，无念可以说是个总的概念。

这三无禅法着眼点都在于以般若直显心性，让修行者从无相、无住、无念中顿见自己的真如本性，不假外修而于自心常起正见，由此自性自得解脱，自得无碍大用。这三无思想体现了惠能南宗禅全新的禅法特色与修行观。

本节拓展阅读文献

1. 陈兵、尹邦志：《一行三昧与惠能禅法》，释传正总主编、释妙峰主编《曹溪禅研究（二）》，中国社会科学出版社，2003。

2. 赖贤宗：《“一行三昧”之研究：以坛经与早期禅宗思想史为中心》，明生主编《禅和之声：2011～2012 广东禅宗六祖文化节学术研讨会论文集》，羊城晚报出版社，2013。

3. 小林圆照：《一行三昧私考》，《禅学研究》第 51 辑，1961。

4. 黄博仁：《惠能对禅定之批判》，《新竹师专学报》第 11 期，1985。

5. 何照清：《六祖坛经初探—自性与无住无念无相》，《辅大中研所学刊》1996 年 06 期。

6. 张卫红：《从〈坛经〉看顿教禅法的修持要求》，《浙江学刊》2005 年第 2 期。

7. 秦萌：《解读敦煌本〈坛经〉中的“三无”》，《浙江学刊》2009 年第 2 期。

本节思考与练习题

1. 佛教中某些修行者如何理解定慧？

2. 惠能所提出的定慧不二是什么？思考惠能为何要提出定慧不二的思想。

3. 惠能定慧不二思想在其禅法中有何意义？

4. 何谓一行三昧？

5. 惠能为何要批评常坐不动不起，空心静坐的禅法与神秀北宗观心、看净的禅法？

6. 何谓无念、无相、无住？这三者的关系如何？

7. 无念、无相、无住之三无禅法体现惠能怎样的禅法特色？

第五节　坐禅第五

“坐禅”是佛教各宗派重要的修行方式，传统的坐禅需要调身、调息等前方便，有次第而行。而惠能对坐禅、禅定作了全新的解释。认为自心本性，本定、本净，只要于一切法不染不著，内心如如不动，则时时处处都是坐禅、禅定。本品建议 4 个课时。

本品教学目的：让学生能领悟并于生活中学习实践惠能独特的坐禅观。

本品教学重点：理解惠能对坐禅独到的解析。

本品教学难点：惠能对北宗神秀观心、看净禅法的批评。因为，北宗观心、看净禅法对于中下根机的人而言还是有利益的，而惠能是站在一个更高的高度来看神

秀禅法，惠能禅法度的是利根人，所以不容易理解。

一　本品题释及主要内容

所谓“坐禅”，即一般所说的静坐修定，其方法是结跏趺坐或单趺坐，并且要在寂静处，放舍一切外缘，集中心力于一境，观心、看净，不动不起，经过一段时间的锻炼，就可以获得内心的安宁，或者见到自己的本心、本性，这是北宗神秀及某些佛教宗派所认为的坐禅。但惠能在此品中所谈的坐禅并不是要跏趺而坐，离群索居，独处静处，观心、看净，不动不起。他认为自性本定、本净，只要念念时中自见本性，离一切相，于一切法不取不舍，则行住坐卧，无处无时不是禅定。惠能所开示的这种修禅方式，非常的深奥玄妙，故以“坐禅”为品题。同属契嵩本系统刊刻于清康熙十五年（1676）真朴重刻本《坛经》则称为“妙行品”。

本品主要内容是惠能先批评神秀观心、看净的禅法，然后提出自己独到的坐禅观。他认为真正的“坐禅”是外能于一切善恶之境心念不起即名为“坐”，内见自性如如不动即名为“禅”。因此，所谓“禅定”就是外离一切相，于一切法不起执着即名为“禅”，内心不乱即名为“定”。总的来说，他认为，我们的自心本性，本定、本净，只要于一切法不染不著，内心如如不动，则无时不处都是坐禅、禅定。可见惠能对坐禅、禅定作了全新的解释。他这种坐禅观扩大了“禅”的范围和内涵，使南宗禅生活化，修行方法简易化，不提倡固定方式的坐禅，而是任运自然，不假造作，于平常日用中体悟真常。惠能这种坐禅观使南宗禅传播的范围影响越来越大。

二　正释经文（分二）

（一）坐禅非看心、看净、不动

【原文】

> 师示众云：此门坐禅，元不看[1]心，亦不看[2]净，亦不是不动。[3]
>
> 若言看[4]心，心元是妄，知心如幻，故无所看[5]也。
>
> 若言看[6]净，人性本净，由妄念故，盖覆真如。但无妄想，性自清净。起心看[7]净，却生净妄。妄无处所，看[8]者是妄。净无形相，却立净相，言是工夫。作此见者，障自本性，却被净缚。
>
> 善知识！若修不动者，但见一切人时，不见人之是非善恶过患，即是自性不动。善知识！迷人身虽不动，开口便说他人是非长短好恶，与道违背。
>
> 若看[9]心看[10]净，即障道也。

【注释】

［1］［2］［4］［5］［6］［7］［8］［9］［10］**看**：底本皆作“着”，敦煌本《坛经》作“看”，依敦煌本改。

［3］**此门坐禅，元不看心，亦不看净，亦不是不动**：此句乃总标此顿悟见性的法门所说之坐禅与一般说的修禅不同。因为此宗坐禅，元是不看心，亦不看净，也不是像大石头压草那样令心不动不起。这几句，不惟是惠能教人坐禅方法，且是批评一般所说坐禅方法，主要应该是北宗神秀为主的坐禅方法。神秀禅师教人，行者欲得会道，必须坐禅习定，不因禅定而得解脱，是不可能的。神秀禅法的特色宗密概括为“凝心入定，住心看净，起心外照，摄心内证”。本此，证知惠能所批评的看心、看净、不动不起的禅法，是指神秀禅师教人坐禅的方法。神秀观心、看净之禅法是一个心性的修行过程。通过坐禅息灭妄想浮尘，深入认知自己本具佛性。并且在这个观心或者看净的禅法之前，还要有前方便，即需远离愦闹，住闲静处，调身调息，跏趺宴然，舌拄上腭，心住一境。因此以北宗神秀为主的禅法比较注重坐禅，也比较拘泥于坐禅的形式，让人在坐禅时观心、看净，或者令心不动不起。而现在惠能却对他观心、看净、令心不动不起的禅法提出批评。

【释义】

本段，惠能先总标南宗顿悟见性的法门所说的坐禅与一般特别是北宗以神秀为主的修禅不同。因为此宗坐禅，元是不看心，亦不看净，也不是令心不动不起。

首先，批评神秀“观心”的禅法。惠能认为神秀坐禅所观之“心”是六识之妄心，而非真心。作为六识妄心是刹那生灭不停，犹如奔马，并且境来即生，境去即灭，是虚幻不真实的。如果能了知六识妄心是虚妄不真实的，是如幻如化，那么还有什么可以“看”的呢？故无所看也。

其次，批评神秀“看净”的禅法。所谓“看净”，即在坐禅中体认清净的真如佛性，这就叫作“看净”，或者“观净”。惠能从四个方面对“看净”禅法予以批评：第一，当知人性本是清净的，由于有了妄想杂念，遮蔽盖覆真如之性，只要无有妄想盖覆清净真如，其真如之本性自然清净，本来毫无污染。这样何必要去看净？第二，如果起心看净，这就等于在原本清净无形无相的真如上，反而生起清净的妄念，这也是一种病。对真如生起清净的这个妄念也是来无所从来，去也无所去，是虚幻不真实，不可得的，因此又如何能观净呢？第三，起心看净的“看”也是妄作，因为真如离一切心缘相，开口即错，动念即乖，也不是能动的妄心所能缘虑得到的。所以，如果起心动念看净，这个“看”本身就是妄作，实为头上安头。第四，所言真如是清净无染的，这个清净之“净”也可言“空”，是无有形象，真如超言绝相，又哪里有一个净相可得呢？因此，若言看净就是人为地立了一个净相，又落入相中。不但如此，还以为安立净相而观就是修行的功夫。假使作此见解，不但不是修行功夫，反而障碍见到真如本性。因为这样的修行反被妄立之净相所系缚，因此怎可看净？总的来说惠能通过这 4 点对神秀看净的禅法予以批评，认为这样的禅法修行很难达到觉悟解脱。

最后，惠能对神秀坐禅令心不动不起的禅法予以批评。在他看来所谓“不动”是本有自性的真不动，这样的不动也即是在透视一切诸法实相下了无执着分别，心安住实相真理上的如如不动，也即是《维摩诘经·佛国品第一》中所说“能善分别诸法相，于第一义而不动”。因此，假设心没有做到如如不动，了无执着染污，还有人相、我相、众生相、寿者相，只是身体不动，对是非好恶还会执着分别，这样就不是真不动，这样的修行坐禅是与道相违背的。

北宗以神秀为主观心、看净、不动不起的禅法，虽然惠能站在一个更高的高度予以了批评，但对于中下等根机之人修行而言也还是可以作为敲门之砖的。

（二）解释何名坐禅

【原文】

师示众云：善知识！何名坐禅？此法门中，无障无碍[1]，外于一切善恶境界，心念不起，名为坐；内见自性不动，名为禅。

善知识！何名禅定？外离相为禅，内不乱为定。外若著相，内心即乱；外若离相，心即不乱。本性自净自定[2]，只为见境、思境即乱。若见诸境心不乱者，是真定也。善知识！外离相即禅，内不乱即定。外禅内定，是为禅定。

《菩萨戒经》云：“我本元自性清净。”善知识！于念念中，自见本性清净，自修自行，自成佛道。

【注释】

［1］**此法门中，无障无碍**：在此顿教法门中，能够除去种种执着分别，达到一切无障无碍。

［2］**本性自净自定**：吾人本性原是自净自定，本来清净而又如如不动。

【释义】

本段惠能解释何谓坐禅、禅定，并将坐禅、禅定本是一个名词，现在各分开来讲，虽然分开讲，但又是一个词的意思，这大概是他解析佛教术语名词的习惯。

在他看来，所谓“坐禅”，对外方面能于一切善恶境界上，心念不起任何执着，名之为“坐”；在内方面能见到自性原本如如不动，也不为外境所动，名之为“禅”。而所谓“禅定”，他认为，对外，能离对一切诸法之相的执着是为“禅”；对内，心不染万法，如如不动是为“定”。

由此可见，惠能所言坐禅、禅定其实意义是一样的。在他看来吾人本性原是自净自定，本来清净而又如如不动的，只为见到外在的境界，不了如幻不真实，而生起执着分别，这样内心就动乱了。如果见到外在的境界，心能不执着，内心如如不动，不为外境所动，如此外禅内定就名为禅定或是坐禅。

本经此处惠能第二次引用《梵网经·菩萨心地品》中所说“我本源自性清净”，说明众生人人本具的佛性是清净无染的，因此修禅定时，若能于念念之中，见到自己本性清净佛性，自修自悟，自就能成就佛道。

在宋道原《景德传灯录》卷五记载南岳怀让（677~744）与马祖道一公案中曾有“磨砖岂得成镜”“坐禅岂得成佛”的典故（见《大正藏》第51册，第240页下），可以用来参考理解惠能所说坐禅的深义。

三　本品小结

本品“坐禅第五”，惠能主要是提出自己独特的坐禅观。惠能开门见山地开示学人“此门坐禅，元不看心，也不看净，也不是不动”。作为北宗神秀来说他的禅法宗密概括为“凝心入定，住心看净，起心外照，摄心内证”，因此，惠能在此要批评的主要是以北宗神秀为主的禅法。

惠能对神秀观心、看净、不动不起的禅法予以了批评后提出自己的坐禅观。在他的禅法中坐禅与禅定乃为同义。他说，所谓“坐禅”，对外方面能于一切善恶境界上，心念不起任何执着，名之为“坐”；在内方面能见到自性原本如如不动，也不为外境所动，名之为“禅”。所谓“禅定”，对外，能离对一切诸法之相的执着是为“禅”；对内，心不染万法，如如不动是为“定”。如此，内禅外定就名为禅定。

总之，惠能对坐禅、禅定作了全新的解释。他立足于修学者如果能于一切时、一切处都能做到不执着一切诸法，能离相、无住、无念，内心如如不动，那么无论是行住坐卧，便无不是“禅”，无不是“定”。由此，所谓修禅便不拘形式，使南宗禅活泼泼地充满了盎然生机。因此，所谓修行办道，所谓坐禅就可在生活日用当中，不是偏重于枯坐冥想，而应活泼地修禅，语默动静无不可修行入定。他把禅修和凡夫生活日用之事结合了起来，寄坐禅于日常生活中，由此扩大了禅的范围和内涵，使修禅可以三根普被，也可以不拘于形式，这一改变也就是使佛教更加平民化、普及化。

本品惠能对神秀禅法虽然予以了批评，但是站在一个更高的高度上作的评判。神秀的禅法对于接引中下等根机之人修禅还是可以值得借鉴与参考的。所以对于神秀与惠能的修禅观应予以正确客观的对待。

本节拓展阅读文献

1. 〔日〕宇井伯寿：《禅宗史研究·北宗残简》，岩波书店，1966。

2. 郭朋：《中国佛教思想史·隋唐佛教思想》，江苏人民出版社，2009。

3. 龚隽：《中国禅学史上的“坐禅”观念以初期禅史为中心》，明生主编《禅和之声：2011－2012年广东禅宗六祖文化节学术研讨会论文集》，羊城晚报出版社，2013。

4. 韩传强：《禅宗北宗研究》，宗教文化出版社，2013。

4. 〔日〕西口芳男：《敦煌写本七种对照观心论》，花园大学《禅学研究》第74号，1996。

5. 净因：《惠能之南禅——佛教思想发展史上的第二次回归》，《法音》2002年第2期。

6. 赵朝民：《〈六祖坛经·坐禅品〉研究——以“看心看净”之辩证为中心》，南华大学宗教学研究所硕士论文，2010。

本节思考与练习题

1. 什么是北宗神秀观心、看净、不动不起的坐禅观？

2. 惠能为何对北宗神秀观心、看净、不动不起禅法予以批评？

3. 惠能如何解释“坐禅”和“禅定”？

4. 惠能坐禅观在中国禅宗史上有何意义？

5. 如何正确看待北宗神秀与惠能的坐禅观？

6. 如何将惠能之坐禅观运用到日常生活学修之中？

第六节　忏悔第六

本品“忏悔第六”，乃惠能为大众传授自性五分法身香、说无相忏悔、发四弘誓愿、授无相三归依、说自性一体三身佛等内容。依据敦煌本《坛经》这些内容都是惠能无相戒的内容。本品建议16个课时。

本品教学目的：让学生了解何谓自性五分法身香、无相忏悔、四弘誓愿、无相三归依、自性一体三身佛等内容，并结合敦煌本《坛经》及其他相关史料，了解何谓无相戒。

本品教学重点：自性五分法身香、无相忏悔、四弘誓愿、无相三归依、自性一体三身佛、无相戒等内容。

本品教学难点：如何理解无相忏悔、无相三归依、无相戒？因为在佛教的戒律仪轨中是依有相来受三归依、受戒乃至忏悔，但惠能认为要做到无相、离相在理解与实践上有难度。

一　忏悔的名义

佛教有无量的法门，“忏悔”是其中重要的法门之一。“忏悔”，梵语名为“忏摩”，此云“悔过”，谓忏其前愆，悔其后过。

在这世间做人谁都不敢说没有罪恶是十全十美的。那么有了罪恶该怎么办？不能覆藏，“护短心内非贤”，覆藏自己的罪过，过失会很大，因此需忏悔才能改过自新。作为修行人不论求解脱，或求无上觉，若不真诚忏悔，罪恶越积越多，堕落越深，是修道的大障碍，因此需要忏悔除罪。

《涅槃经》说：“智者有二：一者不造诸恶，二者作已忏悔。”（北凉昙无谶译《大涅槃经》，《大正藏》第12册，第477页中）不作恶是最理想的，但这样的人很少，甚至可以说没有。如果不幸造了罪恶，唯有依佛所说忏悔，果真痛切忏悔，立志重新做人，就是牺牲生命，决不再造罪恶，亦不失为智者。最怕确实有罪，而又不肯承认，即或承认，又不肯忏悔，就真成为不可救药的人。佛陀建立忏悔法门，目的就是让人能改过自新，一切重新开始，给予修行者希望。

二　忏悔的方法

在佛教中，忏悔之法向来有多种，大致可分为以下三种。

1. 作法忏：依律之作法而行忏悔。采用庄严道场、地涂香泥、设坛等方法。略如下列。

（1）制教仪：指犯戒律之罪的忏悔，限于出家众。又分三种：①罪法忏，对4人以上之僧众忏悔。②对首忏，对师家1人忏悔。③心念忏，对本尊忏悔。

（2）化教仪：系有关善恶行为的忏悔，通于僧俗。

依《四分律羯磨疏》卷四“忏六聚法篇”载，作法忏一般须具足5缘，即：①迎请十方之佛菩萨，为明证人；②诵经咒（至心恳切，专修一法）；③自白罪名；④立誓；⑤明证教理（放下有所得心，于诸善境不作圣解）。

2. 取相忏：又作“观相忏悔”，即观想佛之相好等以为除罪之忏悔。具体来说，

即在观想的过程中见佛来摩顶，或见光现，或见华飞，或梦中见诸瑞相，或闻空中声。于此诸相，随获一种，罪即消灭，是名取相忏。

3. 无生忏：又名“观无生忏悔”，即观诸法实相万有皆空之理。以所造之罪及妄心皆无真实自体故，如偈颂所说：“罪从心起将心忏，心若亡时罪亦亡，心亡罪灭两俱空，是则名为真忏悔。”

在以上三种忏法当中，作法与取相二忏皆属于事忏，无生忏为理忏。

惠能所说的忏悔称为“无相忏”或名“自性忏”，这种忏悔应该是从理忏中发挥出来的。这种忏悔不必普请礼赞十方诸佛菩萨，诵念经咒等仪式，也不要求在佛像前发露忏悔，或念诵经文，只是前念、后念及今念，念念不被愚迷等染，断除一切导致恶行的各种矫诳、嫉妒等杂心，这种忏悔非常强调心忏、自性忏，因此被称为自性忏或无相忏。

三　本品题释及主要内容

本品中除了讲无相忏悔之外，还说有自性五分法身香、自心四弘誓愿、自性三宝归戒、自性一体三身佛。这些也无非使行者消障除罪，惑净理圆，是名真忏悔，故以“忏悔”为品题。

本品中惠能首先为大众传自性五分法身香；其次，为众人传授无相忏悔；忏悔完毕，又引领大众发四弘誓愿；接下来又为众人授无相三归依；最后为众人说一体自性三身佛。总的来说，惠能所说的自性五分法身香等都不离自心、自性，而且都作了全新的解释，其目的就是要告诉修行者，自心具足一切万法，含藏一切，自心具足五分法身香；从自心忏悔；自心具足四弘誓愿；归依也是归依自性三宝；三身佛也皆在众生一心中，因此修行勿向外驰求，而应向心觅，若离心觅法，学法无益。因此修行应识自本心，见自本性，则一切功德宝藏自然具足。这充分体现了他识心见性的禅法特色。

而且在本品中惠能所讲到的无相忏悔、自性五分法身香、自心四弘誓愿、自性三宝归戒、自性一体三身佛等如果结合敦煌本《坛经》来看，都属于无相戒的内容。

四　正释经文（分十六）

（一）总标诸法

【原文】

时，大师见广韶洎四方士庶，骈集山中听法，于是升座，告众曰：来诸善知识！此事须从自性[1]中起[2]，于一切时，念念自净其心，自修自行，见自己法身，见自心佛，自度自戒，始得不假到此。既从远来，一会于此，皆共有缘。

【注释】

[1] **性**：底本作“事”，契嵩本、德异本、明版南藏本《坛经》作“性”。依契嵩本改。

[2] **此事须从自性中起**：有关修行悟道此一大事，必须要从自性觉悟做起。

【释义】

本段，惠能见大众云集宝林山宝林寺前来听法，因此劝各位：有关修行悟道此一大事，必须要从自性觉悟做起，在自性上用功夫，于一切时念念做到自净其心，自修自悟，自己见到自己心中的法身，见到自己的自心佛性，如是识心见性，自己度自己，自己严持清净的戒行，唯有如此，才算不负远道而来听闻佛法。惠能这一段事实上是在强调修行应该落在实处，并且要向内识心见性，否则学法无益。

（二）传自性五分法身香

【原文】

今可各各胡跪[1]，先为传自性五分法身香[2]，次授无相忏悔。

众胡跪。师曰：一戒香，即自心中无非无恶、无嫉妒、无贪嗔、无劫害，名戒香。二定香，即睹诸善恶境相，自心不乱，名定香。三慧香，自心无碍，常以智慧观照自性[3]，不造诸恶；虽修众善，心不执着，敬上念下，矜恤孤贫[4]，名慧香。四解脱香，即自心无所攀缘，不思善、不思恶，自在无碍，名解脱香。五解脱知见香，自心既无所攀缘善恶，不可沈空守寂[5]，即须广学多闻，识自本心，达诸佛理，和光接物[6]，无我无人，直至菩提，真性不易，名解脱知见香。

善知识！此香各自内熏，莫向外觅。

【注释】

[1] **胡跪**：指胡人跪坐之法也，“胡人”就是西域印度一带之人，在古代称为胡人。关于胡跪之相有种种异说，分为互跪、长跪。“互跪”，即左右两膝交互跪地致敬，经典中虽屡见右膝着地致敬，但若疲倦时，亦允许左右两膝交互着地；“长跪”，

谓双膝着地。

［2］**五分法身香**：又名“五分法身”，谓以五种之功德法而成身，谓之五分法身，又作“无漏五蕴”“无等等五蕴”，乃大小乘之无学位即佛及阿罗汉之自体所具备之五种功德。大小乘对五分法身解释不一样。

按小乘佛教之解释，所谓五分法身即是指：其一戒，身、口、意三业，离一切之过非；其二定，即无学之空、无愿、无相等三三昧（三解脱门）；其三慧，即无学之正见、正知；其四解脱，无学位中与尽智、无生智及无学之正见相应的胜解心所（所谓“胜解”有二义，一是于所缘境决定印可，二是于所缘境心自在转，不为境界所碍）；其五解脱知见，小乘之无学位所证得之尽智（指烦恼之染污全部除尽而得之智慧，即由于完全证知四谛之理而得之智慧）、无生智（指了知一切法无生之智，亦即灭尽一切烦恼，远离生灭变化之究极智慧）为解脱知见。

按大乘佛教之解释五分法身香见于慧远（334～416）之《大乘义章》卷二十，谓佛之自体所具备之五种功德名为五分法身。其一戒身：指如来之身、口、意三业远离一切过非之戒法身；其二定身：谓如来之真心寂静，自性不动，远离一切妄念，称为定法身；其三慧身：谓如来之真心体明，自性无暗，观达法性，称为慧法身，即指根本智；其四解脱身：谓如来之自体无累，解脱一切系缚，称为解脱法身；其五解脱知见身：谓证知自体本来无染，已实解脱，称为解脱知见法身。

五分法身之次第历然，由戒而生定，由定而生慧，由慧而得解脱，由解脱而有解脱知见。戒、定、慧三者依“因”而受名，解脱、解脱知见二者就“果”而付名，然此五者均为佛之功德。以此五法而成佛身，则称为五分法身。

［3］**常以智慧观照自性**：常以智慧观照自己的真如自性，念念与真如相应，如如智契如如理。

［4］**矜恤孤贫**：怜悯救济贫穷潦倒、孤苦无依的人。

［5］**沈空守寂**：不可沉落顽空，枯寂当中，即如二乘人落入偏空沉空滞寂，无有大悲慧水滋润，得少为足。

［6］**和光接物**：即和其光、同其尘，即与尘俗之人打成一片，在待人接物上与人和睦相处。

【释义】

惠能在五分法身前加了“自性”二字，与大小乘佛教解释的有些不同。1. 戒香：其重心要求自心中无有任何过非，无嫉妒、无贪嗔、无劫害，内心没有一点污染，名为戒香。2. 定香：强调内心自性不为境界所乱，如如不动。3. 慧香：常以智慧与真心相契，无障无碍，既不造诸恶，也不执着所做的善，内心常与般若相应。虽广行一切善，但毫无执着，即所谓慧香。4. 解脱香：自己的本心中，对外在的一切境界无论是善还是恶皆无所攀缘执着，安然自在无碍，名解脱香。5. 解脱知见香：即是“应无所住而生其心”的运用。在自己得度后，还要利他，从空出妙有，不能沉空滞寂，得少为足。仍须不断精进，广学一切佛法，多闻各种理论，体认自己的本有真心，通达诸佛的真理。并且还要深入广大人群中，与众生打成一片，广度一切有情，而又无所执着。从初发心直至圆满无上菩提，虽随缘广作一切空花水月的佛事，但真如自性始终没有变易，不因外在的境界而变化，如如不动，这就名解脱知见香。

如上所说自性五分法身香，都在自心本性之内去熏发，不是向外求所得。于中，戒定慧三种法身香，是从“因”上所安立；解脱、解脱知见二种法身香，是从“果”上安立。若“因”若“果”诸香，都是以智慧火燃烧起来的无价宝香，以此真实庄严法身，是为真实供养如来。

（三）传授无相忏悔

【原文】

今与汝等授无相忏悔[1]，灭三世罪，令得三业清净[2]。善知识！各随我语，一时道：

“弟子等，从前念、今念及后念，念念不被愚迷[3]染。从前所有恶业愚迷等罪，悉皆忏悔，愿一时销灭，永不复起。

弟子等，从前念、今念及后念，念念不被憍诳[4]染。从前所有恶业憍诳等罪，悉皆忏悔，愿一时销灭，永不复起。

弟子等，从前念、今念及后念，念念不被嫉妒[5]染。从前所有恶业嫉妒等罪，悉皆忏悔，愿一时销灭，永不复起。”

【注释】

[1] **无相忏悔**：“无相忏悔”本属“理忏”，又名“自性忏”。“自性”就是自心、自性、本性，指人人本具的真如佛性。自心本性本来就清净，纤尘无染，一法不立，哪里有所谓忏悔可言？今既言忏悔，是因为众生无量劫来迷于自性，执我、执法，起惑造业，由此种种烦恼妄惑覆盖了真如本性，如乌云遮盖住太阳，使太阳之光不能显现。现在所云的忏悔也即是用智慧之火将一切烦恼妄惑燃烧干净，清净的本性就自然显露，正如惠能说所谓忏悔就是“去除心中的愚迷、骄诳、嫉妒等染心”，使我们的真心不被这些污染所覆盖，这就是忏悔，也名“自性忏”。

“自性忏”又名“无相忏”。“无相”是指我们的真心超言绝待，无形无相，故

名之。但因众生执着种种诸法之相而起惑造业，现在如果能离开对一切诸法相之执着，做到无相。若能无相，则法体清净真心本性就自然清净，这是因无相而显清净的本性。基于这样的道理，所以修行人只要离相无相，内心就不受诸法所染，清净的本性当下即显，而此真心超言绝待，无形无相，故名“无相忏”。

［2］**灭三世罪，令得三业清净**：灭除过去、现在、未来的三世罪业，令得身、口、意三业究竟清净。而这三业中又以“心”（即意业）为主，“心”如果清净没有污染，身、口自然清净。

［3］**愚迷**：愚痴迷惑不明事理。

［4］**憍诳**：“憍”，即“骄”，就是骄傲，主要是以为自己了不起，在任何方面稍比别人强一点，不可一世的傲然之气就会表现出来，使得别人不愿与之接近。骄者不反省自己的骄傲，还对别人生起反感，给予他人吃种种苦头，当就造成很多罪恶。“诳”是欺诳，如明明自己没有什么德行，却未得谓得，以此欺诳信徒及世人，骗取钱财名闻利养造诸罪恶。

［5］**嫉妒**：主要是不耐他荣。别人不论有什么荣耀的事，自己总是感到很不高兴，总要想方设法地予以破坏，使他名誉地位受损，当然就会造成很多罪恶。鸠摩罗什译《坐禅三昧经》中说：“求清净道出家人，而生嗔恚怀妒心，清冷云中放毒火，当知此恶罪极深。”（《大正藏》第15册，第273页下）

【释义】

惠能的“无相忏”也名为“自性忏”，既然是“自性”，即人人本具佛性，本来就清净，纤尘无染，一法不立，哪里有所谓忏悔可言？今既言忏悔，是用智慧之火燃烧忏除覆盖在自性上的因妄想执着而生起的种种不净的乌云，使原本清净的自性显现出来。所以，所谓忏悔就是去除心中的愚迷、憍诳、嫉妒等染心，是从“心”开始，让心念念清净，不被愚迷、憍诳、嫉妒等染心所染，这样念念清净即是自性现。由此，从前所有因愚迷、憍诳、嫉妒等心所造的种种罪过，一时消灭净尽，从此以后永远不再复起。

惠能所言的无相忏悔连憍诳、嫉妒等之小随烦恼都要忏悔，贪嗔痴等大随烦恼就更应该忏除。总的就是要修行者心里能远离一切过恶，没有一丝一毫的污染不净，否则就与真心不相应。惠能这种无相忏强调从“心”入手，以“心”为根本，所以这种忏悔不必如作法忏或者取相忏那样普请、礼赞等种种仪式，而是注重内心，只要内心念念不被愚迷、骄诳、嫉妒等所染，断除一切导致恶行的污染等心，离相无相，超言绝待、无形无相的清净佛性当体即现，所以称为无相忏或者自性忏。

（四）释忏悔名义

【原文】

善知识！已上是为无相忏悔。云何名忏？云何名悔？忏者，忏其前愆，从前所有恶业，愚迷、憍诳、嫉妒等罪，悉皆尽忏，永不复起，是名为忏。悔者，悔其后过，从今以后，所有恶业，愚迷、憍诳、嫉妒等罪，今已觉悟，悉皆永断，更不复作，是名为悔。故称忏悔。

凡夫愚迷，只知忏其前愆，不知悔其后过。以不悔故，前愆不灭，后过又生。前愆既不灭，后过复又生，何名忏悔？

【释义】

本段，惠能解释何谓“忏悔”？他认为所谓“忏”，就是忏其前愆，从前因愚迷、憍诳、嫉妒等已造成的一切过恶，已造成的罪业，悉皆尽忏，使之永不复生起，名为“忏”；所谓“悔”，乃悔其后过，所有一切恶业如因愚迷、憍诳、嫉妒等可能造的罪恶对此一切，现今已觉悟知道罪恶，因此现将之悉皆永远断绝，更不复作如是罪恶，是则名为悔改后过，永不再造，名之为“悔”。如此彻底的改往修来，就名为忏悔。若是只知忏其前愆，不知悔其后过，这样前愆既不曾全灭，后过复又生起，如是徒重形式的礼拜忏悔，没有认真洗心革面，不得名为是真忏悔。所以，“忏悔”是既要“忏”，也要“悔”，才称忏悔。

（五）发四弘誓愿

【原文】

善知识！既忏悔已，与善知识发四弘誓愿，各须用心正听。自心众生无边誓愿度[1]，自心烦恼无边誓愿断[2]，自性法门无尽誓愿学[3]，自性无上佛道誓愿成[4]。

【注释】

[1] **自心众生无边誓愿度**：一般说的“众生无边誓愿度”，是指应发心度自身以外一切所有的众生，现在惠能要我们反观自心，始知法界无边众生不是外在的，而是自心中众生。所有众生既是自心众生，需自心自度，故称为“自心众生无边誓愿度”。说众生是自心中的，可以从两个角度来说，其一从利他角度来说：自性含

一切万法，即使是无边众生也在我自心之内，为我之心所现，故一切众生与我一体不二，所以应发心度脱。故诸佛菩萨才运无缘之大慈，同体之大悲救度一切众生，甚至发愿若有一众生未成佛，誓不成正觉。这是从利他的角度说自心众生无边誓愿度；其二如果从自利的角度而言：所说的众生就是愚痴、迷妄、颠倒妄想的代名词，我们的心如果有这些愚痴、迷妄等就是所谓众生，如果能发愿去除心中这种种不净，转染为净，就能转凡成圣，即众生而成佛，因为内心若净，佛性当下即显，如此便是自心中无边众生誓愿度。

[2] **自心烦恼无边誓愿断**：因为众生愚迷，妄想执着覆盖了真如，所以自心有无尽的烦恼。自心既然有无尽的烦恼，因此需发愿将之断除，若不能断除烦恼，则不能解脱乃至成佛。故言“自心烦恼无边誓愿断”。

[3] **自性法门无尽誓愿学**：佛所教示的法门，有无量无边那么多，皆是我人自性中具有，为对治我们自心这无边烦恼，所以要修自性所具法门，故言“自性法门无尽誓愿学”。

[4] **自性无上佛道誓愿成**：人人皆有佛性，皆可以成佛，自性即是佛，因此应自修自悟自己的佛性，这即是所谓“自性无上佛道誓愿成”。

【释义】

在为大众说无相忏悔后，惠能带领大众发四弘誓愿。有愿才有行，佛法非常重视发愿。佛菩萨没有不发愿而成。佛法所说发愿，向来说有两种，即通愿与别愿。“通愿”，是常说的四弘誓愿。“别愿”，是佛菩萨所发各别不同的誓愿。本乎愿力，上求佛道，下化众生，皆得圆满完成。

惠能现所说四弘誓愿为通愿，且在前两句前加“自心”两字，后两句前加“自性”两字，也有他特殊的含义。度心内的众生，名“自心众生无边誓愿度”；断心内的烦恼，名“自心烦恼无边誓愿断”；一切法门皆不离自性，修学自性所具的法门，称“自性法门无尽誓愿学”；识自本心，见自本性，名“自性无上佛道誓愿成”。

基于自心、自性而发的四弘誓愿，发愿的最终目的是令修行者体认自心本性，如此也就是圆满成就四弘誓愿。

（六）释四弘誓愿

【原文】

善知识！大家岂不道，众生无边誓愿度。恁么道，且不是惠能度。善知识！心中众生，所谓邪迷心、诳妄心、不善心、嫉妒心、恶毒心，如是等心，尽是众生，各须自性自度，是名真度。何名自性自度？即自心中邪见烦恼愚痴众生，将正见度。既有正见，使般若智打破愚痴迷妄众生，各各自度。邪来正度，迷来悟度，愚来智度，恶来善度，如是度者，名为真度。

又烦恼无边誓愿断，将自性般若智，除却虚妄思想心是也。

又法门无尽誓愿学，须自见性，常行正法[1]，是名真学。

又无上佛道誓愿成，既常能下心，行于真正[2]，离迷离觉，常生般若。除真除妄，即见佛性，即言下佛道成。

常念修行，是愿力法[3]。

【注释】

[1] **正法**：指与真如或般若相应的一切行法。

[2] **常能下心，行于真正**：常能下最大决心，精进不懈地行于如来真正大法。

[3] **常念修行，是愿力法**：常思念如所发四弘誓愿这样如此的修行，本乎愿力，成为实践的动力。以愿指引行持，使一切行持圆满，愿力也自然圆满，行之与愿，相辅相成，共同圆满。

【释义】

本段，惠能再次深入地解析何谓“自心”或“自性”四弘誓愿。以“自心众生誓愿度”而言，惠能强调两点。

其一，度心内众生。邪迷心、诳妄心、不善心、嫉妒心、恶毒心如是等心尽是心内众生，且是极为刚强难调难伏众生，唯各人于自心本性中，有力调伏，方是真得度脱众生。惠能将心中这些不善的心比喻成众生是非常有道理的，这些不善的心能覆盖住真如本性，而成为在六道中轮回不息的众生。因此，如果能在内心断除这些不善的心，就能转染成净，转凡成圣，这也就名为度心内众生。

其二，自性自度。既然众生皆是心内的种种不善、染污心，因此需自性自度。如何自性自度？心中起了邪见烦恼就是愚痴众生，此时就将以正见去度；迷惑妄念用觉悟来度；愚痴用智慧来度；恶念用善念来度。当然，最究竟度的方法是用般若智慧，打破愚痴迷妄等不善之心，如此即得以自度。假使自己不能自度，即使有外在的善知识也无奈汝何。如此，用般若去除自心中的种种烦恼不善之心，这就名为“自心众生无边誓愿度”。

无尽烦恼也不是外在的而是内心，当运用自性般若智光，除却虚妄思想心，无尽烦恼自归乌有，这就是“自心烦恼无边誓愿断”。

无量的法门为自心中所本具有，要将诸法门学好，只须自见到本有自性，所行

常常与真心相应，这就是“自性法门无量誓愿学”。

人人本具佛性，且此佛性超越迷觉、真妄的两边，因此，若能于自心远离迷觉、真妄等相待之法，当下就是绝待的真如佛性之显现，这也就是见性成佛道，故言“自性佛道无上誓愿成”。

此四弘誓愿能导行，本乎愿力，能成为实践的动力。行之与愿，相辅相成，共同圆满。

（七）授无相三归依戒

【原文】

善知识！今发四弘愿了，更与善知识授无相三归依戒[1]。

善知识！归依觉，两足尊[2]。归依正，离欲尊[3]。归依净，众中尊[4]。从今日去，称觉为师，更不归依邪魔外道，以自性三宝[5]常自证明，劝善知识归依自性三宝。佛者，觉也[6]。法者，正也[7]。僧者，净也[8]。

自心归依觉，邪迷不生，少欲知足，能离财色，名两足尊[9]。

自心归依正，念念无邪见，以无邪见故，即无人我贡高，贪爱执着，名离欲尊。

自心归依净，一切尘劳爱欲境界，自性皆不染著，名众中尊。

若修此行，是自归依。凡夫不会，从日至夜受三归戒。若言归依佛，佛在何处？若不见佛，凭何所归？言却成妄。善知识！各自观察，莫错用心。经文分明言自归依佛，不言归依他佛[10]。自佛不归，无所依处。

今既自悟，各须归依自心三宝，内调心性[11]，外敬他人，是自归依也。

【注释】

[1] **无相三归依戒**：“三归依”，是归依佛，以佛为师，从今日起，乃至命终，不得归依天魔外道；归依法，以法为师，从今日起，乃至命终，不得归依外道典籍；归依僧，以僧为师，从于今日，至命终时，不得归依外道徒众。这虽然是三归依，但此三者事实上是最基本的戒，故又名“三归戒”，当受了这三归依时就得到了这三归戒体。三归依戒之所以说为“无相”，旨在使归依者不取着于相，不拘泥于外在有相的三宝，而应从自性上去领悟此三归戒。

[2] **两足尊**：福慧圆满之义，因到最高佛果位时，不但福德圆满而为万德庄严，智慧亦已圆满而为智慧庄严。福足慧足，名“两足尊”。

[3] **离欲尊**：远离欲望尘垢污染，所以称“离欲尊”。

［4］**众中尊**：受世人所尊敬，故名之。

［5］**自性三宝**：佛、法、僧三宝是自性所本来具有，故称之。

［6］**佛者，觉也**：归依自性佛宝者，就是归依觉。“佛”就解释成“觉”，乃自觉、觉他、觉行圆满的圣人就是佛，故“觉”就是“佛”，“佛”就是“觉”，归依“佛”，即是归依“觉”。

［7］**法者，正也**：“法”就是“正”，因“法”乃是佛从正觉中流露出来的教法，是最正确无谬，所以说归依“正”就是归依“法”。

［8］**僧者，净也**：“僧”就是“净”的表征。僧人依佛所说的法依教奉行，如实修行，去除了自身的污秽不净，超凡脱俗，流露出清净之相，是浊世中的清净幢相，犹如一朵清净的莲华，散发出芬芳的气息，故归依“僧”就是归依“净”。

［9］**离财色，名两足尊**：财色，指钱财、美色，乃属于五欲中的二者。以此二者指代五欲。离财，即不贪财，而能广行布施，由此福德具足；能少欲离色就是智慧具足，因有智慧者不著相，故不贪色。且见色如见毒蛇，避之唯恐不及，故“离财色”即是福德智慧“两足尊”。

［10］**经文分明言自归依佛，不言归依他佛**：此中所说“经文分明言”，不是泛指诸经，是指实叉难陀译八十《华严》卷十四“净行品”中所言，三归依就出自此品，如经中云：“自归于佛，当愿众生：绍隆佛种，发无上意；自归于法，当愿众生：深入经藏，智慧如海；自归于僧，当愿众生：统理大众，一切无碍。”（《大正藏》，第10册，第70页中）

［11］**内调心性**：向内调御自己的心性，使心莫向外驰求，而能识心见性，体认自心三宝。

【释义】

三归依是入佛门学佛的基础，惠能所讲的“无相三归依”，更是深化了三归依的意义。他认为“归依佛”就是“归依觉”，因为“佛”即是“觉”，归依觉就是归依自己本具的觉性即佛性。因佛性清净，由此所有邪思迷惑妄念不再生起，自然就会少欲知足，而能离财色等五欲，成就福德智慧双足之“两足尊”；归依“法”就是归依“正”，归依自心清净之法宝，也就是具足般若中观正见。因此，念念都无邪见，也无人我是非、贡高我慢及贪爱执着，成为远离欲望尘垢污染之“离欲尊”；归依“僧”就是归依“净”，也即归依自心之清净。对一切尘劳爱欲境界，自心皆不染著而常清净，因此为众人所尊敬之“众中尊”。

佛法僧或觉正净三宝，惠能认为皆是自性所本来具有，因此当以自己本性中的三宝，常常为自证明，时刻反思看看自心有没有远离这三宝。怎样算是远离自心三宝呢？

其一拘泥于外在行相上的三宝，则不是真正的三归依：以归依“佛”而言，假如归依相上的佛，那么请问佛究竟在何处？假若不能见到佛，那又凭什么而为所归？这岂不是所言归依佛，反而成为妄语，所以应该归依自性佛，识自本心，见自本性。同样应该归依自心法宝和僧宝，不应拘泥于外在的三宝。

其二不可向外驰求，归依外在三宝：惠能引用《华严经·净行品》中所言“自归依佛、自归依法、自归依僧”，说明要归依自性三宝。因为，本有自性三宝，若不归依，那就没有所归依之处，因为离心无别有三宝可得，所以要归依自心三宝，不要向外寻求。

惠能强调要归依自性三宝，从而向内，调御自己的心性，使心莫向外驰求，而向内识心见性，体认自心三宝；对外，则尊敬他人。如此内修心，外养品性，这样就是为归依自性三宝。惠能同样还是立足于自性、自心解释三归依，让人体达自心三宝，故名“无相”或“自性”三归依。在他看来修行者如果不能体认自性，纵然归依外在的三宝，终于自性功德毫无利益。

（八）总说一体自性三身佛

【原文】

善知识！既归依自三宝竟，各各志心，吾与说一体三身自性佛[1]，令汝等见三身，了然自悟自性。总随我道：“于自色身，归依清净法身佛[2]。于自色身，归依圆满报身佛[3]。于自色身，归依千百亿化身佛[4]。”

善知识！色身是舍宅[5]，不可言归。向者三身佛，在自性中，世人总有，为自心迷，不见内性。外觅三身如来，不见自身中有三身佛。汝等听说，令汝等于自身中，见自性有三身佛。此三身佛，从自性生，不从外得。

【注释】

［1］**一体三身自性佛**：所谓“三身”，指法身、报身、化身之三身，此三身皆自性本具，且一体不二，故言“一体三身自性佛”。

［2］**清净法身佛**：以真如法性之理为身，故名之。

［3］**圆满报身佛**：指酬报因位无量愿行，恒受用法乐之佛身，乃圆满修行，万德具足之佛身。报身又分自受用与他受用报身。恒自受用广大法乐之身名“自受用报身”；应十地菩萨之机而示现之相好之身为“他受用报身”。

［4］**千百亿化身佛**：随顺众生的根机应以何身得度即现何身说法，因是随类应化之身，有千百亿无量无数，故名之。

［5］**色身是舍宅**：吾人“色身”，犹如世人所建的“舍宅”，不论建得怎样坚固，但在无常演化下，总会渐渐陈旧，终于柱根腐朽，梁栋倾斜而倒。当知吾人色身，也是如此念念无常变迁，最后终归于灭亡。

【释义】

惠能将一切回归到自心自性上，认为法、报、应三身佛也是每个众生自性中本所具有，且此三身乃一体不二。本段，惠能先总标三身佛不离自性，让人归依自色身内自性所具三身佛。色身虽如舍宅无常变迁，不可言归，但无常色身中有一颗无价宝藏之自性，三身佛就在每个人自己的这个无价宝藏的自性中，且凡圣一样无二。但世人自心迷惑，不能见到自色身内自性所具三身佛，而向外寻觅三身如来，终不得见。所以，自性本具三身佛，不可向外寻觅。而应于自身中，见自性三身佛。

（九）别释法身佛

【原文】

何名清净法身佛？世人性本清净，万法从自性生。思量一切恶事，即生恶行；思量一切善事，即生善行。如是诸法在自性中，如天常清，日月常明，为浮云盖覆，上明下暗。忽遇风吹云散，上下俱明，万象皆现。世人性常浮游，如彼天云。

善知识！智如日，慧如月，智慧常明。于外著境，被妄念浮云盖覆自性，不得明朗。若遇善知识，闻真正法[1]，自除迷妄，内外明彻，于自性中万法皆现。见性之人，亦复如是。此名清净法身佛。

【注释】

［1］**闻真正法**：此处指听闻顿悟见性之法，乃称为“真正法”。

【释义】

本段，惠能先别释何谓“自性清净法身佛”，认为自心清净的本性就是法身佛。人人本具的真心不仅清净无染，且能随缘应现诸法，但自体却不变，是恒常清净，纤尘不染，又具足智慧光明。对于此随缘不变，不变又随缘具足智慧光明之清净自性，虽人人本具，但众生被妄想执着的浮云将之覆盖而不显。假若有缘遇到大善知识为开示圆顿大教，使听闻真正的正法，除去自己心中的迷执妄念，如风吹散乌云，即可回复自性清净智慧之光明，这就是证得清净的法身，而照彻一切。

（十）释自性归依

【原文】

善知识！自心归依自性，是归依真佛。自归依者，除却自性中不善心、嫉妒心、谄曲心[1]、吾我心[2]、诳妄心[3]、轻人心[4]、慢他心[5]、邪见心、贡高心[6]，及一切时中不善之行。常自见己过，不说他人好恶，是自归依。常须下心[7]，普行恭敬，即是见性通达，更无滞碍，是自归依。

【注释】

[1] **谄曲心**：谄媚曲意逢迎之心。

[2] **吾我心**：自私吾我分别心。

[3] **诳妄心**：欺诳虚妄心。

[4] **轻人心**：轻视不敬重人的心。

[5] **慢他心**：自恃侮慢他人的心。

[6] **贡高心**：高傲自夸的贡高我慢心。

[7] **下心**：谦下之心。

【释义】

本段，惠能先告诉大众如何归依自性三身佛。认为所谓归依佛，就是自己的本心归依本有的自性，是为归依真佛。因为自心即佛，自佛不归，无所归处。那么何谓自心归依自性呢？首要除却自性中的不善心、嫉妒心等种种染著心及一切时中不善之行，常自见己过，不说他人好恶，是自归依。如是归依者，对外还须常常地怀谦下之心，普遍恭敬一切人，如此见性通达，更无滞碍，就是归依自性。若能归依自性即具三身佛，因为此三身佛乃自性本具，若内调心离染，外修性，即见自性三身佛。

（十一）别释报身佛

【原文】

何名圆满报身[1]？譬如一灯能除千年暗，一智能灭万年愚。莫思向前，已过不可得。常思于后，念念圆明，自见本性[2]。善恶虽殊，本性无二[3]，无二之性，名为实性[4]。于实性中，不染善恶，此名圆满报身佛。自性起一念恶，灭万劫善因；自性起一念善，得恒沙恶尽。直至无上菩提，念念自见，不失本念，名为报身。

【注释】

［1］**圆满报身**：“报身”，是佛的果报身，酬报在因位中的愿行而受乐的佛身。报身佛身有无量色，色有无量好，所住依报亦有无量庄严，如是种种功德相好，皆由诸波罗蜜等无漏所熏及不思议功德所成就，具足无量乐相，所以说为“报身”。“报身”是中国语，印度称为“卢舍那”，或译为“净满”，或译为“遍照”。报身佛具足大智慧光明，《华严经》说：“卢舍那佛大智海，光明遍照无有量，如实观察真谛法，普照一切诸法门。”（东晋佛驮跋陀罗译《华严经》卷二“卢舍那佛品第二之一”，《大正藏》第9册，第405页中）证知报身佛，具有大智慧。惠能主要是依据智慧来讲报身佛。

［2］**念念圆明，自见本性**：于前念、今念、后念的念念之间用智慧观照自心，让自心与智慧相契，这样就是念念自见自己的本性。

［3］**善恶虽殊，本性无二**：一切诸法都是虚幻不真实的，故一切诸法其体是平等一如没有差别的。智者通达这样的道理，所以善恶在他们眼里也是无二平等没有差别。

［4］**无二之性，名为实性**：诸法平等无二之性，是一切诸法真实之性，是一切诸法实相之理。

【释义】

本段惠能从自性所具的智慧来解析“报身”。作为自性所具的智慧乃是最为猛烈如金刚一样的般若慧。因此，若生起一念此猛烈的般若慧，则能灭万年之愚，如一灯能除千年之暗一样。因此，修行者念念之中用此智慧观照自心，让自心与智慧相契，这样就是念念自见自己的本性。这是内以智照性，还要外以智照诸法，通达善恶一切诸法皆是平等不二无有差别，此无二之性乃一切诸法实相之理。若能深达诸法实相，不染善恶，这样自性清净智光，就名“圆满报身佛”。

惠能特别强调修行者于此自性之清净智光要常得显耀，假若被埋没，生起一念之恶，就能灭万劫善因。相反自性智光若开显，生起一念之善，便能将过去所造如恒河沙数的罪恶灭尽。所以，作为修行者若能从初发心始，直至圆满无上菩提，念念之中，皆能使自性之光常显，也就是念念如如智契如如理就不会失见性的本念，而能念念见本性，是即自性清净的智光常得显耀，此即名为报身佛。

（十二）别释化身佛

【原文】

何名千百亿化身？若不思万法，性本如空[1]，一念思量，名为变化。思量恶事，化为地狱。思量善事，化为天堂。毒害化为龙蛇，慈悲化为菩萨，智慧化为上界[2]，愚痴化为下方[3]。自性变化甚多，迷人不能省觉，念念起恶，常行恶道。回一念善，智慧即生，此名自性化身佛。

【注释】

［1］**若不思万法，性本如空**：若不执着分别攀缘思量万有一切诸法，心性本如晴空那样的清净万里无云万里天，纤尘不染，一法不立。

［2］**上界**：十法界中，声闻、缘觉、菩萨、佛之四圣法界称为“上界”。按丁福保《六祖坛经笺注》诸天也可称为“上界”。

［3］**下方**：十法界中，饿鬼、地狱、畜生、阿修罗、人、天之六凡法界称为“下方”。丁福保《六祖坛经笺注》地狱、饿鬼、畜生之三途称为“下方”。

【释义】

本段惠能以自性的变化来解释“化身佛”。他认为若不执着分别攀缘思量诸法，自性是本来清净纤尘不染的，但一执着攀缘思量诸法就会随自心变化。思量善，化为天堂，乃至慈悲化为菩萨，智慧化为佛菩萨之圣人的上界。若思量恶，即化为地狱，乃至毒害化为龙蛇，愚痴化为地狱、饿鬼等之下方。自心、自性的变化实在很多，有什么样的念头就有什么样的变化。世间迷惑的人，不能自省自觉，念念生起恶的思量，常常行于恶道，这样无论是在生前还是死后都要受种种的痛苦。如能心不起恶，回转过来一念向善，念念向善，念念清净，妙明智慧立即生起，成就无上佛道，随缘赴感度化，此名“自性化身佛”。

（十三）结说一体自性三身佛

【原文】

善知识！法身本具，念念自性自见，即是报身佛。从报身思量，即是化身佛。自悟自修自性功德，是真归依。皮肉是色身，色身是舍宅，不言归依也。但悟自性三身，即识自性佛。

【释义】

本段惠能结说自性一体三身佛。他说：法身清净本然，是自性中本来具有，这就是所谓清净“法身佛”。若能念念生起般若智慧照见本性，如如智念念契合如如理，念念智慧常明见本性即是“报身佛”。再从报身思量，从报身智慧发无边之用，应以何身得度即现何身说法，随机赴感，此即是“化身佛”。所以，三身一体，“法身佛”是以清净自性而言，“报身佛”是以自性智慧而言，“化身佛”是以自性变化而言，这一体三身佛乃自性本来具足。所言“归依”也就是归依此自性一体三身佛，而不是归依如舍宅的色身，或者是离自性向外觅三身佛。若向内识自本心，见自本性，就自然具备此三身佛。

（十四）无相戒

宗宝本《坛经》“忏悔第六”到此为止，惠能已经为大众传授了自性五分法身香、无相忏悔，又让大众发了自心或自性四弘誓愿，又为大众授无相三归依戒，并劝大众归依自性一体三身佛。但结合敦煌本《坛经》来看，惠能所讲的这些内容都属于其为大众传授“无相戒”的内容。在敦煌本《坛经》中，惠能对大众说：“善知识！总须自体，与授无相戒。”接下来便是归依自性一体三身佛、发四弘誓愿、无相忏悔、无相三归依戒，因此这些便都属于无相戒的内容。所以在敦煌本《坛经》中，开篇就讲“惠能大师于大梵寺讲堂中升高座，说摩诃般若波罗蜜法，授无相戒”。由此可见，“无相戒”是惠能另一个主要的禅法思想。

所谓“无相戒”，“无相”，即是让人“于相而离相”，因为“凡所有相皆是虚妄”，那么以无相为戒，即是让人在持戒时不要只执着于戒律之相，而要内心清净，于相而离相，这才是大乘佛教上上乘的持戒。

惠能的“无相戒”据杨曾文教授在《敦煌新本：六祖坛经》中说是属于与《梵网经》相关的一种大乘“佛性戒”，惠能在《坛经》中两次引用《梵网经·菩萨心地品》云：“我本源自性清净”，如中曰：“吾（按：指佛）今当为此大众，重说无尽藏戒品。是一切众生戒，本源自性清净。”《梵网经》属于大乘的菩萨戒，惠能所说的“无相戒”就是指该经中所提到的“佛性戒”。这种戒是以佛性为戒体，故称为“佛性戒”。

有关“佛性戒”，在记载以北宗神秀为主的禅法《大乘无生方便门》中也有说：“菩萨戒，是持心戒，以佛性为戒性。心瞥起，即违佛性，是破菩萨戒。护持心不

起，即顺佛性，是持菩萨戒。”杨教授认为，以佛性为戒体的这种戒，或名“持心戒”，大概是在道信和弘忍时就有了。惠能将这种思想继承和发展为“无相戒”，让人在修行持戒时一切立足于“心”上，强调持戒应该以自心为本。因为此“心”人人本具，无形无相，不可言说；本来清净，纤尘不染；本来具足一切万法，不假造作。所以修行者只要自识本心，自修自悟，还得本来清净之心，于相而离相，而不执着于戒律等种种之相，持而不持，不持而持，这样才是名为大乘菩萨之戒，也才是“佛性戒”，或名“无相戒”。

由此可见，惠能的“无相戒”完全是落实在人的自心自性上，让修行者把向外的追求转向为向内的自心证悟，从而走向内在的解脱超越之路。所以在宗宝本《坛经》“忏悔第六”中，惠能还说：“此事须从自性起，于一切时，念念自净其心，自修其行，见自己法身，见自心佛，自度自戒。”让人于一切时，念念自净其心，自修自悟，识自本心，见自本性，这就是自度自戒。若果真还得本来清净之心，见自本性，则是“心平何劳持戒，行直何用参禅”了，时时刻刻都是清净、自在、解脱，这也许就是惠能“无相戒”的根本所在。

正因为惠能的“无相戒”是立足于自心、自性，所以在无相戒之后他所提出自性五分法身香、自心自性四弘誓愿、无相忏悔、自性三归依戒、自性一体三身佛都应该是其无相戒的主要内容。它们也都是围绕着自心的觉悟而展开，都不离自心、自性。惠能这种无相戒，强调“戒”应以“心”为本，这与他即心即佛、自修自悟、识心见性乃至于相而离相，无所执着的禅法思想特点是联系在一起的。“无相戒”也是惠能对传统戒法的继承和发展，体现了他独特的戒律观。

（十五）说《无相颂》

【原文】

吾有一《无相颂》，若能诵[1]持，言下令汝积劫迷罪一时销灭。颂曰：

迷人修福不修道，[2]只言修福便是道。
布施供养福无边，心中三恶元来造。
拟将修福欲灭罪，后世得福罪还在。[3]
但向心中除罪缘，名自性中真忏悔。
忽悟大乘真忏悔，[4]除邪行正即无罪。
学道常于自性观，即与诸佛同一类。[5]
吾祖惟传此顿法，普愿见性同一体。[6]
若欲当来觅法身，离诸法相心中洗[7]。

努力自见莫悠悠，后念忽绝一世休。[8]
若悟大乘得见性，虔恭合掌至心求。

【注释】

［1］**诵**：底本作“师”，据契嵩本、德异本、明版南藏本《坛经》作“诵”。依契嵩本改。

［2］**迷人修福不修道**：世间迷失心智的人，对修福很肯得修，认为多多修福，就可得到福乐，但不知如何修出世见性成佛的解脱之道。

［3］**拟将修福欲灭罪，后世得福罪还在**：修福不修慧的行者拟将所修福德，欲以灭除过去所造的罪业，但一边修福，一边贪嗔痴三毒还在造业。所以，虽然因为有修福，可以感召这个福，但因三毒而造的罪业还在。如是因，如是果，因果一分一毫，丝毫不爽，修福的同时又在造业，当然也就是在感召福报的同时也感召恶果。所以，修福不能用以灭罪，要在修福的同时修慧、修心、修自性功德才能灭罪。

［4］**大乘真忏悔**：指本品所言“无相忏”，因无相忏乃将忏悔归于自心自性，“罪从心起将心忏”，去除心中种种不善等污染之念，清净的自性就自然显露，这才名为真忏悔，故名之。

［5］**学道常于自性观，即与诸佛同一类**：真正修学佛道，应常于自性中观照，远离一切污染尘垢，这样清净的佛性当下即显露，这样就是与佛相等无二，所以说“即与诸佛同一类”。

［6］**吾祖惟传此顿法，普愿见性同一体**：“吾祖”，指禅宗历代祖师，他们出现在世间就是唯传顿悟见性之法，传此直指人心，顿悟成佛之法也是普愿一切众生都能识自本心，见自本性，证得自己的真心本性与佛同一体不二。

［7］**离诸法相心中洗**：离开对一切诸法之执着，无相、无住、无念，才能将心中种种烦恼尘染洗净去除，就可证得法身。

［8］**努力自见莫悠悠，后念忽绝一世休**：修行者应努力自见本心，千万莫要悠悠地蹉跎岁月，空过光阴，因为光阴似箭去难留。更何况色身无常变坏，生命在呼吸间，前念灭而后念未起，一口气不来，就成来生之事，此一世之人身即告完结休（停）止了！

【释义】

这首《无相颂》大致有四个方面的内容：

其一，于修行而言，不可只修福不修慧，即不修自性功德。修道需福慧双修，不是仅仅修福就能成就道业的。若只是修福感召无量福，但未修慧，福尽还会轮回，

依然随业受报。并且在修福的同时因为没有修慧，没有修无漏功德，所以心中贪嗔痴三恶未断，还会造作恶业。因此，虽然因为有修福，可以感召这个福，但同时因为没有去除三毒之心，因三毒而造的罪业还在，所以说“后世得福罪还在”，在感召福报的同时也感召恶果。所以，修福不可用以灭罪，也不可只修福，不修慧，不修心。作为修道的人务必要福慧双修，不能将修福当成修道。

其二，重颂无相忏悔的内容。修行人如果想要灭罪，需要向内心中根除一切罪缘，各自于自性中勤求忏悔。“罪从心起将心忏”，去除心中种种不善等污染之念，断除这一切罪恶的根源，而能行于佛法的正见，于此才能消除无始以来的罪业，清净的自心就自然显露，这才名为真忏悔，也名为自性忏或无相忏。

其三，修行应于自性上用功，识自本心，见自本性。真正修学佛道，应常于自性上用功，“不识本心，学法无益”。禅宗历代祖师出现在世就是唯传顿悟见性之法，普愿一切众生都能识自本心，见自本性。如何识心见性呢？只要离开对一切诸法之执着，无相、无住、无念，向心中洗净种种烦恼尘染，就妄尽真显见自本性，而不必向外觅求。若见自本性即与诸佛无异。

其四，劝珍惜光阴，精进办道。修行者应努力自见本心，千万莫要悠悠地蹉跎岁月，空过光阴。更何况我们的色身是无常变坏的，生命在呼吸间，一口气不来，就成来生之事。所以，不要悠悠惚惚地虚度此生，到头来徒自懊悔。

（十六）结说劝修

【原文】

师言：“善知识！总须诵取，依此修行，言下见性。虽去吾千里，如常在吾边。于此言下不悟，即对面千里，何勤远来。珍重！好去。”

一众闻法，靡不开悟，欢喜奉行。

【释义】

佛法贵在真修实悟，惠能说完《无相颂》后劝勉闻法大众：要依所说的法如实去修，识心见性。如果是这样的真修实悟，纵离我惠能有千里之远，如同常在我的身边，即与我一样等无差别。相反，若不能依教如实修行见到自己的本有自性，虽近在咫尺，却远在天边。在会的大众听闻大师说法之后，人人对自心本性之事都得以开晓悟解，都很欢喜地信受奉行。

五　本品小结

本品“忏悔第六”，乃惠能为大众传授自性五分法身香、说无相忏悔、发四弘誓愿、授无相三归依、说自性一体三身佛等内容。所谓“自性五分法身香”，惠能与大小乘佛教中所解说的五分法身香略有不同。惠能的“戒香”是重视内心的清净无染，远离一切过非；“定香”乃是自心不为外境所动，如如不动；“慧香”，内心常与般若相应，不造恶也不执善，虽广行一切善，但毫无执着；“解脱香”，自心对外在的一切境界无所攀缘执着，安然自在无碍；“解脱知见香”，是对《金刚经》“应无所住而生其心”的运用，在自己得度后，还应从空出妙有广度一切众生，虽随缘度一切众生，但自心本性不会随缘而变化，而是恒常自在，如如不动。所以此五分法身香，都在各人自心内熏，不是向外求所得。

所谓“无相忏悔”，也称自性忏，属于无生忏中发挥出来的。自心本性本来就清净，纤尘无染，一法不立，本无有所谓忏悔可言。今既言忏悔，是因为众生无量劫来被妄想执着的乌云覆盖了自性，使自性的光辉发挥不出来，所以需要忏悔，也即用智慧之火将一切烦恼妄惑燃烧干净，清净的本性就自然显露。所以，惠能这种无相忏非常强调从“心”入手，以心为根本，而不必如作法忏或者取相忏那样普请、礼赞等种种仪式，而是注重内心。只要内心念念不被愚迷、憍诳、嫉妒等所染，断除一切导致恶行的污染等心，使真心不被这些污染的心覆盖，离相无相，超言绝待清净的佛性当体就现，所以称为无相忏或者自性忏。并且在忏悔时，要忏其前愆、悔其后过才能称为忏悔。

所谓“自心”或“自性四弘誓愿”，也是基于自心、自性而发。种种不善之心即为自心中之众生，若用般若智慧去除自心中的种种烦恼不善之心，这就名为“自心众生无边誓愿度”；运用自性般若智光，除却虚妄思想心，无尽烦恼自归乌有，这就是“自心烦恼无边誓愿断”；无量的法门也为自心中所本具有，要将诸法门学好，只需自见到本有自性，所行常常与真心相应，这就是“自性法门无尽誓愿学”；人人本具佛性，且此佛性超越迷觉、真妄的两边。因此，若能于自心远离迷觉、真妄等相待之法，当下就是绝待的真如佛性之显现，这也就是见性成佛道，故言“自性佛道无上誓愿成”。此四弘誓愿能导行，本乎愿力，能成为实践的动力。行之与愿，相辅相成，共同圆满。

所谓“无相三归依”，惠能让人不要拘泥执着于外在形式的三归依，同时此佛、法、僧三宝也为自心本具，不可向外求，所以称为无相或自性三归依。惠能将“佛”解释成“觉”，“法”解释为“正”，“僧”解释为“净”。“归依觉”，即自心归依本具的觉性即佛性，所有邪思迷惑妄念不再生起，远离财色等五欲即福德智慧的两足尊；“归依正”，就是归依自心清净之法宝，将自心所有错误思想，人我是非，贡高自大，贪爱执着，皆彻底弃舍，当成为离欲尊；“归依净”，就是归依自心清净。于一切尘劳爱欲境界，自心皆不染著，而常清净，因此为众人所尊敬之众中尊。

所谓“自性一体三身佛”，惠能认为法、报、应三身也为自性本具，且三身与自心一体不二。所谓法身，就是人人清净的自性；报身，是以自性智慧而言；应身，是以自性变化而言。这一体三身佛自性本来具足，所以归依自性一体三身佛，则不是归依如舍宅一样无常生灭的色身，也不可向外求，而应向内识心见性，则自然具备此三身。

以上自性五分法身香乃至自性一体三身佛等如果结合敦煌本《坛经》来看，都属于“无相戒”的内容。惠能的无相戒据杨曾文教授说是属于与《梵网经》相关的一种大乘“佛性戒”。这种戒是以佛性为戒体，故称之。以佛性为戒体的这种戒，或名“持心戒”，大概是在道信和弘忍时就有了。惠能将这种思想继承和发展为无相戒，让人在修行持戒时一切立足于“心”上，强调持戒应该以自心为本。所以修行者只要自识本心，自修自悟，还得本来清净之心，于相而离相，而不执着于戒律等种种之相，持而不持，不持而持，这样就名为大乘菩萨之戒，也才是佛性戒，或名无相戒。无相戒是惠能对传统戒法的继承和发展，体现了他独特的戒律观。

在本品之后惠能还说了一首《无相颂》，以开示修行者该如何正确修行、忏悔。总的来说，本品惠能皆立足于自心或自性来解析五分法身香乃至无相戒等内容，体现了他说法不离自性的特点，当然也是让行者在修行上一切从“心”开始，注重内心的觉悟与解脱。这也是惠能识心见性禅法的体现。

本节拓展阅读文献

1. 圣凯：《论禅宗无相戒的源流》，释妙峰主编《曹溪禅研究（一）》，中国社会科学出版社，2002。

2. 圣凯：《佛教忏悔观》，宗教文化出版社，2012。

3. 湛如：《简论六祖坛经的无相忏悔——兼谈唐代禅宗忏法体系的形成》，《法音》1997 年第 3 期。

4. 王月清：《禅宗戒律思想初探——以“无相戒法”和〈百丈清规〉为中心》，《南京大学学报》2000 年第 5 期。

5. 〔越南〕沈氏雪娥（释幸莲）：《〈坛经〉无相戒研究》，福建师范大学硕士学位论文，2010。

6. 武氏莉：《六祖惠能对“四弘誓愿”的新解》，《长江师范学院学报》2011 年第 4 期。

本节思考与练习题

1. 何谓自性五分法身香？惠能自性五分法身香与大小乘经中所说五分法身香有

何不同？

2. 何谓自心、自性四弘誓愿？惠能为何要在四弘誓愿前加“自心”或“自性”二字？此“自心”或“自性”二者意义有何区别吗？

3. 何谓忏悔？何谓无相忏悔？

4. 何谓自性三归依戒？惠能为何要说自性三归依戒？

5. 何谓归依自性？

6. 何谓自性一体三身佛？

7. 何谓归依自性一体三身佛？

8. 何谓无相戒？惠能的无相戒有什么样的意义和内涵？

9. 惠能为何说法都不离自性？这体现了他什么样的禅法特色？

第七节　机缘第七

本品“机缘第七”即是宗宝《跋》中所言“增入弟子请益机缘”的核心部分。关于这部分，宗宝当时还参考了《曹溪大师别传》《景德传灯录》《宋高僧传》等史料作了补充。本品主要是讲惠能在曹溪弘化时与无尽藏、法海、法达、智通、智常、志道、行思、怀让、玄觉、智隍等各方学者师资投契的机缘语录。本品建议20个课时。

本品教学目的：通晓掌握惠能与无尽藏、法海等诸弟子之间的机锋语句及其中所蕴含的深刻禅法思想。

本品教学重点：惠能与无尽藏、法海等诸弟子机锋语句的理解。

本品教学难点：理解惠能与无尽藏、法海等诸弟子机锋语句中所透露的禅法要旨。禅宗师父接引学人时的机锋语句向来是以不说破为原则，目的是让学人自悟。因此，要读懂机锋语句并能从中领悟其中的奥义不是件容易的事情。

一　本品题释及主要内容

本品品题称为“机缘”，“机”，谓根机；“缘”，谓胜缘。“机”有利钝，“缘”有胜劣。“机缘”相感，自性开发，故名之为“机缘”。本品即是记述六祖得法后，在曹溪弘化时，各方学者前往请益，所有师资相契汇录于此，故以“机缘”为品题。

佛法非常讲究“机缘”，修行成就与否，全看机缘的成熟不成熟。机缘成熟，现生自可得到成就，机缘不成熟，还要继续修。禅宗临济宗创始人临济义玄禅师（？~867）曾参黄檗希运禅师，但他三度发问“如何是佛法的大意?”，三度被黄檗希运

打，终于绝望了，决定离开希运禅师。临行时来向希运告别，希运于是指点他说："不须他去，只往高安（今江西高安县）滩头参大愚（归宗智常禅师之法嗣），必为汝说。"于是义玄禅师来到大愚禅师座下。大愚禅师问："甚处来?"义玄禅师道："黄檗来。"大愚禅师又问："黄檗有何言句?"义玄禅师道："某甲三度问佛法的大意，三度被打。不知某甲有过无过?"大愚禅师道："黄檗与么（这么）老婆心切，为汝得彻困（亦作"彻悃"，意为诚恳慈悲至极），更来这里问有过无过?"义玄禅师一听，言下大悟，惊喜道："元来（原来）黄檗佛法无多子!"大愚对义玄说，黄檗对他所提之问不予以回答三度施以木棒，不是将之拒之门外，而是如同老妇教导子女那样的热切心肠对他进行启发诱导，只是他不理解罢了，所以义玄立即领会而顿时豁然大悟。

希运的另一个弟子千顷楚南（813～888），福州人，出家后曾遍参知识而不能契悟，一日他去参访芙蓉道楷（1048～1113）禅师，但道楷禅师却让他去参访黄檗希运，果然他在希运禅师门下顿然契悟。

由以上两则公案，可见师资机缘相契对于修道者来说是多么的重要。禅宗师徒机缘相契的事如母鸡孵小鸡，等到孵了一段时间之后，母鸡要啄破这个蛋壳，使小鸡出来，而啄这个蛋壳是相当关键的一环，若啄早了，小鸡就会死掉，晚了也会死，要刚好，这就是所谓机缘相契。本品所讲的就是惠能与弟子们机缘相契之事。

惠能得法后，在曹溪弘化，由于德望所感，四方学者云集，纷纷前往请益。惠能当时度化众生，这可说是一种殊胜的"缘"；而学者前去参叩，这些学者即是"机"。在这些学者中有的人机利，有的人机钝。机利之人在惠能言下就能契悟，而根钝的人，还需再修。本品所记载的都是根机利者，皆能机缘成熟顿悟契性，共有13人。他们分别是：无尽藏比丘尼、法海、法达、智通、智常、志道、行思、怀让、玄觉、智隍等禅师，以及僧问黄梅旨意、方辩比丘、有僧举卧能偈，这其中有两人不知姓名。他们向惠能请益，由于机利缘胜，故在惠能言下皆有契悟，且能辗转行化，广大禅门。如其中南岳怀让、青原行思，从他们的门下后来演化为禅门的五家七宗，南宗禅得以繁荣、兴盛。

二 正释经文（分十三）

（一）无尽藏比丘尼

【原文】

师自黄梅得法，回至韶州曹侯村，[1]人无知者（他本云，师去时，至曹侯村，住九月余。然师自言："不经三十余日便至黄梅。"此求道之切，岂有逗留？作去时者非是）。有儒士刘志略[2]，礼遇甚厚。志略有姑为尼，名无尽藏，常诵《大涅槃经》[3]。师暂听，即知妙义，遂为解说。尼乃执卷问字，师曰："字即不识，义即请问。"尼曰："字尚不识，焉能会义？"师曰："诸佛妙理，非关文字。"尼惊异之，遍告里中耆德[4]云："此是有道之士，宜请供养。"有魏（一作晋）武侯玄孙曹叔良[5]及居民，竞来瞻礼。

时，宝林古寺，自隋末兵火已废，遂于故基重建梵宇，延师居之，俄成宝坊。师住九月余日，又为恶党寻逐，师乃遁于前山。被其纵火焚草木，师隐身挨入石中得免。石今有师趺坐膝痕及衣布之纹，因名"避难石"。师忆五祖"怀会止藏"之嘱，遂行隐于二邑[6]焉。

【注释】

[1] **师自黄梅得法，回至韶州曹侯村**：宗宝认为惠能是得法后到曹溪村认识刘志略及其姑无尽藏，但在法海《曹溪大师别传》及赞宁《宋高僧传》卷八记载惠能是去黄梅求法的时候到过曹溪村认识刘志略及其姑无尽藏并听其诵《涅槃经》。到底哪一种说法正确，学术界争议很大。宗宝在后面的夹注作了说明，他不太赞成他本（或是《曹溪大师别传》《宋高僧传》，或者当时校编《坛经》时所用三种版本《坛经》其中之一种，不可得知）说是惠能在去黄梅时到曹溪。他认为惠能因求法心切，"不经三十余日便至黄梅"，不会在去黄梅的途中作逗留。所以，他比较持惠能得法后到曹溪的观点。

[2] **儒士刘志略**：刘志略，此人生平事迹不详，或是一位颇有儒家学士风范的人。

[3] **《大涅槃经》**：当是指三种汉译本最为流行由北凉昙无谶译的四十卷本，也称为"北本《涅槃经》"。

[4] **耆德**：德高望重的人。

[5] **魏（一作晋）武侯玄孙曹叔良**："魏武"，就是曹操（155 ~ 220），亦即曹孟德，到他去世后，追谥魏武帝，所以名为"武侯"。"玄孙"就是指远孙，指曹操的远孙曹叔良。宗宝在夹注中说有的资料将"魏武侯玄孙"作"晋武侯玄孙"。丁福保在《六祖坛经笺注》中解释"晋武侯玄孙"说："或去曹氏玄孙有士仕晋封侯者，故作晋武侯玄孙。"又据《曹溪通志》卷一记载："山（按：曹溪山）未有名，因魏武（按：曹操）玄孙曹叔良避地居此，以姓名村（按：称曹侯村）。而水自东绕山而西经村下，故称曹溪。"因此，无论是作"魏武侯玄孙"还是"晋武侯玄孙"都是指曹操的远孙曹叔良。

［6］**二邑**：广东怀集、四会二县。

【释义】

惠能在黄梅得法后到广州韶州宝林曹侯村认识刘志略及其姑无尽藏比丘尼，到底是得法后还是求法前与他们相识，虽然学术界争论不已，但从思想来看这则与无尽藏比丘尼的机缘反映了惠能对文字的观点，也即禅宗的文字观。惠能不识字但对《涅槃经》的经义却能通达，而且他还说："诸佛妙理，非关文字"，诸佛妙理超言绝相，离心缘、文字语言诸相。因为，在惠能看来语言文字只是一个工具，是指月的手指，并不是月亮的本身，作为修行者可以借教悟宗，但得鱼后要忘筌。《胜天王般若经》说："总持无文字，文字显总持，大悲方便力，离言文字说。"黄檗希运对裴休（791～864）说："若行纸墨，何有吾宗？"所以，禅宗提倡"教外别传，不立文字，直指人心，见性成佛"，让人不要执着于语言文字；更何况，佛法大义不可言说，超言绝虑，非语言文字所能及。所以，应透过语言文字去看其背后那个不可说的诸法实相真心之理。也即由文字般若，起观照般若，证得实相般若。这是惠能对文字基本的观点，也是禅宗"不立文字"的真意。

曹侯村的村民们复建了宝林寺（南华寺），延请惠能居之，惠能只居住了9个月，就被想要夺取五祖传授之衣的人所寻逐。于是离开宝林寺，遵循五祖曾经之告诫，隐藏在怀集、四会二县。

不管惠能是在黄梅得法后还是去求法时遇到刘志略及其姑无尽藏比丘尼，但此尼或许是惠能最早相识的僧人，故宗宝本乃至契嵩系统本的《坛经》皆将之放在本品的首位。当然，到底为何将无尽藏比丘尼放在首位？还可以再深入研究与思考。

（二）法海比丘

【原文】

僧法海，韶州曲江人也。初参祖师，问曰："即心即佛[1]，愿垂指谕。"师曰："前念不生即心，后念不灭即佛[2]；成一切相即心，离一切相即佛[3]。吾若具说，穷劫不尽[4]。听吾偈曰：

即心名慧，即佛乃定。定慧等持，意中清净[5]。

悟此法门，由汝习性[6]。用本无生，双修是正[7]。

法海言下大悟，以偈赞曰：

即心元是佛，不悟而自屈[8]。

我知定慧因，双修离诸物[9]。

【注释】

[1] **即心即佛**：指心佛众生三无差别，心佛不二之意。

[2] **前念不生即心，后念不灭即佛**：所谓“前念不生”，指的是对过去已去之念不再追忆执着，因为过去已经过去，过去心不可得。不仅不能追忆执着于过去，并且不能执着于现在当下一念乃至“后念”（即未来还未生起之念），于这过去、现在、未来念念不执着，于念而离念，这就是清净之无念。所以，于今念、后念，念念不间断生起不灭，但能于念而离念，念念不执着，即此于念而离念的清净无念之心就是佛，这就是所谓即心即佛。相反，如果不是清净无念之心，而是妄念就不是佛而是凡夫。

[3] **成一切相即心，离一切相即佛**：万有一切诸法，皆是由心所示现的，所以说“成一切相即心”，真心能现一切万法，也即惠能所领悟的“何期自性能生万法”。万有一切诸法既是由真心之所现，故皆是虚幻不真实的。由此而能于相而离相，离开对一切诸法相之执着，如《金刚经》说：“离一切相即名诸佛”，故言“离一切相即佛”。

[4] **吾若具说，穷劫不尽**：“即心即佛”的微妙意旨很深奥，要广说其义还有很多，不说短时间没有办法说尽，就是穷劫亦说不尽此义。

[5] **即心名慧，即佛乃定。定慧等持，意中清净**：惠能认为“定慧”都由“一心”而成，“定”是“心”的“理体”，如如不动；“慧”是“心”的“妙用”，应现一切万法。能够即定即慧，定慧不二，体用一如，就是“即心即佛”。果能定慧不二平等任持，即心即佛，则心意不再为种种烦恼污染，所以说为“意中清净”。

[6] **习性**：所谓“习性”，即唯识所说“习种性”，即宿世熏修所成之性。

[7] **用本无生，双修是正**：圆顿之大法要自修自悟，且是本于“无生之旨”定慧双修，这才是所谓正确的修行。这个“无生之旨”是指在修的时候要通达诸法无生也无灭的意旨，只有这样所修才不着相，无所执着，才能于念而离念，于相而离相，清净无漏。这种不住相的定慧双修才是正行，才是在般若所摄持下圆满的行持。也只有这样才是所谓即心即佛。

[8] **不悟而自屈**：假使不能悟自本心究竟清净，不知自性本与诸佛心佛不二，迷失自性而心外求法，这样纵然勤苦修行也难见真心而成佛。因此，这样不知心佛不二而心外求法就是自己委屈自己。如《法华经》中的穷子自有无价宝藏却不识，而枉受乞讨流浪之苦。

[9] **我知定慧因，双修离诸物**：现我已知定慧正因乃是自心的体用且是不二的，因此定慧双修离诸物相，不为诸物所转，任运自然，得大解脱大自在，如此也是所谓即心即佛。

【释义】

法海是敦煌本《坛经》的主要结集者之一，惠能高足。初次参惠能时向大师请教如何是“即心即佛”之义。对于此义惠能认为很深奥，要广说其义穷劫也难说尽。所以，惠能从不同角度来诠释即心即佛之义。如说若能“于念而离念”“于相而离相”，这清净无所执着的心就是所谓即心即佛。所以，即心即佛的“心”是指“清净无念的心”，不是妄心，是即清净无念的心即佛。惠能还以“定慧不二”来解析即心即佛，他认为“定慧”都由一“心”而成，“定”是“心”的“理体”，如如不动；“慧”是“心”的“妙用”，应现一切万法。能够在般若无生意旨摄持下即定即慧，体用一如，定慧双修，离相清净也乃为即心即佛。

法海听了惠能对即心即佛善巧的开示后豁然大悟，并以偈颂表达自己所悟。从法海的偈颂来看，他是深刻领悟了惠能所说即心即佛之义，并表示若不能通达此义，而心外求法，纵然勤苦修行也是枉然。

（三）法达比丘（分8）

1. 折法达之慢幢

【原文】

僧法达，洪州[1]人，七岁出家，常诵《法华经》[2]。来礼祖师，头不至地。师诃曰：“礼不投地，何如不礼？汝心中必有一物，蕴习何事耶？”曰：“念《法华经》已及三千部。”师曰：“汝若念至万部，得其经意，不以为胜，则与吾偕行。汝今负此事业，都不知过。听吾偈曰：

礼本折慢幢，头奚不至地？
有我罪即生，亡功福无比。[3]”

师又曰：“汝名什么？”曰：“法达。”师曰：“汝名法达，何曾达法？”复说偈曰：

汝今名法达，勤诵未休歇。
空诵但循声，明心号菩萨。[4]
汝今有缘故，吾今为汝说。
但信佛无言，莲华从口发。[5]

【注释】

[1] **洪州**：今江西省南昌。

[2] **《法华经》**：也称《妙法莲华经》，简称《法华经》，是中国佛教史上有着

深远影响的一部大乘经典。由于此经译文流畅、文字优美、譬喻生动、教义圆满，读诵此经是中国佛教徒最为普遍的修持方法。在汉地流行的是后秦鸠摩罗什所译七卷本。本经的宗旨是说明佛以“一大事因缘”出现于世间，目的是“开权显实，会三归一”。即声闻、缘觉、菩萨三乘为权，一佛乘为实，会三乘而归入一佛乘。这是一种崭新的学说思想，也是本经的主旨所在，在佛教思想史上占有至关重要的地位。

[3] **有我罪即生，亡功福无比**：心中存有我慢，罪业就会生起。诵经如果能不执着于其功德，亡其功德之相，心无所执如虚空，那么其功德也如虚空无量无边。

[4] **空诵但循声，明心号菩萨**：诵经若空声读诵，且仅仅循声音一句一句在读，对经义却全然不知，只是口诵而已，名为“空诵但循声”。但若能将所诵经之义理，在心中弄明白，那就不是普通人的诵经，而可号为菩萨了，故言“明心号菩萨”。

[5] **但信佛无言，莲华从口发**：只要相信佛法是离言说相，不可用语言表达，但为了度众生佛不得已勉强而说。所以，如果能相信佛不曾有说法，而能不执着于诵经的功德，做到无相无执，则可名为诵《妙法莲华经》，这样的诵经就如一朵朵的莲花从口中开发出来，故言“但信佛无言，莲华从口发”。

【释义】

僧法达，因 7 岁就出家，且自出家以来常读诵《法华经》达到三千多部，因不解经义只执着诵此经的功德，因此来礼见惠能时头不落地表现得很傲慢。为了折服他的傲慢，惠能先呵责他虽然诵经千余部哪怕至万部，但没有折服自己的慢幢，还自以为是，不知自己已经有了过失，这样哪里还有什么功德在？这样的行为与诵经又有何关涉？完全违背了所谓的诵经修行。并开示他怎样才算是“诵经”。在惠能看来所谓诵经首先要体悟经中大意，然后依经所诠释的义理依教奉行落实在自身的实践修持中，去除自己多劫累世的毛病习气。待人接物谦下平等。并能借教悟宗，做到无相无执，证得真心本性就是所谓诵经。如果不解经义，只是循声口诵，甚至执着于经的语言文字错解其意，乃至只是执着诵经的功德，这都不能称为诵经。法达被惠能呵责及听了其所讲的诵经之义，深知自己的错误，慢心也被惠能折服了。

2. 为开示《法华经》之宗趣

【原文】

达闻偈，悔谢曰：“而今而后，当谦恭一切。弟子诵《法华经》，未解经义，心常有疑。和尚智慧广大，愿略说经中义理。”

师曰：“法达！法即甚达，汝心不达。经本无疑，汝心自疑。汝念此经，

以何为宗？”达曰：“学人根性暗钝，从来但依文诵念，岂知宗趣？”师曰：“吾不识文字，汝试取经诵一遍，吾当为汝解说。”

法达即高声念经，至“譬喻品”，师曰：“止！此经元来以因缘出世为宗，纵说多种譬喻，亦无越于此。何者因缘？经云：‘诸佛世尊，唯以一大事因缘出现于世。一大事者，佛之知见也[1]。’世人外迷著相，内迷著空。若能于相离相，于空离空，即是内外不迷。若悟此法，一念心开，是为开佛知见。

佛，犹觉也[2]。分为四门：开觉知见、示觉知见、悟觉知见、入觉知见[3]。若闻开示，便能悟入，即觉知见，本来真性而得出现。

汝慎勿错解经意，见他道：‘开示悟入，自是佛之知见，我辈无分。’若作此解，乃是谤经毁佛也。彼既是佛，已具知见，何用更开？汝今当信，佛知见者，只汝自心，更无别佛。盖为一切众生，自蔽光明，贪爱尘境，外缘内扰，甘受驱驰[4]。便劳他世尊，从三昧起[5]，种种苦口，劝令寝息，莫向外求，与佛无二。故云：‘开佛知见。’

吾亦劝一切人，于自心中，常开佛之知见。世人心邪，愚迷造罪，口善心恶，贪嗔嫉妒，谄佞我慢，侵人害物，自开众生知见。

若能正心，常生智慧，观照自心，止恶行善，是自开佛之知见。汝须念念开佛知见，勿开众生知见。开佛知见，即是出世；开众生知见，即是世间。汝若但劳劳执念[6]，以为功课者，何异牦牛爱尾[7]。”

【注释】

[1] **经云：“诸佛世尊，唯以一大事因缘出现于世。一大事者，佛之知见也”**：这句话出自后秦鸠摩罗什译《法华经·方便品第二》，如经中云：“诸佛世尊唯以一大事因缘故出现于世。舍利弗！云何名诸佛世尊唯以一大事因缘故出现于世？诸佛世尊，欲令众生开佛知见，使得清净故，出现于世；欲示众生佛之知见故，出现于世；欲令众生悟佛知见故，出现于世；欲令众生入佛知见道故，出现于世。舍利弗！是为诸佛以一大事因缘故出现于世。”（《大正藏》第 9 册，第 7 页上）经中所说“佛之知见”，宋戒环法师《法华经要解》中说：“佛知见者，彻了实相真知真见也。在法名一佛乘，在因名一大事，在果名一切种智，故曰诸佛因一大事故出兴，为一佛乘故说法，欲令众生开佛知见，而究竟皆得一切种智也。此真知见，生佛等有，本来清净，唯人以妄尘所染，无明所覆，而自迷失。故佛与开示，使得其本来清净者而自悟入，不复迷失也。”依本经惠能所谓“佛之知见”是指众生人人本具佛性的真知真见。因此，如果能识心见性就具足此之知见。

[2] **佛，犹觉也**：惠能认为《法华经》中“佛之知见”的“佛”就解释为觉，

即觉性，是众生人人本具佛性。

［3］**分为四门：开觉知见、示觉知见、悟觉知见、入觉知见**："佛之知见"的"佛"即"觉"，这个"觉"，惠能认为可以分为四门：一是开觉知见；二是示觉知见；三是悟觉知见；四是入觉知见。简言之，就是开示悟入自心佛性。"知见"，即自性所具真知真见。所以，"开示悟入佛之知见"就是开示悟入众生各自自心佛性，若能豁然悟入，即得一切种智具足自性本具佛之知见。所以，"开示悟入佛之知见"在《法华经要解》中说："所谓'开'就是破无明；'示'即指示众生所迷之真性；'悟'即豁然洞视；'入'即深造自得，而证一切种智。"

［4］**外缘内扰，甘受驱驰**：外有客观境界为所缘，内心之妄识为能缘，内心既有攀缘外在六尘之境，故终日昏昏扰扰，不得安宁。于是为物所转，甘心受妄想尘劳所驱使，如在草原上为了水草而奔波劳碌的野马，汲汲营营没有一刻安宁，受诸痛苦烦恼的逼迫。

［5］**便劳他世尊，从三昧起**：这句话出自后秦鸠摩罗什译《法华经·方便品第二》，如中云："尔时世尊从三昧安详而起，告舍利弗，诸佛智慧甚深无量，其智慧门难解难入，一切声闻辟支佛所不能知。"（《大正藏》第9册，第5页中）

［6］**劳劳执念**：劳劳执着念诵《法华经》，不解其意，但执诵经功德。

［7］**牦牛爱尾**：牦牛，生活在青藏高原上，全身有长毛，黑褐色或棕色或白色。此牛对自己的尾巴极为爱护，却不知爱护自己的身体。这是比喻一般诵经者，不明经中义理，口诵心不思维，舍本逐末，不知依经中所开示，悟入自心本有佛之知见，而是贪爱执着其念诵功德。

【释义】

本段惠能为法达开示《法华经》"诸佛以一大事因缘出现于世，欲令众生开示悟入佛知见"这一宗趣。惠能将经中"佛之知见"的"佛"解释为觉，即觉性，乃众生人人本具佛性。"知见"，指自性所具的真知真见。因此，"佛之知见"就是众生人人本具佛性的真知真见，如果能识心见性就具足此之知见。

到底如何开示悟入众生人人本具佛之知见呢？惠能认为可以分为四门：（1）开觉知见；（2）示觉知见；（3）悟觉知见；（4）入觉知见。简要的解释就是若能听闻善知识的"开""示"，而能言下"悟""入"，如果能悟入自性就具足佛之知见。很显然，惠能是将"开""示"解释成善知识的开示、指引；"悟""入"就是悟到并且证得本有的真心本性。这样的"开示悟入佛知见"，是开显自己的本心佛性。可是世间的人"外迷著相，内迷著空"，又如何能彻见自心佛之知见呢？若能于相离相不执有、于空离空不执空，内外不迷，就能洞彻离两边超言绝待的诸法实相之理，这就是所谓开示悟入自心佛之知见。

对于《法华经》中开示悟入自心佛之知见，惠能认为不是开“佛”的知见。他认为若是开佛之知见，那么凡夫就永远与成佛无分，不能成佛，不能彻见真如实相开佛之知见。所以，若认为是开佛的知见乃是极大的错误，甚至诽谤佛经，过失很大。而且，佛既然已经是佛，当然已是本具佛的知见，这样何用更开佛的知见？所以《法华经》中所说开示悟入佛之知见，不是开佛的，而是开每位众生自己的佛之知见。

为何是开每一众生自己的佛之知见？惠能解释得非常清楚，他说佛知见是众生心中所本具的。只因无始以来为无明蒙蔽心性本有光明，因而贪爱染著客观六尘境界，终日攀缘不舍，以致昏昏扰扰，不得安宁，为物所转，甘心受妄想尘劳所驱使，受诸痛苦烦恼的逼迫。

为解救众生生死疲劳的痛苦，便劳动他大觉世尊，从三昧中起来，以种种因缘譬喻，不惜苦口婆心地说种种方便，打破众生无始无明，止息贪爱等妄执，不心外求法，而能回观反照自心本性，则能证入本有觉性。这正显示此佛知见是人人本具，假定不是本有，纵然佛或善知识善为开示，仍然是不能证入。《宗镜录》说：“以本具故，方能开示。如来正觉心，与众生分别心，契同无二，为开示悟入之方便。”

既然不是开佛的知见，而是让众生能开自心佛之知见，那么就不能开“众生知见”。如何是开众生知见？若心总是邪曲而不正直，愚痴迷惑造种种罪恶，口善心恶，贪嗔嫉妒，谄媚妄言，我慢自恃傲人，侵人害物，是等皆为心中众生，若心中充满这些便是自开众生知见。相反，若能正其心念，常常生起般若智慧，观照自己本心，止息一切恶，修行一切善，是为自开佛之知见。如果能开佛的知见，虽处世间即是出世间；若开众生知见即是尘劳世间。

是以，明白了《法华经》的宗趣是开自心佛之知见，因此诵此经时就不能是不解经义，或执着诵经的功德，也不依经所开示去识心见性，不然则如牦牛爱尾一样舍本逐末。

3. 示诵经之义

【原文】

达曰：“若然者，但得解义，不劳诵经耶？”师曰：“经有何过，岂障汝念？只为迷悟在人，损益由己[1]。口诵心行，即是转经；口诵心不行，即是被经转。听吾偈曰：

心迷法华转，心悟转法华。

诵经久不明，与义作仇家。[2]

无念念即正，有念念成邪[3]。

有无俱不计，长御白牛车。[4]”

达闻偈，不觉悲泣，言下大悟，而告师曰：“法达从昔已来，实未曾转法华，乃被法华转。”

【注释】

[1] **只为迷悟在人，损益由己**：同样是诵经，有人口诵心不思维经义，甚至误解诵经，说诵经没有用，毁谤经法，不但有损于自己，亦有害于他人；有人了解诵经，认为诵经确有好处，于是口诵心思维，最终契于诸法实相。如是，不惟有益于自己，亦有利于他人。

[2] **诵经久不明，与义作仇家**：若诵经诵很久，但始终不明经义，甚至错解经义，即如同与经义作了仇家。如说“依文解义，三世佛冤，离经一字，即成魔说”。这样错误地理解经文，乃是诽谤佛法，有无量罪过，故名“仇家”。另外，诵经不能依经之义用于实践修持，去除自心的一切污染不善等恶习，所作所为与诵经之事业背道而驰也名与义作仇家。

[3] **无念念即正，有念念成邪**：这个“无念”不是指不要念经，而是在念经时，既不执着于能念之人，也不执着于所念之经相，即不是依文解义执着于经之语言文字，执着于诵经的功德。而是借教悟宗，由文字般若而证得实相般若，深达经中所说诸法实相，这样即是无念而念。这样的无念而念即名为正确的念经，也为真正意义的念经。相反，如果虽然念经，但有能念之人与所念之经的执着于，执着于经之语言文字，执着于诵经的功德，这样就是有念，是有所执着的在念，这样的念经即念念有所住。如果念念有所住，不是无所住，那么就成邪，不是真正的念经。

[4] **白牛车**：“白牛车”的譬喻出自后秦鸠摩罗什译《法华经·譬如品第三》，是用来比喻如来所说最上一佛乘。

【释义】

法达问惠能：“只要了解经义就好，而不需辛劳耽误时间诵经，这样的理解是否正确?”惠能予以回答，并为其开示诵经之意。在惠能看来，所谓诵经本身没有什么过失，经是可以诵念的，问题是怎样才算是正确诵经？怎样诵经对己、对他人皆有利益？诵经若能口诵心思维，还能依教奉行，契入诸法实相，即是真正转得经文，这样也才名为真正的诵经。相反，若口虽在读诵经文，心不解经义，甚至执着于经文文字，也不能如实依教奉行，所为还有违经中义理，这样诵经，即是被经所转，如是诵经有什么用？这样即如大珠慧海禅师《顿悟入道要门论》中所说：“如鹦鹉只学人言，不得人意，以经传佛意，若诵而不行，是不得佛意。”

惠能的禅法思想从不离般若，不离不二的理念，依于这种思想他认为诵经要做到无念，即正念经时既不执着于能念之人相，也不执着于所念之经相，而是藉教悟宗，由文字般若而证得实相般若，深达经中所说诸法实相，这样即是无念而念，这才名为真正意义的念经。相反，念经时，有能念之人与所念之经执着，执着于经之语言文字，执着于诵经的功德，这样就是有念，是有所执着的在念。这样的念经即念念有所住，那么就成邪，不是真正的念经。这无念与有念二者还有相待，还不究竟。因此，当正念经时，若能有念、无念俱不计执于心，超出有无之对待就能如《法华经》中所说永远的驾御大白牛车，即恒常自住于自性一佛乘，而得到大解脱、大自在。

4. 问三乘人如何不能测佛智及《法华经》中所言三车与大白牛车区别

【原文】

再启曰："经云：'诸大声闻乃至菩萨，皆尽思共度量，不能测佛智[1]。'今令凡夫但悟自心，便名佛之知见。自非上根，未免疑谤。

又经说三车[2]，羊、鹿、牛车与白牛之车[3]，如何区别？愿和尚再垂开示。"

【注释】

[1] **经云："诸大声闻乃至菩萨，皆尽思共度量，不能测佛智"**：出自后秦鸠摩罗什译《法华经·方便品第二》，如经中说："假使满世间，皆如舍利弗，尽思共度量，不能测佛智……辟支佛利智，亦满十方界，欲思佛实智，莫能知少分；新发意菩萨……充满十方刹……一心以妙智，于恒河沙劫，咸皆共思量，不能知佛智；不退诸菩萨，其数如恒沙，一心共思求，亦复不能知。"（《大正藏》第9册，第5页下）

[2] **经说三车**：指后秦鸠摩罗什译《法华经·譬喻品第三》中所说的羊车、鹿车、牛车。如经中长者对诸子说："汝等所可玩好，希有难得，汝若不取，后必忧悔。如此种种羊车、鹿车、牛车，今在门外，可以游戏。汝等于此火宅宜速出来，随汝所欲，皆当与汝。"（《大正藏》第9册，第12页下）

[3] **羊、鹿、牛车与白牛之车**：羊车、鹿车、牛车这三车与大白牛车，本来《法华经·譬喻品第三》中只有羊车、鹿车、牛车这三车，但此处另有大白牛车。事实上，在经中也有提到大白牛车。如经中说："尔时长者各赐诸子等一大车，其车高广，众宝庄校，周匝栏楯，四面悬铃。又于其上张设幰盖，亦以珍奇杂宝而严饰之，宝绳绞络，垂诸华缨，重敷婉綖，安置丹枕。驾以白牛，肤色充洁，形体姝好，有大筋力，行步平正，其疾如风。"（后秦鸠摩罗什译《法华经·譬喻品第三》，

《大正藏》第9册，第12页下）

《法华经·譬喻品第三》中的羊车是比喻声闻乘，鹿车比喻缘觉乘，牛车比喻菩萨乘，大白牛车比喻一佛乘。《法华经》是以羊、鹿、牛三车所能运载数量的多寡来比喻声闻、缘觉、菩萨三乘利世成果。其一羊车，以羊挽车。比喻声闻之人，修四谛行以求出离三界，但欲自度，不顾他人，如羊之奔逸，竟不回顾后群。其二鹿车，以鹿挽车。比喻缘觉之人，修十二因缘以求出离三界，略有为他之心，如鹿之驰走，能回顾后群。其三牛车，以牛挽车。比喻三藏教菩萨之人，修六度行，但欲度人出于三界，而不欲自出，（菩萨不为自己求安乐，但愿众生得离苦）如牛之荷负，安忍普运一切。其四大白牛车，如《法华经》中华丽庄严的大白牛车，比喻一佛乘，得大自在解脱之佛能无缘大慈，同体大悲度一切众生。

【释义】

法达向惠能问了两个问题：第一，《法华经》中尚且都说三乘人不能测佛智，但现今却说只要凡夫但能觉悟自心，便名佛之知见与佛无别，这到底如何理解？第二，经中所说的羊车、鹿车、牛车与大白牛车如何区别？

5. 先答三乘人为何不能测佛智

【原文】

师曰："经意分明，汝自迷背。诸三乘人，不能测佛智者，患在度量也。饶伊尽思共推，转加悬远。佛本为凡夫说，不为佛说。此理若不肯信者，从他退席[1]。"

【注释】

[1] **从他退席**：佛说《法华经》时，曾有五千人退席。后秦鸠摩罗什译《法华经·方便品第二》中记载：佛向法会大众称赞诸佛智慧甚深无量，其智慧门难解难入，一切声闻、辟支佛所不能知。诸佛知见广大深远、无量无碍、力、无所畏、禅定、解脱三昧、深入无际，成就一切未曾有法。尔时大众中，有诸声闻漏尽阿罗汉阿若骄陈如等千二百人，及发声闻辟支佛心、比丘、比丘尼、优婆塞、优婆夷，各作是念："今者世尊何故殷勤称叹方便而作是言……"舍利弗知道他们心中的疑惑，他自己也不明白，于是曾三度问佛："世尊，何因何缘，殷勤称叹诸佛第一方便甚深微妙难解之法？"舍利弗三度问，三度被佛制止。如是三请三止后，佛便告诉舍利弗："汝已殷勤三请，岂得不说。汝今谛听，善思念之，吾当为汝分别解说。说此语时，会中有比丘、比丘尼、优婆塞、优婆夷五千人等，即从座起，礼佛而退。所以者何？此辈罪根深重及增上慢，未得谓得，未证谓证，有如此失，是以不住。

世尊默然而不制止。”（《大正藏》第9册，第12页下）

【释义】

惠能首先回答法达第一个问题：为何说三乘人都不能测佛智，而凡夫但能觉悟自心，便名佛之知见？惠能引《法华经》中“三乘人不能测佛智，错在推度思量上”来呵责法达，反显他能问这样的问题，说明也如三乘人一样，犯了任凭自己的思维推度去测如来甚深难解难入的智慧之错。不是我惠能说凡夫但能觉悟自心便名佛之知见，而是佛所说。且要明白佛说种种法，本为愚痴不觉凡夫所说，并不是为佛而说，而是为众生而说，目的是皆令众生悟入自心之佛知见。倘若不肯相信此理，就如经中五千增上慢人退席，佛既不加以制止，亦不感到可惜。

惠能引《法华经》中五千人退席的事情是告诉法达，不要向这五千退席的人那样愚钝无知，得少为足，不求上进。因为，没有所谓的三乘只有一佛乘才是圆满究竟的。而这无上的一佛乘每个众生都可以证得，因为人人皆有佛性，皆可以成佛。所以，应该识心见性，证自性一佛乘，就具备和佛一样的智慧功德。因此，不要看经中说三乘人都不能测佛智，就认为成佛之事凡夫无份，认为成佛乃是离自己很遥远的事情，而生退却之心，或者怀疑不相信。应深信佛以一大事因缘出现于世，就是为令众生开示悟入自心的佛性即佛知见，只要勇猛精进，自修自悟，识自本心，见自本性就和佛无二无别。

6. 次为解答三车与大白牛车的区别

【原文】

> 殊不知，坐却白牛车，更于门外觅三车。况经文明向汝道：“唯一佛乘，无有余乘若二若三。乃至无数方便，种种因缘譬喻言词，是法皆为一佛乘故。”[1]汝何不省，三车是假，为昔时故；一乘是实，为今时故。只教汝去假归实，归实之后，实亦无名[2]。

【注释】

[1] **况经文明向汝道：“唯一佛乘，无有余乘若二若三。乃至无数方便，种种因缘譬喻言词，是法皆为一佛乘故”**：出自后秦鸠摩罗什译《法华经·方便品第二》，如经中说：“舍利弗，如来但以一佛乘故，为众生说法，无有余乘若二若三。舍利弗，一切十方诸佛，法亦如是。舍利弗，过去诸佛，以无量无数方便，种种因缘譬喻言辞而为众生演说诸法，是法皆为一佛乘故。是诸众生，从诸佛闻法，究竟皆得一切种智。舍利弗，未来诸佛当出于世，亦以无量无数方便种种因缘譬喻言辞

而为众生演说诸法，是法皆为一佛乘故。是诸众生，从佛闻法，究竟皆得一切种智。舍利弗，现在十方无量百千万亿佛土中诸佛世尊，多所饶益安乐众生，是诸佛亦以无量无数方便，种种因缘譬喻言辞而为众生演说诸法，是法皆为一佛乘故。是诸众生，从佛闻法，究竟皆得一切种智。”（《大正藏》第9册，第7页中）

［2］**归实之后，实亦无名**：舍去三乘假设，归于一乘真实，一旦归于一乘实法之后，实则连这一佛乘之“实”也不可说，不可得。

【释义】

关于三车与大白牛车的区别，惠能明确地说若能乘此一佛乘，就如坐在舒适的大白牛车上，直趋宝所，为什么更要于火宅门外，寻觅羊、鹿、牛三车？《法华经》的主旨在于会三归一，因此经中分明说，如来但以一佛乘故，为众生说法。唯一佛乘，无有余乘无二也无三。乃至十方三世诸佛皆以无量无数方便，种种因缘譬喻言辞，而为众生演说诸法，所说的法皆为一佛乘。《法华经》中长者引诱其子出离火宅，说有三车是假，此三车乃是譬喻过去所说三乘，是为昔时众生权宜假说，不是究竟说，不过是“空拳唤小儿，黄叶止儿啼”的方便善巧而已。而唯此一佛乘乃是真实的究竟说，是为今时法华会上志求一佛乘者所说，目的只是令众生舍去三乘假设，归于一乘真实。

三乘、一乘还有“三”与“一”相待，因此，实则连这一佛乘之“实”也不可说，也不可得。如果认为还有个一佛乘之“实”可得即又落入法爱法执，不究竟，对诸法实相也没有通达。诸法实相超言绝待，得而无所得。因此，会三归一，“一”也不可得。惠能的思想始终皆是与大乘空、无所得的意旨相吻合。

7. 再开示诵经义

【原文】

应知所有珍财，尽属于汝，由汝受用，更不作父想，亦不作子想，亦无用想，[1]是名持《法华经》。从劫至劫，手不释卷，从昼至夜，无不念时也。

【注释】

［1］**应知所有珍财，尽属于汝，由汝受用，更不作父想，亦不作子想，亦无用想**：出自后秦鸠摩罗什译《法华经·信解品第四》中所说穷子喻。过去有个大富长者，本有个独生子，但是在年幼时，舍父逃到外边，驰骋四方，漂泊流浪，求取衣食，贫困交加。过了很多年后渐渐回到本国，经过父亲住所，父虽认识其子，子却不识其父。父用种种方便，引诱其子来家。先要他做除粪等劳苦的工作，渐渐令子

管理家务，使其知家中珍宝所在。但是穷子没有贪心，自认自己是贫穷人，从来不曾想有宝物，所以无有希取之心。穷子在其父家住了一段时间，其心意渐渐通泰。这时，其父生命亦快结束，在他临命终时，命其子并会集亲族、国王等来作证，向他们宣告："诸君当知，此实我子，我实其父，今我所有一切财宝，皆是子有。"穷子听到父亲的话，生起极大欢喜，认为从来没有这么多的财宝，且想："我本来无心有所希求，今此宝藏自然而至。"（《大正藏》第9册，第17页上）

【释义】

惠能引用《法华经》中的穷子无心却自然得到其父的宝藏之喻，开示法达只有不执着于能念的人与所念的经相，无取无所执着，亡其念诵功德之相，才是具足无量功德，如此是名真正诵持《法华经》。如是诵《法华经》，便是时时刻刻，手不释卷的不断在诵念了。如果诵经不能如此，纵然口不停息在念，也是没有用的。

8. 法达偈赞心得

【原文】

达蒙启发，踊跃欢喜，以偈赞曰：

经诵三千部，曹溪一句亡。
未明出世旨，宁歇累生狂。[1]
羊鹿牛权设，初中后善扬。[2]
谁知火宅内，元是法中王。[3]

师曰："汝今后方可名念经僧[4]也。"达从此领玄旨，亦不辍诵经。

【注释】

[1] **未明出世旨，宁歇累生狂**：如果诵经不明《法华经》是以"佛以一大事因缘故出现于世"，"这一大事"就是欲令众生开示悟入自心本性之佛之知见，如果不明白这一如来出世的宗旨，无论念多少经，怎么能休歇我累生、累劫的我慢狂妄无知呢？

[2] **初中后善扬**：出自后秦鸠摩罗什译《法华经·序品第一》，如经中说："尔时有佛，号日月灯明如来、应供、正遍知、明行足、善逝世间解、无上士、调御丈夫、天人师、佛、世尊，演说正法，初善、中善、后善，其义深远，其语巧妙，纯一无杂，具足清白梵行之相。"（《大正藏》第9册，第3页下）这一句话是赞叹佛所说法，其初、中、后三时所说皆甚深、巧妙、清净。故初善就是指佛初时所说之法，中善是指佛中时所说之法，后善是指佛后时所说之法。根据窥基（632～682）大师所作三时判教而言，佛"初时"为发趋声闻乘者宣说四谛之理，称为第一时

"有教"，如《阿含经》等；佛"中时"所说之法，即为发趋大乘者讲说"诸法皆空"之理，如《般若经》等之说；"后时"所说，释尊普为发趋一切乘者讲说中道之义，如《华严经》《解深密经》等谈空之真意即非有非无之中道，故称"中道教"。佛这初、中、后三时所说之法皆称为"善"，因为佛这三时所说之法皆是佛适时适机为众生演说之教法，都能引导众生出离三界火宅，达到至善至纯净的境界，故言"善"。

［3］**谁知火宅内，元是法中王**：三界如火宅，无一处可安。在三界中的众生，如果能了悟自心佛性，那么就与法中之王的佛无二，就能即火宅的尘劳世间而为出世的清净解脱世间。

［4］**念经僧**：即"诵经僧"，并不简单。所谓诵经并不是口诵心不思维，不去理解经中的奥义，也不依经所教实践去自修自悟，而是要借教悟宗。诵经的目的在于借鉴经之文字般若而明宗，证得实相般若，这样才是真正的诵经。

【释义】

法达听闻惠能为其开示诵经之义、《法华经》宗趣、三乘人不能测佛智而凡夫若见本性即具足佛之知见及三车与大白牛车的区别等法义后豁然大悟，用偈颂表明自己所悟心得。感叹自己若不到曹溪参礼惠能，恐不能休歇累生、累劫的我慢狂妄无知。对于《法华经》的宗趣也明白无二也无三，没有三乘，只有一佛乘。在三界火宅中的众生，如果能了悟自心佛性，就能自住自性一佛乘，得大解脱大自在。

对于法达的领悟，惠能予以印可，并让他今后做个名副其实的诵经僧。法达因领悟了诵经的深奥妙旨，更是精进不辍地诵经。

（四）智通比丘（分2）

1. 请问三身四智义

【原文】

僧智通，寿州安丰[1]人。初看《楞伽经》[2]约千余遍，而不会三身四智[3]，礼师求解其义。师曰："三身者，清净法身，汝之性也；圆满报身，汝之智也；千百亿化身，汝之行也。若离本性，别说三身，即名有身无智[4]；若悟三身无有自性，即明四智菩提[5]。听吾偈曰：

自性具三身，发明成四智。
不离见闻缘，超然登佛地。[6]
吾今为汝说，谛信永无迷。
莫学驰求者，终日说菩提。"

通再启曰："四智之义，可得闻乎？"师曰："既会三身，便明四智，何更问耶？若离三身，别谈四智，此名有智无身，[7]即此有智，还成无智。"复说偈曰：

大圆镜智性清净[8]，平等性智心无病[9]，

妙观察智见非功[10]，成所作智同圆镜[11]。

五八六七果因转[12]，但用名言无实性[13]，

若于转处不留情，繁兴永处那伽定[14]。

（如上转识为智也。教中云，转前五识为成所作智，转第六识为妙观察智，转第七识为平等性智，转第八识为大圆镜智。虽六七因中转，五八果上转，但转其名而不转其体也。）

【注释】

[1] **寿州安丰**：今安徽省寿县安丰镇。

[2] **《楞伽经》**：此处《楞伽经》当指刘宋求那跋陀罗所译四卷本。

[3] **三身四智**："三身"，即法、报、应三身；"四智"，即大圆镜智、平等性智、妙观察智、成所作智。

[4] **若离本性，别说三身，即名有身无智**：三身，皆自性中本具，不离一心。有三身即有四智，四智依三身，身智不二。因此，若离本性，无有实际之三身，故依三身而成就的四智就不能生起功用，而成为不起智用的名言假身，故名"有身无智"。故应知身智一体，不离一心。

[5] **若悟三身无有自性，即明四智菩提**：若悟三身一体不离一心，则应知此三身非各个有体，如果各有自性，岂不是每一心都要有一身才对，那么一人岂有三心？所以此三身皆为一心所具，不是别有自体，如果能体悟这三身不是别有自性，乃为一心之所流出，就能发明也就是成就四智。也即若悟自心就能三身开显，四智具足。

[6] **不离见闻缘，超然登佛地**：四智不是从他处觅得，而是不离六识见闻觉知，因此若能于六识见闻觉知万法，却不染著，当下就具备四智，超然直登佛地。

[7] **若离三身，别谈四智，此名有智无身**：身智不二，若离开自性三身，而别谈四智，如离身之本体而言智用，离体而谈用，此用不可得。故离三身而言四智，此智即成为无用的名言，徒有名言之"智"，所以称有智无身。

[8] **大圆镜智性清净**：转第八阿赖耶识而成的大圆镜智就是自性清净之体，本性清净之体犹如一面大圆镜，能鉴照万物光明洞彻，清净圆满，故名之。

[9] **平等性智心无病**：此智乃是转第七末那识所成，此智能观察一切诸法自他平等，因此没有执着障碍之病。没转之前第七末那识恒常执着第八阿赖耶识为自我，由此而有我执等执着分别，不能平等观诸法。现既已经转识成平等性智，因此能平

等观诸法，由此才能平等发大悲心，随顺众生的根机予以救度。

［10］**妙观察智见非功**：此智乃是转第六识所成。此智能周遍观察一切法的自相、共相皆无障碍，所以是周遍缘取一切境界。并且是任运自然不涉计度的明了观察，从而针对众生不同的好乐，以无碍辩才说诸妙法，使每个众生皆能开悟。这种任运自然不涉计度的明了观察是非假功用而成，任运而观。

［11］**成所作智同圆镜**：转前五识而为成所作智，成就其本愿力所应做之事，应所成办，故名成所作。此智能如大圆镜智一样随事应用无碍。为想方便利乐地前菩萨及二乘、凡夫等一切有情，周遍在十方一切世界，示现种种无量无数不可思议的变化身、土等，这都是本于自己愿力所应做的度生事业，故名成所作。

［12］**五八六七果因转**：转八识成四智，不是同时转，而有因位、果位之别。前五识转成所作智与第八识转成大圆镜智，都要到佛果位上才转，所以说“五八两识果中转”，即唯识学说“五八果上圆”。第六意识转成妙观察智，第七末那识转成平等性智，是在菩萨的因位中就转，所以说“六七两识因中转”，亦即唯识所说“六七因中转”。

［13］**但用名言无实性**：“转识成智”，不要以为有实体性转，但用名言说之为转，并无实际的什么在转。也即所谓的“转名不转体”，有转之名，无转之实。因此，四智乃是本心所具，乃真心本有之用，并没有什么东西可转，所谓转只是但有其名，没有其实。

［14］**若于转处不留情，繁兴永处那伽定**：“那伽定”，中国译为“龙定”，龙常静思摄念，故有定力而现大神通。龙定在此是比喻甚深之定。这句话的意思是：果真能转识成智，一悟即至佛地，不再为情识牵引，得不退转而留于三界，那么即使是在繁杂吵闹动乱不堪的红尘世间中，也能常在甚深的如龙定当中，心水湛然澄寂，如如不动，这当下即是解脱清净的出世间。

【释义】

智通参惠能的机缘主要是向惠能请问《楞伽经》中所说三身四智的意义。惠能先为其回答何谓三身。所谓“清净法身”乃人人本具的本性；“圆满报身”，即人人本具自性之智慧；所谓“千百亿化身”，就是自性的变化。此之三身，皆自性中本具。这样的三身是惠能在宗宝本《坛经》“忏悔第六”自性一体三身佛中所讲到。惠能认为此三身不离一心，且有三身即有四智，四智依三身，身智不二。因此，若离本性，即无有实际之三身，故依三身而成就的四智不能生起功用，而成为不起智用的名言假身，故名“有身无智”。所以，身智一体，不离一心。假使能悟此三身皆为一心所具，不是别有自体，就能开发四智。即若悟自心就能三身开显，四智具

足。所以，四智不是从他处觅得。此四智的作用不离六识见闻觉知，若能于六识见闻觉知万法，却不染著，当下就具备四智，直入佛地。

自心本具三身四智，身智不二，因此站在四智的角度而言，若离开自性三身，而别谈四智，如有用无体。所以若离三身而言四智，此智即成为无用的名言，故称“有智无身”，因只有名言而无用的智，所以称为“有智”，不是真的有智用，故这种徒有名言的智等于说无有智。

惠能反复强调身智不二不离一心。因此，此四智虽然依《楞伽经》与唯识系经典所讲皆是转八识所成，但只有转之名，无转之实。因四智也乃本心所具，乃真心本有之用，因此并没有什么东西可转，所谓转只是但有其名，没有其实。也正因为如此，所以只要悟得本心，即具三身四智。若悟真心转识成智，不再为情识牵引，而留于三界，那么即使是在繁杂吵闹动乱不堪的红尘世间中，也能常在甚深的如龙定当中，心水湛然澄寂，如如不动，这当下即是解脱清净的出世间。

2. 智通偈明心得

【原文】

通顿悟性智，遂呈偈曰：

三身元我体，四智本心明[1]。
身智融无碍，应物任随形。[2]
起修皆妄动，守住匪真精。[3]
妙旨因师晓，终亡染污名。[4]

【注释】

[1] **四智本心明**：四智亦本自心体悟而发明，因也是自心所具，所以如果能开显自己的本心，四智也就显明。

[2] **身智融无碍，应物任随形**：身智不二，不离一心，若体之与用。所以，身智是融合无碍，能随缘赴感，应物成形，示现种种变化，即所谓应以何身得度，即现何身说法。

[3] **起修皆妄动，守住匪真精**：自心本具三身四智，何劳修治？如果起心动念去修治，那么就是妄作妄动。若执着守住三身四智也非真实精进之行。修行是以无住、无相、无所得为宗旨，故不能执着留守于三身四智。

[4] **妙旨因师晓，终亡染污名**：身智无碍，不离一心微妙之旨，过去不曾知道，现在因师开示，而得晓了领悟，从此终亡染污一切假名。所谓“染污”，凡是有所造作，有所趣向，皆可说是染污。未悟前固然如是，认为有污染可言，悟后才

知染污只是个假名，一切皆不可得，没有什么污染可言。一切都只是名言假说，没有真实的自性。

【释义】

智通蒙惠能开示心有所悟，并用偈颂来说明自己悟证的道理。对于三身四智不二不离一心之理，智通已经通达。所以，认为自心本具三身四智，何劳修治？但若执着守住也不对，大乘空宗一切本无自性，本无所有，不可得。所以，所行也应与之吻合，乃为最上一乘之禅法，这也是惠能禅法的宗旨所在。

（五）智常比丘（分 2）

1. 请问见性成佛义

【原文】

僧智常，信州贵溪[1]人，髫年[2]出家，志求见性。一日参礼，师问曰："汝从何来？欲求何事？"曰："学人近往洪州白峰山礼大通和尚[3]，蒙示见性成佛之义。未决狐疑，远来投礼，伏望和尚慈悲指示。"师曰："彼有何言句？汝试举看。"曰："智常到彼，凡经三月，未蒙示诲。为法切故，一夕独入丈室，请问：'如何是某甲本心本性？'大通乃曰：'汝见虚空否？'对曰：'见。'彼曰：'汝见虚空有相貌否？'对曰：'虚空无形，有何相貌？'彼曰：'汝之本性，犹如虚空，了无一物可见，是名正见；无一物可知，是名真知。无有青黄长短，但见本源清净，觉体圆明[4]，即名见性成佛，亦名如来知见。'学人虽闻此说，犹未决了，乞和尚开示。"师曰："彼师所说，犹存见知[5]，故令汝未了。吾今示汝一偈：

不见一法存无见，大似浮云遮日面。[6]

不知一法守空知，还如太虚生闪电。[7]

此之知见瞥然兴，错认何曾解方便。[8]

汝当一念自知非，自己灵光[9]常显现。

常闻偈已，心意豁然。乃述偈曰：

无端起知见，著相求菩提。

情存一念悟，宁越昔时迷。[10]

自性觉源体，随照枉迁流。[11]

不入祖师室，茫然趣两头。

【注释】

[1] **信州贵溪**：今江西省贵溪市。

[2] **髫年**：幼年小孩额上垂下来的头发叫“髫”，故“髫年”指幼年。

[3] **洪州白峰山礼大通和尚**：洪州即江西南昌。于南昌白峰山礼“大通和尚”，这个大通和尚不知何许人，史料上也无任何记载。但此人不是神秀，因为据神秀相关史料记载可知其从未到过江西，而且神秀只有圆寂后才赐谥为“大通禅师”，生前并未用此名号。况且在智常来参礼惠能时神秀还未圆寂不会用这个名号，故此处的大通禅师不是神秀。

[4] **本源清净，觉体圆明**：作为诸法本源的自性本心从本以来清净不染，且自性的觉体圆满周遍，能照了一切。

[5] **彼师所说，犹存见知**：那位大通禅师所说，大体不错，但犹存“见”与“知”在，亦即见知未亡。

[6] **不见一法存无见，大似浮云遮日面**：这是惠能针对大通禅师开示智常所言“了无一物可见名为正见”而言。惠能的意思是：虽了心性无有一物可见，但心中仍不能存有“无见”二字。如果仍有此二字存于心中，那还是障蔽了自己，因此就好像是浮云遮于日光上面，这样当然不能见自心本性，因为仍然落入了执着中，存有一个“无见”在，怎可说无一物可见？

[7] **不知一法守空知，还如太虚生闪电**：这是惠能针对大通开示智常“无有一物可知就名为正知”而言。惠能的意思是：心性虽然纤尘不染，了无一物是即“空”，但仍不能执守这个“空”，有这个“空”的知见在。如果还有这个“空”的知见在也还是执着，就如在太虚空中生起闪电。在晴朗的太虚空是不太容易有闪电的，这是用来比喻假使对心性还有“空”的知见在就如无中生有，头上安头，不该为而为之。

[8] **此之知见瞥然兴，错认何曾解方便**：大通禅师“了无一物可见，是名正见”，“无有一物可知，是名真知”，他这所谓的“了无一物可见”的“无见”，“了无一物可知”的“无知”都如突然生起的一念无明，如果错误地将这“无知”“无见”误认为真知真见，就会失去见性的捷径，又何曾了解佛说法的方便。真如离言说相，本不可说，但为度众生不得以假言以说，因此不能对佛所说自性如虚空纤尘不染，一法不立，无一法可得，无有一物可见而又执着是“无知”“无见”，落在言诠之中。这都是不能了解佛说法的方便善巧，所以说“错认何曾解方便”？

[9] **灵光**：指人人本具的佛性，此佛性灵光洞彻照了一切万法，故将之称为“灵光”。如《五灯会元》卷三记载百丈怀海禅师（720～814）上堂时说法曰：“灵光独露，体露真常，不拘文字，心性无染，本自圆成，但离妄缘，即如如佛。”（宋

普济《五灯会元》,《续藏经》第80册,第71页上)

[10] **情存一念悟,宁越昔时迷**:如是还存有一念之情执,以为自己悟入菩提,这样有所证有所得,便还存有悟迹,这与昔时没有修行之前的迷执没有两样,仍然还在迷中,因为都一样的有所执。

[11] **自性觉源体,随照枉迁流**:众生迷失了自性觉源清净的妙体,而是随其心念照有入有,执有;照无入无,执无。如是随念生心,起惑造业,枉受生死的迁流,不得解脱。

【释义】

智常参礼惠能是因为之前曾到江西南昌白峰山,参礼大通和尚,承蒙开示见性成佛之义,但仍不能解决心中的疑惑。据《五灯会元》卷二"智常传"记载,智常后来到吉州治(今江西吉安市),遇到高僧指点迷津,让到曹溪参拜惠能,所以前来归投礼谒惠能,希望惠能能去除心中所疑。(宋普济《五灯会元》,《续藏经》第80册,第56页下)

智常参礼大通禅师时问:如何是我某甲本心本性?大通禅师以虚空为喻开示说,若能正见心性如虚空无形无相,正知虚空什么也没有,无有一物可得,有此正见、真知,就能见本源清净,觉体圆明之自性,这就名见性成佛,亦名如来知见。

惠能对大通禅师开示智常这段话的点评是大通禅师所说犹存"见""知",皆知见未亡,所以令智常未能决疑。匡山说:"大通所说,非真正见性,不过撮拾经文,参加己意,无怪智常不了。"在惠能看来,虽了心性无有一物可知、可见,但心中仍不能存有"无知""无见"的知见在。因为这样落在言诠之中,仍然落入了执着中,当然不能见超言绝待的自心本性,也是不能了解这是佛说法的方便善巧。如能了知自性不落任何知见,孑然独立,那就是自性佛性灵光洞彻照了一切万法。

智常闻惠能开示后心意豁然开朗,乃也以偈颂的方式述说自己的见地。他已经悟到了吾人本源自性,原是极清净的本来无有知见,后竟无端端地生起各种不同知见,如舍烦恼而著相求菩提,或以为自己悟入菩提,这样有所证有所得,仍然还在迷中,迷失了自性觉源清净的妙体,迷真逐妄。随其妄心不是执有就是执无,趣向有无两头,落入两边之见。来参礼惠能后已经彻底了悟真心是不落任何知见,不涉有无,是任运常知常见,这才名为真知真见。

2. 问三乘或四乘法义

【原文】

智常一日问师曰:"佛说三乘法[1],又言最上乘[2],弟子未解,愿为教授。"

师曰："汝观自本心，莫著外法相。法无四乘[3]，人心自有等差。见闻转诵是小乘[4]；悟法解义是中乘[5]；依法修行是大乘；万法尽通，万法俱备[6]，一切不染，离诸法相，一无所得，名最上乘。乘是行义[7]，不在口争。汝须自修，莫问吾也。一切时中，自性自如。"

常礼谢执侍，终师之世。

【注释】

[1] **三乘法**：声闻、缘觉、菩萨三乘之法。

[2] **最上乘**：指最上一佛乘。

[3] **四乘**：声闻、缘觉、菩萨、一佛乘。但本经中是指小乘（声闻）、中乘（缘觉）、大乘（菩萨）、最上乘（一佛乘）。

[4] **见闻转诵是小乘**：目见、耳闻的转诵经典，是知其然而不知其所以然，不求胜解，这样就是"小乘"根机的人。

[5] **悟法解义是中乘**：如果悟达佛法，了解其中意义，但还未能付予实践，这就是"中乘"根机的人。

[6] **万法尽通，万法俱备**：于万有诸法尽皆通达皆是唯心之所现，自心具备一切万法。

[7] **乘是行义**："乘"，一般解释为运载义，如车和轮船能将众生从此岸运载到彼岸。惠能认为"乘"又有所谓"行"义，亦即实践行持之义，要从河的这边渡到那边需要去实践行持，所以"乘"又有所谓"行"义。

【释义】

智常又向惠能问了一个问题，即佛说"三乘"或"四乘"是何意？惠能回答说，汝应观照自己本性真心，不要执着心性外的一切法相。事实上佛法并没有所谓三乘乃至最上一佛乘这四乘的差别，只是众生各自的根机各有差别而已。三乘或四乘皆是依众生根机而安立，但究其实"是法平等无有高下"。惠能依众生的根性来解析"四乘"，说能目见、耳闻的转诵经典，但不求圣解即"小乘"；能了解经义，但还未能付予实践，是"中乘"的人；若能悟解法义，又能依法如实修行，是"大乘"根机的人；能于万有诸法尽皆通达皆是唯心之所现，自心自性具备一切万法，虽能通达万法，却于一切万法不染著，而能离诸法相。虽有种种修证，而对修证一无所得，这就名为"最上乘"。也就是能通达诸法实相，所作所为与般若空相应名最上乘根机。

对于四乘的"乘"，惠能在原所具有的"运载"义的基础上，解释成如实的践行，认为从河的这边渡到那边需要去实践行持。惠能始终是位实践主义者，认为修行者应自己依法去实修，若能于一切时中，一切处所，如实实践，念念不离自性而契实相，自然就能不执着一切诸法之相而认为有所谓三乘或四乘的差别，而“能善分别诸法相，于第一义而不动”。

智常在惠能言下有所悟，心中的疑问都荡然无存，为感念惠能法乳之恩，随侍在惠能身边，直到惠能圆寂。

（六）志道比丘（分2）

1. 志道对《涅槃经》中生灭、涅槃等义之疑

【原文】

僧志道，广州南海[1]人也。请教曰：“学人自出家，览《涅槃经》十载有余，未明大意，愿和尚垂诲。”师曰：“汝何处未明？”曰：“‘诸行无常，是生灭法；生灭灭已，寂灭为乐[2]。’于此疑惑。”

师曰：“汝作么生疑？”曰：“一切众生皆有二身，谓色身、法身也。色身无常，有生有灭；法身有常，无知无觉。经云：‘生灭灭已，寂灭为乐’者，不审何身寂灭？何身受乐？若色身者，色身灭时，四大分散，全然是苦，苦不可言乐。若法身寂灭，即同草木瓦石，谁当受乐？又法性是生灭之体，五蕴是生灭之用，一体五用[3]。生灭是常，生则从体起用，灭则摄用归体，若听更生，即有情之类，不断不灭；若不听更生，则永归寂灭，同于无情之物，如是则一切诸法被涅槃[4]之所禁伏，尚不得生，何乐之有？”

【注释】

[1] **广州南海**：相当于现在广东省佛山市南海区。

[2] **诸行无常，是生灭法；生灭灭已，寂灭为乐**：此句出自北凉昙无谶译《大涅槃经》卷十四“圣行品”。这首偈是佛往昔世在雪山修行时舍身供养释提桓因所化恶罗刹而得来的。（《大正藏》第12册，第450页上至下）

“诸行无常，是生灭法”：诸行，所谓“行”即表示由因缘和合而造作的一切法。依因缘形成之法，缘聚则生，缘散则灭，并非永久不变，而是刹那生灭变化，即无常，故谓“诸行无常，是生灭法”。

“生灭灭已，寂灭为乐”：若能通达一切法皆是生灭无常，空无自性，从而不执着，不造业，就能超越生灭无常，达到无为安乐，涅槃寂静之境。此境乃是吹灭贪、嗔、痴等烦恼之火，灭除一切生死的痛苦，超越生灭两端，不生不灭，无为安乐之

解脱境界。

除了“诸法无我”，这首偈颂的“诸行无常”“涅槃寂静”皆为“三法印”中的内容。所以，这首偈颂是“三法印”的思想根据，也是佛教的根本教义。

[3] **法性是生灭之体，五蕴是生灭之用，一体五用**：此句志道的意思是，真如是万有诸生灭法的本体，而色、受、想、行、识的五蕴诸法皆是依真如本体所变现，可看成是真如之用。真如作为不生不灭的本体，却产生五种有生有灭的作用，从一体起五用。

[4] **涅槃**：意译作灭、寂灭、灭度、寂、无生等，原来指吹灭，或表吹灭之状态，其后转指燃烧烦恼之火灭尽，完成悟智（即菩提）之境地。此乃超越生死之解脱之境。具足常、乐、我、净等四德，又称涅槃四德，语出北凉昙无谶译《大涅槃经》卷二。“常”，常住之谓。指大涅槃中，超越时空，无生灭转变之果德；“乐”，安乐之谓。指大涅槃中，绝生死逼迫之患累而无为安乐之果德；“我”，真我之谓。指离妄执之我，而得八大自在之真我之果德；“净”，清净之谓。指离惑业之垢秽，而湛然清净之果德。

【释义】

志道出家后诵《涅槃经》虽十余年，但对其中何谓生灭，何谓寂灭等义一直不能明了，特来参问惠能，向惠能表述自己疑惑不理解之处。从志道的叙说来看，他犯了如下几个错误。

其一，将色身与法身割裂为二。他认为一切众生皆有性质不同的二身即生灭的色身与不生不灭的法身。若是这样理解等于是说在生灭色身外另有不生灭法身，在法身外另有色身，色身、法身乃为二法。事实上色身与法身乃至报身此三身是一体不二，不可理解成二。

其二，认为法身的“常”是实有自性见的常，且是无知无觉，这样很明显是错解法身。作为法身是以真如法性之理为身，是超越常与无常的两边之见，且也非如无情之无知无觉，乃是灵明洞彻，能朗然照了一切万法。

其三，错解法身之寂灭认为是断灭，并认为实有身受乐。法身的寂灭是灭尽一切烦恼妄染，究竟清净，不动不摇，不生不灭，超越生灭断常二边之解脱寂静之境，不是断灭。又认为实有身受乐，但因错解法身寂灭为断灭，故认为法身入于寂灭那就如同草木瓦石一样，完全无知无觉，因此非受乐之身。而生灭的色身到四大分散时所感受的全然是苦，既然是苦当不可言乐，也非受乐之身。对此色、法二身，究竟是哪身受乐，全然不知，故由此生疑。

其四，执着实有诸法从心生。能生的是真如，为体，所生的是五蕴诸法，为用。

认为实有五蕴诸法从心生，实有生故实有灭。而真心自体无一法可得，纤尘不染，一法不立，哪有法生？真心随缘所现的诸法也皆是虚妄，哪有什么法可得？凡夫妄执认为实有法从心生。

其五，落入外道断、常二边之见中。认为诸法实有从心生，灭后又归于一心之体。归于体后如果允许生，又依体而再生，像这样生已还灭，灭已还生，根本就没有断绝灭亡过，就是“常”，为常见，与诸行无常之理相违背；又认为，如果诸法从心生，灭后不许依体再生，此为断见，拨无因果，如人死如灯灭，乃为断见。

其六，错解涅槃为断灭。涅槃乃超越生死之解脱之境，具足常、乐、我、净等四德，非是断灭。因错解涅槃为断灭，因此认为若诸法灭后归于断灭，则如同涅槃之断灭，被断灭所禁伏尚不得再生，复何乐之有？

由志通叙述所疑来看，他不独不知生灭、法身、涅槃等为何义，对寂灭为乐亦不了解，而且他之所说很像外道的观点，落入断常二见。

2. 惠能为之解疑

【原文】

师曰：“汝是释子，何习外道断常邪见，而议最上乘法[1]？据汝所说，即色身外别有法身，离生灭求于寂灭。又推涅槃常乐，言有身受用。斯乃执悋生死，耽著世乐[2]。汝今当知，佛为一切迷人，认五蕴和合为自体相；分别一切法为外尘相[3]，好生恶死，念念迁流，不知梦幻虚假，枉受轮回。以常乐涅槃翻为苦相[4]，终日驰求。佛愍此故，乃示涅槃真乐，刹那无有生相，刹那无有灭相，更无生灭可灭，是则寂灭现前。当现前时，亦无现前之量，乃谓常乐。此乐无有受者，亦无不受者，岂有一体五用之名？何况更言涅槃禁伏诸法，令永不生，斯乃谤佛毁法。听吾偈曰：

无上大涅槃，圆明常寂照[5]。
凡愚谓之死，外道执为断。
诸求二乘人，目以为无作[6]。
尽属情所计，六十二见[7]本。
妄立虚假名，何为真实义？
惟有过量人，通达无取舍。[8]
以知五蕴法，及以蕴中我，
外现众色相[9]，一一音声相，
平等如梦幻，不起凡圣见，
不作涅槃解，二边三际断[10]。

常应诸根用[11]，而不起用想，

分别一切法，不起分别想。

劫火烧海底，风鼓山相击，

真常寂灭乐，涅槃相如是。

吾今强言说，令汝舍邪见，

汝勿随言解，许汝知少分。

志道闻偈大悟，踊跃作礼而退。

【注释】

[1] **最上乘法**：即最上一乘佛法，乃不可思议之法，无可言说，无有一法可以超越，不落断常等两边，超言绝待。

[2] **执悋生死，耽著世乐**：执着吝惜自己生命的生死，过于耽著世间有形之乐不肯放舍，而害怕死。

[3] **认五蕴和合为自体相，分别一切法为外尘相**：妄认五蕴假和合的色身为自体相，此即为“我执”；分别妄计一切法为外在的尘相，此即为“法执”。

[4] **以常乐涅槃翻为苦相**：错误地将不生不灭的常乐涅槃，翻转过来视为无常生灭的断灭苦相。

[5] **圆明常寂照**：指大般涅槃是圆满无缺，妙净圆明，常寂常照，灵灵不昧。

[6] **无作**：对一切诸法无所愿求，无有什么可再造作。

[7] **六十二见**：为外道的根本邪见，但经中有数种异说，多用后秦鸠摩罗什译《大品般若经》卷十四“佛母品”及《大智度论》卷七十所说。以五蕴为起见的对象：过去五蕴各有有常、无常、常无常、非常非无常四句，成二十句。现在五蕴各有有边、无边、有边无边、非有边非无边四句，成二十句。未来五蕴各有如去、不如去、如去不如去、非如去非不如去四句，成二十句。合为六十句。另加断、常二句，总成六十二见。

[8] **惟有过量人，通达无取舍**：唯有证涅槃之境的圣人，才能通达涅槃无取无舍的真义。涅槃无取无舍，假定有所取，就同二乘妄执是空，以为所证得的偏真涅槃是常乐，所以得少为足，不求上进。假定有所舍，就同凡夫所说的死，亦同外道妄执断灭，都是错误不解大涅槃的真义。所以，涅槃是无生无灭、无取无舍，超越生灭、取舍两边绝待之境。

[9] **色相**：底本作“色象”，契嵩本、德异本、明版正统本《坛经》皆作“色像”，但佛教诸经一般作“色相”，故改之。如唐般剌密帝等译《楞严经》卷三：“色相既无，谁明空质?”（《大正藏》，第19册第115页下）唐实叉难陀译《华严

经》卷一“世主妙严品第一之一”中说：“诸色相海，无边显现”……“无边色相，圆满光明”。（《大正藏》第10册，第1页中—下）

[10] **二边三际断**：“二边”，就是指有无之两边；“三际”，就是指过去、现在、未来之三际。不落在有无的二边，过去、现在、未来三际皆断。也即超越两边之见，超越时空。

[11] **常应诸根用**：常随应诸根互用，能六根互用，即一根具备六根之用，或者缩六根而一根之用，能如是六根互用。

【释义】

惠能针对志道的错误予以批评纠正。首先对志道将色身与法身割裂为二，惠能认为这样是在色身之外另有法身，离开色身的生灭，另求法身的寂灭，这是错误的。应该知道生灭的色身中就有一个不生不灭的法身，如果离开有生灭的色身而别求寂灭的法身，就如离波而求水是不可能的，色身与法身是不二。

又志道妄计法身的“常”是实有自性见的常，法身的“寂灭”是断灭，法身如同草木瓦石，无知无觉，这全然是同与一般外道错误的思想。

其次，又推论涅槃常乐，认为有身在受用寂灭之乐，这种观点也是错误的。惠能认为志道此斯乃执悋生死，耽著世乐不肯放舍，而害怕死，非要安立有一身在受乐。涅槃寂灭之乐，乃是一种离生灭，离能所对待，是一种超越生灭、断常等两边之见的境界，故无有身为能受，寂灭之乐为所受可言，故志道认为有身在受用寂灭之乐是错误的。

佛因感于一切众生迷妄无智，执我、执法，无时无刻追逐欲乐，好生恶死，不知人生如梦幻一样的虚假不实。众生因为贪念生而怕死，就错误地将不生不灭的常乐涅槃，翻转过来视为无常生灭的断灭苦相，终日不休不息地向外驰求，醉生梦死，颠倒错乱。佛为怜悯此类众生的愚昧，乃在涅槃会上，为诸愚昧众生，指示涅槃寂灭真乐。此涅槃之寂灭是究竟无生无灭，远离生灭等两边之见的解脱之境。从本以来无生无灭，也无生灭之相可灭，就是所谓涅槃寂灭境界现前，正现前时也不起执着认为有一个寂灭现前之境可得，一切都是任运自然，没有任何的执着造作，如是乃为所谓涅槃常住寂灭真乐。这种寂灭真乐，既无有什么承受者，当亦无有什么不承受者。这样无受、无不受，超越有无两边的常乐，岂能说不知色身、法身是何身在受乐，并执着有身受乐与有所受的乐，这皆是错误执见。

再次，志道执着实有诸法从心生。能生的是真如，为体，所生的是五蕴诸法，为用。惠能认为一切诸法虚假不真实，没有实在的自性，既本自不生，当也无灭。因此，怎么能认为说依不生不灭的法性真如之一体而生起有生有灭之五蕴之用呢？

这实乃落入实有见，认为有实在之生，实在之灭。

又，志道错解涅槃为断灭，说涅槃会禁伏一切诸法令之永不受生。惠能认为志道这是落在外道断常、生灭等二边之见中，不解涅槃之义，本于外道错误思想，来论佛陀最上乘法，斯乃谤于佛陀，亦是毁于正法，罪恶很重，身为释尊弟子怎可如此邪见？

到底何谓涅槃？惠能用偈颂作了说明。偈颂先明凡愚，外道，二乘人对涅槃错误的认知。在惠能看来无上大般涅槃是圆满无缺，妙净圆明，常寂常照灵灵不昧。这种不生不灭的大涅槃，凡愚世俗的人，迷惑谓之为死；邪见外道者流，妄执为断灭；二乘人，证得偏空涅槃，就认为到此已经究竟，认为自己所作已办，无有什么可再造作，不属于后有，于是沉空守寂，不出来度众生。凡愚，外道，二乘，虽对涅槃各有他们看法，但尽属于情所计度，并没有真达涅槃之真义，都是本于外道六十二见为本，都是戏论言说，皆无真实之义。

其次，惠能认为唯有已证涅槃之境的圣人，才能通达涅槃无取无舍的真义。他们深知五蕴无我也无法，一切都是如梦如幻，虚假不真实，故不于中妄起凡圣的分别见解，亦不妄计有涅槃可取可舍的见解。只是唯一平等实相，不随有无分别，不落在有无的二边，过去、现在、未来三际皆断，如此超越两边之见，超越时空。又常随应诸根互用，又不生起诸根互用之想。随缘分别一切诸法，而不起分别诸法之想，任运自在。他们所证涅槃之境如如不坏，纵使劫火烧干海底，甚至灾风鼓动诸山互相拍击，但涅槃真常寂灭之乐，大般涅槃相仍然真实如是，并未受到丝毫损害。所以，过来人所证涅槃之境，实在是常乐我净，非凡夫所认为之死，外道所认为之断灭，也非二乘所执着之偏空。这种涅槃之境是一种究竟的解脱，是最高的超越，是断尽一切诸漏无明等的清凉自在解脱之境。这种境界也实在是难以用语言表达，为究竟实证乃能知晓。

虽然惠能将涅槃之境作了说明，但又随说随破，认为大涅槃相本不可说，为度众生故于无可说中强立言说，故切勿随着言说生解，望文生义，执着所说。而应透过语言文字去体证涅槃不可说的境界。

志道听闻惠能大师所说偈颂，大彻大悟，不觉欢喜踊跃，礼谢惠能而退。

（七）行思禅师

【原文】

行思禅师[1]，生吉州安城刘氏。闻曹溪法席盛化，径来参礼，遂问曰："当何所务，即不落阶级？"师曰："汝曾作什么来？"曰："圣谛[2]亦不为。"

师曰："落何阶级？"曰："圣谛尚不为，何阶级之有？"师深器之，令思首众[3]。

一日，师谓曰："汝当分化一方，无令断绝。"思既得法，遂回吉州[4]青原山，弘法绍化（谥弘济禅师）。

【注释】

[1] **行思禅师**：即青原行思禅师（？～741），江西吉安县人，俗姓刘，自幼出家。六祖门下著名弟子，中国禅宗重要人物。禅宗五家七宗当中的曹洞、云门、法眼三宗即出于青原行思一系。《祖堂集》《宋高僧传》《景德传灯录》《五灯会元》等史料皆有其传记。

[2] **圣谛**：广义指一切佛所说的法门，狭义是指苦集灭道四谛，因皆真实不虚，所以名"谛"。

[3] **首众**：首座。佛教丛林职事之一。其职是代住持统领全寺僧众，即"表率丛林辅翊住持。分座说法，开示后昆。坐禅领众，谨守条章。斋粥精粗，勉谕执事。僧行失仪，依规示罚。老病亡殁，垂恤送终。凡一众事，皆得举行，如衣有领，如网有纲也"（《百丈清规证义记·两序章首座》卷六）。常由丛林中德业兼修者充任。

[4] **吉州**：今江西吉安。

【释义】

行思禅师因听闻曹溪惠能门下法席盛化，所以慕名径直前来参礼。他问惠能："学佛当何所务即应怎样的修习，方不落于阶级渐次？"修行不能存有能修与所修之对待，一有能所，必落阶次，唯有顿悟顿证，方不落于位次阶级。由行思所问来看，当是个根机很利的人，且还有相当的见地。惠能听他这样问，也问他："你曾作甚么来？"即问他曾依于何法修持过？不然怎么会有如此见地？行思回答："我连佛所说的圣谛都没有依之去修，还谈什么其他修证？"言下之意就是无修无证。因此，又有什么阶级、渐次可言呢？惠能见他这样回答，追问道："你连圣谛尚且不为，这样又是落在什么阶梯渐次上呢？"试探他有没有自认为无修无证，有没有落无修无证之痕迹。行思回答惠能："对于佛所说圣谛尚且不为，还有什么阶次之有？"意即我无修无证，哪有什么阶梯渐次可言，这问有点多余了。惠能听到他这样说，觉得他有些见地，是有相当功夫的人，所以对他深为器重，因此让行思担任当时寺院的首座。

行思在惠能处不久，惠能即让他离开去弘化一方。遂遵祖命辞别曹溪，回吉州青原山住净居寺，大弘惠能禅法，据赞宁《宋高僧传》卷九"行思传"记载：行思在净居寺弘法期间，法席很盛，四方禅客，繁拥其堂。行思示寂于唐元开元二十八年十二月十三日，此时已进入公元741年。到唐僖宗时追谥“弘济禅师”之号。

行思与惠能这则机缘可参考《五灯会元》卷二记载玄机尼参雪峰公案。如中载：玄机尼参雪峰禅师。峰问“甚处来?”曰：“大日山来。”峰曰：“日出也未?”师曰：“若出则镕却雪峰。”峰曰：“汝名甚么?”师曰：“玄机。”峰曰：“日织多少。”师曰：“寸丝不挂。”遂礼拜退，才行三五步，峰召曰：“袈裟角拖地也。”师回首。峰曰：“大好寸丝不挂。”（宋普济《五灯会元》，《续藏经》第80册，第59页上）

（八）怀让禅师

【原文】

怀让禅师[1]，金州杜氏子也。初谒嵩山安国师[2]，安发之曹溪参扣。让至礼拜，师曰：“甚处来?”曰：“嵩山。”师曰：“什么物？恁么来?”曰：“说似一物即不中。”师曰：“还可修证否?”曰：“修证即不无，污染即不得。”师曰：“只此不污染，诸佛之所护念[3]。汝既如是，吾亦如是。西天般若多罗[4]谶，汝足下出一马驹，踏杀天下人[5]。应在汝心，不须速说（一本无西天以下二十七字[6]）。”

让豁然契会，遂执侍左右一十五载，日臻玄奥。后往南岳，大阐禅宗（敕谥大慧禅师）。

【注释】

[1] **怀让禅师**：即南岳怀让（677~744），惠能门下另一高足，中国禅宗著名僧人。金州人，金州，是现在陕西省安康地区汉阴县，俗姓杜。15岁时，辞别双亲，到荆州玉泉寺，依弘景律师落发出家。并依止弘景律师学律长达8年。久视元年（700）乃自叹曰：“我受戒经今五夏，广学威仪而严有表，欲思真理而难契焉。”于是同学坦然禅师（生卒年不详）乃劝他到各地去参访，并建议他到嵩山寻访慧安禅师，也即嵩山安国师。

[2] **嵩山安国师**：即慧安，弘忍的十大弟子之一。湖北荆州枝江人，离开五祖弘忍后到河南嵩山行化。在五祖的众多弟子中年纪较大，而且寿命很长，活了120多岁。曾被唐高宗和武则天所礼遇供养，故人称“老安国师”。

[3] **只此不污染，诸佛之所护念**：只此不可污染的清净本心，是诸佛之所共护念，共指示，因诸佛只教人直探心源，见自本心。

[4] **西天般若多罗**：即禅宗印度二十七祖般若多罗，乃第二十八祖中国禅宗初

祖菩提达摩的师父。

［5］**足下出一马驹，踏杀天下人**：这是预言在怀让门下将出一马祖道一禅师，此人将弘扬如来的大法，智慧雄辩，无有能超过的，凡有受他所化的，没有不顿悟自心。五家七宗的临济、沩仰二宗即出自他的禅系。马祖道一禅师的确在中国禅宗史上是一位很有声望的人物，充满个性明快而俊烈的禅风，不仅在当时影响非常广泛，而且一直影响到后世禅宗各派。当然，学术界有的学者认为这个预言是后人加入《坛经》的。（杨曾文：《唐五代禅宗史》，中国社会科学出版社，1999，第 230 页）有的认为是马祖系加入的。加入的理由是：学者们认为《坛经》形成后就不断的有修改和补充，而马祖的洪州宗在当时非常兴盛，对惠能南宗贡献很大，故加入补充。（见白光《〈坛经〉版本谱系及其思想流变研究》，觉群佛学博士文库，第 185 页）

［6］**一本无西天以下二十七字**：此句是宗宝的夹注，意思是有的史料或有的版本《坛经》此处没有“西天般若多罗谶，汝足下出一马驹，踏杀天下人。应在汝心，不须速说”，这二十七个字。敦煌本、惠昕本《坛经》没有记载南岳怀让这则机缘。德异本与属于契嵩本系统重刊于明永历六年（1652）的《曹溪原本》此处与宗宝本所记相符。所以，宗宝言“一本无”，也不知是指哪个本《坛经》。但属于契嵩本系统于清代康熙十五年（1676）真朴重梓本《坛经》中此处却没有这二十七字的记载。（参见柳田圣山《六祖坛经诸本集成》，第 262 页，第 297 页）。

【释义】

怀让在初参“安国师”慧安后，慧安即劝他到曹溪参谒惠能。怀让到了曹溪，虔诚礼拜惠能。惠能问他说：“你从什么地方来？”怀让回答：“从嵩山来！”在简单问询后，惠能开始试探他，又问：“什么物恁么来？”意说是什么样的东西，竟就这样来？言下之意是暗示本心是什么样的一个东西，有无去来之相可得。怀让听出了惠能的意思，他回答说：如果认为这个本心好似一样东西，而且还有去来之相可得，那就不中，不对了。因吾人本心，无物可比，无形无相，了无一物可得。

惠能又问：“你既知本心无物可比，无形无相，那么是不是还可修证？”怀让回答：“至于修证不可说无，不过污染即不可得。”怀让这样的答复可谓是很高明的，是中道的第一义谛的展现。所言“修证即不无”，是从“有”的一方面来肯定有修有证，意思是对于这样一个“说似一物即不中”的清净本心，虽众生人人本具此不可说之真心，但不去修，不去证，又如何使之显现呢？故从这个角度说是有修有证，即所谓“修证即不无”。

“污染即不得”，作为人人本具的真心，从本以来清净无染，因此要怎样去修，

又如何可修去除这个污染呢？更何况根本就没有所谓尘埃可得，连污染之假名也不可得。又此真心，在凡不减，在圣不增，又如何可言修？如何可言证？根本就是无修、无证、无所得。所以，“污染即不得”此句是从“无”的一面即从空一面而言。因此怀让所回答的这句“修证即不无，污染即不得”之句尽显空有不二之中道义。

怀让的回答得到惠能的印可。怀让在惠能身边有15年之久。离开惠能以后，往南岳衡山，大力阐扬惠能南宗禅。唐天宝三年（744）示寂，圆寂后，唐敬宗（809～827）谥“大慧禅师”之号。

（九）永嘉禅师（分2）

1. 玄策与玄觉

【原文】

永嘉玄觉禅师[1]，温州戴氏子。少习经论，精天台止观法门。因看《维摩经》发明心地[2]。偶师弟子玄策[3]相访，与其剧谈，出言暗合诸祖[4]。策云：“仁者得法师谁?”曰：“我听方等经论[5]，各有师承。后于《维摩经》悟佛心宗，未有证明者。”策云：“威音王[6]已前即得，威音王已后，无师自悟，尽是天然外道。”曰：“愿仁者为我证据。”策云：“我言轻。曹溪有六祖大师，四方云集，并是受法者。若去，则与偕行。”

【注释】

[1] **永嘉玄觉禅师**：玄觉禅师（675～713），浙江温州人，俗家姓戴，自幼出家，年少的时候曾研习佛法的经论。《景德传灯录》卷五中记载其：“遍探三藏，精天台止观圆妙法门，于四威仪中，常冥禅观。”所以本经中说他“精天台止观法门”。

[2] **心地**：指本源的真心。

[3] **玄策**：生卒年不详，婺州（治今浙江金华）人。出家后，参学游方，曾师六祖惠能。后回到金华，大开法席，前来参学者很多。《景德传灯录》卷五有其传。（见宋道原《景德传灯录》，《大正藏》第51册，第243页下）

[4] **出言暗合诸祖**：出言吐语与诸祖师所讲暗自吻合，也即是和证悟的过来人所讲意旨相吻合，颇有禅宗祖师们的见地。

[5] **方等经论**：“方”，即《方广经》。乃佛五时说法（即华严时、阿含时、方等时、般若时、法华涅槃时）之第三时，在佛说《阿含经》之后，因见一切闻法的人都已得到决定信心，于是大小乘并说，但往往在说法中，贬抑小乘，褒赞大乘，

以引起钝根者舍小慕大，促其进趣菩萨位。佛陀自成道后第12年起，于8年之间，广说《维摩经》《金光明经》等诸经都属于方等经典。但此处《方广经》也是指佛所宣说的广大深奥教义经典的总称，故“方广”一般用作代指大乘经典。

[6] **威音王**：即威音王佛，《法华通义》卷六曰：“威音王佛，乃空劫初成之佛，已前无佛。”

【释义】

永嘉玄觉是位对佛法，对自心本性很有见地的禅师。惠能的弟子玄策因与之谈论佛法，觉得他出言吐语颇有禅宗祖师辈的见地，问其缘由乃是玄觉自己读《维摩经》明了人人本具的真心，悟得本有自心佛性，但还没有遇到一位明眼的善知识为其证明。玄策就对他说：在威音王佛尚未出世以前，无师自悟，证得实际理地的人可以说已经得道，因为无佛出世，无人为他印证，这是没办法的事，可以理解。但威音王佛以后，就当从师学习，得到师的许可，方是有所师承，方能证明自己是得道。如仍无师自悟，不去求印证，那就尽是天然外道。北宋睦庵善卿《祖庭事苑》卷第五曰：“威音王佛以前，盖明实际理地。威音已后，即佛事门中。”（《续藏经》第64册，第383页中）玄策劝导玄觉寻访名师为其印证，并指引他前往曹溪参礼惠能。

2. 玄觉与惠能

【原文】

觉遂同策来参，绕师三匝[1]，振锡[2]而立。师曰：“夫沙门[3]者，具三千威仪、八万细行[4]。大德自何方而来，生大我慢？”觉曰：“生死事大，无常迅速。”师曰：“何不体取无生[5]，了无速乎？”曰：“体即无生，了本无速。”师曰：“如是，如是！”玄觉方具威仪礼拜，须臾告辞。师曰：“返太速乎？”曰：“本自非动，岂有速耶？”师曰：“谁知非动？”曰：“仁者自生分别。”师曰：“汝甚得无生之意。”曰：“无生岂有意耶？”师曰：“无意，谁当分别[6]？”曰：“分别亦非意。”师曰：“善哉！少留一宿。”时谓“一宿觉”。

后著《证道歌》[7]，盛行于世（谥曰无相大师，时称为真觉焉）。

【注释】

[1] **三匝**：即三圈。在《贤首五戒经》中说：“三匝表敬三尊，灭三毒。”

[2] **锡**：即“锡杖”。为比丘行路时所应携带的道具，属比丘十八物之一，亦名智杖，或名德杖，乃是圣人之表帜，贤士之明记，道法之正幢。锡杖之用为驱遣害虫等，亦为行乞时用以警觉者，或特为年老者扶身之用。持此锡杖能让修行者断

五欲之结使，离烦恼出三界。《锡杖经》中佛告比丘："汝等应受持锡杖，所以者何？过去、未来、现在诸佛皆执故。"

［3］**沙门**：意为勤息、息心、净志。为出家者之总称，通于内、外二道。在佛教中剃除须发，止息诸恶，善调身心，勤行诸善，所谓勤修戒定慧，息灭贪嗔痴，期以行趣涅槃之出家修道者称为沙门。

［4］**三千威仪、八万细行**：为佛弟子持守日常威仪之作法。坐作进退有威德仪则，称为"威仪"。一般三千威仪与八万细行并称，谓细分威仪，则成三千种威仪、八万种细行，皆是有关比丘行住坐卧四威仪中，所应注意的细行。蕅益智旭《楞严经文句》卷五："言三千威仪者，行住坐卧各二百五十戒，共成一千，以对三聚，即成三千。言八万微细者，以三千威仪历身口七支，共成二万一千，约贪分、嗔分、痴分等分烦恼以论对治，故有八万四千，今特举大数耳。"（《续藏经》第20册，第609页下）另外，《净心诫观法》谓威仪有大乘、小乘之别，即菩萨戒有八万威仪，声闻戒有三千威仪。《八宗纲要》卷上则谓僧尼有别，谓僧戒有三重，广则无量，中则三千威仪、八万细行，略则250戒。尼戒有三重，广则无量，中则八万威仪、十二万细行，略则348戒。

［5］**无生**：诸法之实相从本以来无生无灭，因诸法自性本空，故无生无灭可言。也指本性之真理无生无灭，故云无生。

［6］**分别**：所谓的分别有两种：其一，心、心所的分别，也即凡夫意识妄想的分别；其二，《维摩诘经》中所说："善能分别诸法相，于第一义而不动。"这种分别不是凡夫所能做到的，而是契合于诸法实相之无漏慧所起对诸法任运不涉计度的分别，这种分别虽分别一切诸法，但不生分别想，不对诸法生起执着。

［7］**《证道歌》**：全诗247句，为长篇杂言形式，语言文字通俗，凝聚了佛教智慧和人生智慧的特有风采，唐宋时广为流传。无论在中国佛教史上还是在中国诗歌史上，均有深远的影响与价值。但对于其作者到底是不是玄觉，自宋以来颇有争议，但并不影响其价值与地位。

【释义】

在玄策的指引下玄觉与之一起前往曹溪参礼惠能。在见惠能时，玄觉虽然具足威仪，但对惠能不礼而立，很傲慢。惠能呵责他："作为出家的僧人，本该具足三千威仪八万细行，你究竟从何方来，竟然生如此的大我慢？"玄觉回答："只因感生死一事重大，无常到来非常迅速，生命只在呼吸间，哪里有时间顾及威仪细行琐事？"惠能指示他："既知生死无常，为何不去体证无生无灭的真如自性以了无常迅速的生死？"玄觉回答："若能体认不生灭的自性，当无无常生灭之迟速可言。"

惠能在与玄觉一问一答中，觉得他对真心无生之理相当契入。真心之理从本以来无生无灭，于中求于生死去来，也是了无可得。玄觉对真心无生之理体认得很正确，所以得到了惠能的印可。心中无比欢喜与感恩，乃很虔诚地具诸威仪礼拜惠能。礼敬后，须臾又向惠能告辞，惠能见他告辞要走，对他曰："你这么快返回，岂不是太迅速了吗？"玄觉曰："常住清净真心，本来是如如不动的，没有去来之相可得的，还谈什么迟速？"惠能反问道："那又是谁来知道这个真心本性是如如不动的呢？"玄觉回答："真如自性如如不动，不是心所能分别的，如果认为真心有动或是无动，那是你自心生起的分别。若心不起分别，即无有动与不动可言。"惠能见他这么说，觉得他的确很有见地，就非常高兴地赞叹他说："你对自性无生无灭，常住，如如不动的义旨已经领悟得非常透彻。"玄觉复又曰："此自性无生之理超言绝虑，哪里是可用意识加以分别的？"惠能说："无生的义旨既然不是用语言意识能够加以表达思虑的，那又是谁来分别这个无生的意旨？"玄觉回答："对无生的义旨即使是分别，但也不会是用意识来分别"，而是《维摩诘经》中所说："善能分别诸法相，于第一义而不动"的无漏慧任运分别。这种分别虽分别一切诸法，但不生分别想，任运自然，不涉计度。

在玄觉与惠能这第二番问答中主要是对自性常住，如如不动，离言说、思虑意识分别的考验。玄觉也表现出对真心这些道理非凡的领悟，因此再次得到惠能的赞叹印可。玄觉在惠能处留下住了一个晚上，因此，当时的人给他起了个外号叫"一宿觉"。之后玄觉回到浙江温州永嘉大弘禅宗，于唐先天二年（713）安坐示寂，谥号"无相大师"，时人尊为"真觉禅师"。传言有《永嘉集》及《证道歌》等著作流传于世。

（十）智隍禅师（分2）

1. 玄策与智隍谈论禅定义

【原文】

禅者智隍[1]，初参五祖，自谓已得正受[2]。庵居长坐，积二十年。师弟子玄策，游方至河朔[3]，闻隍之名，造庵问云："汝在此作什么？"隍曰："入定。"策云："汝云入定，为有心入耶？无心入耶？若无心入者，一切无情草木瓦石，应合得定；若有心入者，一切有情含识之流，亦应得定。"隍曰："我正入定时，不见有有无之心[4]。"策云："不见有有无之心，即是常定，何有出入？若有出入，即非大定。"

隍无对，良久，问曰："师嗣谁耶？"策云："我师曹溪六祖。"隍云："六祖以何为禅定？"策云："我师所说，妙湛圆寂，体用如如[5]。五阴本空，六尘非有。不出不入，不定不乱。禅性无住，离住禅寂[6]；禅性无生，离生禅想[7]。心如虚空，亦无虚空之量。"隍闻是说，径来谒师。

【注释】

［1］**智隍**：生卒年不详，不知何许人。《景德传灯录》卷五、《五灯会元》卷二虽有其传，但都只是较简略记载了其与惠能的这则机缘。

［2］**正受**：为"三昧"、"三摩地"或"禅定"之异名。妄想都息，一切缘虑皆无，正定现前，故名"正受"。

［3］**河朔**：古代泛指黄河以北的地区，在此指河北。

［4］**不见有有无之心**：不见有心，不见有无心，即不见有、无之心。

［5］**妙湛圆寂，体用如如**：自心本性是清净本然，微妙不可思议，周遍法界，含裹十方，无作无为，不生不灭，故名"妙湛圆寂"；如是清净的本心，即用即体，体用一如，故名"体用如如"。

［6］**禅性无住，离住禅寂**：所谓的禅并不是说要将心安住在一境上不动不起，也不是重在要有一定的形式，无处不是禅，无处不是定，所以说禅实在是无住的，故言"禅性无住"。正因为禅是无住的，故不可住于"禅寂"，即不可有认为自己在禅定之想，应该远离一切有住、有所执的禅定。总之，不执着固定形式的禅定，不执不住于禅定当中，故言"禅性无住，离住禅寂"。

［7］**禅性无生，离生禅想**：作为禅之性来说是与诸法无生的意旨相吻合。诸法无实体是空，故无生灭变化可得，称为无生。因此修禅不应落入执着当中希求有所得，或如外道想要升到四禅天或无色界四空处这样的想法，应远离一切妄执，故称为"禅性无生，离生禅想"。

【释义】

智隍曾在五祖弘忍处学坐禅，自谓已得正定。庵居长坐，积20年。惠能弟子玄策游方至河北慕名前去拜访，与之谈论何谓禅定的问题，启发了智隍前往曹溪参礼惠能的想法。

在玄策看来所谓禅定即不是"有心入"，也不是"无心入"。若是"有心入"，即有起心动念也是入定的话，那么世间一切具有情识活动的有情，既都得定，是则佛法行者还要修定做什么？若"无心入"定，即无起心动念，也即无记无知状态。因此，如果是无心入，那外在的一切无情无记无知的草木瓦石荆棘沙粒，皆可以入定，事实非然。但若入定时既不是有心，也不是无心，那么此时应常在定中进入深定，就没有所谓的出定或者是入定，若有出入定皆非大定。

玄策进一步为智隍开示惠能所讲的禅定，惠能所说的禅定其特点有四，其一不执着固定形式，关键是悟自本心。所以，如果能在行住坐卧中体悟自心本性是清净本然，微妙不可思议，周遍法界，含裹十方，无作无为，不生不灭，即用即体，体用一如，则行住坐卧都在禅定当中。其二外离相，内不乱。通达构成色身的五阴之我本空，外之六尘诸法非有，能如是的观诸法实相，不执一切我、法，心如如不动，无所出，也无所入，不定不乱即是禅定。其三离执无所住。不执着外在形式而修禅，正禅定时不作禅定之想，远离一切有住、有所执。其四与无生意旨相吻合。所谓禅是本着无生的意旨而修，也即与空相应，不落执着当中，不希求有所得。心如虚空那样广大无边，周遍法界，但也不执着，也无有虚空之量可得，这样所修的禅才可称为最上乘禅。

总之，惠能南宗所谓禅在于悟自本心，且离相、离执，不动不乱。智隍听闻玄策所讲惠能之禅非常向往，所以决定到曹溪参礼惠能。

2. 智隍参礼惠能并于言下悟道

【原文】

师问云："仁者何来?"隍具述前缘。师云："诚如所言。汝但心如虚空，不著空见，应用无碍，动静无心，凡圣情忘，能所俱泯，性相如如[1]，无不定时也（一本无汝但以下三十五字。止云：师悯其远来，遂垂开决[2]）。"隍于是大悟，二十年所得心，都无影响。其夜河北士庶，闻空中有声云："隍禅师今日得道[3]。"

隍后礼辞，复归河北，开化四众。

【注释】

[1] **性相如如**："性"，不变而绝对之真实本体，或事物之自体，称为性；差别变化之现象的相状，称为"相"或称事相、表相。本体与事相一体不二，称为性相如如。

[2] **一本无汝但以下三十五字。止云：师悯其远来，遂垂开决**：此句为宗宝的夹注。关于惠能为智隍开示，宗宝作说明说有的史料或有的版本《坛经》没有这段，敦煌本、惠昕本《坛经》没有智煌这则机缘。德异本与属于契嵩本系统重刊于明永历六年（1652）的《曹溪原本》此处与宗宝本所记相符。因此，不知宗宝此处所言"一本无"到底是指哪本《坛经》，不得而知。不过同属于契嵩系统《坛经》于清康熙十五年（1676）真朴重梓本中倒是没有关于惠能这一段开示的记载。（参见柳田圣山《六祖坛经诸本集成》，第263页与第298页）

[3] **其夜河北士庶，闻空中有声云："隍禅师今日得道"**：当智隍还没回到河北，还在曹溪听惠能大师开示而于言下豁然大悟的那天晚上，在河北的老百姓就听到空中有声音说："智隍禅师今日已得道了"，有这样不可思议现象产生，这大概是智隍禅师悟道所感召的吧。在唐般剌密帝等译《楞严经》卷九佛曾说："汝等一人发真归元，此十方空皆悉销损，云何空中所有国土而不震裂。汝辈修禅饰三摩地，十方菩萨及诸无漏大阿罗汉心精通吻，当处湛然。一切魔王及与鬼神诸凡夫天，见其宫殿无故崩裂，大地振坼，水陆飞腾，无不惊慑。"（《大正藏》第19册，第147页中）由这段话来看，河北士庶闻空中声音就不足为怪了。

【释义】

智隍到曹溪参礼惠能，并向惠能述说了与玄策谈论禅定的因缘。惠能对玄策所言禅定表示印可，因感念智隍远道而来又为他开示了何为"禅""禅定"之义。惠能让智隍观自心如虚空，又不执空落入无记空、断灭空。自性虽空，但其用却应用无碍。于一切法远离动静，凡圣，能所的两边对待，而是性相一如，那么无时不在禅在定中。这事实上是让智隍体悟自性空不二，所以才能远离一切二边之见，契悟真心性相一如之理，那么这就是所谓的禅或禅定。

智隍在惠能的开示下大悟，了知过去20年来长坐入定，都是以有所得心即是有所执着，有所分别的心在修定。如今承蒙惠能开示才知道何谓禅、禅定，并见到本有清净自心。至此过去有所得、有所执的心，再也影响不到自己，所有一切情执至此荡然无存，没有一丝一毫的挂碍执着，心水湛寂，犹如皓月当空，清净明净，了无牵挂，自在解脱。

当智隍还没回到河北还在曹溪听惠能大师开示而于言下豁然大悟的那天晚上，在河北的老百姓就听到空中有声音说："智隍禅师今日已得道了"，有这样不可思议现象产生。

智隍悟道以后，向惠能礼谢辞别，复归河北弘化。

（十一）僧问黄梅旨意

【原文】

一僧问师云："黄梅意旨，甚么人得？"师云："会佛法人得。"僧云："和尚还得否？"师云："我不会佛法。"

【释义】

有一僧人来问惠能大师说："黄梅五祖的佛法意旨到底是什么人得到了？"惠能大师说："能领会佛法的人得到了。"僧人又问："那和尚您得到五祖弘忍的意旨了吗？"惠能说："我不会佛法。"惠能大师已得到五祖所传的意旨，而在此为什么说我不会佛法？这到底是什么意思？

首先，应知五祖弘忍的佛法意旨是什么？五祖弘忍佛法的意旨事实上也就是指佛乃至历代祖师"不立文字，教外别传，直指人心，见性成佛"的妙法。这样的妙法唯在"悟"，如果悟得，也就无所谓的秘密，也没有所谓的传授。即便是有传授的"衣"只是代表传授的信物而已，而作为这颗"真心"，本自清净，在凡不减，在圣不增，没有所谓的得可言，是得而无所得。所以，惠能说"我无所得，不会佛法"，即是告诉那僧人真正的佛法是无所得的。假使惠能回答："会佛法，已得黄梅意旨。"这样有所得心岂不是成了一般有所得、有所执的凡夫，又如何能继承祖位？所以惠能的回答是非常有智慧的。

（十二）方辩比丘

【原文】

师一日欲濯所授之衣而无美泉，因至寺后五里许，见山林郁茂，瑞气盘旋。师振锡卓地，泉应手而出，积以为池，乃跪膝浣衣石上。忽有一僧来礼拜，云："方辩是西蜀[1]人，昨于南天竺国，见达磨大师[2]，嘱方辩速往唐土，吾传大迦叶正法眼藏[3]及僧伽梨[4]，见传六代，于韶州曹溪，汝去瞻礼。方辩远来，愿见我师传来衣钵。"师乃出示。次问："上人攻何事业？"曰："善塑。"师正色曰："汝试塑看。"辩罔措。过数日，塑就真相，可高七寸，曲尽其妙。师笑曰："汝只解塑性，不解佛性。"师舒手摩方辩顶，曰："永为人天福田。"

（师仍以衣酬之。辩取衣分为三：一披塑像，一自留，一用棕[5]裹瘗地中。誓曰："后得此衣，乃吾出世，住持于此，重建殿宇。"宋嘉祐八年，有僧惟先，修殿掘地，得衣如新。像在高泉寺[6]，祈祷辄应。）

【注释】

[1] **西蜀**：在此指印度。

[2] **昨于南天竺国，见达磨大师**：方辩说他昨天于南天竺国，亦即南印度，见到初祖菩提达摩大师。学术界一般认为达摩是东魏天平元年（534）示寂，距离惠能大师时代已经有180多年，而方辩比丘依然在南印度遇到达摩大师，实乃不可思

议。《宝林传》卷八、《祖堂集》卷二、《景德传灯录》卷三“菩提达摩传”当中皆记载：达摩寂后葬于今河南省陕县熊耳山。但又传3年后魏使宋云自西域回国时在葱岭（帕米尔高原之北，今新疆南部的地方）遇见达摩，时达摩手携只履翩翩独逝，这就是“只履西归”的传说。且达摩大师当时还对宋云曰：“汝国天子已崩。”宋云到魏，果王（魏文帝）已崩。遂闻奏后魏第九主孝庄帝，及开塔，唯见一只履，却取归少林寺供养。如果这个记载属实的话，看来达摩的示寂只是一种示现，他还是回到了西域南印度，不然方辩怎么会看到他呢？这或许体现了禅宗圣者超越时空的不可思议之境界。一切佛菩萨诸贤圣皆证不生不灭的涅槃圣境，可以游戏人间，任运示现度众生，所以也不是凡夫常情可以理解。

［3］**正法眼藏**：指禅宗自佛及历代祖师教外别传之心印。又作“清净法眼”，即依彻见真理之智慧眼（正法眼），透见万德秘藏之法（藏），亦即佛内心之悟境，禅宗视为最深奥义之菩提，唯悟证乃能知，由师父之心传至弟子之心，即所谓“内传法印，以契证心”。

［4］**僧伽梨**：为佛制比丘持有的三衣之一，也称为“袈裟”，乃9条以上之衣。有多种名，也称大衣、重衣、杂碎衣、入聚落衣、高胜衣。为外出及其他庄严仪式时穿之，如入王宫、聚落、乞食，及升座说法、降伏外道等诸时所穿用，故称入王宫聚落衣，由9条至25条布片缝制而成。这里的“僧伽梨”是指从达摩递代相传给五祖弘忍，五祖弘忍传给六祖惠能的袈裟，此衣至惠能后不再传付，而只传法。

［5］**棕**：即棕榈、棕树，本经此处是指棕榈树叶鞘的纤维棕毛，包在树干外面，红褐色，可以制蓑衣、绳索、刷子等物品。这种棕毛强韧而且很耐水湿。

［6］**高泉寺**：唐代的高泉寺，资料能找到的是在信州（今江西省上饶市下辖市辖区），但不知是否是这个高泉寺供奉方辩所塑惠能真身像。在广东省和平县县城也有一个高泉寺，但始建于清朝康熙年间，显然也不是供奉大师真身像之处。高泉寺到底在哪里如今不得而知。

【释义】

方辩比丘印度人，因在南印度遇到菩提达摩，并告诉他从佛至大迦叶以来递代传授的以心传心“直指人心，见性成佛”的妙法及从达摩以来中国禅宗六代祖师递相传授的袈裟在曹溪惠能处。所以，方辩特从印度到曹溪参见惠能。而惠能当时正好在曹溪宝林山后5里许山林郁茂、瑞气盘旋的地方。惠能用锡杖振地时有股清净、甘甜的泉水就应手而出，渐渐积成一个小水池，他就跪在石头上清洗这件自达摩以来所传下来的袈裟。这段记载充满传奇和不可思议，非凡夫常情可以理解。

方辩比丘与惠能这则机缘主要在于说明，方辩塑了一尊惠能高达7寸（23厘米）左右的真身像，塑得惟妙惟肖。他虽了解塑造圣像的方法，但却不能明了佛法所说的佛性。此佛性是超言绝相，无论怎么善于塑造，都无法塑造出佛性。而要开显佛性唯一的方法就是自修自悟，识心见性。

方辩所塑惠能真身像，深得惠能赞叹说："这尊像可以永远作为人天的福田。"并以自己的衣服酬谢其塑像的辛劳。宗宝在夹注中说，方辩将惠能赠予他的衣分为三份，一份披在所塑的六祖像上，一份自己留着做纪念，另一份则用棕毛裹起来埋藏在地里。同时，立下誓言说："以后能得我所埋衣的人不是别人，正是我转生出现于世，在此住持，重建庙宇，造福一方。"据说，在宋嘉祐八年（1063）果然有位名叫惟先（生卒年不详）的僧人，因要重修殿堂而挖地，并挖到了此衣，而此衣就像新的一样。此僧人惟先也就是方辩的转世。而方辩所造的惠能真身像就供奉在高泉寺中，凡有向六祖像祈求的人都能所求遂意。

宗宝在夹注中所作的这个说明，其他史料少有记载，或许是他当时所见所闻，或是当时有看到相关记载，不得而知。

（十三）有僧举卧轮偈

【原文】

有僧举卧轮禅师[1]偈曰：

卧轮有伎俩[2]，能断百思想。

对境心不起，菩提日日长。

师闻之，曰："此偈未明心地，若依而行之，是加系缚。"因示一偈曰：

惠能没伎俩，不断百思想。

对境心数起，菩提作么长。

【注释】

[1] **卧轮禅师**：生卒年不详，不知何方人，不见其他史料记载。

[2] **伎俩**：方法、手段。

【释义】

有一不知从什么地方来的僧人，举出一位名为卧轮禅师的偈颂，请示惠能曰："卧轮禅师自觉有方法、手段，能够断除百般思想，令自己什么也不想，什么也不念。所以，面对外在的境界内心不起心动念，无取也无舍。如果能像这样去行持，菩提必定得以日日的有所增长。"这位禅师自认为自己百物不思，对境心不起念，

如枯木死灰，这就是功夫，就是菩提正道，殊不知这种修行方法是错误的，是病而非禅。所以，惠能听到此偈颂后，便对该僧说："从你所念的这首偈颂来看，就知道卧轮禅师没有明见自己的本心本性，不仅没见本性，假使依照他所说的观点去行持的话，不但不能解脱，反而会增长系缚。"

为此，惠能乃开示了一首偈颂说："我惠能没有任何的手段和伎俩，也不用断除百般的思想。虽对外境，其心仍是数数不断生起，但在缘万境时自心却毫无染著，如如不动。而所谓的菩提自性是法尔清净，众生本具，无生无灭，且在凡不减，在圣不增，既然如此，还谈什么长与不长呢？"

从惠能的偈颂来看，他对修行者断除自己的思想念头，什么也不思，什么也不想的修法予以否决，因为这样不仅不能解脱，而且是法缚。作为有情来说不能无思无想，只是这种思这种念，是依真如自体而起的一种"清净无念"，这种念虽念一切法，但不染一切法，这种无念行才是正行。

三　本品小结

本品记述了惠能在曹溪弘化时各方学者前来请益的机缘，共有 13 人。首先是曹溪村无尽藏比丘尼。从史料上来看，到底是惠能得法前还是得法后到曹溪村认识无尽藏虽然有争议，但在所体现的思想上没有差别。无尽藏与惠能机缘主要是表达惠能或禅宗对文字的看法。禅宗标榜的是"教外别传，不立文字，直指人心，见性成佛"，语言文字只是一个工具，是指月的手指，并不是月亮的本身。佛法的真理不是语言文字所能表达，作为凡夫修行可以借教悟宗，但得鱼后要忘筌，对语言文字不能执着，这是禅宗对文字的基本观点。

法海与惠能的机缘主要是惠能从不同角度为之讲解何谓"即心即佛"。惠能认为若能于念而离念，于相而离相，这清净无所执着的心就是所谓即心即佛。所以即心即佛的"心"是指清净无念的心，不是妄心，是即清净无念的佛心即佛。惠能也将定慧视为一心，定是心的理体如如不动，慧是心的妙用，能够即定即慧，就是即心即佛。

法达与惠能的机缘主要有四种思想内涵。第一，开示诵经的意义。惠能认为诵经并没有错，关键是如何诵经？诵经不只是空声读诵，不解经义，或执着诵经的功德，而是能依经典所诠释的义理，依教奉行落实在自身的实践修持中去除自己多劫累世的毛病习气，由文字般若，起观照般若，直至证得实相般若这才是诵经，才是转《法华》，而不是被《法华》转。第二，开示《法华经》的宗趣是诸佛以一大事因缘出现于世间只为开示众生悟入人人本具的真心佛性，则即具足佛之知见，而不是开佛或众生知见。因为佛已经是佛无须再开，若开众生知见，则常沉沦生死六道不能解脱。第三，深信众生皆有佛性皆可以成佛，不要因《法华经》中言三乘人都不能测佛智，而对成佛心生退却。第四，开示《法华经》的宗旨，乃是会三归一，若归一乘之真实后，连一乘之实也不可得。

惠能为智通解答的是《楞伽经》中三身与四智的问题。在惠能看来三身与四智皆不二不离一心，若离心言三身，则成有身无智；若离身别谈四智，则名有智无身。而且虽说有转识成智，但不过是只有转的名而无转之实。

惠能为智常开示的是作为自性虽然纤尘不染，了无一物可见、可知，但不能存有“见”“知”的痕迹，存知见在。真心是不落任何知见，不涉有无，是任运常知、常见。智常还有问到三乘或四乘的区别。惠能告知他“法”只有一种，本无三乘或四乘，只因众生的根机而安立。

志道比丘读《涅槃经》十载有余，却不明其中色身、法身的关系，也不知到底何谓法身、涅槃之义，将法身的寂灭与涅槃错解为断灭，执有身受乐，又认为一切法实有从心生，若灭后能再生就为常，灭后不生即为断，生起了如是断常等外道之见。惠能为之解答色身法身不二；法身寂灭非断灭，也非无知无觉，而是常寂常照；涅槃也非断灭，不是凡夫所认为的死，外道所执之断灭，二乘所认为的偏空涅槃。涅槃是超越生灭、断常等二边之见，不可思议解脱之境，具足常、乐、我、净等四德。这种涅槃寂灭真乐，既无有什么承受者，当亦无有什么不承受者，因此怎么能执着有身或无身受乐，以这种两边之见来议涅槃之法。一切诸法本自无生也无灭，因此怎能落入外道断常之见。

行思禅师为我们展现了连圣谛尚不为之顿悟顿修风格；怀让则体现了“修证即不无，污染即不得”之禅宗修即无修，无修即修之修行观；永嘉玄觉则体现了对心性无生无灭、如如不动，离意识分别等深刻的了悟。智隍禅师则是明白了到底何谓坐禅，原来禅本不拘形式，若能悟自心本性，则无处不是禅。而且，所谓禅是离相、离执与般若空相应，所以这样的禅才是最上乘禅。

有一僧问五祖弘忍的意旨什么人得？惠能为其解说，作为五祖弘忍佛法的意旨也就是指佛乃至历代祖师“直指人心，见性成佛”的妙法，这样的妙法唯在“悟”，如果悟得，也就无所谓的秘密，也没有所谓的传授。即便是有传授的“衣”只是代表信物而已，而作为这颗“心”，本自清净，在凡不减，在圣不增，没有所谓的得可言，是得而无所得。所以，不要执着有什么人得到什么，或祖师们传授了什么。

方辩比丘虽然了解塑造圣像的方法，但却不能明了佛法所说的佛性。此佛性是超言绝相，无论怎么善于塑造，都无法塑造出佛性，开显佛性唯一的方法就是自修自悟。

有僧举卧轮禅师偈颂表达了其修禅的方法就是：能够断除百般思想，什么也不想，什么也不念，如枯木死灰，对境不起念，这样菩提才能得以增长。惠能认为这样的禅法不但不能解脱，反而会增长系缚。在他看来所谓修禅不是令心不起念，而

是对境心虽起念，但不执着，这种无念行才是正行。

“机缘第七”是宗宝本《坛经》篇幅最长的一品，内容磅礴，思想义理深邃，从中也能看到禅师们俊烈的机锋禅辩及惠能独特接引学人的方式和方法。

本节拓展阅读文献

1. 杨曾文：《敦煌本坛经的佛经引述及其在惠能禅法中的意义》，广东新兴国恩寺编《六祖坛经研究》第3册，中国大百科全书出版社，2003。

2. 杨曾文：《唐五代禅宗史》，中国社会科学出版社，2013。

3. 白光：《坛经版本谱系及其思想流变研究》，《觉群佛学博士文库》，宗教文化出版社，2013。

4. 杨曾文：《〈六祖坛经〉诸本的演变和慧能的禅法思想》，《中国文化》1992年第1期。

5. 王子宜：《〈六祖坛经〉的“机锋”研究》，《社会科学论坛》（学术研究卷）2008年第6期。

6. 张子开：《永嘉玄觉及其证道歌考辨》，《宗教学研究》1994年21期。

本节思考与练习题

1. 禅宗是怎样看待文字的？

2. 惠能怎样为法海解析即心即佛之义？

3. 如何正确地诵经？

4. 惠能是怎样为法达解释《法华经》的宗趣的？

5. 《法华经》中说三乘人都不能测佛智，而凡夫只要识心见性就与佛无别，对此如何理解？

6. 《法华经》中三乘与四乘有何区别？有所谓一佛乘可得吗？

7. 何谓三身、四智？两者有什么关系？两者与一心又有什么关联？

8. 惠能为何说大通禅师所言“了无一物可见，是名正见；无一物可知，是名真知”落入知见中？

9. 作为法而言有无三乘或四乘的差别？为何要立三乘或四乘？

10. 色身与法身是一还是二？于此二身中有受乐之身吗？

11. 法身寂然无知同于无情吗？

12. 实有诸法从心生吗？

13. 涅槃为何义？可否将之理解成断灭？

14. 行思禅师“连圣谛尚且不为”体现怎样的禅风?

15. 怀让“修证即不无，污染即不得”具有什么样的思想内涵?

16. 在玄觉与惠能的一问一答中如何体现他对自性无生、如如不动、离分别的深刻理解?

17. 何为惠能南宗所谓禅或禅定? 智隍到底在惠能言下悟到了什么?

18. 五祖弘忍所传的意旨是什么? 惠能为何回答“我不会佛法”?

19. 为何惠能说方辩只解塑性，不解佛性?

20. 卧轮禅师断除思想，心如死灰，对境不分别的禅法为何惠能予以批评?

第八节　顿渐第八

本品“顿渐第八”即是记述惠能南宗顿门禅与神秀北宗渐门禅之分途弘化。本品建议 6 个课时。

本品教学目的: 在于通过南北宗禅法的比较说明，法本一宗，无有顿渐之分，只是人的根机有利钝。

本品教学重点: 掌握南北二宗的禅法特点。

本品教学难点: 比较分析南北二宗禅法的同异差别。

一　本品题释及主要内容

所谓“顿”，就是不落阶渐，故得一言见性，或半句明心，一悟永悟，直至佛地；所谓“渐”，即多闻不悟，久修始明，需依次修行，或权以种种方便善巧。但事实上法唯一乘，本无顿渐可言，谈顿、谈渐都只是在于众生的根机。利根者言下便悟，钝根者需依次渐修。本品即是记述惠能南宗顿门禅与神秀北宗渐门禅分途之弘化，故以“顿渐”为品题。

惠能当时在广东韶州宝林寺弘扬圆顿大教，而神秀居住在湖北当阳县的玉泉寺弘扬渐教法门。于时，两宗都弘化极盛，各自弘化一方，时人称为“南能北秀”，也就有了“南顿北渐”二宗的分别。但一般学者并不了解两宗的宗趣，甚至出现各为其主、互相争执的情况，惠能就为其开示，法本一宗，无有顿渐之分，只是人的根机有利钝。然而神秀的门徒常讥笑惠能连字都不识，能有什么长处，为了勘验惠能禅法到底如何，神秀派其弟子志诚前去曹溪探听。

志诚奉命到惠能处听法，被惠能察觉，不但没有责备，还为他开示顿门禅义，使志诚听后茅塞顿开。本品还记述了北宗僧人派张行昌刺杀惠能，惠能又是如何教化行昌的过程。神会与惠能的机缘也出现在此品。

通过对志诚、张行昌（出家后名志彻）、神会的教化，充分体现了惠能顿门禅的特色。惠能的顿悟思想开启了中国禅发展的新阶段，也使中国佛教思想面貌一新，具有划时代的重要意义，在中国佛教史上具有深远的影响。

二　正释经文（分五）

（一）明顿教之别

【原文】

时，祖师居曹溪宝林，神秀大师在荆南玉泉寺[1]。于时两宗盛化，人皆称南能北秀，故有南北二宗[2]顿渐之分，而学者莫知宗趣。师谓众曰："法本一宗，人有南北。法即一种，见有迟疾。何名顿渐？法无顿渐，人有利钝，故名顿渐。"

【注释】

[1] **荆南玉泉寺**：即湖北省荆州当阳玉泉寺。位于湖北省当阳市城西南 12 千米的玉泉山东麓。相传东汉建安年间，僧人普净结庐于此。南朝后梁时梁宣帝（519～562）敕玉泉为"覆船山寺"，隋代改为"玉泉寺"。天台智顗大师（538～597）曾住锡此寺，因此也为天台宗祖庭之一。《旧唐书》《宋高僧传》《景德传灯录》《五灯会元》皆记载神秀在弘忍圆寂（674）后离开东山，之后到了荆州当阳山的玉泉寺。而张说（667～730）《大通禅师碑铭》则说神秀是在跟随弘忍 6 年后，也即龙朔元年（661）就离开了，直到仪凤年间（676～679）才到玉泉山。[见（唐）张说：《大通禅师碑》，《全唐文》卷二三一，第 1030～1031 页]

[2] **南北二宗**：即惠能南宗与神秀为主的北宗。本来所谓"南宗"，最初是指达摩一系禅法的总称。如道宣《续高僧传·法冲传》中称达摩一系禅法为"南天竺一乘宗"。由此，神秀门下也可以称为"南宗"。但自神会《菩提达摩南宗定是非论》之后，"南宗"含义发生了很大变化。神会将在以岭南为主弘化的惠能禅称为"南宗"，而活跃于北方两京的神秀一系称为"北宗"。这种说法随着惠能及门下法系的隆盛而被人们广泛的接受。此后，惠能一系称为"南宗"，以神秀一系为主的称为"北宗"，这种说法便成为通说。事实上广义的"北宗"指除了惠能及法持等牛头宗以外，弘忍门下众多弟子的禅系也通称为"北宗"。本经是指以神秀一系为主的狭义的"北宗"，且在本处通过经文之义似乎在惠能与神秀还在世时就有"南宗"与"北宗"的称号出现。

【释义】

惠能与神秀皆为五祖门下高足，惠能在以曹溪宝林寺为中心的南方弘化，神秀则在湖北当阳山玉泉寺弘化。于时，两宗弘化都极为兴盛，时人皆称“南能北秀”。又以惠能弘扬的是圆顿大教，神秀弘扬的则是渐门禅法，而有南北二宗顿渐之分。但一般学者都不能了知两宗旨趣，甚至还出现各为其主、互相争执的情况。惠能见此情况就对大众说：作为禅法来说本来就是一个宗，都叫“禅宗”，只是因为人有南北之别，我惠能在南方弘化，所以就叫“南宗”；而神秀大师在北方弘化，所以就叫作“北宗”。作为佛法来说，究其实只有一种，只是因人的根机有利钝，由此而立“顿渐”之假名。惠能这番话很明显就是在于说明法无顿渐，顿渐在人的道理。也即是让人们不要执着所谓“南顿北渐”，并由此而引发争执。

（二）约三学论说（分4）

1. 遣志诚前往曹溪参礼

【原文】

然秀之徒众，往往讥南宗祖师，不识一字，有何所长。秀曰：“他得无师之智[1]，深悟上乘[2]。吾不如也。且吾师五祖，亲传衣法，岂徒然哉！吾恨不能远去亲近，虚受国恩[3]。汝等诸人，毋滞于此，可往曹溪参决。”

一日，命门人志诚[4]曰：“汝聪明多智，可为吾到曹溪听法。若有所闻，尽心记取，还为吾说。”

【注释】

［1］**无师之智**：指无师独悟之智慧，非由师教或外力而得。在此指神秀赞叹惠能在还没有得见五祖弘忍时就已经深具智慧，对佛性之义已经深有领会。

［2］**深悟上乘**：深深的悟证最上一佛乘。

［3］**虚受国恩**：神秀自谦自己虚受国家的恩宠。神秀在荆州玉泉寺传法轰动了全国，德名广昭，门庭若市，以至引起朝廷的注意。久视元年（700），武则天下诏，请神秀入京。于大足元年（701），神秀应诏入京。唐杜朏《传法宝纪》中载：“则天发中使，奉迎洛阳，道俗花幢盖充溢衢路。”神秀被迎进洛阳之后，又受到武后的崇高礼遇，并为“两京法主，三帝国师”。所以，从这句话来看，此时的神秀应已经离开玉泉寺而入京受以武则天为主的皇室的礼遇供养，所以谦称自己“虚受国恩”。

［4］**志诚**：生卒年不详。宋道原《景德传灯录》卷五说他是吉州太和（今江

西泰和县）人。（《大正藏》第51册，第237页中）宗宝在后文的夹注中也作吉州太和人。

【释义】

惠能对门人说“法无顿渐，人有利钝”，以此息止门人对神秀渐门禅的评议。神秀则称赞惠能智慧深广，悟证最上乘，亲得弘忍付以衣法，自愧不如惠能。作为惠能或神秀两人本身都德行高超，谦虚、大度，没有门户之见。但各自的门人特别是神秀的门人对惠能却不以为然，甚至讥嫌。为使诸徒众息争而免众议，神秀自己也敬仰惠能其人其法，尊法重人，故遣派弟子志诚到曹溪听惠能禅法。

2. 志诚奉命到曹溪，惠能为说南宗坐禅观

【原文】

诚禀命至曹溪，随众参请，不言来处。时祖师告众曰：“今有盗法之人，潜在此会。”志诚即出礼拜，具陈其事。师曰：“汝从玉泉来，应是细作[1]。”对曰：“不是。”师曰：“何得不是？”对曰：“未说即是，说了不是。”师曰：“汝师若为示众？”对曰：“常指诲大众，住心观净[2]，长坐不卧。”师曰：“住心观净[3]，是病非禅；长坐拘身，于理何益？听吾偈曰：

生来坐不卧，死去卧不坐。

一具臭骨头，何为立功课？

【注释】

[1] **细作**：暗探、间谍。

[2][3] **观净**：底本作“观静”，敦煌本《坛经》无志诚所言“住心观净，长坐不卧”之对神秀禅法的介绍。神秀观净的禅法在《通一切经要义集》《大乘五方便北宗》等北宗著作中有记载，皆作“观净”，据此改作“观净”。（见宇井伯寿《禅宗史研究》之“北宗残简”）

【释义】

志诚奉命前往曹溪参礼惠能，在与惠能一番禅辩中表现得很机智。惠能遂问他神秀平日如何开示大众修禅？志诚回答：“神秀经常指导诲示大众发心修行，应当住心观净，并应长修习静坐而不倒卧，即长坐不卧，夜不倒单，认为像这样修持方可得益。”神秀观心、看净的禅法在前“定慧第四”与“坐禅第五”中惠能皆予以了批评。在这惠能同样认为神秀的观净即守住本心而观真如之清净的禅法，是病而

不是禅。同时，对其常坐夜不倒单的修行方式也予以了批评。认为，若久久地坐在那里一动也不动，如此的拘束色身而不得自在，这对修禅又有什么益处可言呢？因为禅不在于坐，而在于“悟”。若能去悟，行住坐卧任何时候，任何环境之中都可以，而不拘泥于固定形式的坐。在惠能看来若将常坐不卧当作修行，但这只是修色身，而色身只是一具臭骨头，无常幻化，在色身上用功夫，为舍本逐末，这样的修法是不能见性解脱的。

3. 为志诚讲述自性戒定慧三学

【原文】

志诚再拜曰：“弟子在秀大师处学道九年，不得契悟。今闻和尚一说，便契本心。弟子生死事大，和尚大慈，更为教示。”

师云：“吾闻汝师教示学人戒定慧法，未审汝师说戒定慧行相如何？与吾说看。”诚曰：“秀大师说，诸恶莫作名为戒，诸善奉行名为慧，自净其意名为定[1]。彼说如此，未审和尚以何法诲人？”师曰：“吾若言有法与人，即为诳汝。但且随方解缚，假名三昧[2]。如汝师所说戒定慧，实不可思议。吾所见戒定慧又别。”志诚曰：“戒定慧只合一种，如何更别？”师曰：“汝师戒定慧接大乘人，吾戒定慧接最上乘人。悟解不同，见有迟疾。汝听吾说，与彼同否？吾所说法，不离自性。离体说法，名为相说，自性常迷。须知一切万法，皆从自性起用，是真戒定慧法。听吾偈曰：

心地无非自性戒，心地无痴自性慧，心地无乱自性定，不增不减自金刚，身去身来本三昧[3]。”

诚闻偈，悔谢，乃呈一偈曰：

“五蕴幻身，幻何究竟？回趣真如，法还不净[4]。”

师然之，复语诚曰：“汝师戒定慧，劝小根智人。吾戒定慧，劝大根智人。”

【注释】

[1] **诸恶莫作名为戒，诸善奉行名为慧，自净其意名为定**：这是根据东晋僧伽提婆译《增一阿含经》卷一“序品”中的这首偈颂：“诸恶莫作，诸善奉行，自净其意，是诸佛教”而来（《增一阿含经》，《大正藏》第2册，第551页上）。戒有防非止恶之功能，故名“诸恶莫作名为戒”；不作恶而行善这是智者的体现，如是因，如是果，从善如流，故自古有智慧的圣贤之人皆行善，何况是佛教的修行者更应该诸善奉行饶益一切众生，故名为“诸善奉行名为慧”；虽作众善而心无所求，不执着所做的善，达到三轮体空，如是心意清净，内心自然安定，如如不动，故名“自

净其意名为定”。这是神秀主张的戒定慧三学。

［2］**但且随方解缚，假名三昧**：佛法本不可说，但不过是随顺众生的根机方便善巧说，所以才假名有所说，目的是帮助学人断惑证真，解脱系缚而已，并无实法可说。如果一定要把我（惠能）所说的法安立一个名称，那可以假名为“三昧”，所谓三昧就是正定，为禅定之异称。

［3］**不增不减自金刚，身去身来本三昧**：在凡不减、在圣不增的清净自性，犹如金刚一般坚硬不动不坏，如果能证得此如金刚的自性，那就能身去、身来的自在解脱，并且恒处三昧中。故言“不增不减自金刚，身去身来本三昧”。

［4］**回趣真如，法还不净**：如果以此幻化的身心，妄生分别，纵然回心趣向真如，在修行中仍住相而修的话，那仍是不清净的。

【释义】

本段，主体思想是惠能为志诚讲述南宗戒定慧三学，并与北宗神秀三学义作比较来论顿渐。惠能南宗三学的特点是不离自性。惠能自言所说任何一法都不离自心自性，皆从自性所流露。因为一切万有诸法都是从自性生起的相用，一切万有诸法皆不离开自性，说法不过是依体起用，这样不离自性的说法才是究竟彻底，不落任何一相中。也正因为这样的原因，惠能认为自己所说的戒定慧三法也属自性所摄，如果能了三学不离自心本性的话，这才是真正的戒定慧。所以，惠能认为自己的心地无有任何过非，就是自性戒；自己的心地无有愚痴，就是自性中的真慧；自己的心地无有奔驰不息的散乱、驰求，就是自性中的真定。

而神秀的三学则是诸恶莫作名为戒，诸善奉行名为慧，虽作众善而心无所求，不执着，如是心意清净，内心自然安定，如如不动，故名“自净其意名为定”。

惠能的三学与神秀的三学相比较而言，惠能认为神秀三学劝小根智人，依此修行能接引至大乘，而自己的戒定慧劝大根智人，能使之至最上一佛乘。这是因为自己所言三学不离自性，故若依自性三学来修，而悟自心，一悟即至佛地。所以，悟道速度快，是顿；而神秀是离开自性谈三学，所以只能接引根机稍钝的人。由此，在悟道上也就有些迟缓，为渐。事实上，戒定慧三学只有一法，但因众生根机不同，领悟也不同，所以悟道速度也就有顿渐。正因为这样的原因，本无所谓“南顿北渐”，只因众生根机不同，而有南顿北渐的假名安立。

总之，惠能不离自性为志诚讲解了戒定慧三学，认为自心无非、无乱、无痴就是自性的戒定慧。若依此自性三学而修就能顿悟自性，充分体现了惠能南宗顿门禅的特色。

4. 为说立、不立名言概念

【原文】

若悟自性，亦不立菩提、涅槃[1]，亦不立解脱知见[2]。无一法可得，方能建立万法。若解此意，亦名佛身[3]，亦名菩提涅槃，亦名解脱知见。见性之人，立亦得、不立亦得。去来自由，无滞无碍，应用随作，应语随答，普见化身，不离自性，即得自在神通游戏三昧[4]，是名见性。

志诚再启师曰："如何是不立义?"师曰："自性无非、无痴、无乱，念念般若观照，常离法相，自由自在，纵横尽得，有何可立？自性自悟，顿悟顿修，亦无渐次，所以不立一切法。诸法寂灭，有何次第?"

志诚礼拜，愿为执侍，朝夕不懈（诚吉州太和人也）。

【注释】

[1] **菩提、涅槃**：菩提与涅槃都是就诸贤圣所证之果而言。"菩提"，意译觉、智、知、道。广义而言，乃指断绝世间烦恼而成就涅槃之智慧。即佛、缘觉、声闻各于其果所得的觉智。此三种菩提中，以佛之菩提为无上究竟，故称"阿耨多罗三藐三菩提"，译作无上正等正觉、无上正遍智、无上正真道、无上菩提。《大智度论》卷四曰："菩提名诸佛道。""涅槃"，虽也有大小乘之别，但以佛所证涅槃为究竟圆满。

[2] **解脱知见**：五分法身之一，也名解脱知见身。也分大小乘，在小乘中指小乘之无学位所证得之尽智、无生智为解脱知见；在大乘中，谓证知自体本来无染，已实解脱，称为解脱知见。"解脱知见"是就果位安立的名称。

[3] **佛身**：或指佛的肉身，或指佛所具有的种种理想的德性，此时的佛身，即与宇宙真理的"法"或"法性"同义。

[4] **游戏三昧**：犹如无心之游戏，心无牵挂，任运自如，得法自在。亦即获得空、无所得者，能进退自由自在，毫无拘束，故名之。

【释义】

对于名言的安立，惠能也有独到的见解。认为上等根智的人若能依自性三学而修，体悟自心佛性，通达没有实在的烦恼可断，也没有实在的菩提可证，从而也就不用立什么"菩提""涅槃"，也不必立什么"解脱知见"。唯有了知无有一法可得，方能建立万有一切诸法，如《中论》所说："依空故一切法得以建立。"如果能通达这样的道理，那就说明已经证得了诸佛的法身，也称之为菩提、涅槃，也称之

为解脱知见或明心见性。对到达这样境地的人而言，佛法的这些名称安立也可以，不安立也可以。因为见性之人所作所为不离自性，称心现量，任运自如，去来自由，无滞无碍，得自在神通游戏三昧。该要起用的时候，随缘可以发生作用；当要运用语言的时候，可以随缘应答；在度生上也是普现一切化身，应以何身得度者，即现何身而为说法。得如此大解脱、大自在，安不安立菩提涅槃等名言对于他们都无影响。

但志诚听到此又问惠能："如何是不立菩提、涅槃、解脱知见等一切诸法的意义？"惠能的答案如下。

第一，若能通达三学不离自性，就能念念般若观照一切诸法皆空不可得，而能离开对诸法相的执着，于万法圆融自在。甚至于生死来去自由，没有任何的滞凝障碍。纵观三际，横遍十方，都能悠然自得，还有什么可以建立？还有什么名言可安立呢？

第二，作为人人本具的佛性来说要靠自己去自修自悟，并且对于见性的这件事是顿悟顿修，没什么渐次可言，所以不需立一切法。

第三，一切诸法本来寂灭，本来空寂不可得，又有什么次第可以依循，还有什么菩提、涅槃可以安立？

总之，对于见性的人而言，通达诸法空寂，一切不过是名言概念，这些名言概念对于他们来说安立也可，不安立也可，因为他们已能一切无所障碍，得自在神通游戏三昧解脱自在。

志诚听惠能以上讲解之后，深有所悟，向惠能致诚礼拜。为了报答惠能的法乳之恩，他发愿执侍惠能左右，朝夕侍奉没有丝毫懈怠。

（三）复约闻经论说（分4）

1. 张行昌奉命行刺大师

【原文】

僧志彻，江西人，本姓张，名行昌，少任侠。自南北分化，二宗主虽亡彼我[1]，而徒侣竞起爱憎。时北宗门人，自立秀师为第六祖[2]，而忌祖师传衣为天下闻，乃嘱行昌来刺师。师心通[3]，预知其事，即置金十两于座间。

时夜暮，行昌入祖室，将欲加害。师舒颈就之，行昌挥刃者三，悉无所损。师曰："正剑不邪，邪剑不正。只负汝金，不负汝命。"行昌惊仆，久而方苏，求哀悔过，即愿出家。师遂与金，言："汝且去，恐徒众翻害于汝。汝可他日易形而来，吾当摄受。"行昌禀旨宵遁。后投僧出家，具戒精进。

【注释】

[1] **二宗主虽亡彼我**：作为两宗的宗主即北宗之神秀与南宗之惠能，两人不分彼此，没有门户之见，没有争执，彼此之间还会赞叹。

[2] **时北宗门人，自立秀师为第六祖**：有关北宗神秀门下的弟子拥立神秀为第六代祖师，据唐净觉《楞伽师资记》所载，在五祖弘忍之后就是神秀的传记，而不见惠能，实际是以神秀为六祖，即可知宗宝此处所说皆属事实（参见唐净觉《楞伽师资记》，《大正藏》第 85 册，第 1290 页上）。净觉曾从神秀受学北宗禅法，其师玄赜（生卒年不详）为五祖弘忍之法嗣。

[3] **心通**：五通或六通之一。又名他心智证通，或观心心数法智证通、心差别通。指证得他心智，能如实了知他人心中差别相的神通力。

【释义】

僧志彻，江西人，没出家前名张行昌，是位以武功仗义助人之大侠。但却被神秀北宗门人收买前去刺杀惠能。神秀与惠能皆是道德极为高尚的人，彼此互相欣赏赞叹，不曾有门户之见。但因神秀当时被门人立为第六祖，也享受武则天等皇室的尊宠，地位非常显赫，无人能及。因此，其门下烦恼重的某些弟子不希望惠能为第六祖，所以派人前去刺杀惠能。

惠能作为见性之人，早知道此事，不慌不乱地等候张行昌的到来。张行昌来后用锋利的刀连砍惠能颈部 3 次都没有伤害到。惠能就对他说："你曾经佩带着正义之剑去打报不平，为人申冤，所以被人们尊称为侠客，说明你是个正心侠义之人，就不应该有邪心。可现在，却为了几两银子出卖自己的良心，拿着曾经的正义之剑来刺杀我，说明生起了邪心。因为生起了邪恶之心，就不会有正当的侠义之行，所以从今以后你不再有资格被称为侠客。我只欠你金钱之债，并不欠你命债，所以即使你挥利刃三次也伤不了我。"这主要的原因是惠能是已离我、法二执，证得如金刚一样如如不坏、坚不可摧的真性之理，所以即便是拿刀来砍他，也不过如拿刀砍春风，或者是砍水，了无所伤。

真性之理本身也是无动无坏，犹如金刚，证得此真心的人，其身也若金刚不坏。《楞严经》卷五中记载持地菩萨以地大会通如来藏，即证悟真心，了知万法唯心，故一切清净平等，相即互融。因此"见身微尘与造世界所有微尘等无差别，微尘自性不相触摩，乃至刀兵亦无所触"（《大正藏》第 19 册，第 127 页中）。

张行昌不仅没刺杀到惠能，听了惠能所说后吓晕，好久才苏醒过来。知道自己犯了大错，所以立即向惠能求哀忏悔，由于仰慕惠能德行，乃发心要跟惠能出家修道。为了保护张行昌惠能没有立即收其为弟子，而是让他连夜离开，改天再来。张

行昌遵命当天夜里就逃走了。后来投某僧出家，并且还受了具足戒，还能精进用功地修行。从中可以看到惠能的慈悲与智慧。

2. 志彻（张行昌）来参，请问《涅槃经》常、无常义

【原文】

一日，忆师之言，远来礼觐。师曰："吾久念汝，汝来何晚？"曰："昨蒙和尚舍罪，今虽出家苦行，终难报德，其惟传法度生乎！弟子常览《涅槃经》，未晓常、无常义[1]。乞和尚慈悲，略为解说。"师曰："无常者，即佛性也。有常者，即一切善恶诸法分别心[2]也。"曰："和尚所说，大违经文。"师曰："吾传佛心印，安敢违于佛经？"曰："经说佛性是常，和尚却言无常。善恶之法乃至菩提心，皆是无常，和尚却言是常。此即相违，令学人转加疑惑。"

师曰："《涅槃经》吾昔听尼无尽藏读诵一遍，便为讲说，无一字一义不合经文。乃至为汝，终无二说。"曰："学人识量浅昧，愿和尚委曲开示。"师曰："汝知否？佛性若常，更说什么善恶诸法，乃至穷劫无有一人发菩提心者。故吾说无常，正是佛说真常之道也。又一切诸法若无常者，即物物皆有自性，容受生死，而真常性有不遍之处。故吾说常者，正是佛说真无常义。"

【注释】

[1] **常、无常义**：在东晋法显所译《大涅槃经》卷上讲："一切有为法，皆悉归无常。"（《大正藏》第 1 册，第 192 页下）在北凉昙无谶译《大涅槃经》卷二"寿命品第一之二"中也说："一切诸世间，生者皆归死，寿命虽无量，要必当有尽。夫盛必有衰，合会有别离，壮年不久停，盛色病所侵，命为死所吞，无有法常者。"而佛性却是"常"，如在卷二十九"师子吼菩萨品第十一之三"中说："众生佛性，虽处五道受别异身，而是佛性常一无变。"（北凉昙无谶译《大涅槃经》，《大正藏》第 12 册，第 373 页上、539 页中）

[2] **一切善恶诸法分别心**："分别心"，指心及心所，对境起作用时心及心所取其相而思维量度。此句是总指一切色、心诸法。

【释义】

张行昌出家后名志彻，一日来参礼惠能，并向惠能请问《涅槃经》中所说佛性"常"与一切善恶诸法"无常"的意义。没想到惠能为之解说："所谓的无常也就是佛性，有常就是一切善恶诸法及能分别的意识心、心所等。"志彻听后感到非常不

理解，很疑惑说："如果像和尚这样解释岂不是大违经义。因为经中说佛性是常，一切善恶诸法及诸意识分别心是无常，而您好似说反了。"

惠能向志彻肯定自己的讲法没有错，事实上错的是志彻。从他的问话来看，他虽一直读《涅槃经》，但是在依文解义的在读，不能借教悟宗，所以要么执着常，要么执着无常。殊不知佛说法，皆是因众生的病对症下药，因众生执"常"而言"无常"，或因执"无常"而言"常"，目的是破其执，以令其领悟超越常与无常的真理。佛性之真理超越常与无常两边，不落常与无常，但志彻依文解义落入这两边。

所以，因志彻执着"佛性"是"常"，惠能为破其执而言"无常"，但并不是说佛性真的就是无常。惠能是以这样的方式来启发他悟入佛性超越常与无常两边的中道第一义谛。惠能破斥说：假如佛性如说是"常"，那么佛性就实有其体，常一、独存、不变，因此便与无常的善恶诸法不兼容，保持自己的自性故。因此，这样就变成直到穷劫这么长的时间就没有一个人能发菩提心而证得佛性。事实不然，所以若说佛性是"常"是不对的，因此才说佛性是"无常"。但所说佛性无常只是为了破除你对佛性是常的执着，目的是让你能悟到佛性是超越常与无常两边的中道第一义谛。因此，我这样说佛性是"无常"，又正是《涅槃经》当中所说的佛性是超越常与无常两边的真实意义。

又认为一切善恶诸法等是"无常"，则说是"常"。之所以说常是为破无常之执，但并不是说一切善恶诸法等就是常。因为假使一切善恶诸法都是常，那么一切善恶诸法则都各有各的自性，诸法各有其位。若如此，那一切诸法就都不能相即兼容，而是互相障碍，你不能容我，不能周遍我；我也不能容你，周遍你。如果是这样，那作为真常的佛性也有周遍不到的地方，不能周遍含容实有自性的善恶诸法。但事实并非如此，佛性能周遍含容一切善恶诸法，这正说明一切诸法是无常没有自性的。所以，惠能说常，是在破执着一切善恶诸法是常不对。因此，他虽说一切善恶诸法是常，究其实还是在言其无常，并不是真的在说一切善恶诸法是常。

总之，惠能因志彻执"佛性"是"常"，而言"无常"；"一切善恶诸法"是"无常"，故言"常"。说"常"或"无常"并不是在回答，而是随说随破，让他能从中悟入超越常与无常的诸法真实义。惠能这种说法的方式在宗宝本《坛经》"附嘱第十"中被称为"藉二道相因生中道义"。

也有一则著名的公案能说明此理：当参学者问赵州从谂禅师（778～897）："狗子还有佛性否？"禅师回答："无。"［（唐）文远录，张子开点校《赵州录》，《中国禅宗典籍丛刊》，中州古籍出版社，2001，第36页］明明狗子有佛性，但禅师却回答"无"，难道是说真的"无"吗？不是，禅师因学人执着佛性是"有"，故答

“无”，而最终是为了学人能悟入不落这有无两边的佛性中道第一义谛。

3. 结成八种颠倒

【原文】

佛比为凡夫、外道执于邪常，诸二乘人于常计无常，共成八倒[1]，故于《涅槃》了义教[2]中，破彼偏见，而显说真常、真乐、真我、真净[3]。汝今依言背义[4]，以断灭无常及确定死常[5]，而错解佛之圆妙最后微言[6]。纵览千遍，有何所益？

【注释】

[1] **八倒**：凡夫对生死之无常、无乐、无我、无净，执为常、乐、我、净，如此而成为凡夫的四种颠倒见；又二乘人对于无上大般涅槃之常、乐、我、净执为无常、无乐、无我、无净，故不求上进，得少为足，由此成为二乘人之四种颠倒。凡夫、二乘人合起来便成八种颠倒。

[2] **了义教**：凡直接、完全显了述尽佛法道理之教，乃究竟彻底之教说，故称为“了义教”，如诸大乘经说生死、涅槃无异者，宣说此等道理的经典，称为“了义经”或“了义教”。

[3] **真常、真乐、真我、真净**：即常、乐、我、净四德，又称“涅槃四德”。见前“机缘第七”中“志道机缘”下相关涅槃四德的注释。

[4] **依言背义**：依经文的语言文字，依文解义，而实违背了经中的真正义理。

[5] **以断灭无常及确定死常**：以有生灭者为“无常”，而以确立不变、永恒的为“常”。

[6] **佛之圆妙最后微言**：佛将入灭时在《涅槃经》当中所开显的最后圆满的微妙言辞。

【释义】

为使志彻正确了解“常”“无常”义，惠能指出《涅槃经》中佛说常与无常的目的，及志彻本身错误之所在。

惠能对志彻说：“佛因凡夫对生死之无常、无乐、无我、无净，执为常、乐、我、净；二乘人对于无上大般涅槃之常、乐、我、净执为无常、无乐、无我、无净，凡夫、二乘人共成八种颠倒。所以，佛在《涅槃经》这究竟了义教当中为了破除他们的偏执之见，而明确地说出了涅槃所具的真常、真乐、真我、真净这四种德。目的是使他们各自舍去颠倒，而证得这大般涅槃的四德。而志彻只知依文解义，妄执以有生灭者为无常，而以确立不变、永恒的为常。究其实常可说无常，无常可说常，都是破执，最终不过是令悟入超越常与无常两边的中道实相之理。但志彻不明佛说法之用意，从而错解了佛将入灭时在《涅槃经》当中所开显的最后圆满的微妙言辞。所以，若如是依文解义，错解佛义，纵然阅读《涅槃经》千百万遍，又有什么用呢?”

惠能的意思是告诉志彻，佛说任何一法都是应病与药，所以法无定法。因此，切不可依文解义，执此迷彼。应抛开这常与无常的语言戏论，去体悟那不可说的超越两边的涅槃真境即诸法中道实相之理。

4. 志彻以偈明所悟心得，惠能为取名“志彻”

【原文】

行昌忽然大悟，说偈曰：

因守无常心，佛说有常性。

不知方便者，犹春池拾砾。[1]

我今不施功，佛性而现前。[2]

非师相授与，我亦无所得。

师曰：“汝今彻也，宜名志彻。”彻礼谢而退。

【注释】

[1] **不知方便者，犹春池拾砾**：不知道佛有方便破执的教法，佛说常或无常都只是为了破除凡夫、二乘的执着，都是权巧方便说。但众生却不了解，从而佛说什么就执什么，这就犹如在春天的一坛池水当中捡到瓦砾，却把它当成宝贝一样本末颠倒。

[2] **我今不施功，佛性而现前**：我（志彻）因心中疑惑已除，妄想执着已尽，故不假任何功用，超越常与无常两边的佛性自然而然就显现出来。

【释义】

志彻听了惠能的开示后豁然大悟，用偈颂的方式表达自己的领悟。从偈颂来看，他已知佛说任何一法都是应病与药，因此对于佛所说经教不可依文解义，而是要善于从文字中去领悟佛说法的深义。以《涅槃经》而言，佛因众生执守生灭的一切诸法为无常，所以佛才针对众生这个病而说涅槃是常乐我净为有常之性。不知道佛有方便破执的教法，佛说常与无常都是为了破除凡夫、二乘的执着，都是权巧方便说。目的是让他们舍去常与无常的两边，悟入超越这两边的涅槃真境。志彻因疑惑妄想

执着已尽，对于超越常与无常两边的佛性真理也顿然契证。

从偈颂也能看出志彻对惠能的感激之情。惠能听他说的这个偈颂后印证他之所悟，因此给其取名为“志彻”。

（四）约离二边之见论说（分2）

1. 惠能呵责神会落入二边之见

【原文】

有一童子，名神会[1]，襄阳高氏子。年十三，自玉泉来参礼。师曰：“知识远来艰辛，还将得本来否？若有本则合识主。试说看。”会曰：“以无住为本，见即是主[2]。”师曰：“这沙弥争合取次语[3]？”会乃问曰：“和尚坐禅，还见不见？”师以柱杖打三下，云：“吾打汝痛不痛？”对曰：“亦痛亦不痛。”师曰：“吾亦见亦不见。”神会问：“如何是亦见亦不见？”师云：“吾之所见，常见自心过愆，不见他人是非好恶，是以亦见亦不见。汝言：‘亦痛亦不痛’如何？汝若不痛，同其木石；若痛，则同凡夫，即起恚恨。汝向前见、不见是二边，痛、不痛是生灭。汝自性且不见，敢尔弄人！”神会礼拜悔谢。

师又曰：“汝若心迷不见，问善知识觅路。汝若心悟，即自见性，依法修行。汝自迷不见自心，却来问吾见与不见。吾见自知，岂代汝迷？汝若自见，亦不代吾迷。何不自知自见，乃问吾见与不见？”神会再礼百余拜，求谢过愆。服勤给侍，不离左右。

【注释】

［1］**神会**：唐代著名禅僧，荷泽宗之祖。襄阳（湖北襄阳）人，俗姓高。幼学五经、老庄、诸史。后来在读《后汉书》知道有佛教，由此倾心于佛法，遂至本府国昌寺从颢元出家，并且学习佛教经典，聪颖过人，讽诵群经，易如反掌。北宗神秀，从仪凤年间（676～679）直至武则天久视元年（700）应诏入洛阳宫中传法之前，主要在湖北襄阳荆州当阳玉泉寺弘扬北宗禅法。据宗密《圆觉经大疏钞》卷三之下记载，神会曾在玉泉寺神秀门下修学 3 年。在神秀应诏赴洛阳之时，他南下曹溪投到惠能门下学习南宗禅法。神会初见惠能时年仅 13 岁，所以《坛经》中说他 13 岁自玉泉寺来参礼。据《宋高僧传》记载他当时去参礼惠能时是“裂裳裹足，以千里为跬步（半步）”，可见其求法之心切，不惧艰辛，为法忘躯，披星戴月。幼小的他却有如此大无畏刚毅的个性，也无怪乎之后会有惊人之举。

神会初参惠能的时候还尚未受具足戒，据记载神会在参礼惠能之后曾离开惠能一段时间，一度到长安（治今西安）受具足戒，景隆年间（707～710）又回到曹溪跟随惠能学法，直到先天二年（713）惠能圆寂。惠能圆寂时，神会年仅30岁。神会是惠能十大弟子之一，也是其中最年轻的弟子，因此宗宝本《坛经》“付嘱第十”中称其为“神会小僧”。

神会在中国佛教史乃至禅宗史上都是有着极高地位和深远影响的一位禅师。特别是禅宗六祖惠能地位确立，神会可谓是功不可没。在中国禅宗史上，两京之间皆宗神秀，神秀圆寂后由其弟子普寂等续树法幢。神会欲振六祖之风于两京，在惠能圆寂后的唐开元二十年（732）于河南滑台大云寺设无遮大会，公开向众人宣称曹溪惠能才是达摩禅法真正继承者。自达摩到惠能，六代相承，连绵不绝。神会当时还曾郑重宣告说：“今日说者，为天下学道者辩其是非，为天下学道者定其宗旨。”神会主要是批评北宗神秀“师承是旁，法门是渐”，也就是北宗神秀没有祖传袈裟，不是禅门正统。而且北宗禅法主张渐悟，惠能南宗主张顿悟，南宗顿门优于北宗渐门。经过神会的努力，使惠能南宗不断为天下人所知，这为惠能圆寂后其南宗禅的迅速扩展与传播提供了极有力的条件。当然，神会也因此几经挫折，四度被贬。神会可以说是一个有相当胆识的人，在当时以嵩洛为中心的北宗神秀一系其势力如日中天，他竟然能将生死置于度外，公然和他们宣战，因此他确实是个值得敬佩的僧人。

［2］**以无住为本，见即是主**：以无所住的心为本，而能够见到此无所住的真心的这个“见”就是我的主人翁。显然落在能所二边之见中，能见无住真心之见为“能”，无住真心为“所”是所见，这样既有能所，早与超越能所对待的真心交臂而过。只有超越能所绝待离二边的真心才是我们的主人翁。

［3］**取次语**：轻率、草率之语，随便的讲话。

【释义】

神会在中国佛教史乃至禅宗史上都是有着极高地位和深远影响的一位禅师，为惠能晚年的弟子。曾在玉泉寺神秀门下修学3年，在神秀应诏赴洛阳之时，他南下曹溪投到惠能门下学习南宗禅法。

神会初见惠能时是年仅13岁的小沙弥。惠能问他：“你从遥远的地方来到这里殷勤地求法，但不知道有没有将自己的本来面目带来？如果带来了，那就该认识自性的主人翁。因此，不妨试着把你对真心的体悟说来给我听听。”神会的回答暴露了他落入了两边之见中。他说：“我以无所住的心为本，而能够‘见’到此无所住的真心的这个见就是我的主人翁。”神会这种回答很显然落在能见、所见的二边之见中。能见无住真心之见为“能”，无住真心为“所”是所见，这样既有能所，早

与超越能所对待的真心交臂而过。只有超越能所绝待离二边的真心才是我们的主人翁。因此，以如此的见地，又怎么能见到自己真正的主人呢？包括神会接下来问惠能："那和尚平时在坐禅的时候还见不见自己的主人翁呢？"以及惠能用拄杖打了他三下问他："我这样打你，你觉得是痛还是不痛？"神会回说："也痛也不痛。"这都是在二边之见中没有出离。就如惠能所说："刚才你问我在坐禅的时候见还是不见，甚至我打你，你所说的痛与不痛也都属于两边之见的生灭法。"因为这见与不见、痛与不痛都属于相互对待的二边之法。因此都是相依并存，离此无彼，离彼无此，故相待之法都属于有为有漏的生灭之法。而我们的自性是远离生灭，有无两边，超言绝待的。所以神会持有两边之见，并未见到自己离两边的真性。因此惠能呵责他"连自己的自性尚且不曾见到，既然如此，怎么还敢在我面前戏弄于人？"

惠能并且还教导神会对于体认自性的事情，若心迷可以寻访善知识示导见性，若心悟则当要自悟自修，谁也替代了不了谁，更不是在于言辞上的争辩。神会听了惠能这番呵责与开示之后，深深地知道自己错了，所以马上向惠能礼拜，忏悔谢罪。并很勤劳地服侍惠能，不离左右。

2. 呵责神会为知解宗徒

【原文】

一日，师告众曰："吾有一物，无头无尾，无名无字，无背无面。诸人还识否？"神会出曰："是诸佛之本源，神会之佛性。"师曰："向汝道：'无名无字'，汝便唤作本源佛性。汝向去有把茆盖头[1]，也只成个知解宗徒[2]。"

祖师灭后，会入京洛，大弘曹溪顿教，[3]著《显宗记》[4]，盛行于世（是为荷泽禅师[5]）。

【注释】

[1] **把茆盖头**："茆"，同"茅"，指茅草。意为得到一个茅蓬盖在你的头上，有个栖身之所，换言之将来有道场住持一方。

[2] **知解宗徒**：以学习和理解经典文字为修行的僧人，只在文字知解上寻逐，不能体证超越知解文字，不可言说的自心本性，故称为"知解宗徒"。

[3] **祖师灭后，会入京洛，大弘曹溪顿教**：惠能灭度后，神会便离开曹溪，进入京都洛阳，大力弘扬惠能曹溪之圆顿大教。

[4] **《显宗记》**：全称《荷泽大师显宗记》一卷，收在《景德传灯录》卷三十、《全唐文》卷九一六。据传本书是神会在天宝四年（745），于滑台为北宗禅者攻击时所著。主要叙述南宗顿悟之旨，并论述传衣在禅宗传承中的重要性。全篇为660

字之短文，内容大体以《金刚经》之“般若空智、应无所住而生其心”为立足点，并承继后秦僧肇之《般若无知论》《涅槃无名论》，以及类似宗宝本《坛经》“定慧第四”之思想。在敦煌所发现之禅籍中有《顿悟无生般若颂》一文，为本篇之异本，胡适所编《神会和尚遗集》卷四中对该文曾有介绍。

[5] **荷泽禅师**：神会在天宝四年（745），以78岁的高龄应请入住东都（洛阳）荷泽寺，此后被人称为“荷泽神会”“荷泽大师”。其禅系称为“荷泽宗”，此宗在神会后几传，因为无嗣法的人，最终没亡。上元元年（760）五月十三日，神会寂于荷泽寺，时年93岁。建塔于洛阳宝应寺，谥号“真宗大师”。

【释义】

禅宗从上相承以来“不立文字，教外别传”，不曾教人求知求解。因为法无定法，不能依文执义；又因为知解如果太多，不能融会贯通，也反会成为修行的障碍；更何况一切经教语言文字只是指月的手指，不可执着。所以禅宗不提倡守文作解，树立知见。而是让修学者直探心源，去体证那离语言文字，无形无相，超言绝待的真心本性，这也正是禅宗“不立文字，教外别传”的原因。而神会却将惠能所说的“无头无尾，无名无字，无背无面”安立名称，称为“佛性”。所以，惠能批评他说：“你以后哪怕得到一个茅蓬盖在头上，有个栖身之所（将来哪怕能弘化一方），如果以这样的见地来弘法，也不过是个‘知解宗徒’而已。”

关于禅宗不立知见的公案见于达摩大师。达摩一日问弟子各自学法后的心得，弟子们各抒己见。唯有惠可什么也没有说，仅仅只是向达摩礼拜，然后回归原处站立，对此达摩予以惠可很高的赞许，对他说：“你得我髓。”也就是说惠可得到了他禅法的精髓，因此将二祖之位传给了他。惠可前面的师兄弟们各抒己见所说也没有错，但却落在言说知见当中，唯惠可不落任何言说知见，故得禅法之精髓。

惠能灭度后，神会便离开曹溪，进入京都洛阳，大力弘扬惠能曹溪之圆顿大教，著有《显宗记》一书流行于世。神会在天宝四年（745），以78岁的高龄应请入住洛阳荷泽寺，此后被人称为“荷泽神会”“荷泽大师”，其禅系称为“荷泽宗”。

（五）结成会渐归顿并教诲诸宗学人当自修自悟

【原文】

师见诸宗难问咸起恶心[1]，多集座下愍而谓曰：“学道之人，一切善念、恶念应当尽除。无名可名，名于自性，无二之性，是名实性[2]。于实性上建立一切教门[3]，言下便须自见。”诸人闻说，总皆作礼，请事为师。

【注释】

[1] **诸宗难问咸起恶心**：诸宗的学者到曹溪来听法，并提出种种难问，可提出的问题并不是为了求法而是有意刁难，故意找茬，生起种种恶念。

[2] **无名可名，名于自性，无二之性，是名实性**：人人本具的这个真如佛性本来没有办法用语言来描述，只不过是假名称之为“自性”或“佛性”。此自性超越善恶等两边，是不二的中道义，也称之为“真如实性”。“实性”也名为实相，乃诸法实相之真理。

[3] **于实性上建立一切教门**：“实性”也名为“实相”，也即一切众生本有灵觉之心。此心无量劫以来本自清净，本自圆满，本自具足，本自灵妙，廓若太虚，明如皎月，并与三世诸佛同体无异。诸佛为了不能通达这个道理的人，而于自性上建立一切教门，目的是希望众生能当下见到自己本具的自性。

【释义】

惠能当时在曹溪弘化时，诸宗学人皆来问难，起恶心想要故意刁难。由此，惠能语重心长地为他们开示，希望他们能舍善恶两边，当下便是清净无念之心，即此清净无念之心即佛心。对于此心也即众生人人本具的佛性，与佛无二无别，绝诸对待、离两边究竟清净。此心本不可说，无法用语言来描述，只不过是假名称之为自性、佛性。如此超越两边不二的这个真性，也叫作真如实性。实性也名为实相，也即一切众生本有灵觉之心。此心无始以来本自清净，本自圆满，本自具足，本自灵妙，廓若太虚，明如皎月，并与三世诸佛同体无异。诸佛为了不能通达这个道理的人而于自性上建立一切教门，所以一切诸法都离不开自性。因此，要回归自心佛性，并应于言下见到自己本有的真如佛性。此言下就需见到自己本有真如佛性，正乃彰显惠能南宗顿悟的禅门宗风。

此段也是惠能劝诫诸宗学者，应该自修自悟，以顿见自心佛性为目标。而不应该有意生起恶念来刁难，像这样的话与明心见性是背道而驰。如果以这样的心态去学佛修行的话，永远都不可能成就。诸宗学人听了惠能这番教诲之后，深感惭愧，所以都向惠能至诚顶礼，愿事为师。

三　本品小结

本品“顿渐第八”，主要是讲述惠能南宗顿门禅与神秀北宗渐门禅之分途弘化。于时惠能南宗与神秀北宗两宗都弘化极盛，各自弘化一方，时人称为“南能北秀”，也就有了南顿北渐二宗的分别。但一般学者并不了解两宗的宗趣，甚至出现各为其主、互相争执的情况。惠能就为其开示：“法本一宗，无有顿渐之分，只是人的根机有利钝。”神秀对惠能非常敬重，仰其人其法，派弟子志诚前去听闻惠能讲法。

惠能对志诚所讲的主要有三方面的内容：第一，南北二宗对于坐禅的观点。神秀主张住心观净，长坐不卧。而惠能对这种禅法予以了批评，认为是病而不是禅。因为在惠能看来所谓“禅”不在于“坐”，而在于“悟”，若能去悟，行住坐卧任何时候，任何环境之中都可以，而不拘泥于固定形式的坐。甚至认为“一具臭骨头，何为立功课?”由此，体现了南宗活泼泼的坐禅观。

第二，关于戒定慧三学。北宗的三学乃是“诸恶莫作名为戒，诸善奉行名为慧，自净其意名为定”。而惠能的三学不离自性，认为自己的心地无有任何过非，就是自性戒；自己的心地无有愚痴，就是自性中的真慧；自己的心地无有奔驰不息的散乱、驰求，就是自性中的真定。惠能说一切法皆不离自性，因此依此自性三学去修，利根者就能顿悟见性。所以神秀三学惠能认为是劝小根智人，而自己所说自性戒定慧，乃劝大根智人。而究其实戒定慧三学只有一法，因人的根机有利钝的不同，所以领悟不同，也就有顿渐的差别安立。

第三，对名言概念安立不安立的问题。在惠能看来若是见性之人对于“菩提”“涅槃”“解脱知见”等名言可以安立，也可不安立。因为他们皆已经得自在神通游戏三昧，于万法圆融自在，甚至于生死来去自由，没有任何的滞凝障碍，安立与不安立都不会影响束缚他们。

但若说不立一切，是因为念念般若观照一切诸法皆空不可得，于是便能念念地离开对诸法的执着，来去自由自在，纵观三际，横遍十方，都能悠然自得，还有什么可以建立呢？还有什么名言可安立呢？又作为人人本具的佛性，要靠自己去自修自悟。并且对于见性是顿悟顿修，没什么渐次可言，所以不需立一切法。更何况一切诸法本来空寂不可得，又有什么次第可以依循，还有什么菩提、涅槃可以安立？

张行昌的出现则是因为被北宗门人收买前去刺杀惠能。因为惠能不欠他命债，同时证得如金刚一样不坏之身，所以张行昌没能刺杀成惠能，反倒被惠能的慈悲德行所度化出家。出家后名为志彻，并前来参礼惠能，向惠能请问《涅槃经》中佛说一切诸法无常，而佛性是常，到底这“常”“无常”是何义？《涅槃经》中佛因凡夫对生死之无常、无乐、无我、无净，执为常、乐、我、净；二乘人对于无上大般涅槃之常、乐、我、净执为无常、无乐、无我、无净，凡夫与二乘人共有此八种颠倒之见。所以，佛为了破除他们的偏执之见，而说涅槃所具的真常、真乐、真我、真净四种德。目的是使他们舍去颠倒而证得这大般涅槃的四德。但众生不解佛说法的方便，乃是因病与药，而是佛说什么就执什么，不能透过常与无常两边，去体悟那不可说的超越两边绝待的涅槃真境，诸法实相之理。正如志彻虽一直读《涅槃经》但是在依文解义的读，不能借教悟宗，所以要么执着常，要么执着无常。惠能针对其执佛性常，而说无常。执一切诸法为无常，而说常。目的就是破其执着，从而能悟入超越常无常的诸法实相，涅槃真境。当这种执着一破除时，不假任何功用超越常与无常两边的佛性自然而然就能显现出来。

神会在中国禅宗史乃至佛教史上都是有着极高地位和深远影响的一位禅师。他参礼惠能时年仅 13 岁。惠能让之谈谈对真心的体悟，他回答说："我以无所住的心为本，而能够见到此无所住的真心的这个见就是我的主人翁。"神会这种回答很显然落在二边之见中。以能见无住真心之见为"能"，无住真心为"所"是所见，这样既有能所，早与超越能所对待的真心交臂而过。神会又问惠能在坐禅的时候见还是不见？惠能用拄杖打了他三下，问他痛还是不痛。这见与不见、痛与不痛都已落入了两边之见中，而我们的自性是远离生灭，有无两边，超言绝待的，这样的真心才是我们的主人翁，因此若以二边之见，又怎么能见到自己真正的主人呢？惠能教导神会对于体认不二的自性要自悟自修，而不是在于言辞上的争辩。神会听了惠能的教诲深知自己犯了大错，向惠能求哀忏悔，不离左右地跟随惠能。

但当有一天，神会将惠能所说"吾有一物，无头无尾，无名无字，无背无面"称之为"佛性"，惠能呵责其为"知解宗徒"。因为禅宗从上相承以来"不立文字，教外别传"，不曾教人求知求解。因为法无定法，不能依文执义；又因为知解如果太多，而不能融会贯通，反会成为修行的障碍；更何况一切经教语言文字只是指月的手指，不可执着，所以禅宗不提倡人守文作解，树立知见。而是让修学者直探心源，去体证那离语言文字，无形无相，超言绝待的真心本性，这也正是禅宗"不立文字，教外别传"的原因。

惠能灭度后，神会便离开曹溪，进入京都洛阳，大力弘扬惠能曹溪之圆顿大教，并著有《显宗记》一书。神会在天宝四年（745），以 78 岁的高龄应请入住洛阳荷泽寺，此后被人称为"荷泽神会""荷泽大师"，其禅系称为"荷泽宗"。

从本品来看，惠能不拘泥于坐，而注重悟的坐禅观；不离自性的戒定慧三学；说法是"藉二道相因生中道义"破执方式；主张佛性不二，超越常与无常的两边，绝诸对待。这些都体现了惠能南宗顿门禅的特色。惠能的顿悟思想开启了中国禅发展的新阶段，也使中国佛教思想面貌一新，具有划时代的重要意义，在中国佛教史上具有深远的影响。

本节拓展阅读文献

1. 杜继文、魏道儒：《中国禅宗通史》，江苏古籍出版社，1993。

2. （唐）文远录《赵州录》，张子开点校，《中国禅宗典籍丛刊》，中州古籍出版社，2001。

3. 杨曾文：《唐五代禅宗史》，中国社会科学出版社，2013。

4. 高柏园：《坛经顿渐品中的顿悟与渐修》，《中国文化月刊》第65期，台湾东海大学，1985。

5. 吴汝钧：《神秀禅与惠能禅》，《中国文化月刊》第156期，1992。

6. 蓝日昌：《唐代七祖之争对禅宗系统发展的影响》，《世界宗教学刊》第15期，2010。

本节思考与练习题

1. 何谓顿？何谓渐？
2. “法无顿渐，人有利钝”此句有何意涵？
3. 惠能为何说神秀禅法“住心观净，是病非禅”？
4. 惠能为何说“一具臭骨头，何为立功课”？体现了惠能怎样的坐禅观？
5. 北宗神秀戒定慧三学有何特点？
6. 惠能戒定慧三学有何特点？南北二宗三学有何差异吗？
7. 为何见性之人立或不立一切诸法皆可？
8. 张行昌为何要刺杀惠能？体现了当时禅宗怎样的历史背景？
9. 惠能如何为张行昌（志彻）开示《涅槃经》佛性常，一切法无常之义？
10. 惠能如何破斥神会落入两边之见中？又为何责其为知解宗徒？
11. 本品如何展现惠能顿门禅的特色？惠能顿门禅法有何重大意义与深远影响？

第九节　宣诏第九

本品“宣诏第九”，主要是记载神龙元年（705）武则天（624 ~ 705）及中宗（656 ~ 710）下诏迎请奖谕惠能的经过，体现了当时朝廷尊崇惠能及拥护佛法的情形。本品建议4个课时。

本品教学目的：了解武则天及中宗下诏迎请奖谕惠能的经过及惠能为薛简所说禅法之思想内涵。

本品教学重点：武则天及中宗对惠能的尊崇及对佛法的拥护之历史背景，以及惠能为薛简所说禅法思想。

本品教学难点：惠能为薛简讲述的禅法内容，特别是其中将佛法所说不生不灭与外道相比较，不易理解。

一　本品题释及主要内容

如来正法流行于世间，出家僧人负有住持正法的任务，在家信众则负有护持正法的任务。六祖惠能德高望重，龙天护持，四众拥戴，声誉远播，享誉朝廷，时武则天与中宗皇帝下诏邀请惠能到京弘法，这说明了朝廷对惠能的尊重以及对佛法的拥护。“不依国主，则法事难立”往往由于帝王对佛教的护持，上行下效，百官也会拥戴，这对佛教的兴盛来说是非常有利的。本品即是记述武则天与中宗下诏邀请惠能入宫说法的经过，故以“宣诏”为品题。

本品主要记述武则天与中宗宣诏惠能进京弘法，惠能托病不去，并应内侍薛简之问，向他宣讲自己的禅法理念，令薛简豁然大悟，并回奏武则天、中宗，朝廷又下诏奖谕惠能大师。

本品让我们看到了惠能淡泊自居、宠辱不惊、名利不诱的高尚情操，也体现了帝王对其的尊重及对佛法的护持。惠能不仅道德高操，其禅法也深奥玄妙，他对薛简所开示的禅法体现了他不二的禅法特色。他将中观不二思想充分融入自己的禅法中，使自己的禅法更简捷又圆顿。

二　正释经文（分六）

（一）诏请惠能赴京

【原文】

神龙元年[1]上元日[2]，则天[3]、中宗[4]诏云：“朕请安[5]、秀[6]二师宫中供养。万机之暇，每究一乘[7]，二师推让云：‘南方有能禅师，密授忍大师衣法，传佛心印，可请彼问。’今遣内侍[8]薛简[9]，驰诏迎请，愿师慈念，速赴上京。”

师上表辞疾，愿终林麓。

【注释】

［1］**神龙元年**：即唐中宗神龙元年（705），此年号是武则天年号，也是唐中宗复位时延用的第一个年号。

［2］**上元日**：阴历正月十五。

［3］**则天**：武则天（624～705），中国历史上唯一的女皇帝。唐代并州文水（山西省汾阳县）人。姓武，名曌。贞观十一年（637）14岁时，被唐太宗（598或599～649）选进宫为才人。太宗死后，入感业寺为尼。高宗李治（628～683）即位

后，又被召回宫中。初为昭仪，进号宸妃。永徽六年（655）被立为皇后。弘道元年（683）高宗薨，中宗继立。武后临朝称制，连废中宗、睿宗（662～716），于天授元年（690）即帝位，称“圣神皇帝”，改国号为“周”，自称“则天金轮皇帝”。神龙元年（705）十一月殁，享年82岁，谥号“则天大圣皇后”。天宝八载（749）追尊为“则天顺圣皇后”。武氏在位期间，大力支持佛教，对僧人予以种种礼遇。虽是一位女皇，但是位颇有作为的皇帝。前后执政近半个世纪，上承“贞观之治”，下启“开元盛世”，史称“贞观遗风”，历史功绩，昭昭于世。

［4］**中宗**：唐中宗名李显（656～710），唐高宗李治第七子，武则天第三子。武则天共有4个儿子，但其兄长先后被废，李显被立为太子。高宗病死后，李显曾先后两次当政。第一次是高宗死后的嗣圣元年（684）一月，但不久被则天废为庐陵王，贬黜至湖北房县；第二次当政即是神龙元年（705），这年82岁高龄的武则天病重，当时宰相张柬之等人率领众军冲入玄武门，迫使武则天退位于中宗。中宗当政后于神龙元年二月复国号为“唐”。

［5］**安**：即慧安，也作“惠安”，弘忍的十大弟子之一，湖北荆州枝江人。在“机缘第七”怀让来参惠能时有作简单介绍。隋初出家，因被认为是未载僧籍的私度僧，即逃入山谷。在隋炀帝南游江都，国内大乱之际，他先入太和山，后来登南岳山寺修头陀法（佛教中的一种苦行）。唐贞观末年到达蕲州（今湖北黄梅），跟随弘忍学禅法。麟德元年（664）周游到终南山的石壁，曾留住一段时间。唐高宗闻名召他入京，不奉诏。永淳二年（683）到滑台（在今河南滑县一带）筑草亭居止，朝廷为他建造招提寺。后来回到当阳玉泉寺传法。大概在此之后东至嵩山少林寺。据载武则天曾召见他。唐中宗神龙二年（706）朝廷敕令中官前往少林寺赐给他紫色袈裟和绢。此后，诏请惠安与静禅师入宫受供养3年，返归时赐给摩纳（此当为一种名贵的袈裟）一件。景龙三年（709）圆寂，世寿126岁。

［6］**秀**：即神秀。久视元年（700），武则天下诏，请神秀入京。此时的神秀已95岁高龄了。大足元年（701），神秀应诏入京，先后受到武则天、中宗、睿宗的推崇和礼敬，并尊为师。

［7］**一乘**：最上一佛乘。

［8］**内侍**：官名，专侍于内廷，在皇帝宫廷内侍奉供使唤或宣传诏令的宦官。

［9］**薛简**：此人生卒年及生平事迹均不详。

【释义】

惠能当时在曹溪弘化，声誉远播，享誉朝廷。在唐中宗神龙元年（705）正月十五，武则天与中宗下诏迎请惠能赴京弘法。当然也是因慧安与神秀的极力推荐，

所以武则天与中宗让内侍薛简带着诏书来曹溪迎请惠能进京。但惠能，以有病为由加以推辞，并表示愿在山中度过自己的余生。

从此段能看出，五祖门下的慧安与神秀皆是非常尊敬推崇惠能的，他们对惠能得到五祖弘忍的付法为中国禅宗第六代祖师是认可承认的。武则天与中宗作为皇室，他们对惠能的敬重也体现了对佛法的护持。而惠能则是个淡泊自居，宠辱不惊，名利不诱，德行高超的人。

（二）为薛简说禅法

【原文】

薛简曰："京城禅德皆云：'欲得会道，必须坐禅习定。若不因禅定而得解脱者，未之有也。'未审师所说法如何？"师曰："道由心悟，岂在坐也。经云：'若言如来若坐若卧，是行邪道。何故？无所从来，亦无所去[1]'，无生无灭，是如来清净禅[2]。诸法空寂，是如来清净坐[3]。究竟无证，岂况坐耶？"

【注释】

[1] **经云："若言如来若坐若卧，是行邪道。何故？无所从来，亦无所去"**：此句出自后秦鸠摩罗什译《金刚经》如中言："须菩提！若有人言'如来若来若去、若坐若卧'是人不解我所说义。何以故？如来者，无所从来，亦无所去，故名如来。"（《大正藏》第 8 册，第 752 页中）

[2] **如来清净禅**：也名最上乘禅，乃达摩来中土所传之禅。如宗密在《禅源诸诠集都序》中说："顿悟自性本来清净，原无烦恼，无漏智性，本自具足，此心即佛，毕竟无异，依此而修者，称为最上乘禅，也名如来清净禅，亦名一行三昧，亦名真如三昧。此是一切三昧根本，若能念念修习，自然渐得百千三昧。达磨（摩）门下展转相传者是此禅也。"

[3] **如来清净坐**：安住在诸法空性的真理上，不执一切，心水湛然澄寂，如如不动，故名之。

【释义】

薛简向惠能请示说："在京城当中弘扬禅法的那些大德高僧他们都说'若想要领会最上一乘佛道必须要坐禅，修习禅定，如果不坐禅不修定想得到解脱那是不可能的'。您对这个问题是怎么看的呢？"惠能回答他说："对于修行悟道的这件事，主要靠自心去悟，哪里是在于坐呢？因为坐禅只不过是一种修行的方式，真正要证道主要在于悟，如果不能体悟佛法，哪怕坐破几十个铺垫对修道也没有丝毫益处可言。所以，禅不一定不在于坐，如果能悟，行住坐卧皆是禅，运水搬柴皆是道，又何必终日呆呆地坐在那儿呢？”更何况坐禅也不一定能成佛，因为佛无有定相，如《金刚经》中所说：“不可以说坐着或躺着的是如来，因为佛是无所从来，亦无所去，没有一定的来去之相可得。”所以，若能时刻无论在什么情况下去体悟那无形无相、超言绝待、无生无灭的清净自性就可以成佛，就可称之为“如来清净禅”。

如果能通达一切诸法都是究竟空寂，无一法可得的，安住在诸法空性的道理上，如如不动，这也就名为“如来清净坐”。

以上，“如来清净禅”与“如来清净坐”就是菩提达摩一脉相传下来的禅法。这样的禅法关键在于“悟”，在于运用般若观照诸法。若能了悟自性，知一切诸法本来空寂，了不可得，也不认为自己有所得、有所证，对一切法不执着就能当下解脱自在，还谈什么非要通过坐禅才能达到解脱呢？

惠能是先解释他所谓坐禅之义，再回答说明不通过坐禅而得解脱的道理，来回复薛简所问。

关于薛简所问“不经禅定而得解脱”的问题，在宗宝本《坛经》“行由第一”中印宗法师也问过惠能同样的问题“何不论禅定解脱？”惠能以佛法是不二之法，若修禅定而得解脱则落入能求与所求两边，非大乘究竟不二之了义修法，而予以回答。同样的问题，惠能在回答时的角度不一样，但最终要体现的禅法思想却是一致的，即运用般若空，不二的理念，让人离相、离执，由此当下就能解脱自在，顿悟顿修，哪里还有所谓通过禅定而得解脱的呢？体现了惠能顿门禅的特色，惠能的顿悟始终是与大乘不二之理相契的。

（三）薛简请禅法心要回奏

【原文】

简曰：“弟子回京，主上必问。愿师慈悲，指示心要，传奏两宫及京城学道者。譬如一灯，然（燃）百千灯，冥者皆明，明明无尽。”师云：“道无明暗，明暗是代谢之义。明明无尽，亦是有尽，相待立名故，《净名经》云：‘法无有比，无相待故[1]。’”

简曰：“明喻智慧，暗喻烦恼。修道之人，倘不以智慧照破烦恼，无始生死凭何出离？”师曰：“烦恼即是菩提，无二无别。若以智慧照破烦恼者，此是二乘见解，羊鹿等机[2]，上智大根，悉不如是。”

【注释】

［1］**《净名经》云："法无有比，无相待故"**：此句出自后秦鸠摩罗什译《维摩诘经·弟子品第三》。（《大正藏》第14册，第539页下）

［2］**羊鹿等机**：即后秦鸠摩罗什译《法华经·譬喻品第三》中所说的羊车、鹿车、牛车，分别喻声闻、缘觉、菩萨三乘。

【释义】

薛简因见惠能辞而不往京城，乃向其请问禅法心要以回奏武则天、中宗及京城学道的诸人，并以喻说明惠能为其所指示的心要如一灯燃百千灯，使幽冥黑暗地方皆得明朗，并且这个光明是无有穷尽的。喻中"一灯燃百千灯"，喻惠能一人说法，令无数众生，皆得法益，他们又能将此心法辗转相传，如此一直尽未来际，法灯传化不绝。惠能就薛简这个比喻中的"光明"与"黑暗"而开示他大乘佛法不二的思想理念。作为大乘佛教主要思想之一的佛性或自性，乃诸法实相之理，不落明暗的两边，因为所谓明与暗，明来暗谢，暗来明谢，相互因待，因此也是生灭无常之法。所以虽说光明无有穷尽，而实际光明亦是有尽的。光明与黑暗，是互相对待安立的名称，其体虚幻不真实，所以究其实是没有什么东西可以比喻、比拟的，如《净名经》云：佛法是无有比拟的，故无法安立一个什么东西来比拟、比喻，因为是绝待无有相待的缘故。假定有所对待就不名为诸法之真理。

惠能为薛简指示出真性乃是不二之法。薛简听惠能如此解说，心生疑惑，在他看来以"明"譬喻智慧，以"暗"譬喻烦恼。作为修道之人，必须运用智慧破除烦恼，然后始得出离生死，若不以智慧照破烦恼，将不能解脱生死。薛简很明显将这生死烦恼与菩提解脱看成对立的二法，认为有实在的生死烦恼与菩提解脱可得，落在了两边对待之中了。惠能指出他的错误说："烦恼即是菩提，两者无二无别。离开烦恼别无菩提可得，两者也是相待立名，没有真实的自性。之所以有此二者的立名，是因众生迷悟而言说为烦恼，是约迷时说；说为菩提，是约悟时说。而实烦恼、菩提都无自性。因此，实没有烦恼可断，也没有所谓菩提可证。如果一定要说以智慧破烦恼，是则有烦恼可破，有菩提可得，此是二乘见解，属于《法华经》中羊车、鹿车所喻声闻、缘觉的根机。而上智的大乘根性的人，悉不如是，不作此解，他们能领悟烦恼菩提不二，即烦恼即菩提的真理。"

所以，惠能为薛简开示的禅法心要主要是不二的思想理念，这是惠能禅法核心之一。正因为诸法是不二，所以顿悟才有可能，惠能顿门禅就顿在不二上。不二思想，乃是惠能建立顿教禅法的思想基础，如果能把握惠能的不二思想，也就是领会了惠能禅法思想的纲骨。

（四）请问大乘见解

【原文】

简曰："如何是大乘见解?"师曰："明与无明，凡夫见二，智者了达，其性无二。无二之性，即是实性。实性者，处凡愚而不减，在贤圣而不增，住烦恼而不乱，居禅定而不寂[1]。不断不常，不来不去，不在中间及其内外，不生不灭，性相如如，常住不迁，名之曰道。"

【注释】

［1］**居禅定而不寂**：居于禅定之中而从不曾停滞于空寂，落入偏空。

【释义】

薛简又向惠能请问：如何是大乘见解？所谓"大乘见解"就是一切诸法不二的实性之理。所以惠能说，就如明与无明在凡夫看来是二法，但在智者看来，明与无明皆是相待立名，没有真实的自体之性，故两者的体性是无二无别的。即此没有分别的无二之性，当下即是真如实性。真如实性之理不增不减、不乱不寂、不断不常，不来不去，不在中间及其内外，不生不灭，性相如如，常住而不迁流变化，也名之为"道"，也就是诸法不二的实性之理，此理乃大乘诸法实相之真理。

（五）不生灭何异外道

【原文】

简曰："师说不生不灭，何异外道?"师曰："外道所说不生不灭者，将灭止生[1]，以生显灭[2]，灭犹不灭[3]，生说不生[4]。我说不生不灭者，本自无生，今亦不灭，所以不同外道。汝若欲知心要，但一切善恶都莫思量，自然得入清净心体，湛然常寂，妙用恒沙。"

【注释】

［1］**将灭止生**：将断灭作为终止其生，也就是认为人死如灯灭，不可能再生，也不可能有轮回，灭后就不能再生，这就是灭后将生终止了，落入断灭见。

［2］**以生显灭**：以生来显示断灭。外道认为有生就有灭，生命的兴起就是灭的

兴替，生了就灭，这还是断灭，这就是以生来显示断灭。

［3］**灭犹不灭**：灭犹不灭就是所谓“常”。外道认为一切诸法灭了又生，生了又灭，这就是灭犹不灭，属于常见。

［4］**生说不生**：生说不生属于断见。认为一切诸法灭了之后就不允许再生，这样一切诸法即使有生也是不生，属于断灭见。

【释义】

薛简不明惠能所说大乘不生不灭之真如实性之理，误以为是外道所说不生不灭。外道之不生不灭要么落入常见，要么落入断见，落入生灭、断常两端。而真如不生不灭之理是从本以来本自不生也无所灭，没有生灭的相待，超越生灭等的两边，不生不灭，与外道所言截然不同。

惠能对薛简说若欲了知心法之要旨，只要对一切善恶诸法都莫思量，了知善恶皆不可得，不落善恶的两边，自然就会得以悟入超越两边绝待的真心本性。此清净的心体，澄明湛然，照而常寂，寂而常照，能称体起恒沙妙用，实不可思议之无上妙法。

（六）薛简悟道礼辞，武则天、中宗下诏奖谕惠能

【原文】

简蒙指教，豁然大悟。礼辞归阙[1]，表奏师语。

其年九月三日，有诏奖谕师曰：“师辞老疾，为朕修道，国之福田。师若净名托疾毗耶[2]，阐扬大乘，传诸佛心，谈不二法。薛简传师指授如来知见[3]，朕积善余庆，宿种善根，值师出世，顿悟上乘。感荷师恩，顶戴无已，并奉磨衲袈裟[4]及水晶钵，敕韶州刺史修饰寺宇[5]，赐师旧居为‘国恩寺[6]’。”

【注释】

［1］**归阙**：“阙”，也可名为宫阙，或名京阙，指京城或为皇帝所居之处。“归阙”，在此段文中指回京城，回宫。

［2］**净名托疾毗耶**：惠能以老疾相辞不进京城，犹若净名居士即维摩诘托疾居住在毗耶离城中一样。《维摩诘经》记载：维摩诘居士住毗耶离城，释迦牟尼佛于该地说法时，维摩诘称病不去。佛乃遣诸大弟子及诸菩萨前往问疾。维摩诘借此机会与佛派来问疾之文殊师利等，反复论说佛法，畅谈不二法门。见后秦鸠摩罗什译《维摩诘经·弟子品第三、菩萨品第四、文殊师利问疾品第五》。（《大正藏》第14册，第539页下~551页下）

[3] **如来知见**：也名佛之知见。也即众生人人本具佛性之真知真见。因此，如果能识心见性就具足此之知见。所以，在《法华经要解》中说："此真知见，生佛等有，本来清净。唯人以妄尘所染，无明所覆而自迷失。故佛与开示，使得其本来清净者而自悟入，不复迷失也。"

[4] **磨衲袈裟**：一种名贵的袈裟，据说是高丽国所出产。

[5] **寺宇**：指当时惠能所住的宝林寺（今南华寺）。

[6] **赐师旧居为"国恩寺"**：旧居即新州惠能出生之地。唐高宗弘道元年(683)，惠能曾将自己的故居改建为寺，寺中有其父母的合墓。所以唐中宗下诏将惠能于故居所建之寺赐名为"国恩寺"。

【释义】

薛简承蒙惠能指教圆顿一乘大法，因而豁然大悟，礼谢惠能，辞归京城。回宫后立即表奏惠能所开示之法语。同年即神龙元年（705）的九月三日，武则天与中宗看到薛简的奏闻，乃下诏书奖谕惠能。诏书中对惠能其人、其法大加赞赏，并予以实质性的奖谕，奉上高丽国出产的磨衲袈裟一件及水晶钵一个，同时敕令韶州刺史整修装饰惠能居住的宝林寺，并赐惠能新州旧居为"国恩寺"。

当时的中宗以一代天子的身份如此礼遇惠能，认为值遇惠能出世如佛一样的出世，感到无限欣喜，实是极为难得。诏书的字里行间都体现了其深厚的佛学素养及对惠能崇敬之心。往往在帝王的护持之下，使得佛法大兴。禅宗在唐代受到帝王的拥护所以极为兴盛，"不依国主，则法事难立"，这是佛教特别是自唐以后很客观的一个历史现象。

三　本品小结

本品主要是记述武则天与中宗因慧安与神秀两位的推荐，下诏邀请惠能入宫说法的经过。惠能以老病为由辞而不往。由此，负责传诏令的内侍薛简特向惠能请问禅法心要以回奏。

惠能为薛简所说的禅法主要有以下几点。

第一，不论禅定而得解脱。虽然这个问题在宗宝本《坛经》"行由第一"中已为印宗法师讲过了，但在本品又是从不同的角度来讲。首先，在惠能看来坐禅只不过是一种修行的方式，真正要得道主要在于"悟"，不一定在于坐。如果能悟，那行住坐卧皆是禅，运水搬柴皆是道；其次，想成佛非是由坐禅而得，因为佛本是无有定相，不可以说坐着或躺着的是如来。所以，如能时刻无论在什么情况下去体悟那无形无相，超言绝待，无生无灭的自心本性，就是"如来清净禅"。最后，如果能通达一切诸法都是究竟空寂，无一法可得，安住在诸法空性的道理上，如如不动，这也就名为“如来清净坐”。

以上，“如来清净禅”与“如来清净坐”就是菩提达摩一脉相传下来的禅法。这样的禅法关键在于“悟”，若能了悟自性，知一切诸法本来空寂，了不可得，也不认为自己有所得、有所证，对一切无所执着，当下解脱自在，还谈什么非要通过坐禅才能达到解脱呢？

第二，开示无二之实相理。诸法的真体、真理超越明暗等两边，是绝待无有相待的。若是相待则是生灭无常的二法，非绝待的实相之真理。正如烦恼与菩提，是因众生迷悟安立的假名，究其实是不二，即烦恼即菩提。若认为有烦恼可破，有菩提可得，是二乘见解，上智的大乘根性不作此解。而所谓大乘见解就是不二之真性之理。此理不增不减，不乱不寂，不断不常，不来不去，不在中间及其内外，不生不灭，性相如如，常住而不迁流变化，此乃大乘真如实相之真理。

第三，佛法与外道不生不灭的差异。薛简不明惠能所说大乘不生不灭之理，误以为是外道所说不生不灭。惠能告诉薛简，外道之不生不灭要么落入常见，要么落入断见，落入生灭、断常两端。而佛教所言真如不生不灭之理是从本以来本自不生也无所灭，超越生灭等的两边不生不灭，与外道截然不同。并指引薛简若能远离善恶两边，自然就能体证到绝待不二的真心本性是湛然常寂，妙用恒沙。

薛简将惠能所说法回奏武则天、中宗，中宗下诏奖谕惠能，体现了唐王朝对惠能的尊敬，对佛法的护持。禅宗在唐代受到帝王的拥护所以极为兴盛，“不依国主，则法事难立”，这是佛教特别是自唐以后很客观的一个历史现象。

本节拓展阅读文献

1. 杜继文、魏道儒：《中国禅宗通史》，江苏古籍出版社，1993。

2. 许鹤龄：《六祖惠能的禅学思想》，台北：云龙出版社，2001。

3. 杨曾文：《唐五代禅宗史》，中国社会科学出版社，2013。

4. 周成翰：《〈六祖坛经〉宗宝本之禅思想研究》，玄奘大学中国语文学系硕士在职专班硕士论文，2008。

本节思考与练习题

1. 武则天、中宗为何要宣诏惠能进京？

2. 惠能为薛简如何开示不因禅定而得解脱之理？

3. 惠能如何为薛简开示不二实相之真理？

4. 何谓烦恼与菩提不二？惠能如何为薛简开示大乘见解？
5. 惠能所言不生不灭与外道所言不生不灭有何差异？
6. 惠能以老病辞而不应诏体现了他怎样的情操？
7. 从中宗下诏对惠能的奖谕能体会到什么？

第十节　付嘱第十

本品“付嘱第十”，是讲述惠能临涅槃时教导弟子如何说法才不致失却顿门禅宗的宗旨，并记述了惠能迁化前后的经过情形。本品建议20个课时。

本品教学目的：学习和掌握本品中所体现的惠能禅法，如三科三十六对法；惠能对文字的观点；“真假动静偈”；一相三昧与一行三昧等禅法思想。其次，了解惠能灭度前后的经过与情形。

本品教学重点：本品中所体现的惠能禅法思想。

本品教学难点：如何理解惠能三科三十六对、“真假动静偈”、一相三昧与一行三昧等禅法理念，因为这些都很凝练地表达了惠能禅法思想，比较深邃。

一　本品题释及主要内容

“付”者，付托；“嘱”者，嘱累，如长者付财，嘱累子嗣，以保家业绵续不衰。今六祖惠能，一期化缘将毕，示现入灭之际，将自悟自证法门，佛祖历代相传之妙法，付托嘱累于门人，务使法灯不绝，续佛慧命，绍隆三宝，利益群生，故云“付嘱”。此品也相当于佛经的流通分。

本品记述惠能圆寂前对弟子们的付嘱，他要求弟子们在说法时运用三科三十六对法，说法不离自性，如此才能不失本宗的宗旨。惠能还提出了自己对文字的看法，认为禅宗所谓不立文字，并不是抛弃语言文字，让人不看经、看教，而是让人不要执着于语言文字，望文生义。并为法海等人说了一首“真假动静偈”，让弟子们依此偈所示修行。并让门徒将此法宝《坛经》递相传授，度诸群生，但历代相传的衣就不再往下传了。惠能还苦口婆心地告诉弟子们，若欲成就佛果上的一切种智，必须通达一相三昧与一行三昧。同时，向弟子们叙述了从释迦牟尼佛到惠能的三十三代传法世系，对弟子们作了最后的开示，说了“自性真佛偈”后，奄然迁化。本品还叙述了惠能灭度前的其他一些安排，以及灭度后真身的供养安葬情况。

从惠能对弟子们的付嘱来看，惠能对弟子可谓是苦口婆心，谆谆教诲，这也正体现了惠能对法的殷切与苦心。惠能为弟子们所说的三科三十六对法，体现了他不

二的禅法特色；所说的一相三昧与一行三昧，体现了他对般若思想的重视。由他对文字的观点，也使我们对禅宗不立文字的说法，有了正确的认识。惠能虽示现入寂，但留下了金刚不坏的肉身，千百年来供人们仰慕、礼拜。

二　正释经文（分十八）

（一）召集门人付嘱

【原文】

师一日唤门人法海、志诚、法达、神会、智常、智通、志彻、志道、法珍、法如[1]等，曰："汝等不同余人，吾灭度后，各为一方师。吾今教汝说法，不失本宗[2]：先须举三科法门[3]，动用三十六对[4]，出没即离两边。说一切法，莫离自性。忽有人问汝法，出语尽双，皆取对法，来去相因。究竟二法尽除，更无去处。"

【注释】

[1] **法珍、法如**：法珍和法如在宗宝本《坛经》前几品都不曾提到，乃至史料上也无任何记载，只有在本品此处有出现，敦煌本《坛经》中也有提及此二人之名。

[2] **不失本宗**："本宗"，在此指佛乃至历代祖师递相传授直指人心、见性成佛之佛心宗，也即禅宗。"不失本宗"，其意或可以说是指不失如来出世本怀，或不失祖师西来大意。

[3] **三科法门**：就是五蕴、十二处、十八界。佛以此三种科目之法来阐述万有的一切诸法，万有一切诸法都可以用这三种科目的法来加以说明。

[4] **三十六对**：即三十六种相对性概念，是众生对世界万有诸法的种种分别之见，均属两边性之边见。

【释义】

惠能一日召集弟子法海、志诚等共10人，嘱咐他们在他灭度以后，绍隆佛种，弘化一方。因此，特教他们如何为众生说法，方不至于有失顿门禅的宗旨。主要应注意三点：其一，以五蕴、十二处、十八界之三科法来阐述一切诸法；其二，运用三十六对相对法，目的是启发学人认识事物时，出没于相对的两边，而又离开相对两边，由此而悟入超越两边之见的中道实相之理；其三，说法时不能离开自性而说法。一切诸法皆依自性而得以安立，说法时皆从自性流露，才能指引众生见性成佛。若离性说法，皆会落入著相说法，则将有违本宗直指人心、见性成佛的宗旨。

惠能又具体教示弟子使用对法的方法，如设或忽然有人来问佛法，在回答时皆取对法，这样一问一答，一来一去让其知道相对之法都是相依相待，皆虚幻不真实。因此，最终要将这相对之法尽皆去除，远离相对的两边，由此就更无其他可执着之处，无一法可执着，此时远离两边之中道第一义谛理就可以顿然显现了。

（二）明三科法门

【原文】

三科法门者，阴、界、入也。阴是五阴[1]：色、受、想、行、识是也。入是十二入[2]，外六尘：色、声、香、味、触、法；内六门：眼、耳、鼻、舌、身、意是也。界是十八界[3]：六尘、六门、六识是也。

自性能含万法，名含藏识[4]。若起思量，即是转识[5]。生六识，出六门，见六尘。如是一十八界，皆从自性起用。自性若邪，起十八邪；自性若正，起十八正。若恶用即众生用，善用即佛用。用由何等？由自性有。

【注释】

[1] **五阴**："五阴"是旧译，其意为色、受、想、行识五法，能阴覆真如佛性，使之不显。新译名"五蕴"，"蕴"是积聚的意思，显示此五法为个人身心所有的物质与精神之所积聚，所以称为五蕴。五蕴诸法乃是佛为迷于心偏重者合色而为一，开心而为四，故立五蕴法。

[2] **十二入**：又名十二处，或十二入处。即外色、声、香、味、触、法六尘；内眼、耳、鼻、舌、身、意六根。如是内六门与外六尘，就是所谓内外之十二处法。此十二处法乃是佛为迷于色偏重者开色而为十，合心而为二，立十二处。此十二处由五蕴所开出，眼、耳、鼻、舌、身之五根与色、声、香、味、触之五尘共十为色处，相当于色蕴；意处即为识蕴；法处为受、想、行三蕴。

[3] **十八界**：即六尘、六根、六识。"界"是界限意思，意显十八法，每界都有严格的界限，彼此绝不互相混同。十八界乃佛为色心共迷者，开色而为十，开心而为八，立十八界。十八界中，除去六识，则为十二处，而六识实际亦由十二处之意处所展开。依此，十八界或十二处摄尽一切法。

[4] **含藏识**：指第八阿赖耶识。"阿赖耶"，中国译为"藏识"，此识能含藏一切善恶的种子，具备"能藏""所藏""执藏"三义。"能藏"，谓第八识善于自体中含藏一切万法之种子；"所藏"，指现行熏种子义而说，亦即此识为七转识熏习诸法种子之场所；"执藏"，谓第八识恒被第七末那识妄执为实我、实法，故又称"我

爱执藏”。

[5] **转识**：在此既指第七末那识，又指前六识。以第七末那识而言，此识以第八识为所依，恒常执着第八识见分为我，恒审思量胜过余识。此第七末那识乃是由第八识所转生，故名转识。按唯识所说转识，不惟是第七识，前六识亦名转识，前六识对第七识而言称为六转识。第七末那识与前六识合为七转识都是依第八识所生，故名“转识”。

【释义】

惠能解释所谓“三科法”就是指五阴、十二处、十八界，此三科法都是指一切诸法，不过是佛根据众生所执不同，故开合不同而安立。在惠能看来十八界乃至一切诸法皆自性所本来具足，不过是自性受无明熏染而成阿赖耶识，由此识变现一切万法。此阿赖耶识与真心一体不二。第七末那识乃至前六识都是依第八阿赖耶识所转生。所生的这六识，出六根门头，去了别外界的六尘境界，如是六根、六尘、六识合而为十八界。如是十八界皆是从自性而生起的作用，不离自性。

本段惠能强调万法不离一心，一切不过是依自性体所起之用，自性若随染缘就是恶，为众生用；随净缘就是善，为佛用。无论染净善恶都从自性所生，所以十八界诸法不离自性，为自性所具。由此可见，惠能说法皆不离自性之特色。

（三）明三十六对

【原文】

对法，外境无情五对：天与地对，日与月对，明与暗对，阴与阳对，水与火对，此是五对也。

法相语言[1]十二对：语与法对[2]，有与无对，有色与无色对，有相与无相对，有漏与无漏对[3]，色与空对[4]，动与静对，清与浊对，凡与圣对，僧与俗对，老与少对，大与小对，此是十二对也。

自性起用[5]十九对：长与短对，邪与正对，痴与慧对[6]，愚与智对[7]，乱与定对，慈与毒对，戒与非对[8]，直与曲对，实与虚对，险与平对，烦恼与菩提对，常与无常对，悲与害对[9]，喜与嗔对，舍与悭对，进与退对，生与灭对，法身与色身对[10]，化身与报身对[11]，此是十九对也。

师言：“此三十六对法，若解用即道贯一切经法，出入即离两边。”

【注释】

［1］**法相语言**：所谓“法相”，指一切诸法差别之相，是诸法相如用语言一一表达出来，故称“法相语言”。

［2］**语与法对**：“语”，是语言；“法”，即世间万有诸法。世间万有诸法，无一不以语言说明，若不用语言说出，是就无法了知。

［3］**有漏与无漏对**：“漏”是流失、漏泄的意思，为烦恼之异名。人类由于烦恼所产生的过失、苦果，使人在迷妄的世界中生死轮回，难以脱离生死苦海，故称为有漏；若达到断灭烦恼的境界，则称为无漏。在四圣谛中，苦、集二谛属于迷妄之果与因，为有漏法；灭、道二谛则为觉悟之果与因，为无漏法。

［4］**色与空对**：色是有形有相的，空是无形无相的，色空互显。

［5］**自性起用**：从自性而起的妙用。

［6］**痴与慧对**：“痴”，谓愚昧无知，不明事理之精神作用，为贪、嗔、痴三毒之一；“慧”，指推理、判断事理之精神作用，为戒定慧三学之一。“痴”三毒之一与“慧”三学之一，故相对。

［7］**愚与智对**：“愚”，又作痴、无明，即无智无明，暗愚迷惑，对事物不能正确判断。“智”，又作智慧。即对一切事物之道理，能够断定是非、正邪，而有所取舍者，称为智。如对其作严密之区别，智乃包摄于慧之作用中，但一般多将智与慧视为同义，或合称为智慧。

事实上“痴与慧”，“愚与智”意思有些类似，但侧重不同，分为两对。

［8］**戒与非对**：“戒”的定义，防非止恶，故名为“戒”，相反即为“非”，故戒与非对。

［9］**悲与害对**：“悲”即拔众生苦，相反就是“害”，加害，伤害，故悲与害相对。

［10］**法身与色身对**：“法身”或以诸法真理为身，或以诸功德法为身，是本来寂灭的；“色身”是父母所生身，为无常生灭的，故两者相对。

［11］**化身与报身对**：“化身”又名变化身，是佛随顺各类众生的不同机宜，示现变化各种不同身相予以教化；“报身”是佛于无量劫中，积聚无量福慧而感的果报身，又分自受用身和他受用身。化身劣，报身殊胜唯十地以上大菩萨才能见，凡小不能见，故此二身相对。

【释义】

三十六种相对性概念，是众生对世界万有诸法的种种分别之见，惠能将之分为外境无情之五对、法相语言十二对与自性起用十九对，共三类。印顺法师认为：

“三十六对，这是经中没有的分类法。”在印度佛教中大、小乘都有将诸法分类，小乘的说一切有部分为五位七十五法，计有色法十一种，心法一种，心所有法四十六种，心不相应法十四种和无为法三种。大乘佛教的瑜伽行派则分析为五位百法，分别是心法八种，心所有法五十一种，色法十一种，心不相应法二十四种，无为法六种。除数量有所增加，心法和色法的位置不同了，但两者的分类标准却是相同的，即色法、心法、心所有法、心不相应法和无为法五类。中国佛教中对诸法的分类，法相宗坚持了五位百法的方法，除此之外，就推惠能的分类了。这表明三十六对法是惠能在传统佛教的基础上融会贯通，结合自己的体会而提出来的。

惠能认为此三十六对法，假若能够了解善用，则可以贯通一切经法。因为佛所有言说，一切经论的目的，无非就是让众生能舍两边而悟入超越两边之见的中道实相之理。而三十六对法的目的，最终也是让众生能悟到离两边的中道实相之理，所以若善于运用此三十六对法，即能贯通一切经法。怎么来运用这三十六对法呢？就是若出若入，一问一答来去相因，又能离开对两边的执着，当下就能体会离两边的中道妙义。

（四）不住相说法，不住相修行

【原文】

自性动用[1]，共人言语，外于相离相，内于空离空。若全著相，即长邪见；若全执空，即长无明[2]。执空之人有谤经，直言不用文字。既云不用文字，人亦不合语言，只此语言，便是文字之相[3]。又云：“直道不立文字。”即此“不立”两字，亦是文字。见人所说，便即谤他言著文字。汝等须知，自迷犹可，又谤佛经。不要谤经，罪障无数。

若著相于外，而作法求真[4]，或广立道场，说有无之过患[5]，如是之人，累劫不得见性。但听依法修行，又莫百物不思，而于道性窒碍。若听说不修，令人反生邪念。但依法修行，无住相法施[6]。汝等若悟，依此说、依此用、依此行、依此作即不失本宗。

【注释】

[1] **自性动用**：惠能在本品前曾教诫弟子们如何说法不失本宗的宗旨，其中之一即“说一切法，莫离自性”，一切所说皆从大悲智海中自然流露，乃是依自性之体任运发出之用，故言“自性动用”。

[2] **若全执空，即长无明**：谈诸法空理时，如果执着空，则增长无明。因为佛

说“空”是为破众生执“有”，如果执空又落入执见之中，岂不是无明无知？

［3］**只此语言，便是文字之相**：语言是有声的文字，文字是无声的语言。语言及文字，都是指示事理的一种方便，都是属于语言文字。

［4］**若著相于外，而作法求真**：执着于外在种种相，向外寻求种种方法来求于真佛之道。

［5］**说有无之过患**：指著相说法，不是说“有”，就是说“无”，堕入断常二见，以此错误的见解，贻误众生过患很大。

［6］**无住相法施**：“无住相”，即不执着诸法之相而能做到离相、无相。“法施”：指宣说教法，利益众生，为佛教六度之一布施度中财施、法施、无畏施，三施之一。“无住相法施”就是指在般若所摄持之下三轮体空的行法施。

【释义】

惠能要求弟子在为众生说法时说一切法，不离自性，若离性说法就称为著相说。因此，在共人言谈时，出言吐语莫落入执见中。外谈诸法法相时，应无所执着而离于相，凡所有相即是虚妄，故若著相，则增长邪见。内谈诸法空理时应无所执着而离于空，如果执着空，又落入执见之中，则增长无明。这是惠能要求弟子们在说法时不能离开自性而落入有或空的执见当中。

本段惠能指出执空之人的过患，从中也体现了惠能对文字的观点。在惠能看来，执空之人拨无因果，一切断灭，认为既然一切皆空，故佛教也是多余的。所以，竟然说不需要佛教之语言文字，让人不要看经、读经，认为一切皆空，故要研究佛经、看经作什么呢？像这样毁谤佛经，是谤佛灭祖，断如来的慧命，所构成的谤法之罪极重，岂可执空妄言不用文字？既然说不用文字，那么就不需要语言，连话也不要开口说了。因为，只此语言便是有声的文字，因此假使说不用文字，那么就不需要语言了。如此若语言文字皆舍，那么以何来度众生呢？惠能指出有的修行人口口声声说“不立文字”，殊不知所言“不立”二字，就是属于文字，自己堕在文字中不知，一见到他人为众生说法，便即诽谤他所言执着文字。自己执迷不悟，生起错误的见解，落入断灭空，舍弃一切佛经文字，还反对别人读经看教，这事实上乃是诽谤佛经，罪过是很大的。

因此，若执着空，而不用文字，舍弃一切语言文字是不正确的。禅宗所说的“不立文字”，不是不要语言文字，而是不执着于文字，望文生义。因为语言文字只是一种符号、工具、手段，只是用来指月的手指，并非月亮的本身。修行者应通过手指看月亮，而不能以指为月。更何况，佛法大义不可言说，超言绝虑，非语言文字所能及。因此不能执着于语言文字，而应得意忘言，去体认语言文字背后那超言绝虑的诸法实相，这才是禅宗所言不立文字的真意。

本段惠能还有教导弟子们怎样如法修行？他先指出不如法的一些行持。他说，修学佛法者，若执着于外在种种相，向外求于真佛之道，如或广立道场，停留在这世间的福田上，不在自性上修功德；再如著相说法，不是说“有”，就是说“无”，堕入有无、断常二见，并以此错误的见解，贻误众生。如此之行，即使经过无量劫的勤苦修行，也不可能明心见性，反倒是于道相背；又如一般禅者主张百物不思，以为什么都不想，绝想绝念，就是修禅，若持此观点不但不能修道，反倒是让道滞凝障碍，同样不是正当修行；另外，多闻不实修，这样反而生起邪念，徒增所知障，反成障碍。

那么到底该怎么样才是如法行持？惠能认为，要依照正法如实修行，而这正法就是以般若所摄持之行，因为为般若所摄持所行才能到达最圆满的境地。以大乘行者而言，如法的行持具体则是在般若为导的前提下修六度万行。如在布施时能做到无住相而行布施，如《金刚经》说：“若菩萨心不住于法而行布施，如人有目，日光明照，见种种色。”如此三轮体空的行布施或法施，一切所行皆以般若为先导，这样的修学自然能悟解圣道。依无住相而说法，如实运用，如实修行，一切皆依无住相而作，以般若为摄持，无相、无住、无念，能这样修行方不失本宗的宗旨。

（五）如何使用对法

【原文】

若有人问汝义，问有将无对，问无将有对，问凡以圣对，问圣以凡对。二道相因，生中道义。如一问一对，余问一依此作，即不失理也。设有人问：“何名为暗？”答云：“明是因，暗是缘，明没即暗。”以明显暗，以暗显明，来去相因，成中道义。余问悉皆如此。汝等于后传法，依此转相教授，勿失宗旨。

【释义】

本段是惠能开示弟子在说法时如何使用三十六对法。举出“有无”“凡圣”“明暗”三对为例予以说明。问“有”将“无”对，问“无”将“有”对；问“凡”以“圣”对，问“圣”以“凡”对。问“暗”以“明”对，如有人问什么是暗？则应回答说：光明是因，黑暗是缘，明暗是相因互立、互相代谢的，正所谓明来暗谢，暗来明谢，明暗相因互显，皆无真实自性。由此就能启悟问法者离此相待的两边，入中道妙义。如是一问一答，诸有其余问题，一律依此对法作答，就不会失却本宗启发人悟入不二中道诸法实相的宗旨。

惠能非常重视运用对法的方式来启发学人，告诫弟子们在向众生传法的时候，要善于从互相对立的两个方面把握事物，而不要仅从一个方面作出肯定和否定的论断。三十六对法的核心就是“出入即离两边”，“二道相因生中道义”。问“有”就说“无”，出入有无的两边，最后连有无两边也尽皆舍去，由此就能悟入超越有无两边的中道义。

惠能为什么要弟子们以这三十六对法来启悟众生呢？在惠能看来，宇宙实相，自心佛性，乃至语言文字等都是空有不二的，因此既不能著此，也不能著彼。只有取消各种差别与对立的观念，以一种非有非无的中道不二法门来启发人们打开自己的慧眼，这样才能把握宇宙人生的真谛，达到究竟的解脱。惠能这种超越二边分别对立以实现心的解脱的思想，即是对佛教“不二法门”的继承，体现了他的不二思想。惠能自认为“此三十六对法，解用通一切经”，因此，若善于用这种方法传法，就能“不失本宗”。由此可见“不二”或“无二”法门在惠能禅法中的重要地位。利用不二法门，以对法的方式可以针对不同的场所和对象灵活地变换肯定与否定的说教方法，后世禅宗所谓“机锋”“门庭施设”等都巧妙地利用了这种方法。

（六）预示入灭

【原文】

师于太极元年壬子[1]，延和七月[2]（是年五月改延和，八月玄宗即位方改元先天，次年遂改开元。他本作先天者非）命门人往新州国恩寺建塔，仍令促工，次年夏末落成。

七月一日，集徒众曰：“吾至八月，欲离世间。汝等有疑，早须相问，为汝破疑，令汝迷尽。吾若去后，无人教汝。”法海等闻，悉皆涕泣。惟有神会，神情不动，亦无涕泣。师云：“神会小师[3]却得善不善等，毁誉不动，哀乐不生，余者不得，数年山中竟修何道？汝今悲泣，为忧阿谁？若忧吾不知去处，吾自知去处。吾若不知去处，终不预报于汝。汝等悲泣，盖为不知吾去处，若知吾去处，即不合悲泣。法性本无生灭去来[4]。”

【注释】

［1］**太极元年壬子**：“太极”是唐睿宗的年号，太极元年是公元712年，那一年的农历纪年是壬子，故名之。

［2］**延和七月**：“延和”也是唐睿宗的年号，公元712年五月以前为太极，五

月以后改号延和，七月份唐睿宗禅位于子李隆基（唐玄宗，685～762），称太上皇，同年八月唐玄宗改延和为“先天”，故至七月依然还是用延和，所以称“延和七月”。次年即713年唐玄宗又改先天为“开元”。既然是公元712年的八月唐玄宗才改延和为先天，故宗宝在夹注中认为别本将712年的七月份说成先天不对。而宗宝所言的“别本”到底是指哪个本子或史料所载，不得而知。

［3］**神会小师**：神会在惠能将入灭时才30岁，在惠能众多弟子中年纪最小，故如此称呼他。

［4］**法性本无生灭去来**：真如法性圆满湛寂，本来无生无灭，亦无去来，是超越生灭、去来的实相真理，也是不可思议大般涅槃之境。

【释义】

唐睿宗太极元年（712）岁次壬子，延和七月，惠能预示入灭。一方面督促新州国恩寺舍利塔尽快建成，一边告知弟子将入灭。法海等人听闻后，因感惠能灭后，法化垂危，难以再找到像惠能这样具足智慧之眼的明眼善知识为众生决择疑难，为自、为他，不觉感到悲伤，泪如雨下。唯有神会一人，神情自若，不动声色，亦没有涕泣流泪，得到惠能的赞许。赞叹他年纪虽小，却能通达诸法无二平等之理，不落善与不善、好与坏等两边之见中。所以能神情自若，不受外在环境的影响，毁谤或者称誉，悲哀或快乐，顺逆境皆不摇荡其心，如如不动。这大概也是神会不因惠能将入灭而悲伤的原因吧。

在赞叹神会的同时，惠能呵责其他人皆不能做到这样，仍同一般凡夫伤心悲泣。惠能已生死自如，故预知时至，也知道自己入灭后的去处，这个去处就是不生不灭的常乐我净的大般涅槃。此涅槃境殊妙不可思议，既不是凡夫执着的死，也不是外道所执的断灭，也不是二乘人的偏空涅槃，乃是无生无灭，超越生灭、去来等两边不可思议境界。惠能已得此涅槃真境，只是化缘将尽，示现入灭，又有何悲伤的呢？

（七）说《真假动静偈》

【原文】

汝等尽坐，吾与汝说一偈，名曰《真假动静偈》。汝等诵取此偈，与吾意同，依此修行，不失宗旨。众僧作礼，请师说偈。偈曰：

一切无有真，不以见于真。
若见于真者，是见尽非真。
若能自有真，离假即心真[1]。

自心不离假，无真何处真？
有情即解动，无情即不动，
若修不动行，同无情不动。
若觅真不动，动上有不动，
不动是不动，无情无佛种[2]。
能善分别相，第一义不动，
但作如此见，即是真如用。
报诸学道人，努力须用意，
莫于大乘门，却执生死智[3]。
若言下相应，即共论佛义，
若实不相应，合掌令欢喜。
此宗本无诤，诤即失道意，
执逆诤法门，自性入生死。

时，徒众闻说偈已，普皆作礼，并体师意，各各摄心，依法修行，更不敢诤。乃知大师不久住世。

【注释】

[1] **离假即心真**：在虚妄的色身与妄心中含有一颗无价宝藏的真心，因此，想要于自心上识得此“真”，只要离开虚假之“妄”，当下即是真心。因为真妄不二，即妄即真，离妄当体就是真，不是离开妄之外而别觅什么真，离妄当下即真，所以说“离假即心真”。

[2] **无情无佛种**：如果修禅也像无情那样不动，百物不思空心静坐，修因不对，果即纡曲，如是因如是果，就难以成佛。这句话不可作无情无佛性来理解，而应站在因果关系上来作解释。因为北凉昙无谶所译《涅槃经》为汉地最流行的本子，其中倡导“无情有性”，惠能对此经佛性义及相关思想都很通达，为印宗、无尽藏、志道、志彻都有讲解此经相关思想，所以不可能提倡“无情无佛性”。

[3] **莫于大乘门，却执生死智**：切莫于此大乘圆顿法门，偏执或有或无的落于生死智见。这里的“智”不是指正确的出世解脱之智慧，而是指凡夫外道之“世智”“邪智”。即若如凡夫偏执一切虚幻诸法为“实有”，被物所牵，起惑造业，流浪生死，则成为生死之本。外道若偏执于“无”，则会落入拨无因果等断灭邪见，这样不特不能悟证圆顿大法，且会大违佛祖之意。因此，偏于“有”或“无”就是世智或邪智。

【释义】

这首《真假动静偈》主要有如下三个内容。

第一，真妄不二。到底何谓真？何谓假？眼见的一切是不是真实的？其实所见一切诸法如梦幻泡影般虚假，无有一法是真实的，如果视为真实，那只是妄见而非真实。真在哪？“净心（真）”就在“妄”中，不离妄的当下。在虚妄的色身与妄心中就含有一颗无价宝藏的真心，想要于自心上识得此真，只要离开虚假之妄，当下即是真心。因为真妄不二，自心如果能离开虚妄之假，那么无处不是真。这是惠能警策弟子们不要心外求法，自心即佛，离心无佛可得，因为真妄不二。

第二，动静之义。何谓“动”？指一切有情识的有情而言；“不动”，是指无情之物而言，因无情之物无知无觉是不动。坐禅如像木石无情的不动，百物不思，强令念头不生，是不能成佛的。惠能批评不动不起的坐禅修法，认为假若真想见到真常如如不动的心性，不是离开生灭妄动的心而有别什么另外的不动的真心可得。此如如不动的真如本性就在众生生灭妄动的心中，能离妄当下即是不动的真心，而不是修不动不起的禅法。在惠能看来真正的不动还在于“善分别诸法法相”，了知诸法皆是唯心所现虚幻不真实，故诸法都是平等一如没有差别。安住于此理中虽分别一切诸法，但不涉计度，任运分别，内心不起任何执着污染，这才是“能善分别诸法相，于第一义而不动”。

第三，对于禅宗此圆顿法门当自修自悟，不在于诤。此圆顿法门，重在自悟自修，识心见性，而不能心外求法。不能于此大乘圆顿法门，偏执有而落于凡夫生死世智，偏于无而成外道邪智，这样不特不能悟证圆顿大法，且会大违佛祖之意。此圆顿大法对于能信受欢喜的人而言就可以向其讲说传授。若不能信受，也不可起争执与人诤论，一涉与人或世学诤论是非，那就有失真正道意。因为有你我胜负之心、有人相、众生相，这还谈什么修道？又怎么能见性？真修道人，若一味的固执己见，违逆佛祖慈悲心意，妄起诤论，与人争执，并以此为修行的话，那么就是迷昧自性而入于生死，长期在生死中流转，哪里还能得到解脱？这是惠能对修道者的警策。

诸徒众听闻惠能大师说偈颂后，各各摄心，依于大师所教示的法门，如实修行，更不敢有所诤论。听惠能这样殷切嘱咐，乃更了知大师示灭时近，将不久于世间。

（八）奉持师命

【原文】

法海上座，再拜问曰：“和尚入灭之后，衣法当付何人？”师曰：“吾于大梵寺说法，以至于今抄录流行，目曰《法宝坛经》，汝等守护，递相传授，度诸群生。但依此说，是名正法。今为汝等说法，不付其衣。盖为汝等信根淳熟，决定无疑，堪任大事。然据先祖达磨大师付授偈意，衣不合传。偈曰：

吾本来兹土，传法救迷情[1]。

一华开五叶[2]，结果自然成[3]。”

【注释】

[1] **传法救迷情**：“传法”，传如来之正法眼藏，救度一切迷惑有情众生，故言“传法救迷情”。

[2] **一华开五叶**：有两种解释。第一种：“一华”，是指达摩祖师。“五叶”，是指从二祖惠可到六祖惠能五代而言；第二种解释：“一华”，指惠能。“五叶”，指惠能之后于唐末五代形成的临济、曹洞、沩仰、云门、法眼之五宗。但在此处若是指到惠能后不再传表信的衣，当指第一种解释。

[3] **结果自然成**：到了六祖后衣不再传，止于五叶。虽则如此，但五叶以后，禅宗自然兴盛，故言“结果自然而成”。

【释义】

法海上座为当时惠能重要门人之一，问惠能：“大师示现入灭之后，衣法当付嘱什么人?”也即问惠能衣法如何传付。惠能先回答“法”当如何传付。惠能希望弟子们能将他从大梵寺开坛说法以来所说的“法”结集整理出来称为《法宝坛经》，依此经中所说辗转相传度化众生。而作为达摩传授下来表信的“衣”，则不用再传了。因为，其一，惠能的弟子及广大信众对直指人心、见性成佛之顿门禅法，信根都已经纯熟，所以无须再传此表信的衣。其二，根据初祖菩提达摩的付法偈颂之遗嘱，衣也不用再传。虽不再传衣，但人们对此禅法的信根也已经纯熟，禅宗会大兴于世，所以不用再传表信之衣了。五祖弘忍也曾嘱咐惠能“衣为争端，止汝勿传。若传此衣，命如悬丝”。所以，若再传衣不但无益还会有祸端。

（九）成就佛智

【原文】

师复曰：“诸善知识！汝等各各净心，听吾说法。若欲成就种智[1]，须达一相三昧、一行三昧。

若于一切处而不住相，于彼相中不生憎爱，亦无取舍，不念利益成坏等事，安闲恬静，虚融澹泊[2]，此名一相三昧。

若于一切处行住坐卧，纯一直心[3]，不动道场，真成净土，此名一行三昧。

若人具二三昧，如地有种，含藏长养，成熟其实。一相一行，亦复如是。

我今说法，犹如时雨，普润大地。汝等佛性，譬诸种子，遇兹沾洽，悉得发生。承吾旨者，决获菩提。依吾行者，定证妙果。听吾偈曰：

心地含诸种，普雨悉皆萌，

顿悟华情已，菩提果自成[4]。”

师说偈已，曰：“其法无二，其心亦然[5]。其道清净[6]，亦无诸相。汝等慎勿观净[7]及空其心，此心本净，无可取舍。各自努力，随缘好去。”

尔时徒众作礼而退。

【注释】

[1] **种智**：为“一切种智”之略称，指唯佛能得之智，即能觉知一切道法、一切众生之因种，并了达诸法之寂灭相及其行类差别之智。

[2] **虚融澹泊**：清虚圆融叫作“虚融”，恬静无为名为“澹泊”。

[3] **直心**：除了是指正直无谄曲的心之外，还指直心正念真如，常契真心，智理一如，正念诸法，了知诸法皆空幻不真实，于一切无取无舍，清净无染之心。即此清净之直心，而能成就净土，正所谓“心净则国土净”。

[4] **心地含诸种，普雨悉皆萌，顿悟华情已，菩提果自成**：一切众生的心地，都含有成佛的种子。这种子，如果普获及时雨的滋润，皆得萌芽，并逐渐地茁壮成长，哪一天如果突然顿悟了一乘的教旨，心花开朗，如花开敷。花一旦绽放之后，必定会结果，故无上的菩提妙果自然得以成就。

[5] **其法无二，其心亦然**：“其法无二”，意为圆顿之法，是唯一无二的。惠能高举着顿悟成佛的旗帜，在当时犹如一股飙风，横扫佛教界，给佛教带来清新的气息，使佛教焕发出夺目的光彩。“其心亦然”，不仅圆顿之法，是唯一无二的，人人本具的这颗心也是唯一无二的，因为他就是成佛的种子，除了他之外，任何一法都不是，离心无别佛，而且一切万法也唯是这一心。

[6] **其道清净**：成佛作祖之道也是极清净的，无有诸相可以执着。

[7] **观净**：底本作“观静”，据宗宝本《坛经》“定慧第四”“又有人教坐，看心观净”及“坐禅第五”中“师示众云：此门坐禅，元不看心，亦不看净，亦不是不动”。当为“观净”指北宗神秀禅法之一，故改之。

【释义】

惠能教示弟子若欲成就佛的一切种智需具备“一相”和“一行”两种三昧。所谓"一相三昧"，若于一切处不住于任何诸法之相中，无论是好是坏，都不会对之生起憎恨或喜爱，对之更是无有取或舍的心念。也不会计较自身利益或成败等事，对人对物都能安闲恬静，虚融澹泊，这就名为一相三昧。可见一相三昧也是让修行人无住、离相，于一切法不取不著，不生憎爱，而能使心性达到安闲恬静，虚融澹泊之境，这就是一相三昧的境界。

所谓"一行三昧"，在宗宝本《坛经·定慧第四》中已出现过，就是于一切处行住坐卧的四威仪，或于语默动静闲忙之中，其心纯一不杂，常契真心理智一如，直心正念诸法。了知诸法皆空幻不真实，故于一切无取无舍，心如如不动，清净无染，由此清净的直心而能成就净土，此即名为一行三昧。

惠能认为若修行的人具此一相、一行两种三昧，则能渐渐成熟，成就佛果位的一切种智。在惠能看来这两种三昧皆如及时雨能滋养众生本来具足的佛性种子。所以，最终能成就菩提道果。因为，人人本具的这颗心是唯一无二的，离心无别佛可成故。

惠能还认为他所说的这圆顿之法，也是唯一无二的，乃成佛作祖之道。此道也是极清净的，无有诸相可以执着。因此修行之时，应本无相而修，慎勿住心观净，因为此心本是清净，既无什么可取，亦无什么可舍，因此如果住心观净便成有所取舍、取著与圣道不相应。同时，也不可空其心，百物不思，则落于无记，或成恶取空，对于修行最为不利。惠能对住心观净与空心静坐的禅法予以批评，因为这些修法皆是病而非禅。所以，修行者当依正确之法如实而修，如修一行或一相三昧，则为正修，也决定能成究竟成佛之妙果。

（十）临灭预言

【原文】

大师，七月八日忽谓门人曰："吾欲归新州，汝等速理舟楫。"大众哀留甚坚。师曰："诸佛出现，犹示涅槃，有来必去，理亦常然。吾此形骸，归必有所。"众曰："师从此去，早晚可回。"师曰："叶落归根，来时无口[1]。"又问曰："正法眼藏，传付何人?"师曰："有道者得，无心者通[2]。"又问："后莫有难否?"师曰："吾灭后五六年，当有一人来取吾首。听吾记曰：'头上养亲[3]，口里须餐[4]，遇满之难[5]，杨柳为官[6]。'"

又云："吾去七十年，有二菩萨从东方来，一出家、一在家[7]。同时兴化，建立吾宗，缔缉伽蓝[8]，昌隆法嗣。"

【注释】

［1］**叶落归根，来时无口**：树上的叶子落下来，必然归根，而一去是否再回来度化众生，完全是看机缘，机缘到了随时都会回来，机缘没到就不会回来。因此，这是谁也说不准的事情，你们若要问我（惠能）何时回来，无言可说，没法回答。

［2］**有道者得，无心者通**："有道者"，是指能明见自心佛性，也即能识自本心，见自本性的人。这样的人能得到从上佛及历代祖师传授的这正法眼藏。这样的人虽明心见性，但又不认为自己有所得。假定以为有所得，是就不能得此正法。设若以无所住心通达此法，即可受此心印，所以说"无心者通"。

［3］**头上养亲**：意说来取惠能头的人，只是为了如世间孝子奉慈亲般顶戴供养才来取惠能的头。这件事据契嵩《传法正宗记》卷六说：此事发生于开元十年（722）八月初三子夜。当时欲取惠能头供养的人是新罗国（朝鲜半岛历史上的国家之一）金大悲所指使，他用钱收买一个叫张净满的人来盗惠能的头，目的是取回新罗国如孝子侍奉亲人那样供养。（《大正藏》第51册，第748页中）

［4］**口里须餐**：取师头的人张净满，不是有意欲取师头，而是为谋生活贪图享受，是为口腹之累，才做此不道德之事。

［5］**遇满之难**：会遇到张净满盗头这一难。"满"就是预示盗头之人名为张净满。据载，张净满是汝州（河南汝州）梁县人，他在洪州（江西南昌）开元寺，以两千钱受雇于金大悲，为金钱收买，胆敢取师头。

［6］**杨柳为官**：是说当时地方官刺史柳无忝，县令杨侃，为执法官。当发现张净满入塔盗取惠能的头之后，寺僧将此事报告州邑官员，官乃下令严捕。过了几日，于邑石角村，果然抓到他。抓到后本欲究办，处置，刺史柳无忝，感其用意不坏，特别予以宽恕。他还为此特地去请问了惠能大师的弟子令瑫禅师，禅师认为此事情形也不太恶，故也同意宽恕张净满，开释不究。

［7］**吾去七十年，有二菩萨从东方来，一出家、一在家**：惠能又预言，在吾示寂后七十年（783）前后，有二位发大心菩萨从东方来，一是现出家相，一个是现在家相。出家菩萨，有说是马祖道一，有说是黄檗希运。马祖道一是惠能门下弟子南岳怀让的法系，而黄檗希运则是马祖法系的三世弟子，禅宗五宗当中的临济宗创始人义玄禅师即出自他门下。这出家菩萨无论是指马祖道一还是黄檗希运，他们二位在中国禅宗史上的地位都非常高，其禅法对后世影响也很深远。五家七宗中的临济宗到后来是最兴盛的禅宗宗派，有"临天下，曹一角"的说法，并且传到日本的禅宗也只有临济与曹洞这两个宗派，但临济宗却占有绝对优势。

在家菩萨，有说是庞蕴居士（生卒年不详），有说是裴休（791～864），究竟是指哪个？未能决定。庞蕴，字道玄，又称庞居士，唐衡阳郡（今湖南省衡阳市）

人。禅门居士，被誉称为达摩东来开立禅宗之后“白衣居士第一人”，素有“东土维摩”之称。庞蕴参访马祖道一而契悟，所以是道一的在家弟子，以在家之身份而举扬禅风。有关他的公案，时见于禅门开示拈提中以作为行者悟道的重要参考。迄今为止有他近 200 首偈颂流传于世。

裴休，字公美，河东闻喜（今山西运城闻喜）人，又作孟州济源（今属河南省）人。唐朝一代名相，善文章，工书法，为很多高僧的著作写过序，也为很多寺院题过额，是个相当虔诚的佛教徒，与禅宗有深厚因缘。裴休在禅宗史上，与当代的庞蕴、白乐天、李翱、陆亘等居士有同等重要的地位。裴休与沩山灵佑（771～853）同门，精通《华严》教旨与禅宗心要，与黄檗希运也有殊胜的因缘，非常礼遇希运，希运一生所说之法即是他整理辑录而流行于世。更重要的是在唐武宗会昌法难时，佛教遭逢大难，裴休虽身为重臣，却能功禄尽抛，以一片赤诚，挺身卫护圣教，使佛教在短短几年内复兴。裴休不仅以文笔来庄严经藏，并立下宏誓：愿生生世世为国王翼护佛教。他还送自己的儿子裴文德出家，不让他入官场，而入佛门。裴休中年以后，断绝肉食，摒弃诸欲，焚香诵经，世称“河东大士”。他一生的作为，在中国佛教史上，堪受“宰相沙门”的美称。

关于这则“七十年”的悬记，在学术界，有的学者认为是马祖系加入。（见白光《坛经版本谱系及其思想流变研究》，《觉群佛学博士文库》，宗教文化出版社，2013，第 185 页）

［8］**缔缉伽蓝**：“缔缉”，是构建修补的意思；“伽蓝”，中国译为“众园”，亦即“寺院”的通称。

【释义】

惠能入灭时间迫近想要从曹溪回新州国恩寺，徒弟们坚留不舍。惠能劝导他们：连诸佛尚有示现入涅槃时，有形的色身终究会离开世间，想要久住世间是不可能的。这一去如落叶归根，而何时再来得等待与众生缘分成熟方可。

徒弟当中有人问惠能：禅宗从佛自历代祖师教外别传之心印会是什么人得？惠能回答：能明见自心佛性的人能得这从上佛及历代祖师传授的正法眼藏，涅槃妙心。但又不可认为自己有所得，假定以为有所得，是就不能得此正法。设若以无所住心通达此法，即可受此心印。

惠能向众徒弟预示了两件事情：第一件事，在他入灭之后五六年间，有个名张净满的人在洪州开元寺，以两千钱受雇于新罗国金大悲，来盗取自己的头，带回去如孝子侍奉亲人那样供养。因为惠能事先预知此事又告知徒众，故待惠能圆寂后弟子们先用铁做成叶片将惠能的头保护起来，因此这件事未能得逞。那天深夜，照看

惠能塔的人，听到有抽拉铁索的声音，于是去看，就发现一个人从塔里窜出来逃跑了。而惠能用铁叶保护脖子的地方还留下了痕迹，于是报告官府捉拿此人。张净满虽被官府抓到，因感其用意不坏，对其开释不究。

第二件事：在惠能圆寂后七十年（783）前后有二位发大心菩萨从东方来，一个是现出家相，一个是现在家相。出家菩萨，有说是马祖道一，有说是黄檗希运。在家菩萨有说是庞蕴居士或裴休。这出家、在家两位菩萨无论是哪两位，马祖道一与庞蕴或是黄檗希运与裴休，都是同时出现于世，都是为了兴隆教化，建立道场，大兴南宗禅法。

（十一）佛祖传统

【原文】

问曰："未知从上佛祖应现已来，传授几代？愿垂开示。"师云："古佛应世已无数量，不可计也。今以七佛为始，过去庄严劫[1]，毗婆尸佛、尸弃佛、毗舍浮佛；今贤劫[2]，拘留孙佛、拘那含牟尼佛、迦叶佛、释迦文佛，是为七佛。

已上七佛佛，今以释迦文佛[3]首传。第一摩诃迦叶尊者[4]、第二阿难尊者、第三商那和修尊者、第四优波毱多尊者、第五提多迦尊者、第六弥遮迦尊者、第七婆须蜜多尊者、第八佛驮难提尊者、第九伏驮蜜多尊者、第十胁尊者、十一富那夜奢尊者、十二马鸣大士、十三迦毗摩罗尊者、十四龙树大士、十五迦那提婆尊者、十六罗睺罗多尊者、十七僧伽难提尊者、十八伽耶舍多尊者、十九鸠摩罗多尊者、二十阇耶多尊者、二十一婆修盘头尊者、二十二摩拏罗尊者、二十三鹤勒那尊者、二十四师子尊者、二十五婆舍斯多尊者、二十六不如蜜多尊者、二十七般若多罗尊者、二十八菩提达磨尊者（此土是为初祖）、二十九慧可大师、三十僧璨大师、三十一道信大师、三十二弘忍大师、惠能是为三十三祖。从上诸祖，各有禀承。汝等向后，递代流传，毋令乖误。"

【注释】

[1] **过去庄严劫**："劫"，为极长的时间单位。印度自古以来盛行"过去庄严劫"、"现在贤劫"与"未来星宿劫"三大劫之说。于此三劫中的每一劫中，各有千佛出现于世。因此，"过去庄严劫"是指在过去劫有千佛出世，庄严净化世间，故称之。

[2] **贤劫**：指三大劫中之现在住劫有千佛贤圣出世，故名"贤劫"。

[3] **释迦文佛**：在“释迦文佛”前，底本有“以上七佛今以”6个字，契嵩本、德异本、明版《南藏》《北藏》诸本《坛经》无此6个字，本处据此改。

[4] **摩诃迦叶尊者**：在“摩诃迦叶尊者”前，底本有“第一”二字，契嵩本、德异本、明版《南藏》《北藏》诸本《坛经》无此两个字，本处据此改。

【释义】

徒众又问惠能：从释迦牟尼佛之上追溯以来，诸佛、诸祖应世示现已来，一代一代的传授至今，其数究竟已经几代？即是问佛及祖师历代的传承。

惠能先回答诸佛之间的传承世系。他说，释迦牟尼佛之前，古佛应化世间，已有无数无量不可计算。在过去庄严劫中有千佛出现于世，其最后三尊佛是毗婆尸佛、尸弃佛、毗舍浮佛；在现在贤劫出现于世的佛，第一尊拘留孙佛、第二尊拘那含牟尼佛、第三尊迦叶佛、第四尊释迦文佛就是释迦牟尼佛，第五尊是弥勒佛。于现在贤劫也共有一千尊佛应现于世；未来星宿劫，也有千佛应现于世。始于日光佛，终于须弥相佛。佛之出兴，如天之星宿，故名星宿劫。惠能举出过去庄严劫之最后三佛，现在贤劫之四佛共7佛来回答徒众所问在释迦牟尼佛之前诸佛应现世间递代相传至于几代的问题。

接下来惠能回答徒众所问，从释迦牟尼佛传授正法眼藏到大迦叶尊者以来，递相传授了几代？惠能回答：今贤劫千佛的释迦文佛为首，将正法眼藏传法给摩诃迦叶尊者等西天二十八祖，中土五祖，合为三十三祖，惠能是为第三十三祖（中土六祖）。

有关禅宗祖统说是依于北魏时期西域三藏吉迦夜与昙曜共译《付法藏因缘传》，此传旨在阐述印度佛教历代祖师付嘱心法的传承。传入中国后，为隋唐间形成的天台宗、禅宗等宗派祖统说的形成与发展奠定了基础。敦煌文献中保存有21件付法藏传文献，可分为《付法藏因缘传》和《付嘱法藏传略抄》二类，后者是前者的略本。《付法藏因缘传》记载了二十三位祖师：摩诃迦叶、阿难、商那和修、优婆趜多、提多迦、弥遮迦、佛陀难提、佛陀蜜多、胁比丘、富那奢、马鸣、毗罗、龙树、迦那提婆、罗睺罗、僧伽难提、僧伽耶舍、鸠摩罗驮、阇夜多、婆修槃陀、摩拏罗、鹤勒那、师子。

敦煌本《坛经》里的祖统说依着《付法藏因缘传》略加增减，构成二十八祖之说。如经中说：“初传授七佛，释迦牟尼佛第七，大迦叶第八，阿难第九，末田地第十，商那和修第十一，优婆毱多第十二，提多迦第十三，佛陀难提第十四，佛陀蜜多第十五，胁比丘第十六，富那奢第十七，马鸣第十八，毗罗长者第十九，龙树第二十，迦那提婆第二十一，罗睺罗第二十二，僧迦那提第二十三，僧迦耶舍第二十四，鸠摩罗驮第二十五，阇耶多第二十六，婆修盘多第二十七，摩拏罗第二十八，

鹤勒那第二十九，师子比丘第三十，舍那婆斯第三十一，优婆堀第三十二，僧迦罗第三十三，须婆蜜多第三十四，南天竺国王子第三子菩提达摩第三十五，唐国僧惠可第三十六，僧璨第三十七，道信第三十八，弘忍第三十九，惠能自身当今受法第四十。”（《大正藏》第48册，第344页中）

敦煌本《坛经》在第九祖阿难后加末田地，第十三祖提多迦后略去弥遮迦，又在第三十师子比丘后加舍那婆斯第三十一、优婆崛第三十二、僧迦罗第三十三、须婆蜜多第三十四，下接达摩第三十五，经过改变后的传法世系看起来很整齐。但其中却存在着一个很大的问题，即三十一祖舍那婆斯其实就是第十一祖商那和修，而第三十二祖优婆崛显然就是第十二祖优婆趣多的异写，这两位很重要的祖师在不同位置上，用不同的汉文译名实际上重复出现了两次。后来稍晚形成的唐贞元十七年(801)《宝林传》就发现了这一问题，于是进行了修正，于《付法藏因缘传》弥遮迦后加婆须蜜多，又于师子后加婆舍斯多、不如蜜多、般若多罗，而菩提达摩仍为第二十八代。此后《宗镜录》卷九十七、《景德传灯录》卷一至卷三都采用了这种说法，遂成定论。宗宝本《坛经》当是沿袭参考《景德传灯录》中的祖统说。

对于禅宗此祖统说，从唐宋以来就有争论，近现代学者们也是观点不一致，众说纷纭，争论不休，但不能忽略其中丰富的思想因素与对佛教历史所应展开深刻的思考。

（十二）示灭遗嘱

【原文】

大师，先天二年癸丑岁[1]八月初三日（是年十二月改元开元），于国恩寺斋罢，谓诸徒众曰：“汝等各依位坐，吾与汝别。”

法海白言：“和尚！留何教法，令后代迷人得见佛性？”

师言：“汝等谛听！后代迷人，若识众生，即是佛性；若不识众生，万劫觅佛难逢。吾今教汝识自心众生，见自心佛性。欲求见佛，但识众生。只为众生迷佛，非是佛迷众生。自性若悟，众生是佛；自性若迷，佛是众生。自性平等，众生是佛；自性邪险，佛是众生。汝等心若险曲，即佛在众生中；一念平直，即是众生成佛。我心自有佛，自佛是真佛，自若无佛心，何处求真佛？汝等自心是佛，更莫狐疑。外无一物而能建立，皆是本心生万种法。故经云：‘心生种种法生，心灭种种法灭[2]。’”

【注释】

[1] **先天二年癸丑岁**：“先天”是唐玄宗年号，先天二年是公元713年，农历

是癸丑年。这年十二月改先天为“开元”。

[2] **心生种种法生，心灭种种法灭**：意思是心中一念生起，种种诸法随之而生；心中一念而灭，种种诸法也就随之而灭，显示了万法唯心之理。此句出自隋菩提灯译《占察善恶业报经》卷二，《大正藏》第17册，第907页中。

【释义】

惠能于唐玄宗先天二年（713）八月初三日那天，于新州国恩寺用斋罢后与诸弟子告别，法海向惠能请问禅宗非常核心的问题，即该如何明心见性。惠能回答，关键是先要识得本心，此心人人本具，且是心佛众生三无差别，生佛不二。故若能识得自心即佛，则当下即得见性。若不识本心，则纵经过万劫觅佛难逢。可惜只为众生迷了自性佛，若迷自心即众生，若能悟则自心即佛，佛与众生在迷与悟的一念之间。是以，若通达自性与佛无二平等，一念平等正直，这样即众生当下即是佛。若是险曲不正，那即等于佛在众生中。所以，要时时开发自性中平等正直等清净的一面，则为佛；不得开显自性险恶污染的一面，因为这样就是烦恼的众生。

既然自心即佛，故若识自本心，则可见自本性。所以惠能认为不可心外求法，若离心则无佛可成。心外实无有一法可得，一切诸法皆从自己本心所生，万法皆唯心所现，正如经中所说：“心中一念生起，种种诸法随之而生；心中一念而灭，种种诸法也就随之而灭”，所以，心外无法，不要向外求，而应向内识自本心就能见自本性。

本段，很集中地反映了惠能识心见性的禅法思想。

（十三）说《自性真佛偈》

【原文】

吾今留一偈与汝等别，名《自性真佛偈》。后代之人，识此偈意，自见本心，自成佛道。偈曰：

真如自性是真佛，邪见三毒是魔王。
邪迷之时魔在舍，正见之时佛在堂。
性中邪见三毒生，即是魔王来住舍。
正见自除三毒心，魔变成佛真无假。
法身报身及化身，三身本来是一身。
若向性中能自见，即是成佛菩提因。
本从化身生净性，净性常在化身中。[1]
性使化身行正道，当来圆满真无穷。

淫性本是净性因，除淫即是净性身。[2]

性中各自离五欲，见性刹那即是真。

今生若遇顿教门，忽悟自性见世尊。

若欲修行觅作佛，不知何处拟求真？

若能心中自见真，有真即是成佛因。

不见自性外觅佛，起心总是大痴人。

顿教法门今已留，救度世人须自修。

报汝当来学道者，不作此见大悠悠。

【注释】

[1] **本从化身生净性，净性常在化身中**：从变化身中而生清净法性身，清净法性身原来就在化身中，三身相即不离，一体不二。

[2] **淫性本是净性因，除淫即是净性身**：杂染淫欲无实在自性，若不为淫欲所转，当下本是清净性之因。这杂染的淫性与清净之性是相因相待不二之法，两者互相为因，皆无实体。因此，若能一念清净，除去淫欲杂念，当下即是清净法性身。

【释义】

惠能这首《自性真佛偈》大概有四个方面的内容。

其一，佛魔不二。众生本具真如自性，这就是自性之“真佛”。若不识众生自性本有之真佛，终日向外求法，即增长邪见及贪等三毒，由是而变为“魔王”。是佛还是魔关键在于心是否具足正见，若是处于邪见迷惑之时，于真如自性妄起颠倒分别，生起邪见三毒，自心本身就变成了魔。相反如果于真如自性不起颠倒分别，能生起正见，自然能去除三毒恶心，则由魔即变成佛。所以，佛魔就在一念之间，关键看众生是迷还是悟。自心若迷就是邪魔外道，自心若悟若正就是佛，所以修行一定要在心性上用功，自修自悟。

其二，三身一体，不离一心。清净法身，圆满报身，千百亿化身，说来虽有三身，但三身一体不二，皆为自性本具。从变化身中而生清净法性身，清净法性身原来就在化身中。而法身真性之力用，能使化身行于佛法正道，就能圆满当来之报身功德。所以，三身相即不离，一体不二，不离本性。如果向内识心见性，就能见本具三身佛，就能成就佛道。

其三，染净不二。若知杂染淫欲无实在自性，不为淫欲所转，当下本是清净性之因。这杂染的淫性与清净之性是相因相待不二之法，两者互相为因，皆无实体。因此若能一念清净，除去淫欲杂念，当下即是清净法性身。由此可见染净不二，即染即净。正因为染净不二，所以若能于自性当中，各自远离五欲之杂染，当体就是清净的自性显现。如此离染即净之道是真实不虚的，体现了惠能顿悟的禅法特色。

其四，向内自悟，不可离心向外求成佛。若欲修行，以为终日静坐不动，或是观心看净，或是心向外求，认为这样能成佛，如此外修而觅求作佛，不知何处方能求得真佛。所以，不可离心求成佛，心外求法。若一味向外觅求佛，如此颠倒妄念，迷却本有真心，舍本逐末，这种人终是大愚痴人。想要成佛应向内去体认自心佛性，如此才是修行的正途，成佛之正因。因为只有识自本心，才能见性成佛。

偈颂末，惠能还勉励修行者要依此顿教法门，见到自己的自心佛性，自利利他，方能共进无上菩提。莫要蹉跎时间，空悠悠白白虚度一生。

（十四）嘱勿随俗

【原文】

师说偈已，告曰："汝等好住。吾灭度后，莫作世情悲泣雨泪，受人吊问，身着孝服，非吾弟子，亦非正法。"

【释义】

惠能说完《自性真佛偈》，复更殷切地告诸徒众，希望他们以后能大力弘扬此圆顿见性之大法，使此法常住于世间，利乐一切有情。并嘱咐在他灭度以后，千万莫如世间凡情那样悲伤涕泣，泪如雨下哭哭啼啼，有失佛教之威仪。也切勿接受别人的吊问即祭奠，也不要身着孝服，因为这些都是俗情，是世间俗人的礼仪。而作为佛子，既已离俗出家，当舍弃世俗一些俗情，超凡脱俗，不可依凡情而行事。惠能警策弟子如果不听遗嘱，依世间的凡情来做事，不特非吾弟子，亦非符合佛陀的正法。体现了一代大师谨遵佛法、超凡脱俗的崇高气节。

（十五）明见心性

【原文】

但识自本心，见自本性，无动无静，无生无灭，无去无来，无是无非，无住无往。恐汝等心迷，不会吾意，今再嘱汝，令汝见性。吾灭度后，依此修行，如吾在日。若违吾教，纵吾在世，亦无有益。复说偈曰：

兀兀不修善[1]，腾腾不造恶[2]，

寂寂断见闻[3]，荡荡心无著[4]。

【注释】

[1] **兀兀不修善**：因为自性本具一切功德宝藏，无须向外修诸人天福田的善法，只要向内识心见性就是无上之清净功德。

[2] **腾腾不造恶**："腾腾"，是自在无为的意思，显示自性之体虽然如如不动，而能任运自在的不造诸恶。这是显示真如不变却能随缘，具无边大用，远离一切是非过患。

[3] **寂寂断见闻**："寂寂"，是澄寂安静的意思，这是指真如自体湛然澄寂，虽寂却能常照，有灵明照彻之用，故于湛寂当中，却能见闻觉知一切万法。虽见闻一切万法，却又能断此见闻，这个"断见闻"，意思就是虽能见闻觉知万法，却不会染著，不会被这个见闻等染著。

[4] **荡荡心无著**："荡荡"，是内心坦荡，豁达无牵无挂之自在义。这是显示如明见自心佛性之人，表里如一，内心坦荡豁达，不为凡事所累，也不为圣情所牵，内心无一闲事挂心头，于任何一法毫无执着，无取无舍，自在解脱。

【释义】

惠能开示弟子们：作为修行者关键是要能识自本心，见自本性，洞达自性之体清净本然，超越动与静、生与灭、去与来、是与非、住与无住等两边，是超言绝相，绝待之真理，并以偈颂的方式来展示自性的特征：作为人人本具的佛性本来清净不动又圆满具足诸善，因此无须刻意的修善，也不会造恶，却能任运起无边的大用。自性虽然湛然常寂，却寂而常照，能见闻觉知一切万法，虽见闻觉知一切万法内心又毫无染著。能明见此自性的人内心豁达坦然，于一切了无执着，无牵无挂，自在解脱。

惠能并殷勤地嘱咐弟子们当依他所教，如实修行，明心见性，倘若不能依教如实修行，即使他常住世间也没有丝毫的利益。

以上，可以说是惠能对弟子们最后的开示。

（十六）入灭瑞相

【原文】

师说偈已，端坐至三更，忽谓门人曰："吾行矣！"奄然迁化。于时异香满室，白虹属地，林木变白，禽兽哀鸣。

【释义】

惠能是已经生死自如的人，在给弟子们作最后的开示后就端然安坐在那儿直至三更时分，由于入灭时间到了，对众人说了声：“吾走了”，奄然迁化了。实在是不可思议！

而且于惠能示现寂灭时，奇异妙香充满整个屋子，天空中的白虹直达地面，树林草木亦皆变为白色，飞禽走兽也都发出哀鸣，似乎也在哀吊这位禅门巨匠，一代宗师人天眼目。可见，贤圣之人一旦入灭，情与无情都感到极大的悲痛。

（十七）争迎舍利

【原文】

十一月，广韶新三郡官僚，洎门人僧俗，争迎真身[1]，莫决所之，乃焚香祷曰：“香烟指处，师所归焉。”时香烟直贯曹溪。十一月十三日，迁神龛并所传衣钵而回。

次年七月出龛，弟子方辩以香泥上之，门人忆念取首之记，仍以铁叶漆布固护师颈入塔。忽于塔内白光出现，直上冲天，三日始散。

【注释】

[1] **真身**：指惠能大师肉身，惠能大师圆寂后留下不坏的肉身，人们称之为“全身舍利”，至今1300多年仍然不腐，依然神态安详，栩栩如生，让世人惊叹不已！乃是大师戒定慧三学之所熏修，甚难可得，为最上福田。

【释义】

惠能圆寂于唐玄宗先天二年（713）八月初三日，到这年的十一月，广州、韶州、新州三郡的官僚，以及大师的门人僧尼道俗，皆来争迎六祖真身供养，莫能决定，最后烧香祷告，香烟指向了曹溪，这就意味着将回曹溪供奉。是年十一月十三日，乃迁六祖真身神龛，还有惠能当初在五祖大师那所承传的衣钵一并从新州国恩寺，恭送至曹溪宝林寺供养。

开元二年（714）的七月二十五日请六祖的真身出龛，其弟子方辩，特以檀香碾成泥涂抹在大师真身上。门下弟子，忽然忆起大师有张净满取首之预言，遂以铁叶和漆布，巩固保护大师的颈部，然后送入塔内供奉。当惠能真身入塔时，忽于塔内有道白光出现，其光直上冲天，经过三天时间始渐渐的散去，出现这些不可思议之瑞相，足见大师非一般人！

（十八）奉敕立碑

【原文】

韶州奏闻，奉敕立碑[1]，纪师道行。

师春秋七十有六[2]，年二十四传衣[3]，三十九祝发[4]，说法利生三十七载[5]，嗣法四十三人[6]，悟道超凡者，莫知其数。达磨（摩）所传信衣（西域屈眴布[7]也），中宗赐磨衲宝钵，及方辩塑师真相，并道具，永镇宝林道场。留传《坛经》以显宗旨，兴隆三宝，普利群生者。

【注释】

[1] **奉敕立碑**：根据相关史料，惠能圆寂后先后有王维、柳宗元（773～819）、刘禹锡（772～842）等三人为他撰写了墓志铭。若从王维写的《六祖能禅师碑铭》来看，约作于唐玄宗天宝七载（748）前后，因此，应该是唐玄宗时就为惠能立了碑。王维的碑在《全唐文》卷三二七；柳宗元《赐谥大鉴禅师碑》在《全唐文》卷五八七，刘禹锡《大鉴禅师碑》在《全唐文》卷六一〇。柳宗元与刘禹锡二人所立之碑也见录于《大正藏》第48册所载宗宝本《坛经》“附录”中。

[2] **师春秋七十有六**：惠能降生于唐太宗贞观十二年（638）二月八日子时，示寂于唐玄宗先天二年（713）八月初三日。历经太宗、高宗、武则天、睿宗、玄宗六帝，故言世寿春秋七十有六。

[3] **年二十四传衣**：惠能若是24岁得到五祖弘忍所传的衣法，当在龙朔元年（661）。关于惠能得法的年龄除了宗本《坛经》此说外，还有显庆四年己未（659）22岁说，总章二年（669）32岁说，咸亨（670～674）中说。各种说法都有其所依据的不同记载，在这4种说法中，学者们观点不一，但龙朔元年24岁说有的学者认为比较合乎常理。（释明生主编：《六祖坛经研究集成》，金城出版社，2012，第40页）

[4] **三十九祝发**：惠能39岁在广州法性寺剃发现僧相，若按此来算当在仪凤元年（676），惠能从龙朔元年（661）在五祖处得法，若是仪凤元年剃发，当隐遁了16年之久，所以宗宝本《坛经》“行由第一”中说“避难猎人队中，凡经一十五载”，就是采取此年代说。当然关于惠能隐遁的时间还有两种说法：第一种，5年说，即龙朔二年（662）至乾封元年（666）；第二种，3年说，即咸亨五年（674）至仪凤元年（676）。

[5] **说法利生三十七载**：惠能若是 39 岁在广州法性寺剃发现僧相开始开坛说法至公元 713 年圆寂，世寿七十六，因此说法共 37 年。

[6] **嗣法四十三人**：根据《景德传灯录》卷五惠能这 43 位弟子都有罗列出来，但其中只有 19 人见录，24 人无机缘语录未录。(《大正藏》第 51 册，第 235 页上～235 页中）四十三人中在宗宝本《坛经》“机缘第七”中有出现 13 人，但有二人不知姓名；“顿渐第八”中有出现 3 人（志诚、志彻、神会），“付嘱第十”中有出现法珍、法如二人。

[7] **屈眴布**：意译第一布、第一好布或大细布。系指以木棉之花心纺织而成之布。关于其来由，诸说纷纭，依《释氏六帖》卷二十二布条载，唐代称“屈眴布”为第一布，乃纺木棉花之心而成，即达摩所传之七条衣。内面为碧色。相传，禅宗初祖达摩大师始以屈眴衣为传法之信物，祖祖相传至六祖惠能示寂后，此衣之传遂告终止。在《宋高僧传》卷八“惠能传”中也云：“其塔下葆藏屈眴布郁多罗僧，其色青黑，碧缣复袷，非人间所有物也。”(见《大正藏》第 50 册，第 755 页中）

【释义】

惠能圆寂后韶州刺史上奏其示寂之事，唐玄宗下诏为大师立碑，以纪其一生简单生平事略及高超的德行风范。至于惠能从五祖弘忍那继承达摩所传衣，还有唐中宗所赐磨衲袈裟，水晶宝钵、方辩所塑大师真身像，并同大师遗留下来的一切道具如锡杖等，都由主塔的侍者负责保管，作为永远镇守宝林寺（今南华寺）的宝物。至于惠能一生所说之法则由弟子法海等辑录为《坛经》，广为流通弘传，以显扬惠能南宗顿门禅的宗旨。惠能一生所说的法，方是真正兴隆三宝，普利群生。

三　本品小结

本品“付嘱第十”，主要记述惠能临圆寂前对弟子们的付嘱。此付嘱主要内容之一就是对“法”的付嘱。其中第一，教导弟子如何说法不失本宗的宗旨。关于这个问题要注意三点：其一，以五阴、十二处、十八界三科法来阐述一切诸法；其二，说法时的方式使用三十六对方以启悟学人悟入离两边的中道义；其三，说法时不能离开自性而说法，否则将有违本宗直指人心、见性成佛的宗旨。在这三点当中惠能特别反复强调说明如何运用对法说法，即在向众生传法的时候，要善于从互相对立的两个方面把握事物，而不要仅从一个方面作出肯定和否定的论断。三十六对法的核心就是“出入即离两边”，“二道相因生中道义”。问“有”就说“无”，出入有无的两边，最后连有无两边也尽皆舍去，由此就能悟入离两边的中道义。惠能认为三十六对法，假若能够了解善用，则可以贯通一切经法，因此若善于用这种方法传

法，就能不失本宗。惠能的三十六对法是对佛教“不二法门”的继承，体现了他的不二思想。利用对法可以针对不同的场所和对象，灵活地变换肯定与否定的说教方法，后世禅宗所谓“机锋”“门庭施设”等都巧妙地利用了这种方法。

第二，对文字的观点，禅宗所标榜的“不立文字”不是不要文字而是不执着于文字，望文生义。若执着说不用文字，那么就不需要语言，连话也不要开口说了。说不立文字，殊不知所言“不立”二字，就是属于文字。

第三，指出种种错误不当的修行：如执着于外在种种相，向外寻求种种方法来求于真佛之道，如或广立道场，停留在这世间的福田上，不在自性上修功德；著相说法，不是说“有”，就是说“无”，堕入断常二见，以此错误的见解，贻误众生；空心静坐百物不思，什么也不想不念的修法；多闻不修等，这些都属于不当的修行。认为，应依照正法如实修行，凡所行皆以般若为摄持无著，无执，这样的修行方不失本宗的宗旨。

第四，在所说《真假动静偈》中提出真妄不二；善分别诸法但又如如不动；圆顿法门重在自悟自修识心见性，而不能心外求法，也不在于诤等三大内容。

第五，认为禅宗自佛及历代祖师教外别传之心印乃“有道者得，无心者通”。并希望弟子们将其从大梵寺开坛说法以来所说的“法”结集起来称为《法宝坛经》代代转相传授，广度一切群生。而作为表信的“衣”则止而不传。因为惠能以后人们对“直指人心、见性成佛”之顿门禅法信根都已经纯熟，所以无须再传此表信的衣。又根据初祖菩提达摩的付法偈颂之遗嘱，衣也不用再传。虽不再传衣，但惠能后，禅宗会大兴于世。

第六，开示弟子们若欲成就佛的一切种智要通达“一相三昧”与“一行三昧”。这两种三昧犹如种在地里优良的种子，能让修行的人渐渐成熟，成就佛果位的一切种智。

第七，回答法海禅宗核心问题：该如何明心见性？关键是先要识得本心，了知此心人人本具，且心佛众生三无差别，生佛不二，因此要向内识自本心，就能见自本性。而不要离心求作佛，因心外无佛可得。

第八，说《自性真佛偈》，此偈大概有佛魔不二；三身一体不离一心；染净不二；向内自悟，不可离心向外求成佛 4 大内容。

第九，告诫弟子们，作为修行者关键是要能识自本心，见自本性，洞达自性之体清净本然，超越动与静、生与灭、去与来、是与非、住与无住等两边，是超言绝相，绝待之真理。并以偈颂的方式来展示自性的特征：自心本来清净不动又圆满具足诸善，因此无须刻意的修善，也不会造恶，却能任运起无边的大用；自性虽然湛然常寂，却寂而常照，能见闻觉知一切万法。虽见闻觉知一切万法内心又毫无染著。能明见此自性的人内心豁达坦然，于一切了无执着，无牵无挂，自在解脱。

总之，在惠能对法的付嘱方面主要是围绕禅宗很核心的一些思想（如识心见性、顿悟、三十六对法之不二思想等）而展开，因为这些禅法思想至关重要，是作为修禅者所要把握的根本理念。

本品惠能除了对法的付嘱外，还有如下一些付嘱。

第一，预知时至，告知弟子入灭时间，也告知弟子自己的去处就是大般涅槃不可思议之境。

第二，预示入灭后有两件事要发生，其一，圆寂五六年后有张净满受新罗国金大悲金钱收买盗取首级之事；其二，示寂后七十年（783）前后，有二位发大心菩萨从东方来，一个是现出家相，一个是现在家相。出家菩萨，有说是马祖道一，有说是黄檗希运；在家二菩萨，有说是庞蕴居士，有说是裴休，到底出家在家两位菩萨是谁，未能决定。但此二人的出现于世都能大兴禅宗。

第三，付嘱弟子们牢记诸佛应现世间递代相传的传承与禅宗从释迦牟尼佛首传大迦叶至惠能的33代传承。

第四，付嘱弟子在他圆寂后莫作世情悲泣雨泪，受人吊问，身着孝服随俗，有失佛教威仪。从中能看出惠能超凡脱俗的崇高气节。

以上是惠能对自己涅槃前后相关事情的一些预示付嘱。本品还有讲述惠能入灭后的不可思议瑞相、圆寂后真身供奉以及立碑等情况。

整个“付嘱第十”就是围绕惠能临入灭时向弟子对法及对入灭前后一些事情的付嘱而展开，内容非常多，与“行由第一”、“机缘第七”堪称宗宝本《坛经》内容较多的一品。

本节拓展阅读文献

1. 王邦维：《禅宗所传祖师世系与印度佛教的付法藏传统》，载杨曾文、方广锠编《佛教与历史文化》，宗教文化出版社，2001。

2. 黄连忠：《六祖坛经三科三十六对的哲学范畴与惠能辩证和谐的思想》，载明生主编《禅和之声：2010 广东禅宗六祖文化节学术研讨会论文集》，宗教文化出版社，2011。

3. 白光：《〈坛经〉版本谱系及其思想流变研究》，《觉群佛学博士文库》，宗教文化出版社，2013。

4. 杨曾文：《唐五代禅宗史》，中国社会科学出版社，2013。

5. 斋藤智宽：《关于禅宗西天祖统说的若干问题》，《佛学研究》2003 年第 12 期。

6. 萧美龄：《由〈六祖坛经〉看禅宗的“不立文字”》，《鹅湖月刊》第 395 期，2008。

本节思考与练习题

1. 何谓三科法？

2. 何谓三十六对法？思考惠能所说三十六对法的目的和用意，及体现了他什么样的禅法特色？

3. 如何做到说一切法不离自性？

4. 何谓一相三昧、一行三昧？

5. 禅宗所谓“不立文字”有什么意义？

6. 惠能指出哪些不正确的修行？他认为该如何正确学修？

7. 惠能嘱咐弟子们他灭度后“法”该如何传付？

8. 为什么到惠能之后传法而不传衣？

9. 为什么惠能说正法眼藏是“有道者得，无心者通”？

10. 如何识心见性？自性有何特点？

11. 本品惠能所说《真假动静偈》与《自性真佛偈》有何思想内涵？

12. 诸佛应现世间的递代相传及禅宗从释迦牟尼佛首传大迦叶尊者到惠能的三十三代传法世系是怎样的？

13. 惠能预示他灭度后会发生什么事情？

14. 惠能为何不允许弟子在他入灭后受人吊问身着孝服随俗？

15. 惠能入灭后有何瑞相？他的真身最终在哪里供奉？

16. 思考惠能为什么会留下金刚不坏的肉身。

17. 惠能入灭后什么时候立的碑？有哪些人给他写过碑铭？

第四章 《坛经》的基本禅法思想

《坛经》是了解和研究惠能禅法思想的主要资料，以凝练的文字比较真实地记载了惠能的禅法思想。本章即主要依据宗宝本与敦煌本等诸本《坛经》，对惠能基本禅法思想作一归纳概括。本章建议4个课时。

本章教学目的：让学生在《坛经》学习结束后，对惠能禅法思想有一个总结性、整体的了解与掌握。

本章教学重点：惠能相关禅法思想。

本章教学难点：对惠能禅法思想的理解与实践运用。

第一节 佛性思想

“佛性”思想是惠能的基本思想，也是《坛经》的理论核心。所谓佛性，也意译为如来藏性、如来性、觉性等。原指佛陀的本性，后来其意发展为众生觉悟之因，众生成佛的可能性，这是中国佛教界对佛性的最一般的理解。在《坛经》中，惠能有时将佛性称为性、心、心性、本性、自性、法性、真如等，这些词名不同，其义相同，都是指佛性。关于佛性，惠能有如下几种认识。

一 人人皆有佛性，皆可以成佛

惠能继承发扬了竺道生（355～434）一阐提人皆得成佛的佛性理论，旗帜鲜明地宣扬“人人皆有佛性，皆可以成佛”的思想。这一思想在他第一次参见五祖弘忍时就明确地表达出来了“人即有南北，佛性即无南北。猲獠身与和尚不同，佛性有何差别?”① 这一番不同凡响的回答，强调了佛性人人本有，在成佛面前众生平等。此后惠能在说法中反复强调这一思想，在一部《坛经》中表达这一思想的论述也俯拾即是。

二 自性本来清净

在惠能看来人人所本具有的自心佛性是本来清净，纤尘不染，就像日月一样清净圆满，只是由于妄念浮云之所覆盖，才遮盖了清净的本性。如他说：“世人性本自净，万法在自性”②，“菩提自性本来清净，但用此心，直了成佛。”③ 这些都说明了自性是本来清净的。

三 自性本来具足，含藏一切万法

《坛经》中惠能说：“自性含万法，名为含藏识”；“自性能含万法是大，万法在诸人性中”；④ “三世诸佛、十二部经，在人性中本自具有”⑤。这些都说明我们的自心、自性是万物的本源，一切万法无非是自性中所现之物。所以惠能说：“何期自性能生万法……何期自性本来具足……”⑥

---

① 杨曾文校写《敦煌新本：六祖坛经》，第 8 页。

② 杨曾文校写《敦煌新本：六祖坛经》，第 24 页。

③ （元）宗宝：《六祖法宝坛经·行由第一》，《大正藏》第 48 册，第 347 页下。

④ （元）宗宝：《六祖法宝坛经·般若第二》，《大正藏》第 48 册，第 350 页中。

⑤ 杨曾文校写《敦煌新本：六祖坛经》，第 37 页。

⑥ （元）宗宝：《六祖法宝坛经·行由第一》，《大正藏》第 48 册，第 349 页上。

四　佛性不二

关于佛性，惠能还认为佛性真谛超越万法，不落有形，是非常非无常、非善非不善，即佛性是不二的。如他说："佛性是不二之法，《涅槃经》明其佛性不二之法，即此禅也。……佛性非常非无常，是故不断，名之不二；一者善，二者不善。佛性非善非不善，是故不断，名为不二。又云：蕴之与界凡夫见二，智者了达其性无二。无二之性即是佛性"[①]，故知佛性是不二之法。在惠能看来佛性是不断不常、不来不去、不在中间及其内外、不生不灭、性相如如，常住不迁的。惠能这种佛性不二的思想，在整个佛教义学中占有重要的地位。在他看来，这是佛教心性学说的逻辑起点，只有理解和坚持佛性乃不二之性的原理，顿悟成佛的修行方法才打下了坚实的理论基石。

第二节　般若思想

般若思想可以说是惠能禅法思想另一大理论来源。在《坛经》中惠能始终是以般若为方法，以如来藏佛性为目标，用般若的空观来破除烦恼的执着，以期达到明心见性的目的。而究其实惠能所说的般若等同于佛性，将般若与佛性作了会通，在他看来成就了般若智就是得到了自心佛性之用，也即明心见性了。

在《坛经》中惠能引用了《金刚经》《文殊说般若经》《维摩诘经》等般若系的经典，如在宗宝本《坛经》"般若第二"全品便都是在谈摩诃般若波罗蜜的意义。在《坛经》中惠能非常重视《金刚经》。由于惠能对般若思想的重视，使得他的禅法既干脆、利落，不落阶渐，又活泼泼地充满生机。在《坛经》中惠能很多禅法理念都是建立在般若思想下。

一　般若三昧

关于"般若三昧"惠能在《坛经》中说："以智慧观照，内外明彻，识自本心，若识本心，即是解脱，既得解脱，即是般若三昧。"[②] 他又说："悟般若三昧，即是无念。"[③] 而所谓"无念"，惠能说是"见一切法心不染著，用即偏一切处，也不著一切处，但净本心，使六识出六门，于六尘中无染无杂，来去自由，通用无碍，即

---

① （元）宗宝：《六祖法宝坛经·行由第一》，《大正藏》第 48 册，第 349 页下。

② 杨曾文校写《敦煌新本：六祖坛经》，第 37 页。

③ 杨曾文校写《敦煌新本：六祖坛经》，第 37 页。

是般若三昧"[①]。可见他的般若三昧就是让人于一切时、一切处，用般若智慧观照，于一切法无取无著，如此来去自由，心体无滞即是般若三昧。惠能认为若人能行此般若三昧，即能入甚深法界，甚至见诸佛境界，至佛地位。

二 一行三昧

"一行三昧"本是般若经中所说的18种三昧之一，在《放光般若经》《摩诃般若波罗蜜经》中，都明确地说明了它的中道内涵。在《文殊说般若经》中言一行三昧"法界一相，系缘法界，是名一行三昧"[②]。四祖道信据此就曾非常提倡一行三昧。而惠能则认为所谓一行三昧，是于一切时中行住坐卧常行直心，并引用《维摩诘经》中所说"直心是道场，直心是净土"[③]，来说明若但能行于"直心"，于一切法无有执着，就名为一行三昧。在这里惠能所说的直心，除了指无谄曲的心之外，还指离分别、妄想、执着的清净心，这个清净心也就是所谓无所住、于相离相的般若心，用这颗无住、离相的般若心，任心自任，就是行直心，也就是般若三昧。所以，惠能说"但行直心，于一切法上无有执着，名一行三昧"[④]。

三 一相三昧

所谓"一相三昧"出现在宗宝本《坛经》"付嘱第十"中说："若欲成就种智，须达一相三昧、一行三昧。若于一切处而不住相，于彼相中不生憎爱，也无取舍，不念利益成坏等事，安闲恬静，虚融澹泊，此名一相三昧。"[⑤] 可见一相三昧也是让修行人无住离相，如果能无住离相，自然能于一切法不取不著，不生憎爱，而能使心性达到安闲恬静、虚融澹泊的境界，这也就是一相三昧的境界。总的来说无论是一行三昧还是一相三昧都是让人无住离相，达到成就菩提妙果的境界。

第三节 识心见性，自修自悟

惠能在继承从菩提达摩以来的重心性转变的禅法的基础上，形成自己独特的以"识心见性"为中心的禅法理论。这种禅法理论的基础就是大乘佛教的佛性论和般若中观学说。

惠能认为既然自心有佛，自性是佛，心、佛、众生三无差别，因此应自识本心，

---

① （元）宗宝：《六祖法宝坛经·般若第二》，《大正藏》第48册，第351页上至中页。

② （梁）曼陀罗仙译《文殊师利所说摩诃般若波罗蜜经》，《大正藏》第8册，第731页上至中。

③ （后秦）鸠摩罗什译《维摩诘经·佛国品第三》，《大正藏》第14册，第538页中。

④ 杨曾文校写《敦煌新本：六祖坛经》，第17页。

⑤ （元）宗宝：《六祖法宝坛经·附嘱第十》，《大正藏》第48册，第361页上至中。

自见本性，如此识心见性，自修自悟，自成佛道。在惠能这里，“识心”主要有两层意思：一是自识本心有佛，本心即佛，强调的是“菩提只向心觅，何劳向外求玄”[①]。如说：“若识众生，即是佛性；若不识众生，万劫觅佛难逢。吾今教汝识自心众生，见自心佛性。”[②] 二是由了知自心本来清净，万法尽在自心，而能自净其心，念念无著，则还得本心。后世禅宗一般也用“明心”来表示上述二义。

“见性”这个概念也有两层意思：一是了悟、彻见之义，即自见自心真如本性，自见本性般若之智；二是显现义，即通过净心、明心而使自心本性显现出来。

识心即能见性，见性即成佛道。因此从根本上说，识心和见性是一回事，但在这里的“识”与“见”都不是一般意义上的知见，而是一种证悟，是佛教所特有的“现观”“亲证”，它是不以任何语言概念或思维形式为中介的直观。在这种“识”与“见”中，没有识与被识、见与被见之区分，是一种整体的圆融，是自心、自性的自我观照、自我显现。

在《坛经》中惠能这种识心见性、自修自悟的思想也可谓俯拾皆是。在宗宝本《坛经》“忏悔第六”中，他所说的无相忏悔、传自性五分法身、自心或自性四弘誓愿、自性三宝归戒，自性一体三身佛等，这些无不是从自心、自性来加以诠释、说明，让人自悟自修，回归本有的觉性。在他看来正如五祖弘忍所说“不识本心，学法无益”[③]，“众生各须自性自度”[④]，自修自悟，识心见性。

第四节　顿悟成佛的禅法思想

在中国禅学思想史上，惠能禅法承前启后，继往开来，使禅宗一脉别开生机。在继承前人思想及禅法的基础上，又提出了他惊世骇俗的宣言：“顿悟成佛。”惠能禅法思想对后世影响最为深远的就是其“顿悟成佛”说。关于顿悟，惠能在《坛经》中有许多阐述，如他说：“故知一切万法，尽在自身中，何不从于自心，顿悟真如本心。”[⑤]“我于忍和尚处，一闻言下大悟，顿见真如本性。是故将此教法流传后代，令学道者顿悟菩提，令自本性顿悟。”[⑥]“若悟无生顿法，见西方只在刹那，不悟顿教大乘，念佛往生路遥。”[⑦]“迷来经累劫，悟则刹那间。”[⑧]“前念迷即凡，

---

① （元）宗宝：《六祖法宝坛经·疑问第三》，《大正藏》第48册，第352页下。

② （元）宗宝：《六祖法宝坛经·付嘱第十》，《大正藏》第48册，第361页下。

③ 杨曾文校写《敦煌新本：六祖坛经》，第13页。

④ （元）宗宝：《六祖法宝坛经·忏悔第六》，《大正藏》第48册，第354页上。

⑤ 杨曾文校写《敦煌新本：六祖坛经》，第35页。

⑥ 杨曾文校写《敦煌新本：六祖坛经》，第36页。

⑦ 杨曾文校写《敦煌新本：六祖坛经》，第44页。

⑧ 杨曾文校写《敦煌新本：六祖坛经》，第49页。

后念悟即佛。”①

何谓“顿悟”？所谓顿悟就是于瞬间领悟宇宙实相之理，而实相在众生身上即体现为佛性，众生佛性为烦恼所障而不为众生所见，一旦顿悟断惑，佛性便显现。因此，众生证悟实相也就是反归自身本性，这就是所谓的“见性成佛”。因此从宗教角度看，惠能顿悟是一种快捷简便的解脱论，通过瞬间觉悟，进入佛的境界，成就解脱。如果从哲学的角度看，惠能之顿悟论则又是一种强调直觉的认识论。这种认识论超越了世俗认识理论中的程式化语言以及记忆、想象、分析、推理、归纳等思维形式，而实现突发性的飞跃。但无论从宗教角度还是哲学角度而言，惠能的顿悟论所强调的只是要人返归到自己的内心世界，从人的生命主体的能动因素“心性”“觉性”上寻找解脱的内在根据。以佛教根本教义为指导，在改变心理、转换观念的基础上使人的精神面貌产生升华与飞跃，这即是惠能顿悟成佛论的根本精神。

惠能所谓顿悟成佛，虽然就是指于自心顿现真如佛性，瞬间觉悟，见性成佛，但他更认为所谓“顿”乃至与之相对之“渐”，都是因人而言。并不是指佛法本身有顿渐之分，而之所以说顿说渐，是因为人们认识能力有差异，根性有差异。根性差的觉悟比较慢，需要渐次逼近佛性。而根性锐利的，则可以瞬间觉悟，不假阶渐。由此可见惠能的顿悟是建立在人根性的差异之上的，只是因人之根机不同而立的假名施设。如他说：“法无顿渐，人有利钝，迷人渐契，悟人顿修。”②

顿悟论虽非惠能始创，但惠能的顿悟说却有其独创之处。他的顿悟思想有以下一些特点：直指人心，顿悟本性；顿悟是识心见性的内省，是自心烦恼的顿除，自心佛性的顿现；顿悟是一念相应的瞬间，顿悟顿修，不落阶渐；顿悟是完全彻底的开悟，瞬间完成，完全觉悟，是瞬间实现的永恒；顿悟是自性自度的自主；顿悟是悟无所得，任性自然。

惠能的这一顿悟学说在中国佛教史乃至思想史上都具有重大的意义。首先，惠能的顿悟是他将佛教禅学的中国化推向极致以与印度禅根本区别的显著标志。其次，惠能的顿悟禅开辟了一条简捷的成佛道路，在中国佛教史上掀开了崭新的一页。惠能的顿悟论在中国佛教史上是一个根本性的变革，具有重大的意义及深远的影响。

第五节 不二的禅法特色

通过对《坛经》的研究，可以发现，惠能在《坛经》中除了大量引用《金刚经》《般若经》《涅槃经》《菩萨戒经》《观无量寿经》等大乘经典外，还特别重视

---

① 杨曾文校写《敦煌新本：六祖坛经》，第 31 页。

② 杨曾文校写《敦煌新本：六祖坛经》，第 19 页。

《维摩诘经》，在《坛经》中引用此经计6处之多，原因是此经提出“不二”的观念。惠能受其不二思想的影响，在讲法时大体上都是以“不二法门”作为中心思想。

所谓“不二”，也就是“无二”，是《维摩诘经》等某些章节所提倡的大乘佛教的一种思维方法和修行原则。所谓“二法”是指生与灭、垢与净、善与不善（恶）、断与常以及生死与涅槃、烦恼与菩提之类互相对立的两方（事物、概念），也称之为“二边”。而所谓“入不二”或“不二”是既不是此方，又不是彼方，如非空非有，非常非非常、非善非不善以及一相即是无相、色即是空、无明实性即是明、世间即是出世间等都是入不二法门。不二法门微妙甚深，乃是离四句，绝百非，而又即四句即百非。说似一物即不中，不说一物也不中，此即是般若性空、中道正见，是诸法实相。诸法实相不可说、不可说，所以不二与“中道”“实相”同义。在《坛经》中的佛性不二、定慧不二、动静不二、菩提与烦恼不二、众生与佛不二、世间与出世间不二，乃至惠能临入灭时付嘱弟子说法时使用的三科三十六对法等都体现了惠能的不二思想。

不二思想可以说是贯穿惠能整个禅法之中的，就像一把钥匙，如果不明了它，就不能把握惠能思想的纲骨。惠能很重视中道不二法门，他的顿教禅法就正是建立在他所理解的“无二之性即是实性”“实性者即是佛性”的思想基础上的。惠能倡导佛性不二、生佛不二、世出世间不二、烦恼与菩提不二、定慧不二等思想。利用不二法门，在理论上缩短了佛与众生、世间与出世间、烦恼与菩提等之间的距离，肯定了在现实人世便可以成就无上佛道，成佛悟道就在日常行为日用当中，正所谓“行住坐卧皆是禅”“运水搬柴皆是道”。而所谓修禅修道，众生只要识心见性，就能与清净的佛性相契。且若想成佛，也无须经历长期的修习，只要刹那间领悟自心等同佛性，便是成佛之时，此即为顿悟，正所谓“顿见真如本性”，“一悟即至佛地”。所以，惠能顿悟成佛说就顿在这个不二上。不二思想在惠能禅法中具有重大的意义。

第六节　无相、无住、无念的三无禅法

在《坛经》中惠能曾说：“我此法门，从上已来，顿渐皆立无念为宗，无相为体，无住为本。”[①] 这里“宗”“体”“本”，皆是“心要”之义，可见这三无思想在惠能禅法中的重要性。

---

① 杨曾文校写《敦煌新本：六祖坛经》，第19页。

所谓“无相”，即是于相而离相，因为“凡所有相皆是虚妄”，因此虽见闻觉知万法却不染著，更何况实相无相，性体清净，因此若能离一切诸法之相，则本具的法体自然清净，正如《金刚经》中所说：“离一切诸相，即名诸佛。”[①]

“无住”，惠能说乃是人的本性，如《坛经》中所说“无住者，为人本性。念念不住，前念、今念、后念，念念相续，无有断绝，若一念断绝，法身即离色身。念念时中，于一切法上无住，一念若住，念念即住，名系缚，于一切法上念念不住，即无缚也，此是以无住为本”[②]。可见，无住是要人虽随顺念念迁流不息的心性，但念念时中于一切法上没有执着、取舍，自然任运，内外不住，去来自由，此即是无住。

所谓“无念”，惠能说，“于念而无念”，“于诸境上心不染，曰无念”。[③] 他还说：“于自念上，常离诸境，不于境上生心”[④]，这就是无念。因此，无念并非让人百物不思，什么也不要想，什么也不要念，而强将一切念头予以断绝。他认为若真的一念断绝，就无异成为死人。无念之“无”，是无二相，无诸尘劳之心，也就是对一切万法没有分别取舍。“念”是念真如之本性，此念乃是真如本性所发出的一种作用，此念与真如是一种体用的关系，所以他说，“真如是念之体，念即是真如之用”[⑤]。既是由真如自性所发出之念，因此念非同寻常之念，而是真心、真念。由此真如自性起念，虽六根对六尘而起六识分别诸境，但于所缘境不染著，而真性常自在，这就是无念。惠能的无念强调的是真如佛性的任运发挥，自然作用。

事实上所谓无念也即是般若，般若也为自性本具，为自性所起之用，故无念即般若，般若即无念。如他说：“智慧观照，内外明彻，识自本心。若识本心，即本解脱。若得解脱，即是般若三昧，即是无念。”[⑥] 又言：“用即遍一切处，亦不著一切处。但净本心，使六识出六门，于六尘中无染无杂，来去自由，通用无滞，即是般若三昧、自在解脱，名无念行。”[⑦] 而且无念在惠能看来甚至是“悟无念法者，万法尽通；悟无念法者，见诸佛境界；悟无念法者，至佛地位”[⑧]。在惠能的禅法中无念是一种很高的境界，可以说是与佛性相契合的一种境界，能至佛地位。

总的来说，“无相”所强调的是于相而离相；“无住”所强调的是于诸法上念念不住；“无念”则是于念而离念，是真如自性所起之念，乃真性的任运发挥、任运

---

① （后秦）鸠摩罗什译《金刚般若波罗蜜经》，《大正藏》第8册，第750页中。

② 杨曾文校写《敦煌新本：六祖坛经》，第31页。

③ （元）宗宝：《六祖法宝坛经·定慧第四》，《大正藏》第48册，第353页上。

④ （元）宗宝：《六祖法宝坛经·定慧第四》，《大正藏》第48册，第353页上。

⑤ （元）宗宝：《六祖法宝坛经·定慧第四》，《大正藏》第48册，第353页上。

⑥ （元）宗宝：《六祖法宝坛经·般若第二》，《大正藏》第48册，第351页上。

⑦ （元）宗宝：《六祖法宝坛经·般若第二》，《大正藏》第48册，第351页上。

⑧ （元）宗宝：《六祖法宝坛经·般若第二》，《大正藏》第48册，第351页上。

作用。这三无禅法是相互关联的，三者中能做到任何一个就能同时兼具其他二者。而且从基本含义上看无相、无住二者实际为无念所包含。三者中，无念又可以说是一个总概念，它不仅是指导坐禅的原则和方法，而且是修行者所要达到的最高境界。三无禅法其着眼点都在于直显心性，让修行者从无相、无住、无念中顿见自己的真如本性，不假外修，而于自心常起般若正见，由此自性自得解脱，自得无碍大用。这三无思想体现了惠能曹溪禅全新的禅法特色与修行观。

第七节　强调以佛性为戒体的无相戒

关于“无相戒”在宗宝本《坛经》中虽然没有明确提到过，但结合敦煌本《坛经》来看，事实上宗宝本《坛经》“忏悔第六”中所讲的内容主要就是无相戒的内容。在敦煌本《坛经》中，开篇就讲“惠能大师于大梵寺讲堂中升高座，说摩诃般若波罗蜜法，授无相戒”[①]。

所谓“无相戒”，“无相”，即是让人“于相而离相”，因为“凡所有相皆是虚妄”，[②] 那么以无相为戒，即是让人在持戒时不要只执着于戒律之相，而要内心清净，于相而离相，这才是大乘佛教上上乘的持戒。所以，从持戒来说，无相戒不具备戒相，也没有任何外在形式化的戒条可以持守，只是于当下之心的念念无著、离相，内心清净即是持戒。这正如《大智度论》所说的：“不著、不猗、不破、不缺，圣所赞爱，如是名为上清净持戒。若慈愍众生故，亦知戒实相故，心不猗著，如此持戒将来令入至佛道，如是名为得无上佛道戒。”[③] 这种对戒的不执着正是“无相戒”所要弘传的无上法门。

在佛教当中，戒可分为出家戒和在家戒，或分为声闻戒和菩萨戒。佛教导弟子通过持戒关闭一切诸恶趣门，而开启一切诸善之门。所以佛教的戒有一种防非止恶的功能，并由戒而定，由定而慧。在佛教的三学中，戒又居于首要，可见戒律的重要性。据道宣《四分律删繁补阙行事钞》中说，戒有四科分别为“戒法”、“戒体”、“戒行”和“戒相”，[④] 其中的“戒体”为戒律理论的核心。且自隋唐以来，对“戒体”是什么，在律学界曾有激烈的争论，并分为南山、相部、东塔诸家之说，将戒体或定为“心”，或为“色”，或为“不相应行”。惠能摒弃了以往律学的各种主张，以佛性为戒体，这是惠能无相戒的一个主要特色。

---

① 杨曾文校写《敦煌新版：六祖坛经》，第 6 页。

② （后秦）鸠摩罗什译《金刚经》，《大正藏》第 8 册，第 749 页上。

③ 〔印〕龙树菩萨造，（后秦）鸠摩罗什译《大智度论》卷十三“释初品中尸罗波罗蜜义第二十一”，《大正藏》第 25 册，第 153 页中。

④ （唐）道宣：《四分律删繁补阙行事钞》卷上之一，《大正藏》第 40 册，第 4 页上。

而惠能的无相戒据杨曾文教授说是属于与《梵网经》相关的一种大乘“佛性戒”,[①]《梵网经》属于大乘的菩萨戒，于中菩萨戒又称为“佛性戒”或“心地法门”，表明是以“自性清净心”“佛性”为戒体。惠能所说的无相戒就是指经中所提到的佛性戒，即以佛性为戒体，故称为佛性戒。这种戒要求持而不执，持而离相，所以又可以称为“无相戒”。

有关佛性戒，在记载北宗神秀禅法的《大乘无生方便门》中也有说：“菩萨戒，是持心戒，以佛性为戒性。心瞥起，即违佛性，是破菩萨戒。护持心不起，即顺佛性，是持菩萨戒。”杨教授认为，以佛性为戒体的这种戒，或名“持心戒”，大概是在道信和弘忍时就有了。[②] 惠能将这种思想继承和发展为无相戒，是继承东山法门的传统。

惠能的无相戒完全是落实在人的自心自性上，让修行者把向外的追求，转向为向内的自心证悟，从而走向内在的解脱超越之路。让人于一切时，念念自净其心，自修自悟，识自本心，见自本性，自度自戒。若果真还得本来清净之心，见自本性，还有什么戒律可持？还有什么禅可修？正所谓“心平何劳持戒，行直何用参禅”，时时刻刻都是清净、自在、解脱，这也许就是惠能无相戒的根本意旨所在。

正因为惠能的无相戒是立足于自心、自性，所以在无相戒之后他所提出的自性五分法身香、无相忏悔、自心或自性四弘誓愿、无相三归依、归依自性一体三身佛等都应该是其无相戒的主要内容。它们也都是围绕着自心的觉悟而展开都不离自心、自性。惠能这种无相戒，强调戒应以心为本，这与他即心即佛、自修自悟、识心见性乃至于相而离相，无所执着的禅学思想特点是联系在一起的。无相戒也是惠能对传统戒法的继承和发展，体现了惠能独特的戒律观。惠能无相戒对后世禅宗也产生了重大的影响。

第八节 寄坐禅于日常生活中的活泼坐禅观

由于惠能提倡一行三昧，般若三昧，乃至无相、无住、无念，定慧不二等禅法主张，这就使他的禅法范围扩大，更加生活化、简易化，成佛悟道就在日常行为日用当中“运水搬柴皆是道”，而不必端身正坐、看心、看净了。在《坛经》中他对北宗神秀看心、看净，直坐不起的禅法提出批评，认为那是病而非禅。

对于“坐禅”惠能提出了独特的观点，他很明确地说：“此法门中一切无碍，

---

① 杨曾文校写《敦煌新版：六祖坛经》，第 317 页。

② 杨曾文校写《敦煌新版：六祖坛经》，第 317 页。

外于一切境界上，念不起名为坐。见本性不乱，为禅。"[①] 而所谓"禅定"，他说："外离相曰禅，内不乱曰定。外若著相，内心即乱。外若离相，内性不乱。本性自净自定，只缘境触，触即乱。离相不乱，即定。外离相即禅，内不乱即定，外禅内定，故名禅定。"[②] 由此可见惠能对"坐禅"和"禅定"作了新的解释。首先，他说明什么是"坐"，什么是"禅"，他认为于外境无念是名为"坐"，见本性不乱是名为"禅"。其次，他解释什么是"禅"，什么是"定"，他认为对外境没有分别相，离一切相是名为"禅"，在内心不为外境所动，心不乱不动，这就名为"定"。修行者若能一切时，一切处都能做到如是无念、离相，心不为外境所乱，如如不起心，不动念，于一切不取不著，那么无论是行住坐卧，便无不是禅，无不是定。因此，所谓修行办道，所谓坐禅就在生活日用当中，不是偏重于枯坐冥想，而应活泼的修定，语默动静无不可修行入定。他把"道法"和凡夫生活日用之事结合了起来，寄坐禅于日常生活中，由此使禅的观念扩大了，不拘形式，使得南宗禅活泼泼地充满了盎然生机。

所谓修行办道，坐禅就在生活日用当中，惠能据此进一步的提出"若欲修行，在家也得，不由在寺"[③] 的主张，他把修行活动深入世俗生活的每个角落，而不仅仅限于僧侣生活，从而使禅更趋平民化、世俗化。因此，扩大了南宗禅传播的范围，影响也越来越大，正所谓"凡言禅，皆本曹溪"。

第九节　唯心净土思想

有关净土思想乃是大乘佛教的普遍思想，在大乘佛教认为十方世界皆有佛的净土。中国佛教比较推崇西方净土，认为只要具备信、愿、行三资粮，无论老少或善恶的人都可以称念阿弥陀佛的圣号往生西方净土。

那么禅宗又是怎样看待往生西方净土的问题呢？在惠能看来他并不否认西方净土的存在，但认为这是为下根人、不能了悟自性的人所开设的方便法门。对于上根利智的人来说，若识自本心，见自本性，使自心清净，则随其心净，即国土净。后人将惠能这种思想称为唯心净土思想。在宗宝本《坛经》"疑问第三"中，惠能对韦刺史说："世尊在舍卫城中说西方引化经文，分明去此不远。若论相说里数，有十万八千。即身中十恶、八邪，便是说远。说远为其下根，说近为其上智。人有两种，法无两般。迷悟有殊，见有迟疾。迷人念佛求生于彼，悟人自净其心。所以佛

---

① 杨曾文校写《敦煌新本：六祖坛经》，第 22 页。
② 杨曾文校写《敦煌新本：六祖坛经》，第 22 页。
③ 杨曾文校写《敦煌新本：六祖坛经》，第 47 页。

言，随其心净，即佛土净。使君，东方人但心净即无罪，虽西方人，心不净也有愆。东方人造罪，念佛求生西方。西方人造罪，念佛求生何国？凡愚不了自性，不识身中净土，愿东愿西，悟人在处一般，所以佛言，随所住处恒安乐。”[①] 又说：“佛向性中作，莫向身外求。自性迷即是众生，自性觉即是佛。……自心地上觉性如来，放大光明，外照六门清净，能破六欲诸天。自性内照，三毒即除，地狱等罪一时消灭，内外明彻，不异西方。不作此修，如何到彼？……若悟无生顿法，见西方只在刹那。不悟念佛求生，路遥如何得达？”[②]

总的来说，惠能所倡导的是唯心净土的思想，修行者应向自心见自性弥陀，心净即是国土净，如此对于所谓净土生则决定生，去则实不去。

第十节 对文字的观点

禅宗一向标榜“不立文字，教外别传”。按照禅门的解释，“不立文字”的主要含义是指“以心传心”。当年释迦牟尼佛在灵山会上以“拈花微笑”的方式，将“正法眼藏，涅槃妙心，实相无相，微妙法门”传授给摩诃迦叶，这被认为是禅宗“不立文字，教外别传”的开始。从历史上看，打出“传佛心印”的“教外别传”之旗号，是从东山法门开始的。而正式标榜“不立文字”，则是惠能南宗的特色。惠能本人虽然并没有明确说过“不立文字”，但他的禅学思想和禅法要求都充分体现出了“不立文字”的基本精神。

惠能的不立文字，主要是不执着于文字，而并不是像有些人所渲染的那样完全不要文字。在宗宝本《坛经》“付嘱第十”中他就很明确地表明了自己对文字的观点。在他看来如果说不立文字，那么人就不应该要语言了，连话也不应该说。甚至口口声声所言“不立文字”，这个“不立”二字就属于文字。因此所言不立文字，是要人不要执着于语言文字，望文生义。因为语言文字只是一种符号、工具、手段，只是用来指月的手指，并非月亮的本身。修行者应通过手指看月亮，而不能以指为月。更何况，佛法大义不可言说，超言绝虑，非语言文字所能及，因此不能执着于语言文字，而应得意忘言，去体认语言文字背后那超言绝虑的诸法实相，这才是禅宗所言不立文字的真义。

基于不立文字的真义，惠能对于读经也作了全新的解释。他从“自性般若”出发，认为“三世诸佛，十二部经，也在人性中，本自具有”[③]，而自性起般若观照是

① （元）宗宝：《六祖法宝坛经·疑问品第三》，《大正藏》第48册，第352页上。
② （元）宗宝：《六祖法宝坛经·疑问品第三》，《大正藏》第48册，第352页中。
③ （元）宗宝：《六祖法宝坛经·般若品第二》，《大正藏》第48册，第351页上。

“不假文字”，只要识心见性，去除执心，就能觉悟成佛。因此，经典只是启发修行者开悟的外缘，关键还在于自悟。所以并不在于执着读诵一部或几部经典，而是强调“心悟”。即使是读经，也应该是心转经文而不是被经文所转，正如他对法达所说：“心迷《法华》转，心悟转《法华》。”① 这些都说明，惠能并不是绝对地排斥经教，他只是强调应领宗得意，自性觉悟，而不能执着文字，更不能被文字相牵着鼻子走，也就是所谓应得意忘言、得鱼忘筌。惠能这种对待语言文字的态度，可以说是深受达摩“藉教悟宗”的影响，反对执着语言文字，强调不立文字，直契心性。

第十一节　本章小结

本章主要依据宗宝本与敦煌本《坛经》及相关史料对惠能主要禅法思想作一个整体性的归纳概括总结。将惠能禅法思想大致归纳总结为佛性、般若乃至对文字的观点等 10 大类。这其中虽将佛性与般若分为两类，但在惠能的禅法中将般若与佛性作了会通，认为般若即佛性。事实上在北凉昙无谶所译《大涅槃经》中就讲到佛性是超越有无、断常的中道第一义空。如此经《师子吼菩萨品》中说：“善男子！佛性者名第一义空，第一义空名为智慧。凡愚所言空者，不见空与不空，智者见空与不空，常与无常，苦之与乐，我与无我。……见一切空，不见不空，不名中道。乃至见一切无我，不见我者，不名中道，中道者名为佛性。……以是义故，不得第一义空。不得第一义空故，不行中道。无中道故，不见佛性。”（北凉・昙无谶译《大般涅槃经》卷二十七“师子吼菩萨品第十一之一”，《大正藏》第 12 册，第 523 页中）惠能在《坛经》中将佛性即般若的思想发挥到极致，如宗宝本《坛经》“行由第一”中说“佛性常清净，何处惹尘埃”，“般若第二”中以虚空为喻比喻佛性等。因此，在《坛经》中能证得般若即是见性，惠能主张以般若直探心源，顿悟顿修。所以大乘佛教的般若与佛性思想可谓是惠能的禅法理论的两大来源，在《坛经》中般若三昧、一行与一相三昧等般若思想为他提供了空观本体论和方法论；人人皆有佛性、自性清净等佛性学说则强调人人皆可以成佛。他将二者融合会通，构成自己的禅法体系。

惠能在继承从菩提达摩以来的重心性转变的禅法的基础上，形成自己独特的以“识心见性”为中心的禅法理论。这种禅法理论的基础也是佛性和般若中观学说。惠能认为既然自心有佛，自性是佛，心、佛、众生三无差别，因此应自识本心，自见本性，如此识心见性，自修自悟，自成佛道。“识心见性”从根本上说，识心和

① （元）宗宝：《六祖法宝坛经・机缘第七》，《大正藏》第 48 册，第 355 页下。

见性是一回事，但在这里的“识”与“见”都不是一般意义上的知见，而是一种证悟，是佛教所特有的“现观”“亲证”，它是不以任何语言概念或思维形式为中介的直观，是自心、自性的自我观照、自我显现。因惠能主张识心见性，因此反对修学者心外求法，强调应该要自修自悟。在《坛经》中惠能这种识心见性、自修自悟的思想也可谓是俯拾即是。

惠能禅法思想对后世影响最为深远的就是其“顿悟成佛”说。关于“顿悟”，惠能在《坛经》中也有许多阐述。且无论从宗教角度还是哲学角度而言，惠能的顿悟论所强调的只是要人返归到自己的内心世界，从人的生命主体的能动因素“心性”“觉性”上寻找解脱的内在根据，于自心顿现真如佛性，瞬间觉悟，见性成佛。但他更认为所谓“顿”，乃至与之相对之“渐”，都是因人而言。正所谓“法无顿渐，人有利钝，迷人渐契，悟人顿修”。惠能的顿悟论在中国佛教史上是一个根本性的变革，具有重大的意义及深远的影响。

惠能的顿悟思想虽然在中国佛教史乃至思想史上都具有重大的意义，但其顿门禅就顿在不二法门上。如说心佛不二，乃至定慧不二、菩提与烦恼不二、世间与出世间不二，乃至临入灭付嘱弟子说法时使用的三科三十六对法等都体现了惠能的不二思想。不二思想可以说是贯穿惠能整个禅法之中的，就像一把钥匙，如果不明了它，就不能把握惠能思想的纲骨。

在《坛经》中惠能虽曾说：“我此法门，从上已来，顿渐皆立无念为宗，无相为体，无住为本”，然而这无住、无相、无念的三无禅法可谓是在般若所摄持之下的三行。三无禅法是相互关联的，三者中能做到任何一个就能同时兼具其他二者。而且从基本含义上看无相、无住二者实际为无念所包含。而所谓无念即般若。所以此三无禅法其着眼点在于通过般若直显心性，由此自性自得解脱，自得无碍大用。因此，在惠能看来若悟无念法者，能至佛位地。这也正是所谓为般若所摄持所行才能达到最高、最圆满的地位。

无相戒也是惠能很重要的禅法理念。在宗宝本《坛经》中虽然没有明确提到过，但结合敦煌本《坛经》来看，事实上宗宝本《坛经》“忏悔第六”中所讲的内容主要就是无相戒的内容。无相戒属于与《梵网经》相关的一种大乘“佛性戒”，这种戒是以佛性为戒体，故称之。无相戒也是惠能对东山法门的继承与发展，其思想支柱也与般若、佛性这两大思想分不开。无相戒让人不要执于外在相上戒，而是应该要于相离相，以佛性为戒体，保持自心清净，正如惠能所说：“此事须从自性起，于一切时，念念自净其心，自修其行，见自己法身，见自心佛，自度自戒。”若果真还得本来清净之心，见自本性，则是“心平何劳持戒，行直何用参禅”，无时无刻都是清净、自在、解脱，这也许就是惠能无相戒的根本意旨所在。无相戒体现了惠能独特的戒律观，对后世禅宗也产生了重大的影响。

惠能对于“坐禅”也提出了独特的观点，他很明确地说：“此法门中一切无碍，外于一切境界上，念不起名为坐。见本性不乱，为禅。”而所谓“禅定”，他说：“外离相曰禅，内不乱曰定。”由此可见，惠能对“坐禅”和“禅定”作了新的解释。因此，修行者若能一切时，一切处都能做到如是无念、离相，心不为外境所乱，如如不起心，不动念，于一切不取不著，那么无论是行住坐卧，便无不是禅，无不是定。由此，所谓修行办道，所谓坐禅就在生活日用当中，不是偏重于枯坐冥想，而应活泼的修定，语默动静无不可修行入定。惠能这样的坐禅观使禅的观念扩大了，由此便将“道法”和凡夫生活日用之事结合了起来，寄坐禅于日常生活中，不拘形式，使南宗禅活泼泼地充满了盎然生机。也使禅更趋平民化、世俗化，因此扩大了南宗禅传播的范围，影响也越来越大。

“唯心净土”思想也是惠能非常有特色的思想理念。在惠能看来他并不否认西方净土的存在，但认为这是为下根人，不能了悟自性的人所开设的方便法门。对于上根利智的人来说，若识自本心，见自本性，使自心清净，则随其心净即国土净。后人将惠能这种思想称为唯心净土思想。这一思想也成为后世禅宗对待净土的基本观念。

禅宗一向标榜“不立文字，教外别传”。惠能本人虽然并没有明确说过“不立文字”，但他的禅学思想和禅法要求都充分体现出了“不立文字”的基本精神。惠能的不立文字，主要是不执着于文字，因为语言文字只是一种符号、工具、手段，只是用来指月的手指，并非月亮的本身。修行者应通过手指看月亮，而不能以指为月。更何况，佛法大义不可言说，超言绝虑，非语言文字所能及。因此，不能执着于语言文字，而应得意忘言，去体认语言文字背后那超言绝虑的诸法实相，这才是禅宗所言不立文字的真义。惠能这种对待语言文字的态度，可以说是深受达摩“藉教悟宗”的影响，反对执着语言文字，强调不立文字，直契心性。

总之，惠能的禅法思想虽总的能概括为以上10大类，但又是以佛性、般若作为主线而贯穿的。这两大思想可谓是惠能禅法的关键所在，也是惠能禅法特色所在。

本章拓展阅读文献

1. （梁）曼陀罗仙译《文殊师利所说摩诃般若波罗蜜经》，《大正藏》第8册。
2. （北凉）昙无谶译《大涅槃经》，《大正藏》第12册。
3. （后秦）鸠摩罗什译《维摩诘经》，《大正藏》第14册。
4. （元）宗宝：《六祖大师法宝坛经》，《大正藏》第48册。
5. 《曹溪大师别传》，《续藏经》第148册。
6. 杨曾文校写《敦煌新本：六祖坛经》，宗教文化出版社，2001。

7. 周成翰：《六祖坛经宗宝本之禅思想研究》，玄奘大学中国语文学系硕士在职专班硕士论文，2008 年。

8. 萧美龄：《由〈六祖坛经〉看禅宗的“不立文字”》，《鹅湖月刊》第 395 期，2008。

9. 朱维焕：《六祖坛经之禅机大旨》，《兴大中文学报》1993 年第 6 期。

本章思考与练习题

1. 《坛经》中惠能是如何表述佛性或般若思想的？

2. 惠能识心见性思想有何内涵与意义？

3. 惠能为何提出顿悟成佛之思想？此思想对后世佛教文化等各方面有何影响？

4. 《坛经》中惠能不二思想有何特色与意义？

5. 惠能无相、无住、无念三无禅法思想主旨是什么？体现了惠能什么样的禅法特色？

6. 惠能无相戒有何思想内涵？包括哪些内容？

7. 《坛经》中体现了惠能怎样的坐禅观？

8. 何谓唯心净土，惠能唯心净土思想有何经典依据及现实意义？

9. 禅宗为何要提出“教外别传，不立文字”？《坛经》中体现了惠能怎样的文字观？

参考文献

一　古籍部分

(东晋) 瞿昙僧伽提婆译《增一阿含经》卷一,《大正藏》第2册。

(南朝刘宋) 求那跋陀罗译《杂阿含经》,《大正藏》第2册。

(唐) 玄奘译《大般若波罗蜜多经》,《大正藏》第5~7册。

(后秦) 鸠摩罗什译《金刚经》,《大正藏》第8册。

(后秦) 鸠摩罗什译《仁王般若波罗蜜经》,《大正藏》第8册。

(梁) 僧伽婆罗译《文殊师利所说摩诃般若波罗密经》,《大正藏》第8册。

(南朝陈) 月婆首那译《胜天王般若经》,《大正藏》第8册。

(后秦) 鸠摩罗什译《法华经》,《大正藏》第9册。

(唐) 实叉难陀译八十《华严经》,《大正藏》第10册。

(后秦) 鸠摩罗什译《佛说阿弥陀经》,《大正藏》第12册。

(曹魏) 康僧铠译《观无量寿经》,《大正藏》第12册。

(北凉) 昙无谶译《大涅槃经》,《大正藏》第12册。

(后秦) 鸠摩罗什译《维摩诘经》,《大正藏》第14册。

(南朝刘宋) 求那跋陀罗译《楞伽经》,《大正藏》第16册。

(唐) 般刺密帝译《楞严经》,《大正藏》第19册。

(后秦) 鸠摩罗什译《梵网经》,《大正藏》第24册。

〔印〕龙树菩萨造,(后秦) 鸠摩罗什译《大智度论》卷四,《大正藏》第25册。

〔印〕龙树菩萨造,(后秦) 筏提摩多译《释摩诃衍论》,《大正藏》第32册。

马鸣菩萨造,(唐) 实叉难陀译《大乘起信论》,《大正藏》第32册。

(隋) 慧远:《大乘义章》卷二十,《大正藏》第45册。

(唐) 法海集《六祖大师缘起外纪》,(元) 宗宝:《六祖大师法宝坛经》"附录",《大正藏》第48册。

(唐) 玄觉撰《永嘉证道歌》,《大正藏》第48册。

（唐）宗密：《禅源诸诠集都序》，《大正藏》第 48 册。

（元）宗宝：《六祖大师法宝坛经》，《大正藏》第 48 册。

（元魏）吉迦夜共昙曜译《付法藏因缘传》，《大正藏》第 50 册。

（宋）赞宁《宋高僧传》，《大正藏》第 50 册。

（宋）道原《景德传灯录》卷五，《大正藏》第 51 册。

（宋）契嵩：《传法正宗记》卷六，《大正藏》第 51 册。

（唐）宗密：《中华传心地禅门师资承袭图》，《续藏经》第 63 册。

（唐）净觉《楞伽师资记》，《大正藏》第 85 册。

（唐）道宣：《四分律羯磨疏》卷四，《卍续藏经》第 40 册。

（宋）睦庵善卿：《祖庭事苑》，《续藏经》第 64 册。

（唐）慧海：《顿悟入道要门论》，《续藏经》第 63 册。

（宋）普济：《五灯会元》卷二至卷六，《续藏经》第 80 册。

《曹溪大师别传》，《续藏经》第 86 册。

（唐）张说：《大通禅师碑》，《全唐文》卷二三一。

（明）黄绾：《明道编》，中华书局，1959。

《大乘无生方便门》见宇井伯寿《禅宗史研究·北宗残简》，岩波书店，1966。

（明）刘宗周撰《刘子全书及遗编》卷十九，中文出版社，1981。

（南宋）王庭圭：《泸溪集》卷六《赠曦上人》，见景印文渊阁四库全书第 1489 册，台湾商务印书馆，1983～1986。

（南宋）严羽：《沧浪诗话·诗辨》，见影印文渊阁四库全书第 1480 册，台湾商务印书馆，1983～1986。

（明）王守仁撰《王文成公全书》卷三，景印文渊阁四库全书第 1265 册，台湾商务印书馆，1983～1986。

（唐）智炬、天竺沙门胜持集《宝林传》，蓝吉富主编《禅宗全书》，文殊出版社，1988。

（北宋）朱长文：《续书断》，载四库艺术丛书，上海古籍出版社，1991。

（明）陈建：《学部通辨》，见吴长庚主编《朱陆学术考辨五种》，江西高校出版社，2000。

二 现代著述

胡适：《胡适文存》，远东图书公司，1961。

〔日〕宇井伯寿：《禅宗史研究》，岩波书店，1966。

胡适：《神会和尚遗集》，胡适纪念馆，1969。

〔日〕柳田圣山：《六祖坛经诸本集成》，中文出版社，1976。

张漫涛主编《现代佛教学术丛刊》(一)《六祖坛经研究论集·本集编辑旨意》，台北：大乘文化出版社，1976。

驹泽大学禅宗史研究会编著《惠能研究》，大修馆书店，1978。

郭朋：《坛经对勘》，齐鲁书社，1981。

严北溟：《中国佛教哲学简史》，上海人民出版社，1985。

郭朋：《坛经校释》，中华书局，1991。

印顺：《中国禅宗史》，上海书店，1992。

杜继文、魏道儒：《中国禅宗通史》，江苏古籍出版社，1993。

杨曾文编校《神会和尚禅话录》，中华书局，1996。

洪修平、孙亦平：《惠能评传》，南京大学出版社，1998。

李富华：《惠能与〈坛经〉》，珠海出版社，1999。

印顺：《般若经讲记》，正闻出版社，2000。

(唐)杜朏《传法宝纪》，载杨曾文校写《敦煌新本：六祖坛经》附编(一)，宗教文化出版社，2001。

(唐)文远记录，张子开点校《赵州录》，《中国禅宗典籍丛刊》，中州古籍出版社，2001。

杨曾文校写《敦煌新本：六祖坛经》，宗教文化出版社，2001。

许鹤龄：《六祖惠能的禅学思想》，云龙出版社，2001。

吴言生：《禅宗诗歌境界》，中华书局，2001。

宽如、宽荣合编《六祖坛经摸象记》，金石印务有限公司，2003。

许鹤龄：《六祖坛经导读》上、下册，佛光人文社会学院，2003。

演培法师：《六祖坛经讲记》，佛陀教育基金会，2004。

杨曾文：《宋元禅宗史》，中国社会科学出版社，2006。

郭朋：《中国佛教思想史·隋唐佛教思想》，江苏人民出版社，2009。

魏道儒：《坛经译注》，中华书局，2010。

释明生主编《六祖坛经研究集成》，金城出版社，2012。

圣凯：《佛教忏悔观》，宗教文化出版社，2012。

〔美〕波特著《六祖坛经解读》，吕长清译，南海出版社，2012。

丁福保撰，能进点校《六祖坛经笺注》，华东师范大学出版社，2013。

杨曾文：《唐五代禅宗史》，中国社会科学出版社，2013。

韩传强：《禅宗北宗研究》，宗教文化出版社，2013。

白光：《〈坛经〉版本谱系及其思想流变研究》，《觉群佛学博士文库》，宗教文化出版社，2013。

三 论文

（一）期刊论文

〔日〕小林圆照：《一行三昧私考》，《禅学研究》第51辑，1961。

〔日〕石井修道：《伊藤隆寿氏发现之真福寺文库所藏之六祖坛经之介绍》，《驹泽大学佛教学部论集》，1970。

〔日〕田中良昭：《禅宗祖统说改变考》，《宗教研究》第47卷3辑，1974。

胡适：《〈坛经〉考之二—记北宋本的六祖坛经》，张漫涛主编《现代佛教学术丛刊》（一）《禅学专集之一》，大乘文化出版社，1976。

陈寅恪：《禅宗六祖传法偈之分析》，张漫涛主编《现代佛教学术丛刊》（一）《禅学专集之一》，大乘文化出版社，1976。

〔日〕田中良昭：《坛经典籍研究概史》，驹泽大学禅宗史研究会编着《惠能研究》，大修馆书店，1978。

宇井伯寿著、杨曾文选译《坛经考》，《世界宗教资料》1980年第4期。

拾文：《〈敦煌写本坛经〉是“最初”的〈坛经〉吗?》，《法音》1982年第2期。

高柏园：《坛经般若品探义》，《中国文化月刊》期刊论文，台湾东海大学，第56期，1984。

黄博仁：《惠能对禅定之批判》，《新竹师专学报》期刊论文，第11期，1985。

高柏园：《坛经顿渐品中的顿悟与渐修》，《中国文化月刊》期刊论文，台湾东海大学，第65期，1985。

田光烈：《禅宗六祖得法偈之我见》，《法音》1990年第8期。

杨曾文：《〈六祖坛经〉诸本的演变和慧能的禅法思想》，《中国文化》1992年第1期。

吴汝钧：《神秀禅与惠能禅》，《中国文化月刊》期刊论文，台湾东海大学，第156期，1992。

朱维焕：《六祖坛经之禅机大旨》，《兴大中文学报》期刊论文，第6期，1993。

方立天：《性净自悟——惠能坛经的心性论》，《哲学研究》1994年第5期。

姚卫群：《坛经与般若思想》，《中华文化论坛》1994年第4期。

张子开：《永嘉玄觉及其证道歌考辨》，《宗教学研究》1994年第21期。

〔日〕伊吹敦：《论丛：亚洲文化与思想》第4号，《亚洲文化与思想研讨会论文集》，1995。

〔日〕西口芳男：《敦煌写本七种对照观心论》，花园大学《禅学研究》第74

号，1996。

何照清：《六祖坛经初探——自性与无住无念无相》，《辅大中研所学刊》1996年第6期。

〔英〕蓝卡斯特“英译六祖坛经版本的历史研究”，学术研究杂志社编《六祖惠能思想研究——惠能与岭南文化国际学术研讨会论文集》1997年第3期。

湛如：《简论六祖坛经的无相忏悔——兼谈唐代禅宗忏法体系的形成》，《法音》1997年第3期。

张子开：《敦煌写本《六祖坛经》校读拾零》，《四川大学学报（哲学社会科学版)》1998年第1期。

阎孟祥：《关于〈坛经〉“西方极乐世界”的解说》，《五台山研究》1998年第3期。

孙亦平：《惠能的“三科”“三十六对”思想研究》，《佛学研究》1999年第00期。

洪修平：《关于〈坛经〉的若干问题研究》，《世界宗教研究》1999年第2期。

洪修平：《惠能南宗顿悟成佛论研究》，《南京大学学报（哲学·人文科学·社会科学版)》1999年第1期。

李申、方广锠：《敦煌坛经合校简注·附录》，山西古籍出版社，1999。

济群：《六祖坛经的般若思想》，《慈光禅学学报》第1卷，1999。

谢重光：《20世纪国内对隋唐五代佛教宗派及其思想学说研究之回顾》，《汕头大学学报（人文科学版)》1999年第4期。

王邦维：《禅宗所传祖师世系与印度佛教的付法藏传统》，杨曾文、方广锠编《佛教与历史文化》，宗教文化出版社，2001。

洪修平：《惠能生平事迹考述》，释妙峰主编《曹溪禅研究（一)》，中国社会科学出版社，2002。

圣凯：《论禅宗无相戒的源流》，释妙峰主编《曹溪禅研究（一)》，中国社会科学出版社，2002。

崔正森：《惠能“无相戒”发微》，《晋阳学刊》2002年第3期。

净因：《惠能之南禅——佛教思想发展史上的第二次回归》，《法音》2002年第2期。

陈平坤：《惠能坛经顿教禅法论义》，《中华佛学研究》期刊论文，中华佛学研究所，第6期，2002。

杨曾文：《敦煌本坛经的佛经引述及其在惠能禅法中的意义》，广东新兴国恩寺编《六祖坛经研究》第3册，中国大百科全书出版社，2003。

楼宇烈：《敦煌本〈坛经〉、〈曹溪大师传〉以及初期禅宗思想（一)》，《中国

佛教学者文集：中国佛教与人文精神》，宗教文化出版社，2003。

潘重规：《敦煌写本六祖坛经中的“獦獠”》，广东新兴国恩寺编《六祖坛经研究》第五册，中国大百科全书出版社，2003。

邓文宽：《敦煌本六祖坛经“獦獠”刍议》，广东新兴国恩寺编《六祖坛经研究》第五册，中国大百科全书出版社，2003。

饶宗颐：《惠能及六祖坛经的一些问题》，广东新兴国恩寺编《六祖坛经研究》，第五册，中国大百科全书出版社，2003。

陈兵、尹邦志：《一行三昧与惠能禅法》，释传正、释妙峰主编《曹溪禅研究（二）》，中国社会科学出版社，2003。

法缘：《坛经中的不二思想及其在惠能禅法中的意义》，广东新兴国恩寺编《六祖坛经研究》第二册，中国大百科全书出版社，2003。

〔日〕斋藤智宽：《关于禅宗西天祖统说的若干问题》，《佛学研究》2003 年第 12 期。

周春生、韦光燕：《休休庵本坛经版本考》，《世界宗教研究》2004 年第 4 期。

戴传江：《论〈坛经〉禅学思想对般若与佛性的会通》，《宗教学研究》2004 年第 1 期。

张卫红：《从〈坛经〉看顿教禅法的修持要求》，《浙江学刊》2005 年第 2 期。

潘永辉：《论〈坛经〉禅学的美学涵蕴与美学特质》，《求索》2007 年第 10 期。

蒋宗福：《敦煌本〈坛经〉相关问题考辨》，《宗教学研究》2007 年第 4 期。

马格侠：《敦煌〈付法藏传〉与禅宗祖师信仰》，《敦煌学辑刊》2007 年第 3 期。

王书庆、杨富学：《也谈敦煌文献中的〈付法藏因缘传〉》，《敦煌学辑刊》2008 年第 3 期。

朱钧：《从〈坛经〉对“空”的悬置论“空”与般若之关系》，《杭州师范大学学报（社会科学版）》2008 年第 2 期。

王子宜：《〈六祖坛经〉的“机锋”研究》，《社会科学论坛》（学术研究卷）2008 年第 6 期。

萧美龄：《由〈六祖坛经〉看禅宗的“不立文字”》，鹅湖月刊社《鹅湖月刊》期刊论文，第 395 期，2008。

尚荣：《〈坛经〉思想与中国艺术的关系》，《宁夏社会科学》2008 年第 1 期（总第 146 期）。

陈平坤：《六祖大师的 17 则智慧——惠能禅法之般若与佛性》，《大众佛学丛书》，大千出版社，2009。

秦萌：《解读敦煌本〈坛经〉中的“三无”》，《浙江学刊》2009 年第 2 期。

谢永鑫:《试论惠能心性论对二程的影响》,《河南科技大学学报(社会科学版)》2010年第4期。

李明山:《韦琚与惠能的关系及其对坛经创作的作用》,《韶关学院学报》2010年第10期。

史继东:《惠能得法偈辨析》,《中国宗教》2010年第11期。

吴正荣:《惠能的净土禅观新论》,《船山学刊》2010年第2期。

法缘:《永明延寿之禅净思想》,释光泉主编《吴越佛教:第五卷》,宗教文化出版社,2010。

蓝日昌:《唐代七祖之争对禅宗系统发展的影响》,《世界宗教学刊》第15期,2010。

哈磊:《古本坛经存在的文献依据》,《社会科学研究》,2011。

武氏莉:《六祖惠能对"四弘誓愿"的新解》,《长江师范学院学报》2011年第4期。

李明山:《〈六祖坛经〉版本考述》,《韶关学院学报》2011年第7期。

黄连忠:《〈六祖坛经〉三科三十六对的哲学范畴与惠能辩证和谐的思想》,明生主编《禅和之声:2010广东禅宗六祖文化节学术研讨会论文集》,宗教文化出版社,2011。

杨曾文:《关于元代宗宝是光孝寺住持的考察》,《韶关学院学报》(社会科学)第34卷,2013年第1期。

丁小平:《自证净土与求生净土》,释明生主编《禅和之声:2011~2012年广东禅宗六祖文化节学术研讨会论文集》,羊城晚报出版社,2013。

龚隽:《中国禅学史上的"坐禅"观念以初期禅史为中心》,释明生主编《禅和之声:2011~2012广东禅宗六祖文化节学术研讨会论文集》,羊城晚报出版社,2013。

赖贤宗:《"一行三昧"之研究:以坛经与早期禅宗思想史为中心》,释明生主编《禅和之声:2011~2012广东禅宗六祖文化节学术研讨会论文集》,羊城晚报出版社,2013。

王冬:《坛经的般若中道思想及其禅法特色》,《中华文化论坛》2014年第1期。

郭应传:《坛经般若思想初探》,《广西社会科学》2016年总第258期。

李小白:《禅宗文献整理与明代禅风之关联——以宗宝本坛经为个案》,《古籍整理研究学刊》2016年第2期。

张筱星:《坛经敦煌本与宗宝本版本比较》,《文学教育》(上),2018。

(二)学位论文

余玥:《关于敦博本〈六祖坛经〉惠能生平部分经文的传奇性研究》,四川大学道教与宗教研究所，硕士学位论文，2006。

周成翰：《〈六祖坛经〉宗宝本之禅思想研究》，玄奘大学中国语文学系硕士在职专班硕士论文，2008。

赵朝民：《〈六祖坛经·坐禅品〉研究——以“看心看净”之辩证为中心》，南华大学宗教学研究所硕士论文，2010。

〔越南〕沈氏雪娥（释幸莲）：《坛经无相戒研究》，福建师范大学硕士学位论文，2010。

张红立：《〈六祖坛经〉版本及得法偈辨析》，东北师范大学硕士学位论文，2011。

王震：《敦煌本〈坛经〉为“传宗简本”考》，兰州大学硕士学位论文，2015。

罗二红：《旅顺博物馆藏敦煌写本坛经研究》，云南师范大学哲学与政法学院硕士学位论文，2016。

四 工具书

中国历史大辞典·史学史卷编纂委员会编《中国历史大辞典》，上海辞书出版社，1983。

慈怡主编《佛光大辞典》，台湾佛光山出版社，1989。

蓝吉富主编《中华佛教百科全书》，中华佛教百科文献基金会，1994。

袁宾主编《禅宗词典》，湖北人民出版社，1994。

任继愈主编《佛教大辞典》，江苏古籍出版社，2002。

丁福宝编纂《丁福宝佛学大辞典》，中国书店出版社，2011。

后　记

佛教教育事业既是一项功在当代、利及千秋的宏大事业，也是一项绍隆三宝、续佛慧命的光辉事业。而教材作为佛教教育人才培养的核心，既是体现教学内容和教学方法的知识载体，也是教师授课和学生学习的重要参考资料，直接关系到教学质量和人才培养目标的实现，在教学过程中占据十分重要的地位。鉴于教材在佛教教育中的重要性，中国佛教协会多年来一直致力于中国各大佛教院校教材的编写。

2019 年 4 月 6 日至 13 日在中国佛教协会的组织下我于中央社会主义学院参加了有关教材编写的培训，受益匪浅。紧接着 4 月中旬提交了教材编写申报表，5 月份左右签署了教材编写协议。于是，我个人教材的编写工作有序展开了。因为要在 2020 年上半年提交初稿，时间紧迫，每天都在超负荷的工作中，不知不觉时间过得很快，教材的编写总算完成。

闽南佛学院以院长则悟大和尚为首的院领导们，对我编写教材的工作非常重视，多次在院内召开教材编写的会议，提出各种宝贵意见，给予了我很大的帮助与支持，在此表示由衷的感谢！在编写的过程中，有些问题也请教了一些师长朋友，得到了他们很多指点，在此也一并感谢！

《六祖坛经教程》属于原典类教材，中国佛教协会制定了“原典类教材体例要求”。我以此要求为准，又鉴于《六祖坛经》是中国禅宗的“宗经”，相关的学术研究从古到今可以说是汗牛充栋，特别是近现代以来随着敦煌禅宗文献的发掘整理，多个汉文敦煌本《坛经》的发现与研究，将《坛经》的相关研究推向了一个新的里程的实际情况，在编写时充分利用当前有关《坛经》较有权威与影响的学术研究成果，以充实与完善本教材，力求使本教材做到前沿、系统、完善、深入。

禅宗是我一向非常喜欢的佛教宗派之一，三年的硕士研究生阶段选择了禅宗专业，虽然努力学习，但依然感觉自己还未进入禅的海洋之中，毕业后又进一步学习和钻研，于 2007 年有幸到日本京都佛教大学进修。我利用在日本学习的机会，收集了相关的一些日文资料，回国之后又继续收集、整理资料，并一边从事《坛经》的教学，一边做相关禅宗的课题研究。所以，这次有机缘编写《六祖坛经教程》，内心非常的法喜。教材的编写过程虽然非常辛苦，其烦琐的程度超出了想象，再加上时间紧迫，自身还有很多教学工作与任务要完成，才回首这大半年，有种不知怎么熬过来的感觉，但辛苦中却有收获，不仅增长了知识，也锻炼了自己。所以，非常感恩中国佛教协会及闽南佛学院能给我这次编写教材的机会。但因为自身能力有限，经验不足，《六祖坛经教程》中若有不当之处，还望各位师长、专家学者批评指正！

惭愧僧：法缘

2019 年 10 月 22 日写于闽南佛学院女众部

图书在版编目（CIP）数据

六祖坛经教程 / 法缘编著. -- 北京：社会科学文献出版社，2025.1

全国汉传佛教院校教材

ISBN 978-7-5228-1688-3

Ⅰ.①六… Ⅱ.①法… Ⅲ.①禅宗-佛经-中国-唐代-教材 Ⅳ.①B946.5

中国国家版本馆 CIP 数据核字（2023）第 070780 号

全国汉传佛教院校教材

六祖坛经教程

编　　著 / 法　缘

出 版 人 / 冀祥德
组稿编辑 / 袁清湘
责任编辑 / 郑凤云　张馨月
责任印制 / 王京美

出　　版 / 社会科学文献出版社 · 人文分社（010）59367215
　　　　　地址：北京市北三环中路甲 29 号院华龙大厦　邮编：100029
　　　　　网址：www.ssap.com.cn
发　　行 / 社会科学文献出版社（010）59367028
印　　装 / 三河市龙林印务有限公司

规　　格 / 开 本：787mm × 1092mm　1/16
　　　　　印 张：19.75　字 数：398 千字
版　　次 / 2025 年 1 月第 1 版　2025 年 1 月第 1 次印刷
书　　号 / ISBN 978-7-5228-1688-3
定　　价 / 98.00 元

读者服务电话：4008918866